Der abstrakte Mensch

Hans Gerd Prodoehl

Der abstrakte Mensch

Dramen und Paradoxien des
Wirtschaftslebens im 21. Jahrhundert

Hans Gerd Prodoehl
Düsseldorf, Deutschland

ISBN 978-3-658-13538-6   ISBN 978-3-658-13539-3 (eBook)
DOI 10.1007/978-3-658-13539-3

Die Deutsche Nationalbibliothek verzeichnet diese Publikation in der Deutschen Nationalbibliografie; detaillierte bibliografische Daten sind im Internet über http://dnb.d-nb.de abrufbar.

Springer
© Springer Fachmedien Wiesbaden GmbH 2017
Das Werk einschließlich aller seiner Teile ist urheberrechtlich geschützt. Jede Verwertung, die nicht ausdrücklich vom Urheberrechtsgesetz zugelassen ist, bedarf der vorherigen Zustimmung des Verlags. Das gilt insbesondere für Vervielfältigungen, Bearbeitungen, Übersetzungen, Mikroverfilmungen und die Einspeicherung und Verarbeitung in elektronischen Systemen.
Die Wiedergabe von Gebrauchsnamen, Handelsnamen, Warenbezeichnungen usw. in diesem Werk berechtigt auch ohne besondere Kennzeichnung nicht zu der Annahme, dass solche Namen im Sinne der Warenzeichen- und Markenschutz-Gesetzgebung als frei zu betrachten wären und daher von jedermann benutzt werden dürften.
Der Verlag, die Autoren und die Herausgeber gehen davon aus, dass die Angaben und Informationen in diesem Werk zum Zeitpunkt der Veröffentlichung vollständig und korrekt sind. Weder der Verlag, noch die Autoren oder die Herausgeber übernehmen, ausdrücklich oder implizit, Gewähr für den Inhalt des Werkes, etwaige Fehler oder Äußerungen.

Lektorat: Ulrike M. Vetter

Gedruckt auf säurefreiem und chlorfrei gebleichtem Papier

Springer ist Teil von Springer Nature
Die eingetragene Gesellschaft ist Springer Fachmedien Wiesbaden GmbH
Die Anschrift der Gesellschaft ist: Abraham-Lincoln-Strasse 46, 65189 Wiesbaden, Germany

Stimmen zum Thema

„Loyalität ist der Klebstoff, der die Welt zusammenhält – auch die kommerzielle Welt. Aber **Loyalität zu einem Unternehmen ist Unsinn.** *Wenn Sie sich um einen Job in der Tom Peters-Firma bewerben und dabei andeuten, dass Sie daraus gerne eine Lebensstellung machen wollen, werde ich Sie hochkant aus dem Büro herauswerfen. ... Ich verlange, dass Sie loyal sind, – zu Ihren Kollegen, zu den Kunden, zu Ihnen selbst. ... Aber ich verlange auch, dass Sie nicht zu mir oder zu meinem Unternehmen ‚loyal' sind.* **Stumpfsinnige Loyalität zu einem Unternehmen ist das Wesensmerkmal selbstzufriedenen Spießertums. Sie war immer eine verrottete Idee.**" (Tom Peters, in: The New York Times Magazine, 5. März 2000, S. 83; Hervorhebungen vom Autor HGP)

„Einige der berühmtesten Arbeitgeber in Industrie und Handel waren dafür bekannt, dass sie bei ihren Beschäftigten mit großer Leidenschaft **Firmentreue** *herzustellen suchten. Thomas Watson, der CEO von IBM, sagte einmal:* ‚**In ein Unternehmen einzutreten ist eine Handlung, die absolute Loyalität verlangt.**'" (George A. Akerlof, Rachel E. Kranton: Identity Economics. München 2011, S. 60; Hervorhebungen vom Autor HGP)

„In dem zu Ende gedachten Marktmodell der Moderne wird die familien- und ehelose Gesellschaft unterstellt. Jeder muß selbstständig, frei für die Erfordernisse des Marktes sein, um seine ökonomische Existenz zu sichern. Das Marktsubjekt ist in letzter Konsequenz das alleinstehende, nicht partnerschafts-, ehe- oder familien- **behinderte** *Individuum. Entsprechend ist die durchgesetzte Marktgesellschaft auch eine* **kinderlose** *Gesellschaft."* (Ulrich Beck: Risikogesellschaft. Frankfurt am Main 1986, S. 191; Hervorhebung im Original)

„Das bedeutet, daß die Voraussetzung von Kommunikation oder Kooperation paradoxerweise darin besteht, die **eigene emotionale Verstrickung in eine soziale Beziehung außer Kraft zu setzen.**" (Eva Illouz: Die Rettung der modernen Seele. Frankfurt am Main 2013, S. 178; Hervorhebung im Original)

Inhaltsverzeichnis

1 Einleitung: Die erhabene Harmonie von Leidenschaft und Gleichgültigkeit 1

2 George Clooney und das Drama der unverbindlichen Bindung 9

3 Die Lebensentwürfe des konkreten und des abstrakten Menschen in der Wirtschaftswelt des 21. Jahrhunderts 17

4 Be committed and be uncommitted! Die Evolution des abstrakten Menschen 27

5 Make and break relationships rapidly! Das bindungslose und gesellige Selbst 57

6 Das Syndrom des unengagierten Engagements und der Typus des abstrakten Unternehmers 67

7 Der Verlust der Heimat und das Diktat des Zufalls: Abstraktion als Schutzschild vor den Zumutungen des Wandels 75

8 Der abstrakte Mensch als konkreter Mensch: der Selbstdarsteller und der Serienheld 97

9 Der abstrakte Mensch im synaptischen Unternehmen 113

10 Die abstrakte Moral und die Moralität des abstrakten Menschen 119

11 Der abstrakte Mensch und die Erosion des Sinns in neuzeitlichen Unternehmen 133

12 Das Syndrom der Vergeblichkeit: Abstraktion als Überlebensmaxime 145

13 Der abstrakte Konsument 159

14	Der abstrakte Mensch: Idealtypus im Digitalzeitalter	173
15	Hit it and quit it! Das Internet als Treibhaus für die Evolution des abstrakten Menschen...	185
16	Der abstrakte Mensch als Free Agent..	193
17	Die Ausbildung zum abstrakten Menschen: das Anti-Depressivum des 21. Jahrhunderts......................................	199
18	Der abstrakte Mensch und die Familie: das Drama der Erosion von Reservaten im 21. Jahrhundert......................................	213
19	Die Dilemmata des abstrakten Menschen	237
Literatur		247

Der Autor

Hans Gerd Prodoehl studierte Volkswirtschaftslehre, politische Wissenschaften, Soziologie und Germanistik an den Universitäten Berlin und Marburg/Lahn und promovierte mit einer soziologischen Arbeit über die „Theorie des Alltags". Nach seiner Promotion war er 17 Jahre lang in verschiedenen Positionen in der Landesregierung Nordrhein-Westfalen tätig. Im Jahr 2001 wechselte er aus der Politik in die Wirtschaft. Seit Anfang 2001 ist er Managing Director in der Unternehmensberatungsfirma goetzpartners (www.goetzpartners.com). In dieser Funktion hat er zahlreiche Unternehmen und Regierungen des In- und Auslands beraten. Neben seiner beruflichen Tätigkeit in Politik und Wirtschaft hat er mehrere Romane, wissenschaftliche Bücher und Aufsätze publiziert. Sein letztes Buch erschien im Jahr 2014 im Springer Gabler Verlag („Synaptisches Management. Strategische Unternehmensführung im 21. Jahrhundert").

Kapitel 1
Einleitung: Die erhabene Harmonie von Leidenschaft und Gleichgültigkeit

„We carry our homes within us which enables us to fly."[1]

Dieses Buch handelt von einer dramatischen Epoche der Menschheitsgeschichte, deren Zeugen wir sind, von der Epoche des 21. Jahrhunderts. Und von dem Drama der Anpassung der Menschen an die Dramen dieser Epoche.

Die Orte, an denen sich diese Dramen konzentrieren, sind die Hotspots der globalen Wirtschaft. In den Unternehmen, die sich in das Getriebe der globalen Wettbewerbswirtschaft hineinstürzen müssen, werden diese Dramen tagtäglich aufgeführt. Von dort aus durchdringen sie allmählich alle Bereiche der Wirtschaft und Gesellschaft. Und alle Lebenswelten der Menschen. Diese Dramen spielen sich im Arbeitsleben und im Privatleben ab, bei Frauen und bei Männern.

Die Zeitepoche, in der diese Dramen entstehen, beginnt in den 70er- und 80er-Jahren des 20. Jahrhunderts. In diesen beiden Jahrzehnten kristallisiert sich eine neue Epoche der Marktwirtschaft und der Marktgesellschaft heraus, zeigen sich die Anfänge einer tief greifenden Erschütterung, die zum Charakteristikum des 21. Jahrhunderts werden wird. Ich nenne diese neue Epoche das Zeitalter der Restrukturierungs-Ökonomie.

Es gibt viele Wissenschaftler und Schriftsteller, die diese neue Epoche seismografisch vorhergesehen haben. So hat Alvin Toffler bereits im Jahr 1970 in seinem Buch „Der Zukunftsschock" das Heraufdämmern dieses neuen Zeitalters diagnostiziert: „Eine Sturzflut von Veränderungen bricht über uns herein." Toffler beschreibt eine „Welt, die sich rascher wandelt als je zuvor in der Menschheitsgeschichte". Und er diagnostiziert „die erdrückende Belastung und vollkommene Desorientierung von Menschen, die in zu kurzer Zeit zu viele Veränderungen durchmachen müssen."[2]

---

[1] John Cage: Silence. Cambridge 1966, S. 175.
[2] Toffler 1970, S. 6 und 14.

> *„Beziehungen werden mit zunehmender Beschleunigung des Wandels innerhalb der Gesellschaft zeitlich verkürzt, zusammengeschoben. Beziehungen, die einst von langer Dauer waren, sind jetzt in der Regel kürzer. Aus dieser Verkürzung ergibt sich oft das Gefühl, daß wir, entwurzelt und ungesichert, gleichsam auf Wanderdünen leben."*
>
> *„Wir werden nicht nur gezwungen, unser Verhältnis zu Dingen, Orten, Menschen und Organisationen in immer schnellerer Folge zu ändern, sondern müssen auch unsere Vorstellungen von der Realität und unsere Images von der Welt in immer kürzeren Zeitabständen umschlagen. Vergänglichkeit erfordert die gewaltsame Verkürzung menschlicher Beziehungen, wirft ihren Schatten aber auch auf unsere Psyche selbst. Neue Entdeckungen, neue technologische Entwicklungen, neue gesellschaftliche Arrangements stürzen in immer kürzeren Zeitabständen auf unser Leben ein. Sie bringen immer mehr Hektik ins Alltagsleben. Sie erfordern ein höheres Maß an Anpassungsfähigkeit. Sie bahnen den Weg für eine Krankheit, der wir möglicherweise zum Opfer fallen werden: für den Zukunftsschock."* [3]

Dieses Buch handelt davon, wie sich diese Tendenzen, die Alvin Toffler im Jahr 1970 geahnt hat, im 21. Jahrhundert voll entfaltet haben. Und davon, wie es Menschen gelingen kann, jener Krankheit zu entgehen, die Toffler vorhergesehen hat: der Krankheit des entwurzelten Menschen, der keine Heimat und keinen sicheren Hafen mehr findet, dessen Beziehungen volatil und flüchtig sind, und der von erratischen Fluktuationen des Lebens hin und her geworfen wird.

Dieses Buch handelt davon, dass das 21. Jahrhundert in die Geschichte eingehen wird als ein Jahrhundert beispielloser wirtschaftlich-sozialer Erschütterungen.

Das 21. Jahrhundert ist die Epoche einer vorher nie dagewesenen Unsicherheit in den Lebensentwürfen der Menschen: Sicher ist hier nur, dass nichts sicher ist.

Das 21. Jahrhundert ist auch die Epoche einer geschichtlich beispiellosen Volatilität: Wandlungen sind eruptiv, erratisch, nicht berechenbar, nicht vorhersehbar. Wir müssen stets erwarten, dass das Unerwartete eintritt.

Das 21. Jahrhundert ist auch die Epoche einer auf die Spitze getriebenen Beschleunigung von Wandel: Wir stellen nicht nur fest, dass sich alles ändert, sondern auch, dass sich das Tempo der Veränderungsprozesse ändert. Und dass sich die Art und Weise der Veränderungen verändert.

Das 21. Jahrhundert ist zudem die Epoche einer dramatisch wachsenden Komplexität: Das, was geschieht, zu durchschauen, die Zukunft zu planen, mit bestimmten Handlungen bestimmte Wirkungen zu erzielen – all das wird immer schwieriger und tendenziell unmöglich.

Das 21. Jahrhundert ist zudem die Epoche der Mehrdeutigkeit: Wir müssen uns hier in Umgebungen bewegen, in denen an uns gegensätzliche Anforderungen

---

[3] Ebd., S. 40 und 145.

gestellt und gegensätzliche Wirklichkeitsdeutungen herangetragen werden. Wir müssen, um im 21. Jahrhundert optimal funktionieren zu können, zugleich schwarz und weiß sein und zugleich schwarz und weiß denken und empfinden: Um in der Wirtschaftswelt des 21. Jahrhunderts optimal funktionieren zu können, müssen wir leidenschaftlich und leidenschaftslos, engagiert und indifferent, empathisch und kaltherzig, egoistisch und altruistisch, partnerschaftlich-kooperativ und gegnerschaftlich-kompetitiv agieren.

Zugleich ist das 21. Jahrhundert das Zeitalter einer immer weiter fortschreitenden Temporalisierung. Darunter verstehe ich die stetige Verkürzung der Geltungsdauer des Bestehenden: Beziehungen werden kürzer und flüchtiger, Berufsbiografien werden zu einer Ansammlung von immer kürzeren Engagements, mit steigender Mobilität sinkt die Verbundenheit mit Orten, Nachbarschaften und sozialen Gruppen, Qualifikationen und Wissensbestände veralten immer schneller, die Halbwertzeit von Dingen, die uns umgeben, wird immer kürzer (das Smartphone von gestern ist morgen nicht mehr en vogue etc.). Damit ist das 21. Jahrhundert eine Epoche der umfassenden Befristung aller Verhältnisse, einer Fragmentierung von Lebensläufen und damit ein Zeitalter, in dem Brüche zur Normalität werden: Brüche in Erwerbsbiografien, Brüche in Beziehungen, Brüche in Identitäten.

Und dieses Buch handelt davon, dass die Menschen im 21. Jahrhundert mehr und mehr in ein **„Bindungsdrama"** hineingeraten.

Dieses Bindungsdrama ist das Drama von Menschen, die sich im 21. Jahrhundert im Fadenkreuz gegensätzlicher Anforderungen bewegen müssen: Die Wirtschaftswelt fordert von ihnen, dass sie sich tief binden, eine tiefe Loyalität empfinden können: an ein Unternehmen, an eine Aufgabe, die ihnen das Unternehmen stellt, und an die Menschen, mit denen sie zusammenarbeiten. Zugleich fordert die Wirtschaftswelt von ihnen, dass sie fähig sind, all diese Bindungen abrupt zu lösen. Dass sie in der Lage sind, Empfindungen von Loyalität auszutilgen. Ohne Bedauern, ohne Bedenken, ohne innere Berührung. So, als wäre nichts dabei. So, als wären diese Bindungen und Loyalitäten ein digitaler Schalter, den die Menschen in ihrem Kopf beliebig an- und ausschalten können.

Das Bindungsdrama ist das Drama von Menschen, die ständig die Erfahrung machen, dass tiefe Bindungen tiefe Wunden hinterlassen. Sie erfahren, dass in diesem unsicheren, volatilen, unsteten, erratischen, komplexen und vieldeutigen Jahrhundert Bindungen den Spuren ähneln, die in den Treibsand eingraviert werden. Bindungen werden im 21. Jahrhundert immer flüchtiger und fragiler, immer weniger beständig, immer weniger verlässlich.

Das Bindungsdrama des 21. Jahrhunderts spielt sich im Gemüt, in der Psyche jedes einzelnen Menschen ab. Dieses Drama besteht aus drei Akten.

Der erste Akt zeigt uns den Menschen im 21. Jahrhundert, der tiefe und dauerhafte Bindungen sucht, der sich identifizieren und hingeben will, der sich mit vollem Herzen und mit Leidenschaft für eine Sache und für andere Menschen engagieren will, der für sich eine Heimat, einen sicheren Hafen, ein Zuhause sucht. Dieser Mensch will in einer berechenbar stabilen Umwelt leben, in zuverlässig kontrollierbaren und langfristig beständigen Verhältnissen, sei es in seinem Beruf, in seiner Familie oder in seinen sonstigen sozialen Bezügen.

Der zweite Akt zeigt uns den gleichen Menschen, wie er hart und abrupt aus Bindungen herauskatapultiert wird, wie er gezwungen wird, Identifikationen in sich einzuäschern, wie er genötigt wird, das, was er mit leidenschaftlichem Engagement getan hat, mit kaltem Herzen auszutilgen. Dieser Akt zeigt uns den entwurzelten Menschen, einen heimatlosen Nomaden, dem alle Sicherungen und Sicherheiten entglitten sind.

Im dritten Akt tritt uns dieser neuzeitliche Mensch auf der Bühne gegenüber. Er ist durch die Ausnüchterungszellen des 21. Jahrhunderts gegangen. Er hat sich wund gerieben an den Widersprüchen einer Zeit, die für ihn zwei Botschaften hat: Lebe und arbeite leidenschaftlich! Lösche alle Leidenschaften in dir aus!

Dieser Mensch im dritten Akt unseres Dramas spricht zu uns allen, die wir im Publikum sitzen und ihm auf der Bühne seines Lebens zuschauen (die auch die Bühne unseres Lebens ist):

> *„Ich habe gelernt. Ich werde an mir arbeiten, um mich nie mehr in jenen Widersprüchen zu verfangen, um nie mehr unter jenen Widersprüchen zu leiden, um nie mehr an jenen Widersprüchen zugrunde zu gehen. Ich werde mich fortbilden, damit ich diese widersprüchlichen Anforderungen, die ich an mich stelle und die andere an mich stellen, meistern kann.*
>
> *Ich werde keine Bindung mehr eingehen, die ich nicht schmerzlos aufkündigen kann. Ich werde mir antrainieren, auf Abruf, auf Widerruf, auf Zeit zu leben. Ich werde mir angewöhnen, nur noch in Provisorien zu leben, in Verhältnissen, die ich bedenkenlos revidieren kann. Ich werde nur noch teilnahmslos Anteil nehmen und nur noch leicht kündbare Verpflichtungen eingehen.*
>
> *Ich werde mich an einen Menschen nur noch so binden, dass ich eine innere Distanz pflege, die es mir leicht macht, die Bindung ohne Zögern auszulöschen. Ich werde mich an eine Organisation nur noch so binden, dass ich stets bereit bin, diese Bindung zu beenden. Ich werde mich auf irgendetwas und irgendwen nur noch dann einlassen, wenn ich zu jeder Stunde mit einem Lächeln gehen kann. Ich werde nur heiraten, wenn ich jederzeit scheidungsoffen, scheidungsbereit und scheidungsaffin bin. Ich werde einen Plan A nur noch dann verfolgen, wenn ich einen Plan B in Reichweite habe. Ich werde das Gute nur annehmen, wenn ich offen bin für das Bessere. Ich werde ein anderer Mensch werden."*

Dieses Buch handelt von diesem anderen Menschen. Ich nenne ihn den abstrakten Menschen.

Es handelt davon, dass die Fortbildung, von der unser Bühnenmensch spricht, ein bestimmtes Ziel hat, ein bestimmtes Ziel haben muss: das Ziel des abstrakten Menschen.

Der abstrakte Mensch ist das Zielbild jener Evolution des menschlichen Charakters, die in den Strudeln des 21. Jahrhunderts vorangetrieben wird. Er ist der

Menschentyp, der an diese Strudel am besten angepasst ist. Er ist der Menschentyp, der mit den Zumutungen und Zurichtungen des 21. Jahrhunderts am besten klarkommt. Er ist der Menschentyp, der in den erratischen Verwirbelungen des 21. Jahrhunderts am besten funktioniert.

Der abstrakte Mensch ist weder bindungslos noch bindungsstark, weder bindungsresistent noch bindungsaffin, weder bindungsängstlich noch bindungsoffen, weder gebunden noch ungebunden. Er ist weder loyal noch illoyal, weder leidenschaftlich engagiert noch kaltherzig gleichgültig. Er steht über all diesen Zuschreibungen, über all diesen polaren Gegensätzen.

Der abstrakte Mensch lebt in einer Sphäre, in der jene Gegensätze aufgehoben sind. Und zwar in der dreifachen Bedeutung, die das Wort „aufheben" in der deutschen Sprache hat: Jene Gegensätze sind in der Sphäre des abstrakten Menschen aufbewahrt, beseitigt und auf eine höhere Ebene hinaufgehoben.

Es ist dies eine Sphäre, in der jenes Drama widersprüchlicher Anforderungen auf eine merkwürdige Weise aufgelöst wird. In dieser Sphäre des abstrakten Menschen stellt die Anwesenheit und die Abwesenheit von Bindungen kein Problem mehr dar. Denn der abstrakte Mensch ist in der Lage, diese widersprüchlichen Anforderungen harmonisch zu integrieren: Er kann arbeiten und leben, indem er zugleich tiefe Bindungen eingeht und jegliche Bindungen vermeidet.

Der abstrakte Mensch kann diese gegensätzlichen Verhaltensweisen auf einer Metaebene miteinander in einen Einklang bringen: Er ist nicht bindungsscheu oder bindungssüchtig, sondern hat gelernt, Bindungen gezielt für seine Interessen zu instrumentalisieren. Er ist nicht gefühlskalt oder gefühlsselig, sondern hat sich dazu erzogen, Gefühle planvoll zu seinem Nutzen zu managen, zu kontrollieren und zu programmieren. Er ist nicht loyal oder illoyal, sondern hat sich dazu abgerichtet, Loyalitätsbekundungen strikt in den Dienst seiner Selbstoptimierung zu stellen. Er ist nicht leidenschaftlich oder gleichgültig, sondern hat sich so ausgebildet, dass er beliebig zwischen Leidenschaft und Indifferenz changieren kann, je nachdem, ob er seine Ideallinie der eigenen Nutzenoptimierung am besten leidenschaftlich engagiert oder indifferent-distanziert verfolgen kann.

Der abstrakte Mensch hat gelernt, dass es in der volatilen Lebenswelt des 21. Jahrhunderts keine dauerhaft beständige Heimat, keinen verlässlich sicheren Hafen mehr gibt. Er hat die Suche danach aufgegeben. Er hat gelernt, dass er Beständigkeit und Sicherheit nur in sich selbst finden kann. Er trägt, wie es John Cage sagt, sein Zuhause in sich selbst.

Dieses Buch beschreibt den Evolutionsprozess, der zu jenem Zielbild des abstrakten Menschen hinführt. Es beschreibt ihn als einen zwangsläufigen Prozess der menschlichen Evolution im 21. Jahrhundert, als einen Prozess, der von den Erschütterungen des 21. Jahrhunderts gefordert und gefördert wird. Es ist ein Prozess, der im 21. Jahrhundert mit der Gesetzmäßigkeit einer wirtschaftlich-sozialen Evolution ablaufen wird, völlig unabhängig davon, ob wir das wollen oder nicht.

So beschreibe ich denn auch diesen Typus des abstrakten Menschen nicht als gut oder schlecht, beneidens- oder bedauernswert, moralisch ausgezeichnet oder amoralisch. Ich beschreibe ihn als einen Typus, der der Gewinner des sozialen Evolutionsprozesses im 21. Jahrhundert sein wird.

Das Credo des abstrakten Menschen

„Nicht was die Dinge objektiv und wirklich sind, sondern was sie für uns, in unserer Auffassung, sind, macht uns glücklich oder unglücklich."[4]

Ich ruhe in mir selbst. Alles, was ich suche, alles, wonach ich strebe, finde ich in mir selbst. Mein Lebenssinn bin ich. Meine Ziele bestimme ich. Was für mich Erfolg ist, entscheide ich. Alles, was in meiner Außenwelt geschieht, hat Bedeutung für mich nur durch den Filter, durch den ich die Außenwelt wahrnehme und deute.

Diesen Filter kann ich beliebig programmieren, je nach dem, was mir am besten nutzt. Ich habe lange trainieren müssen, bis ich das geschafft habe. Ich habe mich mit vielen Mühen dazu abrichten müssen, den Filter zu programmieren und mich für diesen Filter zu programmieren. Das Leben selbst hat mich Programmieren gelehrt. Mit seinem Auf und Ab, seinen Höhen und Tiefen. Aber jetzt läuft das System, die Software funktioniert, das Engineering ist abgeschlossen.

Ich habe mich damit neu erschaffen und bin so endlich zu mir selbst gekommen.

Wenn meine Firma mich feuert, kann ich den Filter so einstellen, dass ich dies als Chance für meinen nächsten Karriereschritt deute. Wenn eine Beziehung zu einem Menschen zu Bruch geht, kann ich den Filter so managen, dass ich diesen Bruch als Befreiung begreife, die mich befähigt, zu neuen Ufern aufzubrechen. Wenn mein Beruf mich zu einem Ortswechsel zwingt, kann ich den Filter so programmieren, dass ich den alten Ort als öde erfahre und diesen Wechsel deshalb mit Begeisterung bejahe. Wenn das Leben mich irgendwohin verschlägt, kann ich den Filter so einrichten, dass ich mich mit einem Lächeln auf den Weg machen kann, das Beste für mich aus dieser Lage herauszuholen. Erlebe ich ein Erdbeben, eine heftige Erschütterung dort, wo ich gerade bin, dann hilft mir mein Filter, mich davon nicht erschüttern zu lassen, sondern meinen Weg unbehelligt weiterzugehen. Muss ich, um irgendein Ziel in der Außenwelt zu erreichen, kaltherzig oder warmherzig daherkommen, dann steuere ich den Filter so, dass er mich kaltherzig oder warmherzig daherkommen lässt.

Dieser Filter funktioniert auch umgekehrt. Es ist nicht nur ein Filter, der meine Wahrnehmung der Außenwelt steuert, sondern zugleich auch ein Filter, der steuert, wie ich mich vor anderen präsentiere und wie andere mich wahrnehmen.

---

[4] Arthur Schopenhauer: Parerga und Paralipomena. Erster Band. Zweiter Teilband: Aphorismen zur Lebensweisheit. Zürich 1977, S. 356.

Wenn es für mich nützlich ist, bei Menschen, die ich nicht mag, den Eindruck zu erzeugen, ich würde sie in höchstem Maße schätzen, dann programmiere ich den Filter so, dass ich diesen Eindruck auch tatsächlich erzeugen kann. Wenn es in meinem Interesse liegt, in meiner Firma das Image zu verbreiten, ich sei voll und ganz loyal, leidenschaftlich engagiert, für das Unternehmen „committed", dann sorge ich dafür, dass der Filter so funktioniert, dass ich dieses Image ausstrahle. Wenn es für mich nützlich ist, in einer Beziehung, die ich aus der Distanz erlebe, als ein distanzlos Liebender zu erscheinen, dann konditioniere ich den Filter so, dass ich als ein distanzlos Liebender erscheine. Wenn es der Ideallinie meines Lebens entspricht, bei einer Beziehung eine zu tiefe Gefühlsverstrickung zu vermeiden, dann genügt ein Programmierbefehl an meinen Filter, um eine verlässliche Bindungsdistanz in mir auszulösen und zugleich zu vermeiden, dass diese Distanz von meinem Beziehungspartner wahrgenommen wird.

Der Filter steht zwischen mir und der Welt draußen. Er schirmt mich davor ab, mich zu tief in die Außenwelt zu verstricken. Er schirmt die Außenwelt davon ab, mich zu fesseln. Er schafft immer eine Schutzzone zwischen mir und der Außenwelt. Damit ich mich nicht verliere, wenn ich mich fest binde. Damit ich nicht Wurzeln schlage und dadurch das Zeichen zum Aufbruch versäume.

Der Filter macht es mir möglich, alle meine Stationen immer nur als Durchgangsstationen zu erleben. So bin ich denn auch dort, wo ich für gewisse Zeit einkehre, ständig auf der Durchreise. Ich bleibe nur, um zu gehen. Ich bleibe nur, weil ich weiß, dass ich jederzeit gehen kann. Ohne Umschweife. Ohne Aufhebens.

Der Filter gibt mir auch die Chance, immer nur mit leichtem Gepäck zu reisen. So habe ich nichts zu verlieren, wenn ich wieder aufbreche. So hält mich nichts davon ab, mein Zelt abzubrechen und weiterzuziehen. So gibt es für mich keine alte Welt, die mir den Weg zur neuen Welt verstellt. So lebe ich immer ambulant, nie stationär.

Ich bin stets bei mir selbst. Ich lebe im Einklang mit mir. Ich bin mit mir selbst im Reinen. Ich bin mir selbst genug.

Ich gehöre niemandem. Weder einer Organisation noch einem anderen Menschen. Ich gehöre zu niemandem. Weder zu einer Organisation noch zu einem anderen Menschen. Ich gehöre nur mir. Ich gehöre nur zu mir.

Ich bin ein Flaneur, der an den Auslagen der Außenwelt vorbeizieht. Ich prüfe dann, welche der Auslagen auf meinem Weg der Selbstoptimierung dienlich sind. Den einen oder anderen Artikel ergreife ich und werfe ihn nach Gusto wieder weg. Die eine oder andere Arbeit an der Dekoration der Auslagen nehme ich an und gebe sie, wenn eine bessere in Aussicht ist, wieder auf. Die eine oder andere Beziehung zu denen, die in diesen Auslagen arbeiten und leben, gehe ich ein, zuweilen mit, zuweilen ohne Leidenschaft, und lösche sie je nach Opportunität wieder aus. An dem einen oder anderen

Ort in der Auslagenlandschaft verweile ich, lasse mich dort nieder, und ziehe mit einem Lächeln wieder weiter, wenn die Zeit für einen neuen Aufbruch gekommen ist. Ich bin ein Flaneur.

Als Flaneur bin ich auch ein Spieler. Ich erlebe mein Leben als Spiel. Ich lebe ein Spiel und spiele ein Leben. Ich bestimme meinen Einsatz selbst. Ich bestimme ihn so, dass ich ihn jederzeit ändern kann. Ich lasse mich auf die Mitspieler ein, weil ich stets frei bin, zu einem anderen Spiel mit anderen Mitspielern zu wechseln. Ich entscheide ständig aufs Neue, was für mich auf dem Spiel steht. Ich lasse mich auf dieses Spiel ein, weil ich es jederzeit mit einer einfachen Handbewegung beenden kann. Ich spiele so, dass ich nie vom Spiel gefangen und gefesselt werde. Ich lasse mich vom Spiel nur so weit vereinnahmen, wie ich aus ihm Einnahmen erziele. Ich bin stets nur so weit im Spiel befangen, wie ich das Spiel für mich nutzen kann.

Wenn ich flaniere und spiele, fällt es mir leicht, Bindungen einzugehen und wieder aufzulösen. Es fällt mir leicht, sie einzugehen, weil es mir leicht fällt, sie wieder aufzulösen. Es fällt mir leicht, sie aufzulösen, weil ich sie immer nur durch meinen Filter hindurch eingehe. Meine Bindungen sind gefilterte Bindungen. Es sind schwebend leichte Bindungen, für Entbindung offene Bindungen.

Ich bin als Spieler und Flaneur mitnichten einer, der nur an sich denkt. Egomanie ist mir fremd. Denn ich lebe ja in einer Welt der Freiwilligkeit aller Bindungen und Beziehungen. Also kann ich meinen Nutzen in Beziehungen und Bindungen nur mehren, wenn ich anderen Nutzen bereite. Also denke ich stets an die Interessen der anderen, schaue die Welt durch die Brille der anderen, nehme die Perspektive der anderen ein, versetze mich in die Lage der anderen. Weil ich bei allem, was ich tue, darauf abziele, mich selbst zu optimieren, muss ich unablässig danach trachten, auch andere zu optimieren. So lange und so weit, wie es mir nützt. Um das Beste für mich herauszuholen, muss ich einfühlsam sein. Indem ich alles dafür tue, meine Interessen zu verfolgen, habe ich stets auch die Interessen der anderen im Blick. Ich instrumentalisiere die anderen für meine Interessen, indem ich ihnen diene.

Bei all dem, was ich tue, stehe ich mit beiden Beinen auf dem Boden meiner Wirklichkeit.

Ich kann dabei gar nicht erfolglos sein, denn ich habe ja meinen Filter, den ich so abrichten kann, dass er das als erfolgreich definiert, was ich gerade tue.

Ich kann dabei auch gar nicht unglücklich sein, denn Unglück ist ein Gefühl, das ich managen kann. Ich habe ja meinen Filter. Wer sich unglücklich fühlt, der hat nur ein Problem mit dem Management seiner Gefühle. Und mit der Programmierung seines Filters.

Kapitel 2
George Clooney und das Drama der unverbindlichen Bindung

„Ich sag meinen Zuhörern, wie sie Bindungen vermeiden."[1]

In dem Kinospielfilm „Up in the Air" spielt George Clooney den Angestellten Ryan Bingham. Der ist in einem Dienstleistungsunternehmen beschäftigt, das seine Kunden dabei unterstützt, Mitarbeiter zu entlassen. Clooney ist ein „termination engineer". Er hat die Aufgabe, den Mitarbeitern in den Kunden-Unternehmen, die entlassen werden, beizubringen, dass ihre Zeit im Unternehmen abgelaufen ist. Sein Job ist es, den Gefeuerten die Nachricht von ihrer Entlassung schonend und bestimmt zu übermitteln. Damit die Entlassungen für das Kunden-Unternehmen möglichst geräuschlos, reibungslos und kostengünstig ablaufen.

George Clooney trifft in seinen Entlassungs-Gesprächen häufig auf Menschen, die die Nachricht von ihrer Entlassung erschüttert und fassungslos aufnehmen. Menschen, die viele Jahre im Unternehmen waren, die sich identifiziert haben mit dem Unternehmen, die eine tiefe emotionale Bindung zu dem Unternehmen und zu ihrer Arbeit entwickelt haben. Denen muss Clooney beibringen, dass diese Bindung nun von heute auf morgen liquidiert wird. Und dass sie gut daran tun, in Zukunft keine Bindung mehr einzugehen, deren Liquidation ihnen Schmerzen bereitet.

So sagt denn George Clooney alias Ryan Bingham in einer Filmszene diesen Satz, der der Schlüsselsatz in diesem Film ist: „Ich sag meinen Zuhörern, wie sie Bindungen vermeiden."

Kann man Bindungen vermeiden? Kann man ein Leben leben, in dem Bindungen vermieden werden? In dem man nur solche Bindungen eingeht, die leicht und locker zerrissen werden können?

Der Film zeigt, in welche Dramen man sich verstricken kann, wenn man Bindungen nicht vermeidet. Und er zeigt, in welche Dramen man sich verstricken kann, wenn man Bindungen vermeidet.

Ryan Bingham lebt selbst dieses Ethos, das er den Gefeuerten anempfiehlt. Er vermeidet Bindungen. Er hat zu seinen Arbeitskollegen nur eine kühl-funktionale Bindung und lebt auch privat ohne feste Beziehung. Er wohnt allein, in einem

---

[1] George Clooney im Film „Up in the Air"; im englischen Original lautet dieser Text: „I tell people how to avoid commitment."

unpersönlich-kühl eingerichteten Apartment, das an eine Hotelsuite erinnert. Seine Beziehungen zu Frauen sind fluktuierend. Nichts Festes eben. Keine tiefen Bindungen.

> *Ryan Bingham veranschaulicht dieses Ethos der unbedingten Ungebundenheit in einem Vortrag, den er vor einem Publikum von Geschäftsleuten hält. Er zeigt dem Publikum einen Rucksack und bittet dann die Zuhörer, alle ihre Beziehungen zu anderen Menschen in diesen Rucksack hineinzupacken. Je mehr Beziehungen das sind und je enger diese Beziehungen sind, desto schwerer wird der Rucksack. Je schwerer er wird, desto mehr hindert er, so Ryan Bingham, die Menschen daran, sich frei zu bewegen. Bingham schlussfolgert daraus: „You don't need to carry all that weight. Some animals were meant to carry each other. To live symbiotically over a lifetime. Star-crossed lovers. Monogamous swans. We are not one of those animals. The slower we move, the faster we die. We are not swans. We're sharks."*

Ryan Bingham kennt nur eine einzige Art von Loyalität. Das ist die Loyalität zu seiner Fluggesellschaft. Als Vielflieger und Meilensammler verfolgt er das Ziel, die Zahl von zehn Millionen Meilen zu erreichen. Wenn er die erreicht hat, bekommt er bei seiner Fluggesellschaft den „Lifetime Executive Platinum Status". Dieses Ziel fasziniert ihn. Es ist ein Zahlenziel, ein abstraktes Ziel. Oder das Lebensziel eines abstrakten Menschen.

Seine Arbeitskollegin Natalie bringt es auf den Punkt. Sie sagt zu Ryan: „So, what are you saving up for? Hawaii? South of France?" Ryan Bingham erwidert: „No, it's not like that… The miles are the goal." Darauf Natalie: „That's it? You're saving to save?" Ryan: „Let's just say I've got a number in mind and haven't hit it yet." Natalie antwortet: „Wow. Seems a little abstract."

Da lernt Ryan Bingham in einer Hotelbar eine attraktive Business-Frau kennen. Sie heißt Alex, gespielt von Vera Farmiga. Bingham verbringt ein paar Nächte mit ihr, verabredet sich mit ihr alle paar Wochen in irgendeiner Stadt, in der beide gerade geschäftlich zu tun haben. Es ist eine jener Beziehungen, die er schon häufig hatte. Eine unverbindliche, lose Beziehung, eine Bindung, die leicht und locker, mit einer smarten SMS-Nachricht beendet oder wieder angefacht werden kann. Eine Beziehung zu einer Frau, von der Bingham annimmt, dass sie das genauso sieht, dass sie ungebunden ist, nichts Festes will, sondern nur einen unverbindlichen Zeitvertreib. Einmal sagt Alex zu ihm: „Just think of me as yourself… only with a vagina."

Aber es kommt anders. Irgendwann stellt Ryan Bingham fest, dass er für diese Frau mehr empfindet, dass er sich in sie verliebt hat. Und dann macht er sich auf, fliegt einfach zu ihr nach Hause, ohne mit ihr verabredet zu sein, will sie zu Hause überraschen, will ihr seine Liebe gestehen.

Als er vor ihrem Haus steht, klingelt er und lächelt. Alex öffnet die Tür. Sie schaut ihn sprachlos an. Sie ist geschockt. Hinter ihr, im Hausflur, toben kleine Kinder herum. Ein Mann ruft aus dem Hintergrund: „Honey, who's at the door?"

Sofort ist es für Ryan Bingham klar, dass das die Familie der Frau ist, dass sie verheiratet ist, dass sie Kinder hat und dass er hier völlig fehl am Platz ist. Sein Lächeln gefriert, er versteinert (die Regieanweisung lautet an dieser Stelle: „Ryan just stands there. Emotionally bleeding to death."). Er macht wortlos kehrt und geht dann auf seinen Mietwagen zu. Da ruft der Ehemann von Alex aus dem Off: „Who was that?" Alex antwortet: „Just some guy who was lost."

Das Drama, das Ryan Bingham hier erlebt, hat viel mit dem Drama zu tun, das die Gefeuerten erleben, denen er eine schlechte Nachricht überbringt. Es ist das Drama der gezwungenen Einäscherung einer emotionalen Bindung.

Die Botschaft, die Ryan Bingham den Entlassenen überbringt, lautet: In dieser Welt ist nichts sicher, nichts fest. Alles ändert sich, abrupt und hart. Immer schneller dreht sich das Karussell des Wandels. Deshalb tut jeder Wirtschaftsmensch gut daran, sich mit nichts zu identifizieren, nur lose Bindungen einzugehen, solche, die mit einem Wimpernschlag und einem Achselzucken locker und leicht ausgelöscht werden können. Und jeder Privatmensch tut gut daran, das Gleiche zu tun. Also nur solche Beziehungen einzugehen, die unverbindlich bleiben und deshalb ohne Schmerzen beendet werden können.

So wie Ryan Bingham das selbst vorgelebt hat. Bis ihm dieses Malheur mit jener Frau passiert ist. Bis es über ihn gekommen ist, gegen alle seine Gewohnheiten und Prinzipien, bis er sich in eine emotionale Bindung verstrickt hat. Für diesen Fehltritt, für diese Abkehr von seinem Ethos der bindungslosen Bindung hat er einen hohen Preis bezahlen müssen. Er kehrt nach Hause als ein Mann zurück, der eine tiefe emotionale Erschütterung verarbeiten muss. Im Film bleibt offen, wie er das schaffen kann.

Ryan Bingham hat zwei Erfahrungen gemacht, Erfahrungen, die sich krass widersprechen, die beide zutreffen und sich zugleich ausschließen. Das lässt ihn ratlos zurück. Als jemanden, der das Drama der Bindungen im 21. Jahrhundert erfahren hat.

Da ist zum einen die Erfahrung, dass es in diesem Leben im 21. Jahrhundert sinnvoll, ja notwendig ist, tiefe emotionale Bindungen zu vermeiden; denn dadurch vermeidet man den potenziell ruinösen Schmerz, der entsteht, wenn eine solche Bindung zerrissen wird. Da ist zum anderen die Erfahrung, dass es in diesem Leben nicht möglich ist, solche Bindungen zu vermeiden; dass tiefe emotionale Bindungen auch dann entstehen, wenn man nicht will, dass sie entstehen.

Es ist die Erfahrung, dass man sich in Dramen verstrickt, wenn man Bindungen vermeidet. Und die Erfahrung, dass man sich in Dramen verstrickt, wenn man Bindungen nicht vermeidet.

Diese Dramen, die der Film „Up in the Air" beschreibt, sind das Thema dieses Buches. Und ich behaupte, dass diese Dramen eine existenzielle „condition humaine" in den hochentwickelten Gesellschafts- und Wirtschaftssystemen des 21. Jahrhunderts sind.

Zugespitzt kann man diese Dramen wie folgt beschreiben:

Die neuzeitliche Wirtschaftswelt stellt an die Menschen mehr und mehr die Anforderung, tiefe emotionale Bindungen zu vermeiden. Denn es ist eine volatile Wirtschaftswelt, in der nichts Bestand hat, in der nichts sicher ist, in der ein Band, heute geknüpft, bereits morgen jäh zerrissen werden kann. In dieser Welt ist es ein Überlebensprinzip, nur solche Bindungen einzugehen, die leicht und locker beendet werden können.

Die neuzeitliche Wirtschaftswelt stellt aber zugleich an die Menschen auch und gerade die Anforderung, bereit und fähig zu sein, tiefe emotionale Bindungen einzugehen: sich zu engagieren, zu identifizieren mit einer Aufgabe, sich voll einer Sache hinzugeben, alles aus sich herauszuholen. Denn nur der Mitarbeiter, der sich identifiziert und emotional bindet, schöpft alle seine Leistungsreserven aus.

In diesem Dilemma leben die neuzeitlichen Wirtschaftsmenschen: Bindungen so gestalten zu müssen, dass sie jederzeit schmerzlos auslöschbar sind, und zugleich die Fähigkeit ausbilden zu müssen, tiefe emotionale Bindungen einzugehen, die nicht jederzeit schmerzlos auslöschbar sind.

Sie müssen fähig sein, sich als Söldner in einer Fremdenlegion zu verdingen, jederzeit bereit, die Seiten zu wechseln. Und sie müssen zugleich in der Lage sein, ihrer Heimat treu zu dienen.

Dieses Buch beschreibt dieses Dilemma und zeigt, wie die Wirtschaftsmenschen im 21. Jahrhundert damit umgehen. Es zeigt, wie sie es schaffen bzw. wie sie es schaffen können, damit zu leben, dass sie hin- und hergerissen sind zwischen der Anforderung, Bindungen zu vermeiden, und der Anforderung, Bindungen zu vertiefen.

Die These dieses Buches lautet: Die Menschen können sich auf diesem Spannungsfeld widersprüchlicher Anforderungen nicht auf Dauer dadurch behaupten, dass sie diese Spannung tagtäglich einfach hinnehmen und erdulden. Sie können sich nicht ständig der Zerreißprobe aussetzen, Bindungen so zu gestalten, dass sie leicht ausgelöscht und zugleich fest geknüpft werden können. Sie müssen vielmehr den Versuch unternehmen, diese Spannung für sich selbst zu lindern, aushaltbar zu machen. Sie müssen diese Spannung managen.

Das müssen sie nicht nur tun, um psychische Zerrüttungen zu vermeiden. Sondern auch und gerade, um in der kompetitiven Wirtschaftswelt des 21. Jahrhunderts leistungsfähig und wettbewerbsfähig zu bleiben.

Dieses Selbstmanagement muss, so meine These, darauf abzielen, einen neuen Menschentypus hervorzubringen, den Typus des abstrakten Menschen. Der abstrakte Mensch ist deshalb der Zielpunkt, auf den die biologisch-soziale Evolution des Menschen im 21. Jahrhundert ausgerichtet ist, ausgerichtet sein muss.

Ryan Bingham ist nicht das Idealbild jenes abstrakten Menschen. Aber er ist auf dem Weg, auf dem sich Menschen zu abstrakten Menschen heranbilden, bereits ein gutes Stück weit vorangekommen.

Dieser Weg ist das Thema dieses Buches.

In diesem Buch geht es in erster Linie um die Wirtschaft, um das Leben von Menschen im Wirtschaftsgetriebe des 21. Jahrhunderts. Um die Dramen, Dilemmata und Paradoxien dieses Lebens. Und um die Auswege aus den Verstrickungen, die das Wirtschaftsleben im 21. Jahrhundert mit sich bringt. Denn es ist die globale Wirtschaft, die im 21. Jahrhundert maßgeblich das Leben der Menschen prägt. Es ist die globale Wirtschaft, die die Menschen im 21. Jahrhundert mit Anforderungen konfrontiert, an die sie ihr Verhalten, ihr Bewusstsein und ihren Charakter anpassen müssen. Sie müssen das tun, um in diesem Wirtschaftsgetriebe marktgängig und funktionsfähig sein und bleiben zu können.

So befinden sich denn auch die Zentren, in denen jene biologisch-soziale Evolution hin zum abstrakten Menschen stattfindet, vor allem dort, wo der globale Marktwettbewerb in voller Schärfe entbrennt: in den Unternehmen, die sich der globalen Konkurrenz stellen müssen und die deshalb gezwungen sind, sich den Fluktuationen des globalen Wirtschaftsgeschehens auszusetzen.

Diese Evolution bleibt aber im 21. Jahrhundert nicht auf die Zentren der globalen Wirtschaftswelt beschränkt. Vielmehr breitet sie sich von jenen Zentren allmählich auch auf die Ränder der fortgeschrittenen Volkswirtschaften aus: hin zu den Unternehmen, die nur im lokalen oder regionalen Maßstab agieren und konkurrieren, hin auch zu den Unternehmen, die in einer staatlich umfriedeten Schutzzone operieren, die sie vom Wettbewerb abschottet, und dann auch bis hin zu den Institutionen des öffentlichen Sektors, die scheinbar von den Volatilitäten der globalen Wirtschaft abgekoppelt sind.

Es ist eine Evolution, die letztlich die gesamte Gesellschaft erfasst. Und die damit mehr und mehr auch in das Leben eines jeden Menschen eingreift. Bis in die privaten Sphären, in die Intimsphären hinein.

So ist denn dieses Buch nicht nur ein Wirtschaftsbuch, nicht nur ein Buch über die Dramen des Wirtschaftslebens im 21. Jahrhundert. Sondern ein Buch über die „condition humaine" in der globalisierten Marktwirtschaft des 21. Jahrhunderts.

Viele soziologische Zeitdiagnosen[2] haben aufgezeigt, dass in den modernen „Marktgesellschaften" die Logik des Marktes mehr und mehr alle Sphären der Gesellschaft durchdringt. Wir leben in einer Welt, in der eine „sukzessive Vermarktlichung"[3] aller sozialen Lebensbereiche stattfindet. Diese „Vermarktlichung der modernen Gesellschaft", in deren Folge sich „moderne Sozialordnungen in Marktgesellschaften verwandeln",[4] bedeutet: Die Normen des Marktes durchdringen mehr und mehr die Zivilgesellschaft. Im Zuge dieser Ökonomisierung des Sozialen wird alles Tun tendenziell an den Kategorien von Markterfolg und Gewinnmaximierung, Wettbewerb und Konkurrenz, Effizienz und Effektivität orientiert.

Diese Vermarktlichung führt dazu, dass das Menschenbild, das die globalisierte Marktwirtschaft ausbildet, auf tendenziell alle gesellschaftlichen Sphären übergreift. Wir finden den vermarktlichten Menschen, den abstrakten Menschen, nicht nur im Konkurrenzgetriebe der globalen Wirtschaft, sondern auch in den Bereichen des öffentlichen Sektors und in den intimen Sphären des Privatlebens.

So zeigt denn dieses Buch auf, wie die Dramen und Paradoxien, mit denen die Wirtschaftsmenschen heute konfrontiert sind, auch und gerade ihr Leben außerhalb des Wirtschaftsgetriebes prägen, bis hin in die privatesten Lebensbereiche.

Auch das illustriert der Film „Up in the Air". Er zeigt einen Ryan Bingham, der im Wirtschaftsleben lernt und lehrt, Bindungen zu vermeiden, und der in seinem

---
[2] Vgl. Münch 1998; Neckel 2008; Beck 1986; Sennett 2000; Sennett 2005; Albert 1992.
[3] Bode und Brose 1999, S. 179.
[4] Neckel 2008, S. 90 f.

Privatleben lernt, dass es notwendig und unmöglich zugleich ist, Bindungen zu vermeiden.

Oder, um es mit den US-amerikanischen Soziologen Warren G. Bennis und Philip E. Slater zu sagen, dieser Film zeigt die „emotional acrobatics" von Menschen, die sich antrainieren müssen, „to make and brake relationships rapidly".[5]

Die Kap. 13 bis 19 dieses Buches befassen sich auch mit dem abstrakten Menschen im Privaten, also damit, wie der abstrakte Mensch außerhalb des Wirtschaftsgetriebes denkt und handelt. Ich zeige dort, wie sich der abstrakte Mensch in seinem Privatleben in dem Widerspruch verfängt, Bindungen zugleich unverbindlich und verbindlich gestalten zu müssen. Und ich konturiere dort den Weg, den der abstrakte Mensch gehen wird, gehen muss, um diesen Widerspruch für sich selbst auflösen zu können.

So reicht denn der Radius, den ich in diesem Buch zeichne, weit über die Wirtschaftssphäre hinaus. Doch liegt das Zentrum dieses Radius inmitten dieser Sphäre. Das bedeutet: Ich werde in diesem Buch herausarbeiten, dass jene „condition humaine", jenes Drama, das auch die private Sphäre der Menschen erfasst, auf den Anforderungen beruht, die die neuzeitliche Wirtschaftswelt an die Wirtschaftsmenschen stellt.

Dabei ist dieses Buch alles andere als ein moralisches Traktat oder ein gesellschaftskritisches Pamphlet.

Ich qualifiziere und beurteile den Typus des abstrakten Menschen nicht an Hand von irgendwelchen „höheren" moralischen Normen. Ich kritisiere diesen Typus nicht vor irgendeinem imaginären Antlitz eines guten, eines korrekten Menschen. Ich stelle den Typus des abstrakten Menschen weder vor eine Anklagebank noch auf einen Sockel.

Vielmehr stelle ich die biologisch-soziale Evolution, die diesen Typus des abstrakten Menschen hervorbringt, in ihrer Zwangsläufigkeit dar, als eine Evolution, die von den Sachgesetzen der globalen Marktwirtschaft vorangetrieben wird.

Es geht in diesem Buch also nicht darum, diesen Evolutionsprozess zu beklagen oder zu bewerten, sondern ihn nüchtern festzustellen.

Ich verweise dazu auf Richard Dawkins, der in seinem Buch „The Selfish Gene" schrieb:

> *„I am not advocating a morality based on evolution. I am saying how things have evolved. I am not saying how we humans morally ought to behave. I stress this, because I know I am in danger of being misunderstood by those people, all too numerous, who cannot distinguish a statement of belief in what is the case from an advocacy of what ought to be the case."*[6]

---

[5] Bennis und Slater 1968, S. 75 und 83.
[6] Dawkins 2006, S. 2 f.

Dieses Buch ist ein Essay. Es rekurriert auf eine Vielzahl von wissenschaftlichen Testaten. Ihm liegen Arbeiten der europäischen und US-amerikanischen Soziologie, Sozialpsychologie und Wirtschaftslehre der vergangenen Jahrzehnte zugrunde. Und es basiert auf meinen eigenen langjährigen Erfahrungen in der Führung und Beratung von Unternehmen im Wirtschaftsgetriebe des 21. Jahrhunderts.

Kapitel 3
Die Lebensentwürfe des konkreten und des abstrakten Menschen in der Wirtschaftswelt des 21. Jahrhunderts

Es gibt vielfältige wissenschaftliche Belege dafür, dass zwei gegensätzliche Statements gleichermaßen auf die Wirtschaftswelt des 21. Jahrhunderts zutreffen. Sie lauten:

- Unternehmen brauchen dringend Mitarbeiterinnen und Mitarbeiter, die mit intrinsischer Motivation, mit leidenschaftlichem Engagement, mit tiefer emotionaler Identifikation, mit hoher Firmenloyalität, mit „Commitment" und „Attachment" arbeiten.[1]
- Unternehmen brauchen dringend Mitarbeiterinnen und Mitarbeiter, die in der Lage sind, flexibel und elastisch, schnell und widerstandslos Bestehendes zu verlassen und sich auf Neues einzulassen, die das Gewohnte überwinden und das Fremde ergreifen können, weil sie immer und überall „uncommitted" und „detached" sind.[2]

Ich will diese beiden gegensätzlichen Anforderungen an Hand von zwei Bekenntnissen erläutern. Es sind Bekenntnisse zu zwei Lebensentwürfen im Wirtschaftsgetriebe des 21. Jahrhunderts. Diese Lebensentwürfe wirken wie die beiden Extrempunkte auf einer Skala, auf der sich das alltägliche Wirtschaftsleben der Menschen im 21. Jahrhundert abspielt. Beide erscheinen als polare Gegensätze. Sie können aber auch anders gelesen werden: als die beiden Seiten eines einzigen Lebensentwurfs, als ein polares Gegensatzpaar, das eine Einheit bildet, eine Einheit des Entgegengesetzten.

Die beiden Bekenntnisse sind fiktiv, weil die Denk- und Verhaltensweisen, die in ihnen dargestellt werden, auf bestimmte Charaktertypen hin zugespitzt sind. Zugleich sind sie höchst real, indem sie die Anforderungen reflektieren, die die heutige Wirtschaftswelt an die Menschen stellt. Sie bilden die Wirklichkeit ab, indem sie die Menschenbilder reflektieren, die die heutige Wirtschaftswelt hervorbringt, und

---

[1] Siehe dazu z. B. die Arbeit zur Identitätsökonomie von Akerlof und Kranton: Akerlof und Kranton 2011.
[2] Siehe dazu z. B. die Arbeiten der US-amerikanischen Soziologen Warren G. Bennis und Philip E. Slater: Bennis und Slater 1968.

typisieren sie gleichzeitig, indem sie die Konturen dieser Menschenbilder in ein grelles Licht tauchen. In diesem grellen Licht wird der Kontrast deutlich, der zwischen beiden Menschenbildern besteht. Und es werden die Paradoxien und Widersprüche offengelegt, in denen Menschen heute verstrickt sind, die sich den Anmutungen und Zumutungen des Wirtschaftsgetriebes aussetzen.

Das Bekenntnis des Herbert S.
Ich gebe es zu, ich suche in meinem Beruf eine Arbeitsheimat. Ich suche einen Arbeitsort, an dem ich mich heimisch fühlen kann. Die Heimat, das ist für mich das Idealbild einer Arbeitsumgebung. Ich weigere mich, das als Anachronismus abzutun. Ich stehe dazu. Das ist das, was ich von meiner Arbeit erwarte. Das ist mein Arbeits-Bedürfnis. Das bin ich.

Im Privatleben ist es genauso. Auch hier suche ich einen festen Heimatort, zu dem ich gehöre. Eine Familie, die zu mir steht und zu der ich stehe. Und eine Geborgenheit in Verhältnissen, die so bleiben, wie sie sind.

Ich kann in einem Unternehmen nur dann eine Arbeitsheimat finden, wenn ich mich dort über eine lange Zeit hinweg einrichten kann. Zu dieser Einrichtung gehört auch ein Ort, ein Raum, mit dem ich mich heimatlich verbunden fühle. Ich will einen Arbeitsplatz, der mein persönliches Gepräge trägt, den ich heimatlich ausgestalten kann.

Mein Arbeitsort sollte etwas aussagen über meine Persönlichkeit, über das, was mich persönlich ausmacht, was meine Individualität kennzeichnet. Ich mag deshalb auch keine ständig wechselnden Arbeitsorte. Und wenn es dann nötig sein sollte, dass ich zu bestimmten Zeiten verschiedene Einsatzorte habe, dass ich für meine Arbeit reisen und mobil sein muss, dann will ich unbedingt neben diesen fluktuierenden Arbeitsorten einen Basis-Arbeitsort haben, einen Ort, der bei allen Wechseln meiner Einsatzorte gleich bleibt, einen Stamm-Arbeitsort, der mein Ankerplatz ist, der sichere Hafen, in den ich immer wieder einkehren kann, wenn ich von meinen Arbeitsreisen zurückgekehrt bin.

Ich will eine Arbeit haben, in der ich aufgehen kann, mit der ich eins werden kann, die mich absorbiert, in der ich meine gesamte Persönlichkeit einbringen kann. Das sollte eine Arbeit sein, die mich so erfüllt, dass ich alle meine Fähigkeiten mobilisieren kann und will, um sie bestmöglich zu tun. Eine Arbeit, die für mich sinnvoll ist, weil sie für andere einen Nutzen bringt. Eine Arbeit, die ich möglichst gut machen will, weil das die Aufgabe verlangt, weil ich das von mir verlange, weil das mein eigenes Bedürfnis ist. Eine Arbeit, die mir Befriedigung gibt, weil ich sie gut gemacht habe, völlig unabhängig von äußeren Antrieben und Motiven, von Belohnungen und Bestrafungen, die das Unternehmen für gute und schlechte Leistungen vergeben mag. Ich will eine Befriedigung aus meiner Arbeit gewinnen, die in der Arbeit selbst liegt.

3 Die Lebensentwürfe des konkreten und des abstrakten Menschen

Und dazu brauche ich eine bestimmte Arbeitsumgebung, einen bestimmten Arbeitsort, und ein bestimmtes Arbeitsmilieu.

Zu diesem Milieu gehören Menschen, denen ich vertrauen kann und die mir vertrauen. Ich brauche in dem Unternehmen, in dem ich arbeite, Menschen um mich herum, die ich schon lange kenne, mit denen ich eine gemeinsame Geschichte habe, mit denen ich über Jahre hinweg eine Beziehung aufbauen konnte. Denn nur dann, wenn ich über lange Zeit mit Menschen gearbeitet habe, kann ich sie als Teil meiner Arbeitsheimat empfinden.

Ich kenne ihre Individualität, ihren Charakter, ihre Haltungen und Bedürfnisse. Und ich berücksichtige ihre Individualität in unserer Zusammenarbeit. Vice versa tun sie das gleiche. Aus dieser wechselseitigen Achtung unserer Individualitäten entsteht Vertrauen und wächst eine starke Verbundenheit.

Es ist dies eine Verbundenheit, die uns innerhalb des Unternehmens wie eine Familiengemeinschaft und nach außen hin wie eine Kampfgemeinschaft handeln lässt. Wir sind eine verschworene Gemeinschaft, halten zusammen, haken uns unter, wenn es darum geht, in den Eiswinden des Marktwettbewerbs gegen harte Konkurrenz zu bestehen.

Für diese tiefen, heimatlichen Beziehungen, die ich mit meinen Arbeitskollegen ausgebildet habe, für diese verlässlich beständigen Gefühle von Verbundenheit und Vertrautheit, die über die Jahre hinweg gewachsen sind, habe ich einen Leitspruch. Er drückt genau das aus, was ich von meiner Arbeitsheimat, von meiner Arbeitsfamilie erwarte.

Er lautet: Teneo ut tenear. Ich halte, auf dass ich gehalten werde.

Ich stelle mir, wenn ich an diesen Spruch denke, immer eine Gemeinschaft von Bergsteigern vor, die an einer Steilwand hängen, verbunden durch Seile, und bei der jeder einzelne sicher und verlässlich weiß, dass er von den anderen gehalten wird, wenn er hinabstürzen sollte, und dass er jeden anderen halten wird, den es in die Tiefe reißt.

Dieser Leitspruch markiert auch den Kern dessen, was ich unter Arbeitsmoral und berufsethischer Einstellung verstehe. Ich verlasse mich auf den anderen und vertraue ihm, dass er mir ein Helfer ist, weil auch der andere sich darauf verlassen und darauf vertrauen kann, dass ich ihm ein Helfer bin.

Zu der Arbeitsheimat, in der ich arbeiten will, gehört ein Unternehmen, mit dem ich mich identifizieren, mit dem ich eins sein kann. Es kann für mich keine Arbeitsheimat ohne eine Unternehmensheimat geben, ohne ein Unternehmen, in dem ich mich zu Hause fühle. Ich brauche als Arbeitsheimat ein Unternehmen, für das ich in guten und schlechten Zeiten einstehen kann, weil dieses Unternehmen auch für mich in guten und schlechten Zeiten einsteht. Ich brauche ein Unternehmen, dem ich mich verpflichtet fühlen kann, weil es mir verpflichtet ist, das sich auf mich verlassen kann, weil ich mich auf es verlassen kann, das mir vertrauen kann, weil ich in der Lage bin, ihm zu vertrauen. Teneo ut teneor.

Ich will meine eigene berufliche Identität mit der Identität des Unternehmens, in dem ich arbeite, verschmelzen. Das ist mir ein Bedürfnis und eine innere Verpflichtung. Denn ich kann keinen Sinn in einer Arbeit finden, die nur für mich einen Sinn hat und nicht auch für andere. Ich will für eine größere Sache arbeiten, für etwas, das größer ist als ich, für eine Aufgabe, die einen Wert für andere hat. Einen Wert, der weithin ausstrahlt, den andere kennen und schätzen. Es soll eine Arbeit sein, die für möglichst viele andere Menschen einen Wert hat. Eine solche Aufgabe kann ich nicht allein, auf mich gestellt, sondern nur in einer größeren Gemeinschaft mit Arbeitskollegen angehen. Und diese Gemeinschaft braucht immer eine institutionelle Klammer, einen institutionellen Rahmen. Sie braucht ein Unternehmen, das ihr eine Identität und eine Struktur gibt.

Das ist der Grund dafür, warum ich sage: Ich kann meine eigene berufliche Identität nur innerhalb eines Unternehmens ausbilden, als Teil der Unternehmensidentität, mit ihr untrennbar verbunden. Meine Identität als Berufstätiger besteht nur in dieser Einheit mit der Identität des Unternehmens, in dem ich arbeite und für das ich arbeite.

Ich brauche für meine Arbeit ein Unternehmen, das mir einen sicheren Hort, eine berechenbar verlässliche Arbeitsumgebung gibt. Ich will für das Unternehmen, das mir eine Heimat ist, für „mein" Unternehmen, langfristig zuverlässig arbeiten. Vice versa will ich auch, dass das Unternehmen bereit und fähig ist, mir eine langfristige, viele Jahre lang berechenbar verlässliche Arbeitsheimat zu geben.

Gewiss weiß ich, dass es Marktfluktuationen gibt und dass mein Unternehmen mit diesen Fluktuationen mitgehen muss, dass es sich wandeln und weiterentwickeln muss. Diesen Weg will ich auch mitgehen, erwarte aber, dass bei all diesen Wandlungen das Unternehmen mir einen festen und beständigen Rahmen für meine berufliche Laufbahn gibt, einen Rahmen, der allen Fluktuationen stand hält und der allen Wandel überdauert. Dieser Rahmen muss mir eine kontinuierliche berufliche Weiterentwicklung ermöglichen, muss mir Raum geben für meine Fortbildung und für das stetige Wachsen meiner Fähigkeiten. Er muss stabil sein, dieser Rahmen, fest und solide, er muss mich wappnen vor den Stürmen der Wettbewerbswirtschaft. Ich muss mich darauf verlassen können, dass das Unternehmen zu mir hält und mich hält, seien die Stürme der globalen Wirtschaft auch noch so heftig und noch so unvorhersehbar. Teneo ut teneor.

Für mich sind das zwei Seiten einer Medaille: Meine langfristige volle Hingabe an das Unternehmen und die langfristig verlässliche Sorge des Unternehmens für mich. Meine Loyalität für das Unternehmen und die Loyalität des Unternehmens für mich.

Ich bin bereit und willens, mich voll und ganz für mein Unternehmen einzusetzen, mit aller Energie und mit all meinen Kräften für das Unternehmen zu arbeiten, mein gesamtes Potenzial für das Unternehmen zu mobilisieren und stetig fortzubilden. Ich will mit Leidenschaft für mein Unternehmen

> *arbeiten, mit einem Engagement, das auf einer inneren Verpflichtung für das Wohlergehen meines Unternehmens beruht.*
>
> *Im Gegenzug will ich, dass mein Unternehmen zu mir steht wie die Familie zu einem Familienmitglied, dass es eine Unternehmensfamilie für mich ist, die mir über Jahre und Jahrzehnte hinweg einen zuverlässigen, heimatlichen Ort für meine berufliche Arbeit und Entwicklung bietet.*
>
> *Ich kann auch nicht mein gesamtes Potenzial für ein Unternehmen abrufen, dessen Eigentümer nur daran denkt, wie er das Unternehmen möglichst gewinnträchtig wieder verkaufen kann. Genauso, wie ich mich für lange Zeit an ein Unternehmen binden will, erwarte ich, dass sich der Eigentümer langfristig an sein Unternehmen bindet, dass er zu seinem Unternehmen steht, in guten wie in schlechten Tagen, dass er sich auch dann, wenn sein Unternehmen in einer tiefen Krise ist, dem Unternehmen verpflichtet fühlt und es nicht abstößt und verschachert wie eine beliebige Handelsware.*
>
> *Weil ich meinem Unternehmen gegenüber eine innere Verpflichtung empfinde, weil ich meinem Unternehmen moralisch-ethisch verbunden bin, deshalb werde ich mich nicht volatil gegenüber meinem Unternehmen verhalten, werde nicht zur Konkurrenz gehen, wenn die mir ein paar Euro mehr im Monat bietet, werde dem Unternehmen die Treue halten, auch dann, wenn es mir persönliche Vorteile brächte, die Treue zu brechen.*
>
> *Genauso erwarte ich vom Unternehmenseigentümer, dass auch er sich seinem Unternehmen nicht nur verbunden fühlt, weil es ihm Vorteile bringt, sondern weil er sich gegenüber seinem Unternehmen in einer ethischen Verpflichtung sieht. Ich erwarte von ihm dementsprechend, dass er nicht volatil handelt, dass er sein Unternehmen nicht zur Disposition stellt, nur weil ihm ein Konkurrent viel für den Verkauf des Unternehmens bietet. Ich erwarte von ihm, dass er seinem Unternehmen treu ist.*
>
> *So ist denn für mich mein Verhältnis zu meinem Unternehmen ein wechselseitiges Treueverhältnis. Teneo ut teneor.*

> **Das Bekenntnis des Roger P.**
> *Ich suche keine Arbeitsheimat, weil ich weiß, dass das die Suche nach einer Fata Morgana wäre, nach einem Trugbild, das mir eine Illusion vorspiegelt. Die Sehnsucht nach einer Arbeitsheimat ist eine Marotte von ewig Gestrigen, die einem Zug hinterherlaufen, der den Bahnhof schon vor vielen Jahren verlassen hat.*
>
> *Genauso wie die Sehnsucht nach einer Lebensheimat, nach Menschen, die unverbrüchlich zu einem stehen. Das ist ein Anachronismus, ein mittelalterliches Relikt, das in der heutigen Welt nichts mehr zu suchen hat. Heute gibt es ein unaufhörliches Kommen und Gehen, ein ständiges Make and Break, ein permanentes Aufnehmen und Wegwerfen, Miteinander und Gegeneinander.*

Es gibt im heutigen Wirtschaftsgetriebe keinen sicheren Hafen mehr, nur noch das offene Meer. Es gibt keine windstille Laube mehr, sondern nur noch das sturmumtoste freie Feld. Es gibt hier kein Zuhause mehr, sondern nur noch eine Aufeinanderfolge von fremden Landschaften. Hier kommt man nie irgendwo an, man ist immer unterwegs.

In der heutigen Wirtschaftswelt kann ich mich nur auf mich selbst verlassen, auf niemanden sonst. Wenn ich in dieser Welt anderen rückhaltlos vertraue, verrate ich mich selbst. Wenn ich mich emotional an andere binde, setze ich mich ihren Giftpfeilen aus. Wenn ich anderen Treue schwöre, mache ich mich zum willfährigen Opfer ihrer Treulosigkeit.

Das alles gilt nicht nur für mein Verhältnis zu Personen, sondern auch zu Institutionen. Und besonders zu Unternehmen.

Verhalte ich mich einem Unternehmen gegenüber loyal, dann unterwerfe ich mich seiner Illoyalität mir gegenüber. Ein Unternehmen ist in unserer heutigen volatilen Wirtschaftswelt dazu gezwungen, sich grundsätzlich illoyal mir gegenüber zu verhalten. Es kann gar nicht anders. Wenn der Bereich, in dem ich arbeite, schlechte Zahlen abliefert, wenn der Markt das Unternehmen nötigt, diesen Bereich abzustoßen, dann wird das Unternehmen auch mich abstoßen. Schroff und hart. Ein Unternehmen, das diesen harten Schnitt unterlässt, weil es sich in Treue und Loyalität mir gegenüber verpflichtet fühlt, wird dafür mit dem Konkurs bestraft.

Entwickle ich eine Gefühlsbindung an ein Unternehmen, dann werde ich schutzlos in einen Abgrund gerissen, wenn das Unternehmen seine Bindung an mich zerbricht. Stehe ich auch in schlechten Zeiten in Treue fest zu meinem Unternehmen, dann bin ich ins Mark erschüttert, wenn sich mein Unternehmen in schlechten Zeiten meiner entledigt.

Unsere moderne Wirtschaftswelt hat all diese schönen Worte ins Museum einer längst verschollenen Zeit abgestellt: Loyalität, Verpflichtung, Commitment, Attachment, Treue, Vertrauen, Moral, emotionale Bindung, Identifikation, – all das sind die Etikette aus der Steinzeit der Marktwirtschaft, verstaubte Anachronismen. Wer ihnen heute anhängt, der stellt sich nackt und schutzlos in einen unberechenbaren Eisensturm.

Ich habe mit all dem nichts mehr gemein. Ich arbeite nicht für ein Unternehmen, sondern nur für mich selbst. Ich binde mich an nichts und niemanden, sondern nur an mein eigenes Interesse, an meinen eigenen Vorteil. Wenn ich in meiner Arbeit Nutzen für andere schaffe, dann nur deshalb, weil ich meinen eigenen Nutzen maximieren will. Ich nehme als notwendiges Beiwerk in Kauf, dass ich etwas für andere tun muss, um für mich selbst etwas zu tun. Das ist in unserer Wirtschaftswelt nun einmal so. Ich neige aber ganz und gar nicht zu dem Selbstbetrug derer, die glauben, sie könnten ihren Nutzen steigern, indem sie für andere mehr Nutzen schaffen. Was ich tue, tue ich nur für mich und nur mit dem Ziel, meinen Vorteil zu optimieren.

Ich habe in meinem Berufsleben nur eine einzige Mission: Möglichst viel für mich aus den Engagements herauszuholen, die ich eingehe. Ich bin ein

3 Die Lebensentwürfe des konkreten und des abstrakten Menschen

Selbstoptimierer. Wenn ich meinen persönlichen Vorteil dadurch maximieren kann, dass ich einer Firma oder einer Person nützlich bin, dann bin ich ihr nützlich. Wenn ich meinen persönlichen Vorteil dadurch maximieren kann, dass ich einer Firma oder einer Person schade, dann schade ich ihr.

Ich bin ein freier Agent meiner Arbeitskraft. Ich bin mein eigener Unternehmer.

Als freier Agent kann ich entweder ein eigenes Unternehmen gründen oder meine Arbeitskraft für eine bestimmte Zeit in ein Unternehmen einbringen. Wenn ich das letztere tue, dann arbeite ich nie für ein Unternehmen, sondern immer nur für eine Aufgabe, für ein Projekt, für ein Ergebnis. Und dafür, dass ich in dieser Aufgabe, in diesem Projekt und bei der Bemühung um ein Ergebnis wachse, Spaß habe und meinen Marktwert steigere.

Ich tue das so, dass ich jederzeit wechseln kann. Die Bindungen, die ich in einem Unternehmen eingehe, müssen immer so schwach und fragil bleiben, dass ich sie von jetzt auf gleich mit einem süffisanten Lächeln zerreißen kann.

Ich nenne das, in Anlehnung an Alexandra Kollontai, die Glas-Wasser-Theorie.[3] Jede Beziehung, die ich habe, muss so sein, dass sie mich ebenso wenig berührt, ebenso wenig bindet wie es ein Glas Wasser tut, das ich trinke. Das ist flüchtig und hinterlässt keinen bleibenden Eindruck. Man kann ihn vergessen, kann ihn hinter sich lassen, ohne Bedenken, ohne Befindlichkeiten.

Das macht mich frei. Das macht mich auch marktgängig und wettbewerbsfähig. Emotionale Bindungen sind Fesseln. Sie schwächen mich, weil sie es mir erschweren, Brüche zu vollziehen. Es sind aber genau die Brüche, die Aufbrüche zu neuen Ufern, die mich agil und lernfähig, wandlungsoffen und empfänglich für Neues machen, die meinen Innnovationsgeist wach und meinen Marktwert hoch halten.

Ich suche keine Sicherheit und keine Kontinuität, sondern die Ideallinie, auf der ich am besten meine eigenen Interessen verfolgen kann. Und ich suche Plattformen, von denen ich jederzeit ohne Ballast abspringen kann. Für mich ist Unsicherheit ein Lebenselixier und ständiger Wechsel eine Bedingung für Kreativität.

Wenn ich Bindungen eingehen muss, zu einem Projekt, zu Arbeitskollegen, zu einem Unternehmen, zu einem Geschäftsfeld, zu einer Aufgabe, dann sind das für mich immer unverbindliche Bindungen. Sie sind Mittel zum Zweck, kein Selbstzweck, betreffen nicht mich selbst, sondern nur die Berufsrolle, die ich zu spielen habe. Sie haben nichts mit mir persönlich zu tun, sondern nur mit der professionellen Funktion, die ich für bestimmte Zeit innehabe. Weil

---

[3] Alexandra Kollontai (1872–1952) war eine russische Politikerin und Schriftstellerin. Sie setzte sich in ihren frauenpolitischen Schriften für Libertinage und sexuelle Freizügigkeit ein. Lenin bezeichnete ihre Sexualmoral als „Glas-Wasser-Theorie", also als eine Haltung, nach der Sexualität ähnlich freizügig ausgelebt werden solle wie der Durst nach einem Glas Wasser.

diese Bindungen mich also nichts angehen, kann ich sie jederzeit von mir abstreifen.

Ich brauche in einem Unternehmen, in dem ich als freier Agent arbeite, auch keinen festen Arbeitsplatz. Mit Topfpflanze und Eichenregal. Ich brauche dafür nur einen Computer und ein Passwort zum Firmennetzwerk. Mehr nicht. Mein Arbeitsplatz ist immer da, wo ich meinen Laptop aufstellen kann, mein Arbeitsort ist die Welt.

Natürlich muss ich anderen gegenüber als ein Mensch erscheinen, dem man vertrauen kann, der empathisch und beziehungsfähig ist. Das ist wichtig, damit meine Zusammenarbeit mit anderen gut funktioniert, damit ich meinen Marktwert halten und steigern kann. Für mich bedeutet das: Ich vertraue nicht, sondern spiele Vertrauen vor, bin nicht treu, sondern spiele Treue vor, bin nicht engagiert, sondern spiele Engagement vor, bin nicht emotional beteiligt, sondern spiele emotionale Beteiligung vor, bin nicht empathisch, sondern spiele die Rolle dessen, der empathisch und emotional intelligent ist. Ich sehe mich im Wirtschaftsleben ständig auf einer Bühne, auf der ein Stück aufgeführt wird, in dem ich eine Rolle zu spielen habe. Und in dem es nicht darauf ankommt, dass ich der bin, den ich spiele, sondern dass ich so gut spiele, dass die anderen annehmen, ich sei der, den ich spiele.

Von einem Unternehmen, in dem ich arbeite, erwarte ich nicht, dass es mir eine Lebensstellung bietet, sondern nur, dass es mein Vermögen mehrt, meine Stimmung hebt und meinen Marktwert steigert.

Es muss mich gut bezahlen. Es muss mir eine Umgebung bieten, die für mich angenehm ist: mit Menschen, die ähnlich denken wie ich und mit denen ich Spaß haben kann. Und es muss mir eine Aufgabe bieten, an der ich wachsen und meine Fähigkeiten fortbilden kann, mit der ich also meinen Marktwert steigere. Wenn ein Unternehmen eine von diesen drei Anforderungen nicht erfüllt, dann suche ich mir ein anderes Unternehmen. Wenn ein Konkurrent des Unternehmens, in dem ich gerade arbeite, mir mehr bietet, wechsele ich zu dem Konkurrenten.

Ich weiß, dass ich für ein Unternehmen nur zähle als jemand, der durch seine Arbeit den Unternehmensgewinn und den Unternehmenswert steigert. Also zählt für mich ein Unternehmen nur als ein Mittel, um meine Vermögenslage und meinen Marktwert zu steigern.

Mein Name steht deshalb immer auf der Transferliste der globalen Wirtschaft.

Ich weiß, dass ich dem Unternehmen als Mensch völlig gleichgültig bin, ja sein muss. Also ist auch mir das Unternehmen, in dem ich arbeite, völlig gleichgültig. Ich weiß, dass ein Unternehmen heute nur dann Erfolg haben und überleben kann, wenn es mich als Menschenmaterial, als Humankapital instrumentalisiert. Wenn es mich also je nach der Markt- und Unternehmenslage anzieht oder abstößt, umwirbt oder restrukturiert, anstellt oder ausrangiert.

Selbst dann, wenn ich ein Unternehmen finden sollte, in dem ein Eigentümer oder Vorgesetzter ist, der es ehrlich mit mir meint, der mir vertraut und sich *für mein Wohlergehen verantwortlich fühlt, selbst dann liege ich richtig, wenn ich ein freier Agent bleibe. Denn dieser Eigentümer oder Vorgesetzter ist nicht Herr seiner selbst, sondern getrieben von den Volatilitäten der Märkte. Irgendwann wird der Moment kommen, wo auch der wohlmeinendste und menschenfreundlichste Eigentümer oder Vorgesetzte dem Diktat der Märkte folgen und hart durchgreifen muss. Kaltherzig und ohne Gnade. Und wenn dann das Fallbeil auch auf mich herabfällt, wird mich nur meine innere Ungebundenheit davor bewahren, in ein schwarzes Loch zu fallen. Sie wird mich weitertragen zum nächsten Job, wird verhindern, dass ich die Narben der Restrukturierung mit mir herumtrage, Narben, die schmerzen, die mich lähmen auf meinem weiteren Weg, die mich schwächen im Eiswind der Konkurrenz.*

So bin ich denn auf mich allein gestellt. Wohl wissend: Nur mir kann ich vertrauen. Nur ich selbst kann für mich sorgen. Nur mir selbst bin ich treu. Nur für mich selbst arbeite ich. Nur für meinen eigenen Vorteil bringe ich meine Arbeitskraft in ein Unternehmen ein.

Diese Haltung ist die Haltung der Gewinner. Die Gewinner der erratischen Wirtschaftswelt des 21. Jahrhunderts werden die freien Agenten sein. Die mit der Glas-Wasser-Haltung.

Kapitel 4
Be committed and be uncommitted!
Die Evolution des abstrakten Menschen

> *„Der heutige, zur Herrschaft im Wirtschaftsleben gelangte*
> *Kapitalismus also erzieht und schafft sich im Wege der*
> *ökonomischen Auslese die Wirtschaftssubjekte – Unternehmer*
> *und Arbeiter –, deren er bedarf."*[1]

Diese beiden Bekenntnisse reflektieren den merkwürdigen Sachverhalt, dass wir in der Wirtschaftswelt des 21. Jahrhunderts im Fadenkreuz von zwei widersprüchlichen Anforderungen leben: der Anforderung nach Attachment und Detachment, nach Festigung und Verflüssigung von Bindungen.

Wir sind gefordert, uns unserer Arbeit voll hinzugeben, uns mit all unseren Fähigkeiten für unsere Aufgabe zu engagieren, uns mit unserer gesamten Persönlichkeit in die Arbeit einzubringen, uns zu identifizieren mit unserem Tun und mit dem Unternehmen, in dem wir arbeiten (Attachment). Das verlangt die Wirtschaftswelt von uns, das verlangen die Arbeitgeber und Vorgesetzten, die Unternehmer und die Kunden. Denn sie alle wissen: Höchstleistungen setzen Attachment voraus.

Und wir sind zugleich gefordert, mit leichter Hand jede Identifikation, jedes Engagement aufzukündigen, von heute auf morgen, es einzuäschern, und dann weiterzugehen, ohne Sentiment und Ressentiment, ohne Bedauern und Klagen, zu einem neuen Engagement, einer neuen Bindung (Detachment). Auch das verlangt die Wirtschaftswelt von uns. Sie verlangt, dass wir es ohne emotionale Aufwallungen hinnehmen, wenn wir aus bestehenden Beziehungen und Bindungen herausgerissen werden. Sie verlangt, dass wir bruchlos weiter funktionieren, wenn wir aus einem Unternehmen, aus einer Arbeitsgruppe, aus einer Aufgabe herauskatapultiert werden. Sie verlangt, dass wir Brüche bejahen und einen Endpunkt als einen Anfangspunkt sehen. Sie wirft uns das Motto zu: „Embrace Change!"

Es ist dies ein Widerspruch, der sich für alle Wirtschaftsakteure um so mehr zuspitzt, je komplexer, unsicherer, volatiler, erratischer und dynamischer das Wirtschaftsgeschehen ist, dem sie ausgesetzt sind. Er ist nicht lösbar oder abdingbar. Wer

---

[1] Max Weber: Die protestantische Ethik I. Tübingen 1981, S. 45.

im Wirtschaftsleben des 21. Jahrhunderts reüssieren will, muss in der Lage sein, diesen Widerspruch auszuhalten und zu managen.

Es ist dies eine der Kernaufgaben des Selbstmanagements in der Wirtschaftswelt des 21. Jahrhunderts.

Wie aber kann dieses Selbstmanagement gelingen? Wie kann man zugleich bindungsfähig und ungebunden sein? Wie kann man sich so abrichten, dass man heute mit voller Hingabe an einer Sache und in einem Unternehmen arbeiten und morgen mit einem Wimpernschlag diese Hingabe aufkündigen kann? Wie kann man heute mit innerem Feuer, mit Feuereifer an die Arbeit gehen und morgen mit kaltem Herzen, mit Coolness diese gleiche Arbeit hinter sich lassen? Wie kann man sich so erziehen, dass man heute für ein Unternehmen durchs Feuer gehen und morgen emotionslos dieses gleiche Unternehmen aus seiner beruflichen Biografie löschen kann?

Wie soll das gehen? Ist das nicht gleichbedeutend mit einer Erziehung zu einem chronisch schizophrenen Wirtschaftsleben? Muss diese Erziehung nicht zu psychischen Zerrüttungen führen?

Oder anders ausgedrückt: Wenn es denn stimmen sollte, dass es für die Menschen in der Wirtschaftswelt des 21. Jahrhunderts einen objektiven, unausweichlichen Zwang gibt, sich dieser Erziehung zu unterwerfen, kann dies dann als eine Erklärung dafür angesehen werden, dass wir seit einigen Jahren in Deutschland und Europa bei den Wirtschaftsmenschen einen rasanten Anstieg von psychischen Erkrankungen feststellen können? Ist diese permanente Double-Bind-Situation des Menschen, der sich zur Bindungsfähigkeit und zugleich zur Bindungsunfähigkeit erziehen muss, eine Erklärung für diesen chronischen Anstieg psychischer Erkrankungen am Arbeitsplatz?

Ich werde diesen Fragen und dieser widersprüchlichen Konditionierung des neuzeitlichen Wirtschaftsmenschen in diesem und den folgenden Kapiteln nachgehen.

Dazu werde ich zunächst einen Blick auf die beiden Ensembles von Fähigkeiten werfen, die in der heutigen Wirtschaftswelt relevant sind. Ich nenne sie die Plattform-Fähigkeiten und die Differenzierungs-Fähigkeiten.[2]

Dieser Ausflug in die Wirtschaftspsychologie ist wichtig, um die Dilemmata ergründen zu können, in denen die Wirtschaftsakteure im Wirtschaftsgetriebe des 21. Jahrhunderts verstrickt sind. Wir werden nach diesem Ausflug in der Lage sein, diese Dilemmata in ein schärferes Licht zu tauchen.

Plattform-Fähigkeiten sind Fähigkeiten, die jeder braucht, der sich im modernen Wirtschaftsleben zurechtfinden will. Sie bilden die Basis, von der jeder Wirtschaftsakteur ausgehen muss, der im Wirtschaftsgetriebe des 21. Jahrhunderts Erfolg haben will. Es sind dies standardisierbare, kopierbare und reproduzierbare Fähigkeiten. Folgende drei Typen von Fähigkeiten gehören zu diesen Plattform-Fähigkeiten:

---

[2] Vgl. dazu meine weiterführenden Darlegungen in: Prodoehl 2014.

- **Fähigkeiten im Funktionskreis der Regelkonformität:** Gehorsam, Fügsamkeit, Ergebenheit, Loyalität, Anpassungsbereitschaft; der regelkonform Handelnde passt sein Denken und Handeln weisungsabhängig in ein Prokrustesbett von detaillierten Vorgaben, Anordnungen und Regeln ein; er pariert folgsam auf die Befehle der Machtbefugten.
- **Fähigkeiten im Funktionskreis der Leistungsethik:** Sorgfalt, Zuverlässigkeit, Gewissenhaftigkeit, Ordnungsliebe, Disziplin, Präzision, Pünktlichkeit, Fleiß, Einsatzbereitschaft; der leistungsethisch Handelnde fügt sich ohne Vorbehalte und Reserven bruchlos in das Gefüge einer Organisation ein und funktioniert dort als ein berechenbares Teil im Räderwerk des Ganzen.
- **Fähigkeiten im Funktionskreis der Sachkompetenz:** Sachkenntnis, Bereitschaft zur Aneignung von Wissen und Fertigkeiten, Bereitschaft zur Nutzung der eigenen intellektuellen Fähigkeiten für die Berufsarbeit; Befähigung zur Entwicklung von Routinen für die standardisierte Bearbeitung von Aufgaben; der sachkompetent Handelnde ist bereit und in der Lage, weisungsgemäß sein Wissen und seine beruflichen Fertigkeiten aus- und weiterzubilden und dabei seine Intelligenz einzusetzen; er akkumuliert Kenntnisse so, wie es von ihm erwartet wird.

Plattform-Fähigkeiten befähigen zur regelkonformen, zuverlässigen und sachkompetenten **Pflichterfüllung**. Nicht mehr, aber auch nicht weniger.

Mitarbeiter zu haben, die ihre Pflicht erfüllen, ist eine notwendige, aber keine hinreichende Bedingung dafür, dass Unternehmen im 21. Jahrhundert erfolgreich am Markt bestehen können. Jedes Unternehmen braucht Mitarbeiter, die einfach nur ihre Pflicht tun.

Aber diese Plattform-Fähigkeiten sind überall auf der Welt vorhanden, leicht akquirierbar, kopierbar und reproduzierbar. In der globalen Wirtschaft sind sie eine „Commodity". An den asiatischen Standorten der Offshore-Ökonomie können diese Fähigkeiten, können Mitarbeiter, die diese Fähigkeiten haben, in Massen preisgünstig akquiriert werden: Ob es gehorsame und loyale Textilfabrikarbeiterinnen in Bangladesch sind, ob es um disziplinierte und zuverlässige Produktionsarbeiter in den Industriekonglomeraten Chinas geht, oder ob wir über fachkompetente, intelligente und bildungsaffine Informatiker in Indien sprechen, – die globale Wirtschaft hält Myriaden von Mitarbeitern mit Plattform-Fähigkeiten vor.

Mit ihnen kann sich ein Unternehmen deshalb nicht zureichend von seinen Wettbewerbern differenzieren. Denn jeder Wettbewerber kann diese Fähigkeiten leicht am Markt einkaufen.

Um sich vom Wettbewerb differenzieren zu können, benötigt ein Unternehmen Mitarbeiter, die nicht nur Plattform-Fähigkeiten, sondern auch und gerade Differenzierungs-Fähigkeiten besitzen. Diese **Differenzierungs-Fähigkeiten** bestehen aus folgenden vier Fähigkeits-Typen:

- **Fähigkeit zur Eigeninitiative:** Mitarbeiter, die Eigeninitiative zeigen, bearbeiten nicht nur ihr Pflichtprogramm, sondern schaffen für sich selbst und für andere darüber hinaus ein Kürprogramm. Sie denken und handeln über die Grenzen des Pflichtkanons hinaus. Sie unternehmen von sich aus, ohne dazu von Dritten aufgefordert zu sein, Erkundungen auf neuem Terrain. Sie sind in diesem Sinne intrinsisch unternehmerisch und verfügen über eine „erneuerbare Energie", also über eine Arbeitsenergie, die sich immer wieder aufs Neue aus sich heraus speist. Sie haben in sich eine intrinsische Motorik, die sie stetig suchen lässt nach neuen Herausforderungen und nach Wegen, die Dinge anders und besser zu machen. Auf dieser Suche sind sie bereit und in der Lage, bestehende Routinen in Frage zu stellen und über vorhandene Grenzzäune hinauszudenken und hinauszugehen. Initiative Mitarbeiter sind entsprechend bereit und fähig, mehr zu tun als ihre Pflicht. Sie rezipieren und registrieren nicht nur das, was ihnen vorgegeben ist, sondern bilden unablässig dazu eine eigene Meinung aus und versuchen, diese vorgegebene Welt zu verändern.

- **Fähigkeit zur Invention:** Inventive Mitarbeiter sind bereit und in der Lage, vorhandene Elemente neu zu verknüpfen, bestehende Beziehungen neu zu ordnen und dabei neue Konstellationen zu erfinden. Sie greifen Bewegungen in ihrer Umwelt auf, um gegebene Konstellationen (Systeme, Strukturen, Prozesse, Beziehungen etc.) auf neuartige Weise zu kombinieren und in Bewegung zu bringen. Sie begeben sich auf neues Terrain, um dieses so zu umzugestalten, wie es vorher nicht war. Sie sind intrinsisch kreativ und innovativ, indem sie neue Konstellationen erproben, experimentell testen und spielerisch fortbilden.

- **Fähigkeit zur Passion:** Passionierte Mitarbeiter sind bereit und in der Lage, „autotelisch"[3] zu arbeiten, d. h. eine Arbeit um ihrer selbst willen zu tun, wegen der Erfüllung, die in ihr selbst liegt, und nicht deshalb bzw. nicht nur deshalb, weil die Erledigung dieser Arbeit ihnen äußere Belohnungen verspricht (Geld, Macht, Status etc.). Sie sind fähig, in ihrer Arbeit aufzugehen, in ihrer Arbeit einen Sinn zu erkennen oder zu erschaffen, der die Arbeit für sie selbst-belohnend und fesselnd macht. Sie arbeiten aus einem Gefühl der inneren Verpflichtung heraus. Sie sind deshalb intrinsisch begeisterungsfähig, fähig zu leidenschaftlichem Engagement, zur Hingabe an ihre Aufgabe. Sie können jenen Zustand des „Flow" erleben, der sie eins werden lässt mit ihrer Arbeit. Entsprechend sind sie zur Selbst-Inspiration und Selbst-Verpflichtung in der Lage. Weil sie in ihrer Arbeit einen intrinsischen Sinn sehen, können sie freiwillig und mit Enthusiasmus lernen, Bestehendes verbessern und einen Prozess der stetigen Optimierung vollziehen. Sie tun mehr als ihre Pflicht, gehen Extrameilen, arbeiten in ihrer Freizeit, integrieren Arbeit und Privatleben. Sie tun das nicht etwa deshalb, weil es ihnen aufgezwungen wäre oder weil sie damit Belohnungen gewinnen oder Bestrafungen vermeiden wollen. Sondern deshalb, weil sie die Leistungserbringung selbst wollen und als erfüllend erfahren.

- **Fähigkeit zur Identifikation:** Mitarbeiter, die die Fähigkeit zur Identifikation haben, sind in der Lage, sich für eine Sache, eine Aufgabe, ein Projekt, eine Unternehmenseinheit, ein Unternehmen, d. h. für ein größeres Ganzes einzusetzen und ihre Arbeitsleistung in den Dienst dieses größeren Ganzen zu stellen. Sie begreifen sich als Teil dieses Ganzen, bereit, dem Ganzen zu dienen und ihre Arbeitsleistung so auszurichten, dass sie dem Ganzen einen größtmöglichen

---

[3] Vgl. dazu: Csikszentmihalyi 2008.

Nutzen bringen. Sie leiten ihre berufliche Identität daraus ab, dass sie in der Lage sind, einen Beitrag zum Erfolg des Ganzen zu leisten. Sie messen ihrer Arbeit einen Sinn bei, weil und insofern diese Arbeit einen Nutzen für andere stiftet und weil sie im Kontext eines Ganzen bedeutsam ist. Sie definieren ihren eigenen Erfolg über den Erfolg des Ganzen. Sie leiden, wenn das Ganze notleidend ist, und sie leiden selbst dann, wenn diese Not des Ganzen ihre persönliche Situation nicht berührt. Sie freuen sich, wenn das Ganze reüssiert, und hegen diese Freude selbst dann, wenn sie selbst am Erfolg des Ganzen nicht partizipieren.

Unternehmen können nur dann Spitzenleistungen erbringen, wenn sie solche Mitarbeiter haben und wenn sie eine Unternehmenskultur ausprägen, die solche Mitarbeiter anzieht: Mitarbeiter, die mit voller Hingabe ihre Arbeit tun, die eine innere Verpflichtung dazu empfinden, eine Sache gut zu machen und darin immer besser zu werden, und die sich mit dem großen Ganzen identifizieren, in dem sie ein Teil sind. Mitarbeiter, die sich in ihrer Arbeit nicht nur um sich selber kümmern, um ihre eigene Selbstoptimierung, um die Steigerung ihrer Karrierechancen, Vermögensgüter und Machtdomänen, sondern fähig und bereit sind, um einer Sache willen zu arbeiten, die größer ist als sie selbst, dafür, Nutzen für andere zu stiften und sich für eine Sache einzusetzen, für ein Projekt, für ein Unternehmen, für eine Aufgabe, die Sinn macht und Sinn stiftet.

Im Unternehmenswettbewerb des 21. Jahrhunderts werden nur diejenigen Unternehmen nachhaltig erfolgreich sein können, die eine Kultur ausbilden, in der Differenzierungs-Fähigkeiten gefördert und stimuliert werden. Ich habe diese Kultur **„synaptische Unternehmenskultur"** genannt und an anderer Stelle ausführlich beschrieben.[4] Es ist eine Kultur, in der Menschen, die über diese Differenzierungs-Fähigkeiten verfügen, umfangreiche Freiräume zur Ausbildung und Nutzung dieser Fähigkeiten erhalten.

Daraus folgt auch:

Unternehmen werden nicht reüssieren können, wenn sie aus einer Ansammlung von Selbstoptimierern bestehen.

Ich bezeichne mit den Begriffen „Selbstoptimierung" und „Selbstoptimierer" eine bestimmte Haltung, einen bestimmten Habitus von Menschen in der Wirtschaftswelt des 21. Jahrhunderts. Die Begriffe „Selbstoptimierung" und „Selbstoptimierer" charakterisieren einen bestimmten Charaktertyp. Sie stellen eine abstrahierende Typisierung dar. Die Vielschichtigkeit des menschlichen Charakters passt niemals ohne Rest in das Begriffs-Format einer solchen Typisierung. Niemand ist ausschließlich ein Selbstoptimierer.

Deshalb ist diese Typisierung eine begriffliche Zuspitzung. Ihre Bedeutung resultiert daraus, dass sie einen bestimmten Trend anzeigt, eine Evolutionslinie, die in der Wirtschaftswelt des 21. Jahrhunderts eingraviert ist. Viele soziologische Studien indizieren, dass es in der Marktwirtschaft des 21. Jahrhunderts eine solche Evolutionslinie gibt, eine evolutionäre Dynamik, die diesen Charaktertyp des Selbstoptimierers fordert und fördert, – mit der Folge, dass dieser Charaktertyp im

---

[4] Siehe Prodoehl 2014.

marktwirtschaftlichen Entwicklungsprozess des 21. Jahrhunderts tendenziell zu einem dominanten, von der Evolution selektierten Charaktertypus werden kann.[5]

Ich werde später aufzeigen, dass und wie dieser Charaktertyp in der Wirtschaftswelt des 21. Jahrhunderts prämiert, ausgestanzt, ausgebildet, ja gefordert und gezüchtet wird.

Der Selbstoptimierer ist der Prototyp des abstrakten Menschen. Die Selbstoptimierung ist der dominante Charakterzug des abstrakten Menschen. Der abstrakte Mensch ist aber nicht nur ein Selbstoptimierer. Er ist mehr. Was dieses Mehr ausmacht, werde ich in Kap. 8 darlegen.

Selbstoptimierer sind die Wirtschafts-Monaden des 21. Jahrhunderts. Selbstoptimierung ist der Habitus von Wirtschaftsakteuren, die all ihr Tun und Denken auf das Ziel der individuellen Nutzenmaximierung hin fokussieren. Die Selbstoptimierer beziehen sich auf ihre Umwelt (andere Menschen; das Unternehmen, in dem sie arbeiten; die Aufgabe, die sie zu erfüllen haben) nicht moralisch-ethisch, sondern instrumentell. Ihre Beziehung zu den Elementen ihrer Umwelt hat für sie keine autotelische, sondern nur eine instrumentelle Bedeutungsdimension: Sie trägt ihren Zweck nicht in sich selbst (Griechisch: autos = selbst, telos = Zweck), sondern hat nur eine Bedeutung als Mittel zum Zweck der individuellen Nutzenmaximierung.

Selbstoptimierer sind deshalb gegenüber allen Elementen ihrer Umwelt, seien es andere Menschen, mit denen sie leben und arbeiten, sei es ein Unternehmen, in dem sie beschäftigt sind, grundsätzlich gleichgültig: All diese Elemente sind für die Selbstoptimierer, da nur Mittel zum Zweck der individuellen Vorteilsoptimierung, mit leichter Hand ersetzbar. Die Beziehungen zu diesen Elementen sind für die Selbstoptimierer ohne Skrupel und Bedenken aufkündbar.

Selbstoptimierer hegen von daher am Erfolg oder Misserfolg des Unternehmens, in dem sie arbeiten, kein primäres, sondern nur ein sekundäres Interesse. Der Unterschied zwischen primärem und sekundärem Interesse ist von grundlegender Bedeutung. Ich will ihn deshalb kurz erläutern.

Ein primäres Interesse hat ein Unternehmensakteur am Erfolg des Unternehmens dann, wenn seine Berufsidentität so mit der Identität des Unternehmens verflochten ist, wenn er sich also mit dem Unternehmen so sehr identifiziert, dass er den Erfolg des Unternehmens als seinen eigenen Erfolg und den Misserfolg des Unternehmens als seinen eigenen Misserfolg begreift.

Ein sekundäres Interesse hat ein Unternehmensakteur am Erfolg des Unternehmens dann, wenn er das Unternehmen ausschließlich als ein (grundsätzlich beliebig ersetzbares) Instrument zur Maximierung seines individuellen Nutzens ansieht. Dieser Unternehmensakteur wird nur dann ein Interesse am Unternehmenserfolg haben, wenn dieser Erfolg seinen individuellen Nutzen mehrt. Er wird entsprechend dann ein Interesse am Misserfolg des Unternehmens haben, wenn dieser Misserfolg ihm nutzt. Dieser Unternehmensakteur, dieser Selbstoptimierer kultiviert also grundsätzlich gegenüber dem Erfolg oder Misserfolg des Unternehmens eine habituelle Gleichgültigkeit. Er lässt ihn kalt.

---

[5] Vgl. Sennett 2000, Sennett 2005, Smith 2001.

Selbstoptimierer sind also Menschen, die ihre Umwelt dafür instrumentalisieren, ihren eigenen persönlichen Nutzen zu mehren, bestehe dieser Nutzen in materiellen Gratifikationen (d. h. in der Akkumulation von Vermögensgütern), in immateriellen Gratifikationen (d. h. in Statusattributen und Ritualen, die das eigene Ego erhöhen) oder in der Verleihung von Machtbefugnissen.

Unternehmen, die aus einer Ansammlung von Selbstoptimierern bestehen, sind deshalb chronisch in ihrer Wettbewerbsfähigkeit gefährdet und strukturell krisenanfällig, weil Selbstoptimierer nur in einem limitierten Umfang in der Lage sind, Differenzierungs-Fähigkeiten auszubilden. Selbstoptimierer können durchaus, wenn es das Unternehmen von ihnen verlangt, Plattform-Fähigkeiten demonstrieren; sie können in dem Rahmen, den das Unternehmen für ihre Berufstätigkeit absteckt, ihre Pflicht tun. Sie haben aber grundsätzlich nur ein eng begrenztes Repertoire von Differenzierungs-Fähigkeiten. Sind sie doch nicht in der Lage, sich autotelisch auf ihre Umwelt zu beziehen, d. h. eine Sache um ihrer selbst willen zu tun.

Charakteristisch für Selbstoptimierer ist, dass sie ein Werte- und Zielsystem kultivieren, das mit dem Werte- und Zielsystem des Unternehmens, in dem sie arbeiten, nicht übereinstimmen kann. Denn für sie ist das Werte- und Zielsystem des Unternehmens stets nur ein Mittel zur Verfolgung ihres individuellen Werte- und Zielsystems. Ein Mittel, dem sie grundsätzlich gleichgültig gegenüberstehen und das für sie dann, wenn es opportun ist, bedenkenlos außer Kraft gesetzt werden kann.

Diese habituelle Gleichgültigkeit des Selbstoptimierers gegenüber dem Werte- und Zielsystem des Unternehmens, in dem er arbeitet, ist für das Unternehmen ein strukturelles Problem. Denn in jedem Unternehmen geht es im Kern darum, die Werte- und Zielsysteme, die für das Unternehmen und für die Mitarbeiter gelten, zu verschränken. Anders gesagt: Es geht darum, die Ziele und die Werte, die für den Mitarbeiter wesentlich sind (die internen Referenzsysteme), mit den Zielen und Werten, die für das Unternehmen relevant sind (die externen Referenzsysteme), in Einklang zu bringen.

Gelingt diese Verschränkung, dann hat das Unternehmen beste Voraussetzungen, um sich in der erratischen und volatilen Wirtschaftsumwelt des 21. Jahrhunderts behaupten zu können. Gelingt sie nicht, besteht ein Unternehmen also aus einer Ansammlung von Selbstoptimierern, dann steuert ein Unternehmen hart am Rande des Abgrunds entlang, immer in der Gefahr, über diesen Rand hinauszustürzen.

Diese Verschränkung zu leisten, ist eine Kernaufgabe jedes Unternehmens. Sie ist aus den folgenden drei Gründen ein wesentlicher Faktor für den Erfolg von Unternehmen.

Zum Ersten deshalb, weil Unternehmen soziale Systeme sind. Soziale Systeme können in ihrer komplexen Umwelt nur dann optimal funktionieren, wenn jedes Element, jedes Teil dieses Systems (ein Mitarbeiter, eine Projektgruppe, eine Unternehmenseinheit etc.) organisch in das Ganze eingeflochten ist und mit dem Ganzen zusammenpasst. Sie ähneln darin einem Organismus, in dem jedes Organ nur dann erfolgreich arbeitet, wenn es auf den Erfolg des gesamten Organismus hin ausgerichtet ist.

Die Selbstoptimierung der Teile, unabhängig vom Ganzen, programmiert den Ruin des Ganzen.

Nehmen wir an, wir würden von verschiedenen Automarken jeweils Teile aussuchen, die für sich selbst optimal sind: den besten Zylinder von VW, den besten Antrieb von BMW, die beste Einspritzung von Ford, die besten Bremsanlagen von Toyota etc. Nehmen wir weiter an, wir würden diese jeweils für sich optimalen Teile zusammenbauen und daraus ein Auto konstruieren. Wir würden dann feststellen, dass dieses Auto zwar aus bestmöglichen Teilen besteht, aber alles andere als funktionsfähig ist. Es würde nicht von der Stelle kommen.

Nehmen wir weiter einen Arbeiter in einer Papierfabrik an, der die Aufgabe hat, eine Maschine zu bedienen. Der Arbeiter stellt eines Tages fest, dass ein bestimmtes Schmiermittel, das die Maschine benötigt, längst hätte erneuert werden müssen. Für die Erneuerung des Schmiermittels ist der Arbeiter aber nicht zuständig. Das ist die Aufgabe von Kollegen. Die haben es offenbar versäumt, das Schmiermittel rechtzeitig zu erneuern. Für den Arbeiter ist es nun durchaus im Kalkül der Selbstoptimierung funktional, dieses Versäumnis seiner Kollegen stillschweigend hinzunehmen. Denn es ist absehbar, dass die Maschine ohne das neue Schmiermittel bald funktionsunfähig werden wird. Für den Arbeiter bedeutet das eine mehrtägige Entspannungsphase, in der die Maschine umfangreich repariert werden muss. Er kann sich dann bei der Arbeit um eigene Interessen kümmern, seine Aktienengagements überprüfen, im Internet Einkäufe tätigen etc. Ihm wird niemand einen Vorwurf machen können, ist er doch für das Schmiermittel nicht zuständig. Auch wird er durch das Stillschweigen keine Karrierechancen einbüßen, denn diese hängen in seinem Unternehmen von ganz anderen Voraussetzungen ab als von einer proaktiven Sorge um das große Ganze (z. B. von der Nähe zu wichtigen Machthabern).

Nehmen wir einen Unternehmensführer, der zielgerichtet darauf hinarbeitet, sein Unternehmen an einen Private Equity Fonds zu verkaufen. Und nehmen wir zugleich an, dieser Verkauf wäre für die Sicherung der Zukunft des Unternehmens, für den Fortbestand und für das nachhaltige Wachstum des Unternehmens kontraproduktiv. Denn der Private Equity Fonds hat in unserem Beispielfall kein Interesse daran, das Geschäft des Unternehmens strategisch fortzuentwickeln. Sein einziges Interesse gilt der Tranchierung des Unternehmens und der gewinnträchtigen Veräußerung der tranchierten Unternehmensteile. Nehmen wir weiter an, der Unternehmensführer habe die Aussicht, im Falle dieses Verkaufs von dem Private Equity Fonds eine Erfolgsprämie in Millionenhöhe zu bekommen. Er bahnt diesen Verkauf durch vielfältige Management-Aktionen an, kassiert die Prämie, maximiert damit seinen individuellen Nutzen und überlässt das Unternehmen den Dispositionen der Raider. Er hat auf diese Weise mit Erfolg seinen Nutzen auf Kosten des Unternehmens gemehrt. Für ihn ist die Entkopplung seines Werte- und Zielsystems von dem Werte- und Zielsystems des Unternehmens ein Gebot seiner Selbstoptimierung.

Damit ein Unternehmen optimal funktionieren kann, müssen sich die Mitarbeiter des Unternehmens nicht als Selbstoptimierer, sondern als **Systemoptimierer** auf das Unternehmen beziehen.

Das bedeutet: Die Mitarbeiter müssen all ihr Denken und Handeln darauf ausrichten, dass sie einen funktionalen, sinnvollen Beitrag für das Unternehmen als Ganzes erbringen. Sie müssen dazu ihr eigenes Werte- und Zielsystem fortwährend mit dem Werte- und Zielsystem des Unternehmens zu synchronisieren versuchen. Sie sind gehalten, bei jeder Detail-Aktion und in jeder einzelnen Handlung darauf zu achten, dass sie den Erfolg des Unternehmens bestmöglich befördern.

Systemoptimierer kultivieren gegenüber dem Unternehmenssystem, in dem sie arbeiten, eine Haltung der **Loyalität**. Diese Haltung der Loyalität ist ein wesentliches Charakteristikum des Menschen, der als Systemoptimierer auftritt.

Loyal ist ein Mitarbeiter dann, wenn er sich ethisch-moralisch auf sein Unternehmen bezieht, weil er sich dem Unternehmen aus innerer Überzeugung verpflichtet und verantwortlich fühlt. Der loyale Mitarbeiter handelt gegenüber dem Unternehmen also nicht im instrumentellen Kalkül, sondern ethisch-moralisch. Er ist deshalb bereit und in der Lage, auch dann eine Aktion auszuführen, die für das Wohl des Unternehmens notwendig und relevant ist, wenn diese Aktion für ihn persönlich Nachteile oder Risiken mit sich bringt bzw. mit sich bringen kann. Er vollbringt diese Aktion, weil er damit seinem inneren Kompass, seinen moralischen Grundsätzen, seinem subjektiven Wertekodex folgt. Es ist dies ein Wertekodex, der einen unabdingbaren, nicht disponiblen Teil seiner Persönlichkeit und seiner Identität als Berufstätiger darstellt. Er handelt nach diesem Wertekodex, weil dies für ihn eine innere Verpflichtung ist.

Zum Zweiten ist die beschriebene Verschränkung der Werte- und Zielsysteme eines Unternehmens mit den Werte- und Zielsystemen der Unternehmensmitarbeiter für jedes Unternehmen erfolgskritisch, weil Unternehmen im 21. Jahrhundert in einer volatilen, erratischen marktwirtschaftlichen Umwelt operieren. In dieser Umwelt können die Unternehmen ihren Eigennutzen nur dann optimieren, wenn sie den **Primat des Fremdnutzens** beachten.

Das bedeutet: Unternehmen, die sich darauf fokussieren, sich selbst zu optimieren (ihren Gewinn, ihren Umsatz, ihren Marktanteil etc.), werden gegenüber konkurrierenden Unternehmen, die sich darauf fokussieren, den Kundennutzen zu optimieren, in der Regel unterlegen sein. Ein Unternehmen kann deshalb seinen eigenen Markterfolg nur dann nachhaltig steigern, wenn es sich bei all seinen Dispositionen davon leiten lässt, den Erfolg seiner Kunden zu mehren. Es muss von seinem Eigennutzen abstrahieren, um ihn steigern zu können.

Das Gleiche muss dann auch für die „Teile", die „Elemente" des sozialen Systems Wirtschaftsunternehmen gelten. Also auch für jeden einzelnen Mitarbeiter.

Konkret: Ein Unternehmen kann nur dann nachhaltig erfolgreich sein, wenn der Primat des Fremdnutzens auch zur Richtschnur des Denkens und Handelns der Unternehmensakteure wird.

Eine Optimierung des sozialen Systems „Unternehmen" ist demnach nur möglich, wenn die Mitarbeiter des Unternehmens nach der Maxime handeln: Indem ich den Nutzen Dritter mehre, mehre ich meinen eigenen. Indem ich mich darauf fokussiere, den Erfolg meiner Kunden zu optimieren, optimiere ich meinen eigenen Erfolg. Indem ich davon abstrahiere, was ich selbst will, und mich darauf konzentriere, was die Kunden wollen, verfolge ich meinen eigenen Willen. Indem ich uneigennützig für andere Nutzen stifte, steigere ich eigennützig meinen eigenen Nutzen. Nur dadurch, dass ich nicht auf Selbstoptimierung fokussiert bin, kann ich mich selbst optimieren. Wenn ich auf meinen eigenen Erfolg fokussiert bin, werde ich ihn verfehlen. Wenn ich mich auf den Erfolg anderer fokussiere, werde ich meinen eigenen Erfolg mehren.

> *Khalsa und Illig haben diese Dialektik des Erfolgs in folgende Worte gekleidet: „When we lose sight of helping our clients succeed and instead focus on our own success, clients perceive the difference negatively… The more important it is to meet your numbers, the more important it is to stop concentrating on your numbers and start concentrating on the clients' numbers. We are more successful when we concentrate on the success of others rather than on our own."[6]*

Zum dritten ist die beschriebene Verschränkung (der Werte- und Zielsysteme des Einzelnen und des Unternehmens) für Unternehmen deshalb existenznotwendig, weil Unternehmen im Wesentlichen ein Kooperationszusammenhang von Menschen sind. Menschen sind aber im Kern soziale Wesen. Es mag trivial anmuten, das zu betonen. Die Implikationen, die diese triviale Feststellung nach sich zieht, sind aber alles andere als trivial. Sie lassen sich in zwei Sätzen zusammenfassen: Bestleistungen bringen Menschen nur dann, wenn sie einen Sinn in diesen Leistungen sehen. Sinn aber können Menschen nur einer Arbeit beimessen, die eine transsubjektive Bedeutungsdimension hat, die also nicht nur Bedeutung für das jeweils arbeitende Subjekt hat, sondern auch für die Umwelt des Subjekts bzw. für andere Subjekte.

Sinn entsteht nur dort, wo das individuelle Tun eingebettet ist in einen überindividuellen Kontext. Dieser Kontext ist für Menschen, die soziale Wesen sind, die einen Gemeinsinn haben und Teile einer Gemeinschaft sind, immer ein sozialer Kontext. Sinn ist also im Kern eine soziale Kategorie. Menschen können ihrer Arbeit nur dann Sinn beimessen, wenn diese Arbeit eine soziale Relevanz hat.

Sinnvoll ist eine Arbeit also immer dann, wenn sie für andere einen Wert hat, wenn andere diese Arbeit brauchen. Der Arbeitende kann seiner Arbeit dann Sinn beimessen, wenn er davon ausgeht, dass diese Arbeit von anderen gebraucht wird, dass er wegen seiner Arbeit von anderen gebraucht wird, dass er für sie wichtig ist.

Entsprechend ist es für Menschen, die ausschließlich im Kalkül der Selbstoptimierung befangen sind, nicht möglich, ihrer Arbeit dauerhaft Sinn beizumessen.

Sinn hat auch immer eine institutionelle Bedeutungsdimension. Denn alle diejenigen, die in modernen Marktwirtschaften des 21. Jahrhunderts einer Arbeit nachgehen,

---

[6] Khalsa und Illig 2008, S. 12.

tun dies innerhalb einer sozialen Institution, – sei es ein Kleinunternehmen, eine mittelständische Firma oder ein Großunternehmen, das global tätig ist und eine Vielzahl von Produkten und Dienstleistungen anbietet. Immer geschieht wirtschaftliche Tätigkeit in der Marktwirtschaft in einem institutionellen Kontext. Ohne diesen Kontext ist sie nicht denkbar. Dieser institutionelle Kontext ist das soziale Gefäß, innerhalb dessen die Unternehmensakteure Sinn in ihrer Arbeit finden und stiften können. Es ist konstitutiv für diesen Sinnfindungsprozess. Ohne dieses soziale Gefäß kann Sinnfindung und Sinnstiftung nicht gelingen.[7]

Wer also in der Lage ist, seiner Arbeit Sinn beizumessen, wer imstande ist, Differenzierungs-Fähigkeiten auszubilden, intrinsisch motiviert zu arbeiten, eine Arbeit um ihrer selbst gut und stetig besser zu tun, der kann dies alles nur deshalb leisten, weil er die Institution, in der er arbeitet, als eine sinnvolle und sinnstiftende begreift, weil er sich mit dieser Institution identifiziert, weil er seine eigene Identität als Berufstätiger mit der Identität „seiner" Institution verschränken kann.

Zugespitzt formuliert: Wer im Wirtschaftsgetriebe des 21. Jahrhunderts tätig ist, kann nur dann dauerhaft und nachhaltig Differenzierungs-Fähigkeiten ausbilden, wenn er in der Lage ist, sich mit dem sozialen System zu identifizieren, in dem er arbeitet.

Daraus folgt: Unternehmen müssen heute eine **Kultur** ausbilden, in der sie die Differenzierungs-Fähigkeiten ihrer Mitarbeiter stimulieren und fördern, in der sie Mitarbeiter an sich binden, die fähig und bereit zur Identifikation sind, - zur Ausbildung dieser Differenzierungs-Fähigkeiten, zum Attachment, zur Identifikation mit dem Organismus des Unternehmensganzen, mit dem Fremdnutzen, den ihre Arbeit erzeugt, mit der sozialen Dimension ihrer Arbeitsaufgabe, mit dem überindividuellen Sinn, den ihre Arbeit hat. Es sind dies Mitarbeiter, die nicht als Monaden der Selbstoptimierung stets nur um sich selbst kreisen, sondern sich einem großen Ganzen verpflichtet fühlen.

Ich bezeichne diesen Mitarbeitertypus als konkreten Menschen oder als Systemoptimierer.

Es ist dies eine **Unternehmenskultur**, in der die Mitarbeiter ihre Fähigkeitspotenziale voll ausschöpfen und stetig weiterbilden, weil sie sich identifizieren mit einer sozialen Gemeinschaft, mit einer gemeinsamen Sache, mit einem Unternehmen.

Eine Kultur, in der sich die Mitarbeiter auch und gerade dann für das Unternehmen engagieren, wenn es in einer kritischen Lage ist (eine Lage, in der die Selbstoptimierer in der Regel von Bord oder in die innere Emigration gehen).

Eine Kultur, in der die Mitarbeiter mehr tun als ihre Pflicht, in der sie die Pflicht absolvieren (d. h. ihr Arbeitspensum bestmöglich erledigen) und zugleich ein Kürprogramm verfolgen (d. h. stetig danach trachten, den Nutzen, den ihre Arbeit für andere stiftet, zu optimieren).

Eine Kultur, in der die Berufsidentität jedes Einzelnen mit der Identität des Unternehmens, in dem er arbeitet, eng verflochten ist.

---

[7] Auf die besondere Institution der Ich-AG werde ich später noch eingehen. Bei der Ich-AG ist die Institution mit dem Subjekt identisch. Es ist dies die institutionelle Form der Existenz des Free Agents. Siehe dazu das Kap. 16.

Eine Kultur, in der die Mitarbeiter eine intrinsische Verpflichtung („Commitment") dazu empfinden, eine Aufgabe gut zu erledigen, und zugleich eine innere Verpflichtung dazu empfinden, für den Erfolg „ihres" Unternehmens zu wirken.

Eine Kultur, in der vice versa auch das Unternehmen sich seinen Mitarbeitern gegenüber verpflichtet fühlt, in der sich das Unternehmen nicht bzw. nicht nur instrumentell auf seine Mitarbeiter bezieht, sondern auch und gerade zweckhaft.

Eine Kultur also, in der Mitarbeiter nicht als Menschenmaterial und Humankapital, sondern als essentielles Element des Unternehmenszwecks und der Unternehmensidentität angesehen werden.

Eine Kultur, in der die Mitarbeiter als die Träger eines Unternehmens gelten, in dem es zur Unternehmens-DNA gehört, die Ziele und Werte des Unternehmens stetig aufs Neue mit den Zielen und Werten der Mitarbeiter in Einklang zu bringen.

Die US-amerikanische Soziologin Vicki Smith merkt dazu an: „The necessity of having access to meaningful work opportunity and being able to develop commitments to the work we do and to the institutions where we carry it out is a given for sociologists and political theorists."[8]

Es ist dies zugleich eine Unternehmenskultur, in der Vertrauen ausgebildet wird, das Vertrauen der Mitarbeiter darin, dass das Unternehmen stetig daran arbeitet, seine Referenzsysteme mit denen der Mitarbeiter zu verschränken, und das Vertrauen des Unternehmens darauf, dass die Mitarbeiter ihrerseits bereit und in der Lage sind, ihrer persönlichen Referenzsysteme mit denen des Unternehmens zu harmonisieren.

Dieses Vertrauen wiederum kann nur ausgebildet werden in einer Unternehmenskultur, in der Beziehungen langfristig wachsen können, in der der Aufbau langfristiger Beziehungen gefördert und gefordert wird. Denn Vertrauen bildet sich nur dort, wo Kontinuität in der Ausbildung von Beziehungen zwischen den Unternehmensakteuren herrscht. Vertrauen bedarf eines Milieus, in dem sich diese Beziehungen verlässlich stabil und langfristig berechenbar entwickeln können.

„Wir kennen zwei Formen von Vertrauen: formelles und informelles. Formelles Vertrauen heißt, dass zwei Parteien, die miteinander in Kontakt treten, glauben, die jeweils andere Partei werde sich an die bei solchen Kontakten üblichen Regeln halten. Informelles Vertrauen hängt davon ab, ob man den anderen kennt und weiß, dass man sich auf ihn verlassen kann, vor allem wenn die Gruppe unter Druck gerät. Wer bricht unter der Last zusammen und wer wächst über sich hinaus? Informelles Vertrauen braucht Zeit zu ihrer Entwicklung."[9]

---

[8] Smith 2001, S. 177.
[9] Sennett 2005, S. 59.

Welch große Bedeutung dieses informelle Vertrauen für das bestmögliche Funktionieren von großen Institutionen hat, ist vielfach in der soziologischen Literatur dargelegt worden.[10] Es ist eine wesentliche Quelle, aus der Produktivität erwächst, Qualitätsmanagement gespeist wird und Kreativität fließt.

> **Die Identitätsökonomie nach Akerlof and Kranton und der konkrete Mensch als Systemoptimierer**
> Der US-amerikanische Wirtschafts-Nobelpreisträger George A. Akerlof hat gemeinsam mit der Wirtschaftswissenschaftlerin Rachel E. Kranton den Ansatz der Identitätsökonomie entwickelt.[11] Nach diesem Ansatz wird das Verhalten von Menschen in Wirtschaftsunternehmen daraus abgeleitet und erklärt, welchen sozialen Kategorien diese Menschen angehören (Mann/Frau, Altersgruppen, soziale Schichten, Qualifikationsgruppen etc.), welche Verhaltensnormen in diesen jeweiligen sozialen Kategorien gelten, welche Identitäten die jeweiligen Menschen haben (entsprechend den verschiedenen sozialen Kategorien, denen sie angehören) und welche Entscheidungen die Menschen treffen müssen, um ihre jeweilige Identität zu festigen und ihren Identitätsnutzen zu optimieren (das ist der Nutzen, der für die Menschen dadurch entsteht, dass sie im Einklang mit den Normen ihrer jeweiligen sozialen Kategorie handeln).
>
> Mit diesem Ansatz der Identitätsökonomie wollen sich Akerlof und Kranton von der klassischen wirtschaftswissenschaftlichen Sicht auf den Homo oeconomicus absetzen. Nach dem Menschenbild des Homo oeconomicus ist der Wirtschaftsmensch primär durch materielle Interessen und materielle Nutzenerwägungen motiviert und verhaltensgesteuert.
>
> Akerlof und Kranton teilen auf Basis ihres identitätsökonomischen Ansatzes die Menschen, die in Wirtschaftsunternehmen handeln, in zwei soziale Kategorien ein: Insider nennen sie solche Menschen, „die sich mit ihrer Firma (oder Organisation) identifizieren." „Wir nehmen an, Insider seien der Ansicht, dass sie für die Firma arbeiten **sollten**. Ihr Idealbild beinhaltet, sich sehr anzustrengen." (Akerlof und Kranton 2011, S. 51) Außenseiter nennen sie hingegen diejenigen Menschen, die „sich nicht mit der Firma identifizieren." Außenseiter finden, „dass sie sich möglichst wenig anstrengen sollten; sie denken nur an sich selbst, nicht an den Betrieb, für den sie arbeiten." (ebd.)
>
> Akerlof und Kranton folgern daraus: „Eine Insiderin maximiert ihren Identitätsnutzen, indem sie Höchstleistungen erbringt. Sie braucht keinen großen finanziellen Anreiz, um sich selbst zu harter Arbeit zu motivieren. Dagegen hat eine Außenseiterin einen geringeren Identitätsnutzen, wenn sie hart arbeitet. Sie muss durch einen höheren Lohnanreiz zu harter Arbeit motiviert werden, damit sie für den Verlust an Identitätsnutzen entschädigt wird." (ebd., S. 52)

---

[10] Vgl. Weick 1995; Weick und Sutcliffe 2010; Luhmann 1973.
[11] Siehe dazu: Akerlof und Kranton 2011; vgl auch zum Identitätskonzept in der modernen Wirtschaft: Davis 2011.

> Für die Unternehmensführung bedeutet dies, so Akerlof und Kranton, „dass gutes Management darauf abzielt, motivierte Insider und nicht entfremdete Außenseiter als Beschäftigte zu haben" (ebd., S. 59), und „dass der Erfolg einer Organisation davon abhängt, dass die Beschäftigten ihre Ziele teilen. Wenn dies nicht der Fall ist, dann unterlaufen sie alle Systeme, nach denen sie entlohnt werden." (ebd., S. 71). „Wenn sich die Beschäftigten als Insider und nicht als Außenseiter ihrer Firma fühlen, sind geringere finanzielle Anreize notwendig, damit sie volle Leistung erbringen. Auch die Probleme, die dadurch entstehen, dass Beschäftigte Anreizsysteme unterlaufen, werden dadurch stark reduziert. Die Identifikation der Beschäftigten mit dem Betrieb ist deshalb ein wichtiger Faktor, ja vielleicht sogar der wichtigste Faktor für den Erfolg oder Misserfolg von Organisationen." (ebd., S. 73)
>
> Um das in meine Terminologie zu übersetzen, kann man festhalten: Akerlof und Kranton halten es für erfolgskritisch, dass Unternehmen möglichst viele konkrete Menschen und Systemoptimierer beschäftigen und den Anteil von Selbstoptimierern und abstrakten Menschen in ihrer Belegschaft möglichst zurückdrängen.
>
> An diesem Punkt bricht die Reflexion von Akerlof und Kranton ab. Sie stellen schlicht fest, dass es für den Erfolg eines Unternehmens entscheidend ist, Mitarbeiter zu haben, die sich mit dem Unternehmen identifizieren, Mitarbeiter, die aufgrund einer inneren Verpflichtung, die sie empfinden, dem Unternehmen selbstlos dienen (vgl. ebd., S. 54) und in Treue fest zum Unternehmen stehen.
>
> Akerlof und Kranton berücksichtigen nicht, dass die globale Ökonomie im 21. Jahrhundert genau diese Eigenschaften und Identitäten bei den Wirtschaftsmenschen fortlaufend untergräbt und diskreditiert. Darauf werde ich im Folgenden näher eingehen.

All das, was ich zur Relevanz von konkreten Menschen und Systemoptimierern in neuzeitlichen Wirtschaftsunternehmen dargestellt habe, ist nur die eine Seite der Medaille.

Unternehmen benötigen, wie dargelegt, in der globalen Wirtschaftswelt des 21. Jahrhunderts Mitarbeiter mit Differenzierungs-Fähigkeiten, sie **brauchen konkrete Menschen und Systemoptimierer**, die eigeninitiativ, innovativ und passioniert arbeiten, die bereit und fähig sind, sich mit einer Aufgabe und einer Institution zu identifizieren, für das große Ganze zu arbeiten, ihren Erfolg in der Maximierung des Erfolgs für andere zu erkennen, eine Sache um ihrer selbst willen gut zu tun, mehr zu tun als ihre Pflicht. Sie brauchen Charaktere, die sich grundsätzlich, in all ihrem Tun und Denken von dem Charaktertypus des Selbstoptimierers unterscheiden.

Und sie brauchen auch genau das Gegenteil. Ja, sie bilden stetig dieses Gegenteil aus, fördern und fordern es.

Die Mechanik der marktwirtschaftlichen Welt des 21. Jahrhunderts stanzt unablässig jenen Charaktertypus des abstrakten Menschen, des Selbstoptimierers aus.

Die Evolutionsdynamik, die diese Wirtschaftswelt freisetzt, prämiert und stimuliert das Fortschreiten eines Prozesses, in dem dieser Selbstoptimierer zu einem dominanten Charaktertypus wird.

Es ist dies eine Evolutionsdynamik, die sich in den vergangenen Jahrzehnten herausgebildet hat. Die Marktwirtschaft des 21. Jahrhunderts unterscheidet sich grundlegend von der Wirtschaftswelt des 20. Jahrhunderts. Dieser Unterschied ist tiefgreifend und drastisch. Er greift in die Strukturen der Unternehmenswelt genauso hart ein wie in die Psyche der Menschen, die in dieser Welt leben. Es ist ein Eingriff, der allmählich fortschreitet.

Die Tragweite dieser Transformation der Wirtschaftswelt des 21. Jahrhunderts gegenüber der des 20. Jahrhunderts ist erst in Ansätzen erkannt und aufgedeckt.[12]

Die US-amerikanische Soziologin Vicki Smith hat diese Transformation, die sie „turn-of-the-century great divide"[13] nennt, für die Wirtschaftswelt der USA im 21. Jahrhundert wie folgt beschrieben:

> *„As we enter the twenty-first century, American workers, social scientists, and policy makers are confronted by a bewildering set of changes in the world of work and employment. Downsizing, restructuring, the increased use of contingent labor, together with economic prosperity, progressive work reform, and job creation – all amply documented in the media and in academic studies – have created a wholly new playing field for those who work for wages in the United States."*[14]

Die Umwelt, in der sich Unternehmen im 21. Jahrhundert bewegen müssen, ist erheblich komplexer, erratischer, volatiler und unberechenbarer als die Umwelt, mit der die Unternehmen bis in die 70er des 20. Jahrhunderts konfrontiert waren. Sie ist eine grundsätzlich andere Umwelt. Sie unterscheidet sich nicht nur graduell, sondern strukturell von der Unternehmensumwelt des 20. Jahrhunderts. Deshalb ist es durchaus angezeigt, von einer neuen Ära der marktwirtschaftlichen Evolution zu sprechen, die sich seit den 70er-Jahren des 20. Jahrhunderts herausgebildet hat.

In der englischen Sprache hat sich für diese neue Unternehmensumwelt ein neues Wort herausgebildet: Sie wird dort „Vuca-World" genannt. „Vuca" ist ein Kunstwort, gebildet aus den Anfangsbuchstaben der Worte Volatility, Uncertainty, Complexity, Ambiguity.[15]

---

[12] Vgl. Prodoehl 2014, S. 7–25.
[13] Smith 2001, S. 159.
[14] Smith 2001, S. 3.
[15] Vgl. OrganisationsEntwicklung Nr. 4/2015: Komplexität kultivieren. Das VUCA Paradigma im Management.

Vicki Smith beschreibt diese Unternehmensumwelt des 21. Jahrhunderts wie folgt: „It sometimes appears that the only certainty is uncertainty, that the only trend we can predict is continued unpredictability."[16]

Für diese disruptive Wandung der Unternehmensumwelt habe ich an anderer Stelle fünf Gründe und Hintergründe aufgezeigt: das Voranschreiten einer globalen wirtschaftskulturellen Homogenisierung, die globale Evolution der Informations- und Kommunikationstechnik, der globale Trend zur staatlichen Deregulierung, die Abschwächung der Geltungskraft von Normen und der Bindungskraft von Institutionen und die tendenzielle Brechung der marktwirtschaftlichen Dynamik an der Eigendynamik ökologischer Systeme.[17]

Die Unternehmen müssen sich in dieser neuartigen Unternehmensumwelt behaupten. Das können sie nur, wenn sie sich selbst mit dieser Umwelt wandeln, wenn sie sich an die Strukturen ihrer Umwelt anpassen. Sie müssen selbst komplexer, erratischer, volatiler und unberechenbarer werden als sie es früher waren. Sie sind zu diesem Strukturwandel gezwungen, wollen sie in der neuen Unternehmensumwelt des 21. Jahrhunderts überleben und reüssieren.

Es ist dies ein Strukturwandel, der die Wirtschaftswelt des 21. Jahrhunderts maßgeblich prägt. Ich nenne diese neue Ära der marktwirtschaftlichen Evolution, die für das 21. Jahrhundert kennzeichnend ist, die **Ära der Restrukturierungs-Ökonomie**. Es ist dies eine Ära zugespitzter globaler Konkurrenz, dramatischen und erratischen Wandels und einer immer schnelleren Entwertung von Besitzständen, Gewissheiten und Kompetenzen.[18]

Die Unternehmen, die sich in dieser Restrukturierungs-Ökonomie behaupten müssen, können das nur, indem sie einen Strukturwandel vollziehen, indem sie sich zu **transformationalen Unternehmen** wandeln, zu Unternehmen, die sich einer permanenten Transformation aussetzen und die auf permanente Transformation hin programmiert sind.

Dieser Strukturwandel hat dramatische Auswirkungen auf die Position der Unternehmensakteure im Unternehmen, seien es einfache Mitarbeiter, seien es Angehörige des mittleren Managements, seien es Top-Manager. Für sie alle gilt, dass sich die Rahmenbedingungen, innerhalb derer sie im 21. Jahrhundert arbeiten müssen, gegenüber den früheren Epochen der marktwirtschaftlichen Evolution radikal gewandelt haben und weiter wandeln werden.

In dieser Restrukturierungs-Ökonomie des 21. Jahrhunderts können die transformationalen Unternehmen ihren Mitarbeitern das nicht mehr bieten, was Unternehmen im 20. Jahrhundert ihren Mitarbeitern in der Regel bieten konnten: einen langfristigen Planungshorizont, eine zuverlässige Berechenbarkeit der Weiterentwicklung

---

[16] Ebd.

[17] Vgl. Prodoehl 2014, S. 7–25.

[18] Siehe dazu die Arbeiten des US-amerikanischen Organisationsökonomen Christopher Worley, in denen dieses Phänomen der Restrukturierungs-Ökonomie umfassend beschrieben wird. Worley folgert daraus, dass jede Organisation und jeder Mitarbeiter in dieser neuen Welt „ready to change" sein müsse: Lawler und Worley 2006; Worley et al. 2014.

der eigenen beruflichen Position und Karriere, eine kalkulierbare Verkopplung von Leistung und Gratifikation, eine langfristige Stetigkeit der eigenen Arbeitsumwelt, einen kontinuierlichen Aufbau von Qualifikationen, Vertrauensbeziehungen und Ansprüchen der Mitarbeiter an das Unternehmen.

All diese Merkmale eines Beschäftigungssystems, das es den Menschen erlaubte, eine stabile berufliche Identität auszubilden, werden im 21. Jahrhundert mehr und mehr zu einem Anachronismus.

> Die britische Soziologin Lynda Gratton beschreibt diese Wirtschaftswelt des 21. Jahrhunderts als eine Welt, in der Vertrauen chronisch verfällt: Sie belegt mit einer Vielzahl von Studien den neuzeitlichen „decline of trust in institutions". Zu diesem „present ebbing of trust" merkt sie an: „The ebbing of trust has also occurred as a result of the increasing short-term nature of working contracts." (Gratton 2011, S. 98 ff.)

Die Botschaften, die die Restrukturierungs-Ökonomie und die transformationalen Unternehmen des 21. Jahrhunderts für die Unternehmensakteure bereithalten, lauten zugespitzt:

Wer eine langfristig berechenbare berufliche Perspektive sucht, der muss sie außerhalb der Wirtschaftswelt des 21. Jahrhunderts suchen. Wer in dieser Wirtschaftswelt eine berufliche Heimat sucht, in der er sukzessive, über längere Zeiträume hinweg Kompetenzen, Beziehungen und Besitzstände aufbauen kann, der wird heimatlos bleiben. Wer eine emotionale Bindung an seinen Arbeitgeber aufbauen will, der läuft Gefahr, dafür einen hohen Preis bezahlen zu müssen. Wer eine berufliche Umgebung sucht, innerhalb derer gute Leistung verlässlich gut und langfristig berechenbar belohnt wird, der hängt Illusionen nach.

> *Michael Lewis schrieb dazu im Jahr 2000 in der „New York Times" mit Blick auf den „corporate socialism" des 20. Jahrhunderts, in dem Unternehmen noch das Ethos hatten, sich an ihre Mitarbeiter zu binden und ihre Mitarbeiter an sich zu binden: „The corporate socialism that constrained the old-fashioned worker had its benefits. ... When things went bad there was at least a pretense that the company bore some responsibility for the worker's fate. In some cases this assurance wasn't worth all that much but in many others it was worth quite a lot. Now that pretense has nearly vanished. Guess what that means? You're on your own."[19]*

---

[19] Michael Lewis: The Artist in The Gray Flannel Pajamas. In: The New York Times Magazine, March 5, 2000.

Die Restrukturierungs-Ökonomie ist eine Wirtschaftsform chronischer Volatilität und erratischer Unberechenbarkeit: Unternehmen werden beständig umstrukturiert, um ein bestehendes Leistungsniveau zu verbessern. Geschäftsbereiche von Unternehmen werden geschlossen, neu aufgebaut oder grundlegend renoviert. Unternehmen werden verkauft und gekauft, mit anderen Unternehmen fusioniert oder unter andere Unternehmen subsumiert. Neue Eigentümer verändern drastisch die Strategie und Struktur des Unternehmens. Eine Unternehmenskrise fordert drastische Einschnitte. Im Zuge einer „Post Merger Integration" greifen umfangreiche Restrukturierungen. Abnehmende Kunden-Loyalität und zunehmende Kunden-Volatilität zwingen Unternehmen zu ständigen Anpassungen. Disruptive technische Evolutionen und disruptive Geschäftsmodell-Innovationen revolutionieren die Rahmenbedingungen, die für ein Unternehmen bedeutsam sind, und nötigen das Unternehmen zu dramatischen Veränderungen. Neue Umweltphänomene machen einen drastischen Turnaround unabdingbar: der Zutritt neuer Wettbewerber, die Neupositionierung von Wettbewerbern, die Wandlung des Kundenverhaltens, ökologische Veränderungen, technische Innovationen, staatliche Regulierungs- oder Deregulierungsmaßnahmen etc. Solche neuen Umweltphänomene treten in der Restrukturierungs-Ökonomie immer häufiger, immer abrupter und immer unberechenbarer auf.

In dieser Wirtschaftswelt des 21. Jahrhunderts ist der Bestand des Bestehenden ebenso unsicher wie die Fortgeltung von Gewissheiten. Es ist eine Welt, in der alles Feste verflüssigt, alles Stabile unterminiert, alles Vertraute verfremdet wird. In dieser Welt werden alle Sicherungen beständig pulverisiert, werden Erwartungen stetig mit dem Unerwarteten konfrontiert, wird die Zukunft ein volatiles, unvorhersehbares, unplanbares Phänomen.

In dieser Wirtschaftswelt des 21. Jahrhunderts werden die Unternehmensakteure mehr und mehr Verhaltens- und Denkanforderungen ausgesetzt, die quer liegen zu dem oben dargestellten Typus des Systemoptimierers, des konkreten Menschen, der seine Arbeitsleistung auf der Grundlage von Differenzierungs-Fähigkeiten erbringt.

Es sind die sozialen Verhältnisse, die das individuelle Verhalten prägen und innerhalb derer das Verhalten ausgebildet wird. Die Wirtschaftswelt des 21. Jahrhunderts schafft Verhältnisse, präformiert Strukturen, die den Wirtschaftsakteuren einen bestimmten Kordon von Verhaltens- und Denkweisen vorgeben. Wer tauglich für diese Wirtschaftswelt werden will, muss sein Verhalten und Denken an diese Vorgaben anpassen. Er muss sich zumindest darum bemühen, muss darauf bedacht sein, sein Denken und Handeln tendenziell, allmählich und sukzessive an diese Vorgaben anzunähern.

Diese **Verhaltens- und Denkvorgaben der globalen Wirtschaftswelt des 21. Jahrhunderts** lassen sich wie folgt charakterisieren:

Der Wirtschaftsakteur muss sich selbst so abrichten, dass er in der Lage ist, jede emotionale Bindung, jede affektive Beziehung zu oder jede ethisch-moralische Identifikation mit Personen oder Sachen ohne Bedauern, ohne Bedenken und ohne Betroffenheit von heute auf morgen zu beenden, einzuäschern und hinter sich zu lassen.

Wenn er einer beruflichen Aufgabe nachgeht, muss er sich so konditionieren, dass er dann, wenn ihm eine neue Aufgabe anbefohlen wird, mit leichter Hand die alte Aufgabe vergessen und zur neuen Aufgabe übergehen kann. Er darf an dieser alten Aufgabe nicht „hängen", nicht so an sie gebunden sein, dass er nur mit Schmerzen von ihr lassen kann.

Wenn ein Unternehmensakteur seine berufliche Identität auf bestimmte Kompetenzen gründet, die er sich in langjähriger Arbeit angeeignet hat, auf einen bestimmten Wissensfundus, eine ausgeprägte Erfahrung, eine besonderen Fertigkeit, dann muss er sich so an die neue Wirtschaftswelt assimilieren, dass er ohne emotionale Bedenken in der Lage ist, all diese Kompetenzen wegzuwerfen und sich neue anzueignen.

Und er muss das in der Gewissheit tun, dass er jederzeit, abrupt und disruptiv, an einen neuen Arbeitsort, in ein neues Unternehmen hineingeworfen werden kann und dass er dort völlig neu wird anfangen müssen.

> *Es wundert deshalb nicht, wenn das Meinungsforschungsinstitut Gallup bei einer empirischen Erhebung zur emotionalen Mitarbeiterbindung in deutschen Unternehmen („Gallup Engagement Index") im Jahr 2015 zu dem Ergebnis gekommen ist, dass nur etwa 16 Prozent der Befragten eine hohe Bindung zu ihrem Arbeitgeber verspüren. 84 Prozent bekundeten eine geringe oder gar keine emotionale Bindung gegenüber ihrem Arbeitgeber, haben innerlich gekündigt oder machen Dienst nach Vorschrift.[20]*

Der Unternehmensmitarbeiter im 21. Jahrhundert muss sich so erziehen, dass er jede Bindung, jede Anhänglichkeit, jede Identifikation mit seinem Unternehmen mit einem Wimpernschlag in sich auslöschen kann. Denn wenn er aus irgendwelchen Gründen aus diesem Unternehmen hinauskatapultiert wird oder wenn das Unternehmen aus dem Markt hinausbefördert wird oder wenn das Unternehmen ihn an einen Arbeitsplatz versetzt, der für ihn unbefriedigend, unangenehm oder deprimierend ist, muss er in der Lage sein, seine emotionale Verbundenheit mit diesem Unternehmen ohne Schmerzen aufzukündigen. Er muss das tun, um entweder in diesem Unternehmen auf einem unbefriedigenden Arbeitsplatz weiter arbeiten zu können, ohne darunter zu leiden. Oder um sich ein neues Unternehmen zu suchen, ohne dem alten Unternehmen innerlich noch verhaftet zu sein.

Wenn unser Unternehmensakteur mit Kollegen zusammenarbeitet, in einer Arbeitsgruppe, dann muss er in sich die Fähigkeit ausbilden, diese Beziehungen ohne innere Beteiligung kurzfristig aufzugeben und hinter sich zu lassen. Er muss diese Fähigkeit haben, wenn er abrupt in eine andere Unternehmenseinheit versetzt, mit völlig anderen Kollegen zusammengebracht wird, oder wenn seine Arbeitsgruppe durch eine Entscheidung von oben auseinandergesprengt wird, oder wenn er das Unternehmen wechseln muss. In der volatilen Wirtschaftswelt, in der er arbeitet,

---

[20] Siehe dazu: http://www.gallup.de/183104/engagement-index-deutschland.aspx.

kann er es sich nicht erlauben, starke Gefühlsbindungen zu Arbeitskollegen zu entwickeln, weil solche Bindungen seine Fähigkeit und Bereitschaft zu schnellem Wandel, umfassender Flexibilität und unbedingter Mobilität untergraben würden.

Der Wirtschaftsmensch des 21. Jahrhunderts muss flexibel adaptionsfähig und elastisch umprogrammierbar sein. Er muss nicht nur wandlungsbereit sein, sondern mehr: permanent wandlungsoffen, wandlungsaffin, für Wandel programmiert, auf schnellen Wandel geeicht.

All das kann der Wirtschaftsmensch im 21. Jahrhundert nur sein, wenn er jene Eigenschaft in sich austilgt, die im Kern den konkreten Menschen auszeichnet: die Befähigung und das Bedürfnis zur Identifikation mit einer Organisation, zum „Commitment".

> Die US-amerikanischen Soziologen Warren G. Bennis und Philip E. Slater haben dies schon im Jahr 1968, als sich das Zeitalter der Restrukturierungs-Ökonomie erst in Ansätzen abzeichnete, seismografisch erkannt: Sie schreiben über den neuen Wirtschaftsmenschen, den „professional man": „They are not good company men; they are uncommitted." Sie beschreiben dann „the advantageous position of the uncommitted under conditions of rapid social change." Die besteht, so Bennis und Slater, darin, dass der „uncommitted man" in einem Zeitalter rapiden Wandels adaptionsfähiger ist als der, der sich identifiziert: „Thus it was those least committed to the old cultural pattern who were best able to turn the new environment to their advantage – to seize and mold a new pattern under new conditions."[21]

Der ideale Wirtschaftsakteur in der volatilen, erratischen Wirtschaftswelt des 21. Jahrhunderts, einer, der ideal an die Anforderungen dieser Welt angepasst ist, einer, den die Wirtschaftsevolution auf ideale Weise für das Überleben und Reüssieren in dieser Welt ausgerüstet und ausgestattet hat, ist der **abstrakte Mensch**.

Es ist auch dies eine begriffliche Abstraktion, ebenso wie der Charaktertypus des Selbstoptimierers.[22] Der abstrakte Mensch ist ein sozialer Charaktertypus, den es so, wie er hier, in Reinform, beschrieben wird, in der Realität nicht gibt. Es ist aber genau der Charaktertypus, der in der Wirtschaftswelt des 21. Jahrhunderts nahegelegt, eingefordert, prämiert und bevorzugt wird. Und es ist deshalb genau dieser Charaktertypus, der bei den Charakteren, die in der Wirtschaftswelt des 21. Jahr-

---

[21] Bennis und Slater 1968, S. 12, 25 und 27.
[22] Diese begriffliche Abstraktion bei der Darstellung von sozialen Charaktertypen hat bereits David Riesman in seinem epochalen Werk „Die einsame Masse" hervorgehoben. „Schließlich muß darauf hingewiesen werden, daß soziale Charaktertypen Abstraktionen darstellen. Sie beziehen sich auf lebende, konkrete menschliche Wesen; um sie aufstellen zu können, muß ... vom echten Individuum erst die ‚Persönlichkeit', davon der ‚Charakter' und davon schließlich das gemeinsame Element, das den ‚sozialen Charakter' ausmacht, abstrahiert werden." (Riesman 1958, S. 45 f.)

hunderts reüssieren werden, mehr und mehr eine dominante Rolle spielen wird, spielen muss. Er wird zunehmend diese Erfolgs-Charaktere dominieren.

Dieser Charaktertypus wird also mehr und mehr den Charakter der Gewinner im Wirtschaftsgetriebe des 21. Jahrhunderts prägen. Er wird sich mehr und mehr durchsetzen. Er wird zum hegemonialen Charakter in der Restrukturierungs-Ökonomie und in den transformationalen Unternehmen werden. Dafür wird die biologisch-soziale Evolution sorgen. Sie wird die Kreise derjenigen einengen, die sich jenem Charaktertypus verweigern. Und sie wird die Macht und den Einfluss derjenigen erweitern, die ihren Charakter mehr und mehr jenem Charaktertypus des abstrakten Menschen anbequemen.

Die Evolution der Wirtschaftswelt im 21. Jahrhundert befördert allmählich diesen Selektionsprozess, diesen Prozess der Selektion der am besten an die Bedingungen dieser Wirtschafswelt angepassten Charaktere. Aus diesem Selektionsprozess gehen diejenigen Akteure als Gewinner und Erfolgstypen hervor, deren Charakter sich bestmöglich und weitestgehend an den Idealtypus des abstrakten Menschen angenähert hat. Es ist dies ein Prozess des neuzeitlichen Darwinismus, einer von der neuzeitlichen Wirtschaftswelt erzwungenen charakterlichen Assimilation und Selektion.

Der abstrakte Mensch hat in der Wirtschaftswelt eine Fähigkeit ausgebildet, die ihn grundsätzlich vom konkreten Menschen unterscheidet. Es ist dies die Fähigkeit zu einer besonderen Form des „Detachment", der Indifferenz: **die Fähigkeit zur Gleichgültigkeit gegenüber dem langfristigen Fortbestand alles Bestehenden.** Der abstrakte Mensch hat sich so weit wirtschaftskonform ausgebildet, dass er gegenüber der Fortgeltung alles dessen, was ist, eine Haltung der Indifferenz kultiviert.

Dieser Habitus der **Gleichgültigkeit gegenüber Langfristigkeit** wird im Zuge jener Evolution mehr und mehr zu einem prägenden Merkmal der Wirtschaftskultur des 21. Jahrhunderts. Sie wird damit auch graduell ein dominanter Kulturfaktor in den Gesellschaften der Restrukturierungs-Ökonomie.

Der abstrakte Mensch identifiziert sich selbst mit nichts und mit niemandem. Denn jede Identifikation ist auf Dauer gestellt, ist auf Langfristigkeit gerichtet. Dem abstrakten Menschen ist es völlig gleichgültig, in welchem konkreten Unternehmen er morgen arbeitet, mit welchen konkreten Arbeitskollegen er morgen kooperiert, mit welchen konkreten Menschen er morgen eine Beziehung eingeht, welcher konkreten Aufgabe er morgen nachgeht. Wichtig ist ihm nur, dass alles, was er tut, seinen individuellen Nutzen maximiert und optimiert.

Was diesen individuellen Nutzen ausmacht, definiert jeder abstrakte Mensch für sich allein. Der Nutzen, den er optimieren und maximieren will, kann aus materiellen Gratifikationen bestehen (Geld, Vermögensgüter) oder aus immateriellen Gütern (Macht, Einfluss, Spaß, Wohlbefinden, Wertschätzung etc.). Der eine abstrakte Mensch mag nach der Steigerung seiner Wettbewerbsfähigkeit und seines Marktwertes trachten, der andere nach der Erweiterung seiner Kompetenzen und Qualifikationen, ein dritter nach Ressourcen, die ihm sinnlichen Genuss bereiten, und so fort.

Der abstrakte Mensch ist imaginär und real zugleich. Lassen wir uns deshalb einmal zur Veranschaulichung des abstrakten Menschen auf einen imaginären Vortrag ein. Dieser Vortrag hat tatsächlich nirgendwo und niemals stattgefunden. Doch könnte er überall und jederzeit stattfinden. Er ist deshalb imaginär und real zugleich.

Wir treten ein in den großen Konferenzraum einer Firmenzentrale irgendwo in Deutschland. Dort haben sich etwa 100 leitende Mitarbeiter der Firma versammelt, um diesen Vortrag zu hören. Auf der Bühne des Konferenzraumes steht vor einem Rednerpult ein Mitdreißiger mit schwarzer Hornbrille, schmalem Gesicht und wachen Augen. Er hat den Titel seines Vortrags auf einem Chart an die Wand gebeamt. „Der abstrakte Mensch" ist dort zu lesen.

Der Redner rückt das Mikrofon zurecht, das vor dem Pult steht, und beginnt zu sprechen.

Vortrag

„Meine Damen und Herren, das Thema meines Vortrags lautet: ‚Der abstrakte Mensch.' Es ist ein sehr aktuelles Thema und ich freue mich darüber, dass ich von der Personalchefin der Firma gebeten wurde, Sie heute durch dieses Thema zu führen.

Der abstrakte Mensch ist das Produkt einer Züchtung. Der Züchter ist die Wirtschaftsordnung unserer Zeit.

Dieser abstrakte Mensch ist genau der neue Menschentypus, von dem Ryan Bingham in dem Film „Up in the Air" sagt: „I suppose I'm sort of a mutation, a new species."

Die moderne Wirtschaft ist in stetiger Bewegung. Ständig wird Altes durch Neues ersetzt, wird alles Statische verflüssigt, wird alles Feste pulverisiert. Das Bestehende verdampft vor der Dynamik des immer schnelleren Wandels.

Diese moderne Wirtschaft bringt einen neuen Menschentypus hervor. Sie erzwingt eine Neuschöpfung der Spezies Mensch. Ohne diesen neuen Menschen könnte diese moderne Wirtschaft ihre Dynamik nicht entfalten, könnte sie nicht fortschreiten auf ihrem Evolutionsweg.

Der moderne Mensch muss sich zu diesem Typus hin entwickeln, will er im Strudel der Wirtschaftsdynamik überleben, will er von den Segnungen der modernen Wirtschaft profitieren.

Für ihn ist diese Assimilation eine Existenzfrage: In dem Maße, in dem sich der moderne Mensch an den neuen Menschentypus anpasst, sich ihm anverwandelt, steigen seine Chancen, zu den Gewinnern der Wirtschaftswelt des 21. Jahrhunderts zu gehören. Verweigert er diese Anpassung, dann koppelt er sich aus der Welt der Sieger und der Entscheider aus und programmiert damit seinen Ruin.

Nach dem Selektionsprinzip der menschlichen Evolution werden die schlecht Assimilierten im Laufe der Zeit untergehen und die gut Assimilierten dauerhaft überleben.

Der Menschentypus, den die moderne Wirtschaft erfordert und erzeugt, ist der „abstrakte Mensch". Wir erleben heute, dass sich dieser Typus mehr und mehr ausbildet. Aber dieser Bildungsprozess ist noch in vollem Gange. Viele Menschen haben erst einige Etappen dieses Prozesses absolviert.

Doch die Zielrichtung der Evolution ist klar: Die Spezies Mensch wird sich von Jahr zu Jahr, von Generation zu Generation ein Stück weiter an den Idealtypus des abstrakten Menschen heran entwickeln. Sie muss dies tun. Die Dynamik der Wirtschaft erzwingt diese Evolution. Sie ist zwangsläufig und verläuft nach festen Gesetzen. Sie wird und muss fortschreiten. Es gibt hier kein Zurück.

Was ist der abstrakte Mensch?

Es ist ein Mensch, der alles, was er tut, ausschließlich durch das Brennglas der Selbstoptimierung hindurch taxiert. Sein Fokus ist die utilitaristische Synthese: Damit ist gemeint, dass der abstrakte Mensch all sein Tun auf die Maximierung und Optimierung seines persönlichen Nutzens ausrichtet. Mag dieser Nutzen in Vermögenserwerb bestehen oder in Triebbefriedigung, in Gesundheitsfürsorge oder in Schmerzlinderung, im Erwerb von Macht oder Einfluss, in Sinnengenuss oder in Amüsement.

Gegenüber allen konkreten Lebensformen, in denen der abstrakte Mensch auf diesem Weg der Selbstoptimierung fortschreiten kann, ist er völlig gleichgültig. Denn er weiß, dass jedes Konkrete durch ein anderes ersetzbar ist. Und er weiß auch, dass nichts Konkretes beständig und von Dauer sein kann. Er ist in der Lage, von aller Konkretion seiner Existenz zu abstrahieren und jede Konkretion als beliebig, flüchtig und transitorisch zu behandeln. Er kann jedes Konkrete ohne Gefühligkeit, ohne Bedenken, Gewissensnöte und Trennungsschmerzen von sich abwerfen.

Deshalb nenne ich diesen Menschentypus den abstrakten Menschen.

So kennt der abstrakte Mensch keinerlei dauerhafte affektive Bindungen an irgendein Element seiner Außenwelt. Weder an andere Menschen noch an Güter, die er besitzt, weder an Dinge der äußeren Welt noch an ideelle Werte, weder an einen Beruf noch an eine Firma, in der er arbeitet. Dies alles ist ihm völlig egal. Er identifiziert sich mit nichts und mit niemand. Er hängt an nichts und niemanden.

Diese habituelle Gleichgültigkeit gegenüber jeder Sache und jeder Person ist die Haltung, die den abstrakten Menschen auszeichnet. Es ist diese Haltung, die ihn wappnet gegenüber den Anfeindungen des Wettbewerbs und gegenüber den Volatilitäten der Wirtschaftswelt. Sie stählt ihn und umgibt ihn mit einem mentalen Panzer, der ihn unangreifbar und unbesiegbar macht. Sie macht ihn zum Siegertyp par excellence.

Jedes Element seiner Außenwelt ist für den abstrakten Menschen nur ein beliebiges Mittel für die Mehrung seines individuellen Nutzens. Es ist für ihn ohne jede innere Beteiligung durch ein anderes Element ersetzbar. Elastisch und ohne emotionale Reserve kann er bestehende Beziehungen beenden und an ihre Stelle neue setzen.

Der abstrakte Mensch bezieht sich auf Personen und Sachen immer instrumentell: Sie sind ihm beliebig austauschbare Mittel zur eigenen Selbstoptimierung. Niemals sind sie ihm Selbstzweck. Niemals ist ihm die Beziehung zu einem anderen Menschen oder zu einer Sache (einem Unternehmen, einer Aufgabe etc.) für sich selbst von Bedeutung, sondern nur insofern, als diese Beziehung ihm Mittel zur eigenen Selbstoptimierung ist.

Ein instrumentelles Verhältnis hat der abstrakte Mensch auch zur Moral: Moralisches Verhalten ist ihm nur Mittel zum Zweck, niemals Selbstzweck. Er kultiviert deshalb einen Habitus unbedingter moralischer Indifferenz. Verwerfliche Mittel gibt es bei ihm nur für verworfene Ziele.

Dem abstrakten Menschen ist damit völlig gleichgültig, mit welchen konkreten Menschen er seine Bedürfnisse befriedigen kann. Wichtig ist ihm nur, dass er sie möglichst umfassend und gut befriedigen kann. Er kennt keine emotionalen Bindungen an andere Menschen, die sich nicht flexibel und problemlos zerreißen ließen. Gefühlsbindungen, die nicht simpel und leicht aufgegeben werden können, gehören für ihn zu einer früheren, längst versunkenen Zeit, einer Zeit, in der Menschen litten, wenn Bindungen zerbrachen. Solches Leid kennt der abstrakte Mensch nicht.

Der abstrakte Mensch hat in der Wirtschaftswelt des 21. Jahrhunderts gelernt: Meine Emotionalität schwächt meine Wettbewerbsfähigkeit in der volatilen Restrukturierungs-Ökonomie, meine Moralität ist die Waffe meiner Gegner, meine Anhänglichkeit vergrößert meine Verwundbarkeit.

Auch der abstrakte Mensch mag bei Sexualpartnern temporär so etwas empfinden, was früher „Liebe" genannt wurde. Er ist aber in der Lage, von dieser Gefühlsbindung schnell wieder völlig zu abstrahieren. Er kann diese affektive Beziehung binnen Tagen oder Wochen in eine Partnerschaft zur wechselseitigen Nutzenmaximierung verwandeln. Er transformiert zielgerecht die gefühlige „Liebe" in eine Bindung, die vom nüchternen, rationalen Nutzenkalkül dominiert wird und in der das irrationale Element der Gefühlsbindung keine oder keine dominierende Rolle mehr spielt.

Dieses emotionale Unbeteiligtsein versetzt den abstrakten Menschen in die Lage, sich bei den stetigen Eruptionen der modernen Wirtschaft immer agil, resilient, flexibel, elastisch und geschmeidig zu verhalten. Dadurch allein kann es ihm gelingen, durch all diese Eruptionen hindurch seine Ideallinie der individuellen Nutzenmaximierung zu verfolgen.

Wenn Firmen schließen, umstrukturiert werden, sich neu ausrichten, wenn neue Firmen entstehen, neue Produkte und Dienstleistungen aufkommen, schafft es der abstrakte Mensch stets, sich elastisch an das Neue anzupassen. Es gibt keine Traditionen, Gewohnheiten oder Zustände, an denen er hängt. Er ist „completely detached", emotional völlig frei, von einem Zustand zum anderen zu floaten, vorausgesetzt, er kann sich weiter auf der Straße seiner Selbstoptimierung fortbewegen.

Damit ist der abstrakte Mensch auch der ideale Mitarbeiter in der Wirtschaftswelt des 21. Jahrhunderts.

Denn er hängt an nichts und niemanden und ist deshalb nicht nur in der Lage, im steten Wandel des Wirtschaftsgeschehens zu funktionieren. Mehr *noch. Er ist, da an nichts und niemanden gebunden, Treiber des Wandels, er ist der geborene Innovator. Es macht ihm nichts aus, Bestehendes zu zerstören, Althergebrachtes einzuäschern. Deshalb ist er für jedes Unternehmen immens wertvoll.*

Kann sich doch ein Unternehmen in der globalisierten Wirtschaft von heute nur dann am Markt behaupten, wenn es sich ständig neu erfindet, wenn es täglich den Weg der schöpferischen Zerstörung geht, von dem schon Schumpeter sprach.

*Im digitalen Zeitalter des 21. Jahrhunderts müssen Unternehmen lernen, sich nicht nur evolutionär zu verändern, sondern auch, sich disruptiv zu wandeln. Dafür brauchen sie dringend die abstrakten Menschen. Denn denen fällt es leicht, sich evolutionär **und** disruptiv zu wandeln.*

Der abstrakte Mensch ist auch in der Lage, von allen Moralnormen und ethischen Grundsätzen zu abstrahieren, die im Kalkül der individuellen Nutzenmaximierung nicht funktional sind. Er beachtet Moralnormen nur, wenn sie ihm nützlich sind. Auch das prädestiniert ihn zu einem idealen Wirtschaftsagenten in der globalen Ökonomie.

Denn der abstrakte Mensch wird stets die Normen einhalten, die seinem Unternehmen zwingend vorgegeben sind und die sein Unternehmen nicht umgehen kann. Dies wird er tun, weil er damit zugleich seine eigene Karriere und damit sein eigenes instrumentelles Nutzenkalkül befördert. Er wird aber alle anderen Normen und Moralgrundsätze als eine zu vernachlässigende Größe betrachten. Und Wege ersinnen, wie er sie im eigenen Nutzenkalkül und im Nutzenkalkül seines Unternehmens am effizientesten ausheben und umgehen kann.

So muss man denn schlussfolgern: Der abstrakte Mensch ist deshalb marktgängig, weil er gleichgültig gegen alles Besondere und Konkrete, indifferent gegen alles Langfristige und distanziert gegenüber allem Bestehenden ist. Da es ihm nur auf die Maximierung seines individuellen Nutzens ankommt, ist er überall einsetzbar und multifunktional verwendbar. Er ist im volatilen Wirtschaftsgetriebe des 21. Jahrhunderts der schlechthin ideale Mitarbeiter.

Nur diejenigen Unternehmen werden auf Dauer wettbewerbsfähig bleiben, die in der Lage sind, abstrakte Menschen zu rekrutieren, an sich zu binden, auszubilden und mit Managementaufgaben zu betrauen.

Und nur diejenigen Mitarbeiter werden auf Dauer in der Lage sein, im schnell rotierenden Getriebe der globalen Wettbewerbswirtschaft zu bestehen, die es schaffen, mehr und mehr Züge des abstrakten Menschen anzunehmen, die stetig daran arbeiten, ihren Charakter, ihre Gefühle und Gedanken, ihr Handeln und Trachten mehr und mehr dem abstrakten Menschen anzuverwandeln."

Der abstrakte Mensch ist, so verstanden, das Gegenbild zum Siemensianer, der ein ganzes Berufsleben lang in Treue fest zu „seinem" Unternehmen steht, zum BASF-Mitarbeiter, der sich über Jahrzehnte hinweg seinem Unternehmen verpflichtet fühlt und dessen Identität eine BASF-Identität ist, zum japanischen Toyota-Mitarbeiter, der sich als Teil einer hochtechnisierten und höchst effizient organisierten mittelalterlichen Dorfgemeinschaft begreift.

> *Hoffman und Casnocha beschreiben den „Untergang dieser traditionellen Karriereerwartungen" in der „neuen Arbeitswelt" des 21. Jahrhunderts wie folgt: „Früher gab es einen langfristigen Pakt zwischen Arbeitgeber und Angestelltem, der eine lebenslange Beschäftigung als Gegenleistung für lebenslange Loyalität garantierte. Dieser Pakt wurde durch einen auf Leistung basierenden, kurzfristigen Vertrag ersetzt, der immer wieder von beiden Seiten erneuert werden muss."[23]*

Der abstrakte Mensch ist auch das Gegenbild zum Mitarbeiter, der in seiner Arbeit ein handwerkliches Ethos kultiviert, der mit seiner Arbeit eins ist, in seiner Arbeit aufgeht, mit seiner Aufgabe verwachsen ist.

Er ist ferner das Gegenbild zu jenem Mitarbeiter eines mittelständischen Familienunternehmens, der sich mit seinem Unternehmen identifiziert, sich seinem Unternehmen gegenüber zu bestmöglicher Leistung verpflichtet fühlt und der diese Verpflichtung vice versa auch von seinem Unternehmen ihm gegenüber erwartet: die Verpflichtung, alles dafür zu tun, damit der Mitarbeiter einen langfristig sicheren Arbeitsplatz hat und sich im Unternehmen kontinuierlich weiterentwickeln kann. Es ist dies der Mitarbeiter, der als konkreter Mensch im Unternehmen arbeitet und der entsprechend vom Unternehmenseigentümer erwartet, dass er als konkreter Unternehmer denkt und handelt.

Der abstrakte Mensch ist zudem das Gegenbild zu einem Menschen, der in seinem Unternehmen und in seiner Unternehmensumwelt auf Vertrauensbeziehungen setzt, auf kontinuierlichen, langfristigen Aufbau von Bindungen, auf wechselseitige Verpflichtungen, auf Verlässlichkeit von Vereinbarungen und Haltungen, auf moralisch-ethische Einstellungen, die das Verhalten und Denken der Kooperationspartner berechenbar zuverlässig prägen.

Der abstrakte Mensch geht demgegenüber davon aus, dass er sich auf nichts und niemanden verlassen kann. Er erwartet keine fortdauernde charakterliche Integrität von anderen und bringt anderen auch selbst keine langfristig berechenbare charakterliche Integrität entgegen. Er weiß, dass er von keinem Unternehmen Loyalität einfordern kann und ist deshalb weder bereit noch in der Lage, selbst Loyalität zu einem Unternehmen zu entwickeln. Die einzige Loyalität, die für ihn zählt, ist die Loyalität zu sich selbst.

---

[23] Hoffman und Casnocha 2012, S. 18.

Tom Peters schreibt dazu in einem Aufsatz aus dem Jahr 1997, heute müsse jeder Wirtschaftsakteur sein eigener Unternehmer sein: „We are CEO's of our own companies: Me Inc. To be in business today, our most important job is to be head marketer for the brand called You." In der heutigen Wirtschaftswelt müsse sich jeder als „a free agent in an economy of free agents" aufstellen. In dieser Welt gebe es Loyalität nur als „loyalty to yourself. I see it as a much deeper sense of loyalty than mindless loyalty to the Company Z logo. I know this may sound like selfishness. But being CEO of Me Inc. requires you to act selfishly."[24]

Der abstrakte Mensch sieht in den Unternehmen, für die er arbeitet, keine Heimat, sondern nur einen flüchtigen Durchgangsort. Er hält diejenigen, die im Unternehmen eine Arbeitsheimat suchen, die eine tiefe emotionale Bindung an das Unternehmen, an Arbeitskollegen und an Arbeitsaufgaben ausbilden, für die geborenen Verlierer und auserkorenen Versager in der Wirtschaftswelt des 21. Jahrhunderts.

Der abstrakte Mensch sieht in dem Unternehmen, in dem er arbeitet, nur ein Mittel zur Selbstoptimierung: zur Optimierung seiner Vermögenslage und seines Marktwertes. Sieht der abstrakte Mensch, dass ein anderes Unternehmen seinem Ziel der Nutzenmaximierung besser dienlich ist, dann ist er in der Lage, abrupt und schnell, bedenkenlos und ohne Bedauern die Bindung zu seinem Unternehmen zu zerreißen und zu dem anderen Unternehmen zu wechseln. Er ist der stets volatile und volatilitätsgeneigte Wirtschaftsmensch.

Hoffman und Casnocha charakterisieren diesen Wirtschaftsmenschen wie folgt: „Wenn Sie feststellen, dass woanders das Gras wirklich grüner ist, dann gehen Sie dorthin."[25] „Heute reicht es nicht mehr, nur dann einen Job zu suchen, wenn man arbeitslos oder mit seiner Stelle unzufrieden ist, sondern es gilt das Gebot, immer nach neuen Gelegenheiten Ausschau zu halten."[26]

Im Folgenden werde ich das bisher Dargelegte kurz resümieren.

Die Unternehmen in der Wirtschaftswelt des 21. Jahrhunderts brauchen konkrete Menschen als ihre Mitarbeiter. Sie brauchen Mitarbeiter mit Differenzierungs-Fähigkeiten, Mitarbeiter, die fähig sind, ihre eigenen Ziel- und Wertesysteme mit denen des Unternehmens zu verschränken.

Und sie brauchen abstrakte Menschen als ihre Mitarbeiter, Mitarbeiter, die elastisch wandlungsfähig sind, stets offen für Innovationen und Restrukturierungen. Es sind dies Mitarbeiter, die all ihre Fähigkeiten, ihre Ziel- und Wertesysteme nur als Mittel zum Zweck der Selbstoptimierung begreifen, Mitarbeiter, für die jene Verschränkung nicht relevant ist.

Die Unternehmen brauchen beides zugleich, sie brauchen konkrete Menschen, die abstrakte Menschen sind, und abstrakte Menschen, die konkrete Menschen sind. Sie müssen an ihre Mitarbeiter gegensätzliche, sich wechselseitig ausschließende Anforderungen stellen.

---

[24] Tom Peters: The Brand Called You. In: Fast Company. August/September 1997.
[25] Hoffman und Casnocha 2012, S. 85.
[26] Ebd., S. 19.

Die Menschen in der Wirtschaftswelt des 21. Jahrhunderts müssen in der Lage sein, beide Charaktertypen in sich zu vereinen, den Charaktertypus des konkreten und den des abstrakten Menschen.

Sie müssen fähig und bereit sein, sich mit ihrem Unternehmen zu identifizieren und diese Identifikation abrupt auszulöschen, engagiert für ihr Unternehmen zu arbeiten und dieses Engagement jederzeit aufzukündigen, ihre Arbeit mit Leidenschaft um ihrer selbst willen zu tun und zugleich ihre Arbeit ausschließlich als Mittel zum Zweck zu begreifen, mit voller Hingabe an ihrer Aufgabe und für ihr Unternehmen zu arbeiten und sich zugleich ausschließlich dem Ziel der eigenen Selbstoptimierung hinzugeben.

Unternehmen und Unternehmensakteure befinden sich also in der Wirtschaftswelt des 21. Jahrhunderts im Schnittpunkt widersprüchlicher Verhaltens- und Denkanforderungen.

Aus dieser **paradoxen Situation** resultieren für die Unternehmen und für die Unternehmensakteure einige zentrale Fragen:

- Wie soll ein Unternehmen damit umgehen, dass es einerseits konkrete Menschen und andererseits abstrakte Menschen benötigt? Wie soll es geführt werden, wenn es einerseits auf die Differenzierungs-Fähigkeiten des konkreten Menschen angewiesen ist, um sich selbst vom Wettbewerb differenzieren zu können, und wenn es andererseits durch die Umstände und durch seine eigene Marktpositionierung dazu gezwungen ist, bei seinen Mitarbeitern eine Haltung des abstrakten Menschen und des Selbstoptimierers einzufordern und zu befördern?
- Wie soll der einzelne Mensch, der in der Wirtschaftswelt des 21. Jahrhunderts arbeitet, damit umgehen, dass an ihn völlig gegensätzliche Handlungs- und Denkanforderungen gestellt werden, – dass er also sowohl Systemoptimierer als auch Selbstoptimierer, sowohl konkreter als auch abstrakter Mensch sein muss, wohl wissend, dass diese beiden Charaktertypen sich wechselseitig ausschließen? Wie kann man als Mitarbeiter in einem Wirtschaftsunternehmen im 21. Jahrhundert dauerhaft erfolgreich sein, wenn man sich ständig im Spannungsfeld dieser gegensätzlichen Anforderungen und Haltungen bewegen muss? Wie kann man in dieser Wirtschaftswelt überleben und psychisch gesund bleiben, wenn man in seinem Charakter gegensätzliche Charakterzüge integrieren, eine mentale Schizophrenie kultivieren und den Widerspruch zum Lebensprinzip erheben muss?
- Und, vor allem: Wie kann man leben in einer Welt, in der man als Berufsmensch gehalten ist, von allem Konkreten zu abstrahieren, und in der man als Privatmensch, wenn man eine Familie gründen will, genau diese Abstraktion vermeiden muss? Wie kann man den Widerspruch aushalten zwischen dem Diktat des Wirtschaftslebens, ein abstrakter Mensch zu werden, und dem Erfordernis des Familienlebens, unbedingt und unabdingbar ein konkreter Mensch zu sein und zu bleiben? Denn es ist gerade das Leben in einer Familie, das Leben mit Kindern, das völlig quer steht zum Leben des abstrakten Menschen: Ein Vater und eine Mutter, die sich nicht selbstzweckhaft, sondern nur instrumentell, nicht konkret-engagiert, sondern abstrakt-gleichgültig auf ihre Kinder beziehen, gelten in jeder menschlichen Zivili-

sation als inhuman. Wie also kann ein Leben im 21. Jahrhundert ohne schwere psychische Zerrüttungen gelebt werden, das sich im Fadenkreuz völlig widersprüchlicher Verhaltens- und Denkanforderungen bewegen muss?

Ich werde auf diese Fragen in den folgenden Kapiteln Antworten geben. Es werden keine Antworten sein, die das Widersprüchliche auflösen, die Spannung zwischen Gegensätzen entspannen und patentierte Lösungen für das richtige Leben darstellen. Denn die gibt es nicht. Das Spannungsfeld, auf dem Institutionen und Personen gegensätzlichen Anforderungen ausgesetzt sind, ist eine objektive Tatsache der Marktwirtschaft und der Marktgesellschaft des 21. Jahrhunderts. Es durchzieht das Leben jedes Menschen in der modernen Marktgesellschaft und prägt das Handeln jedes Unternehmens in der neuzeitlichen Wirtschaftswelt. Bei diesen Antworten kann es deshalb nur darum gehen aufzuzeigen, was Unternehmen und was Menschen tun können, um sich auf diesem Spannungsfeld möglichst kundig und erfolgsträchtig bewegen zu können. Nicht mehr, aber auch nicht weniger.

Bevor ich aber auf diese Antworten komme, werde ich dieses Spannungsfeld noch von unterschiedlichen Seiten aus näher beleuchten. Wohl wissend: Das Spiel, das wir auf diesem Feld spielen, können wir nur dann gewinnen, wenn wir die Tektonik des Feldes, auf dem wir spielen, genau erkundet haben.

Kapitel 5
Make and break relationships rapidly!
Das bindungslose und gesellige Selbst

Das 21. Jahrhundert ist auch dadurch charakterisiert, dass sich die Logik des Marktes und der Marktwirtschaft mehr und mehr in allen Bereichen der Gesellschaft durchsetzt, bis hinein in die intimen Sphären des privaten Lebens der Menschen.

> „Die Vermarktlichung der modernen Gesellschaft, die sozialwissenschaftliche Gegenwartsdiagnosen weithin konstatieren, treibt eine umfassende Ökonomisierung des Sozialen an, deren Maßstab die Gewinnkalkulation und deren Zielgröße der reine Markterfolg ist." Dadurch verwandeln sich „moderne Sozialordnungen in Marktgesellschaften."[1]

Nun ist diese Marktlogik im 21. Jahrhundert die Logik einer Wirtschaftswelt, die sich immer schneller und erratischer restrukturiert. Es ist die Logik der Restrukturierungs-Ökonomie. Entsprechend mutiert die Gesellschaft des 21. Jahrhunderts, mutieren die sozialen Verhältnisse, in denen die Menschen im 21. Jahrhundert leben, mehr und mehr zu Abbildern jener Restrukturierungs-Ökonomie. Die Marktgesellschaft des 21. Jahrhunderts wandelt sich zu einer **Restrukturierungs-Gesellschaft**, zu einer Gesellschaft des stetigen Verfalls, der ständig verfallenden Verhältnisse, zu einer **Verfalls-Gesellschaft**.

Die US-amerikanischen Soziologen Warren G. Bennis und Philip E. Slater haben diese Gesellschaft „The Temporary Society" genannt, eine Gesellschaft, die mehr und mehr von „temporary systems" dominiert wird.[2]

Das Hauptcharakteristikum dieser Verfalls-Gesellschaft ist die Verflüchtigung alles Beständigen, die Erosion der Langfristigkeit. Nichts ist hier mehr von Dauer. Die Dauer des Bestehenden wird mehr und mehr verkürzt. Alles ist befristet, vorläufig,

---

[1] Neckel 2008, S. 90 f.
[2] Bennis und Slater 1968, S. 77.

temporär. Die Umschlagsgeschwindigkeit von Beziehungen wächst stetig. Das mephistophelische Diktum „Denn alles, was besteht, ist wert, dass es zugrunde geht" ist das Motto dieser Restrukturierungs-Gesellschaft: Hier gilt Beständigkeit als Anachronismus. Das Festhalten an Bewährtem und Altgewohntem gilt hier als Ausweis von Lebensuntauglichkeit und fehlender Marktgängigkeit. Alles, was besteht, ist hier einen stetigen und beschleunigten Verfall ausgesetzt. Hier ist allen Verhältnissen, allen Sachen, allen Beziehungen ein immer kürzerer Haltbarkeitszeitraum vorgegeben. Sie sind, kaum entstanden, schon wieder entwertet, ausrangiert. Kaum sind sie „in", sind sie schon wieder „out". Kaum hat man sich auf sie eingelassen, sind sie fällig, wieder verlassen zu werden.

Dies gilt zum einen für das Verhältnis der Bewohner dieser Verfalls-Gesellschaft zu Waren. Sie werden zu Wegwerf-Waren, zu Dingen, deren Verfallsdatum immer näher an ihr Entstehungsdatum heranrückt.

Entsprechend können wir in den vergangenen Jahren eine stetig abnehmende Loyalität der Konsumenten zu den Waren beobachten, die sie konsumieren.[3] Markentreue, Produktbindung und Kundenloyalität gehören mehr und mehr der Vergangenheit an. Der Kunde in der Verfalls-Gesellschaft des 21. Jahrhunderts ist ungebunden, volatil, fluktuierend, flüchtig. Er identifiziert sich immer weniger und immer weniger dauerhaft mit einer Ware, einer Marke, einer Herstellerfirma. Seine emotionale Anhänglichkeit an die Warenwelt wird immer fragiler und unberechenbarer.

Ein Indikator für diese zeitliche Verkürzung und emotionale Verflachung der Beziehungen der Konsumenten zu den Waren ist die Sharing-Ökonomie. Sie wird im 21. Jahrhundert mehr und mehr an Bedeutung gewinnen. Und zwar nicht wegen des Internets. Das Internet ist nur ein Enabler für diese Sharing-Ökonomie, ein Vermittlungsweg für diese geteilten Waren. Sie wird sich vielmehr deshalb immer mehr ausbreiten, weil sie das exakte Pendant zur Gesellschaft des stetigen Verfalls ist. Der Konsument hat zu den Waren der Sharing-Ökonomie kein inniges emotionales Verhältnis. Er identifiziert sich nicht mit ihnen. Er legt keinen Wert darauf, sie in sein Leben zu integrieren, sie zu langlebigen Accessoires einer langfristig stabilen Lebensumwelt zu machen. Vielmehr will er sie nach kurzzeitigem Gebrauch mit geringstmöglichem Aufwand wieder weglegen und wegwerfen können.

In der Gesellschaft des stetigen Verfalls zählt nicht der dauerhafte Besitz von Dingen, sondern deren befristete Nutzung. Es ist eine Gesellschaft, die nach dem Prinzip „use and pay on demand" funktioniert, eine Obsoleszenz-Gesellschaft, in der sich die Konsumenten nicht mehr mit dem jahrzehntelangen Besitz der immer gleichen Waren belasten wollen. Denn das macht immobil, unbeweglich, unflexibel.

Entsprechend wird die Halbwertzeit von Waren in der Verfalls-Gesellschaft immer kürzer, werden physische Produkte in virtuelle verwandelt: Bücher in eBooks, Musik-CDs in Streaming-Music, DVDs in Download-Produkte aus On-demand-Videotheken, Software-CDs in Software-as-a-service-Produkte aus der Cloud etc.

---

[3] Siehe Prodoehl 2014, S. 16 ff.

Ein weiterer Indikator für das Voranschreiten der Restrukturierungs-Gesellschaft ist der wachsende Zwang zur Mobilität, den die neuzeitliche Wirtschaftswelt den Menschen auferlegt. Die globalisierte Restrukturierungs-Ökonomie bringt es mit sich, dass dieser Mobilitätsdruck graduell zunimmt. Er wird zu einer Sachgesetzlichkeit, die die Menschen in der Restrukturierungs-Ökonomie klaglos vollziehen müssen, wollen sie marktgerecht funktionieren. Die Mobilität wird zur dominanten Lebensform im 21. Jahrhundert.

Die Lebensform Mobilität hat viele Ausprägungsformen: sei es der Wechsel des Unternehmens, der Arbeitsstätte, der beruflichen Einsatzorte, der Wohnorte, der sozialen Bezugsgruppen in Arbeit und Freizeit oder der Wechsel der kulturellen und sozialen Umgebungen innerhalb und außerhalb der Arbeit.

Es ist die Lebensform eines Nomaden, eines Menschen auf Wanderschaft, eines Reisenden, der immer nur kurzzeitig an bestimmten Orten, an denen er lebt und arbeitet, einen Zwischenstopp macht. Es ist die Lebensform eines Menschen, der alle Orte, an denen er sich niederlässt, als flüchtige Durchgangsstationen begreift. Denn er weiß: Ich kann mich nur an einem Ort niederlassen, den ich umstandslos wieder hinter mir lassen kann. Ein Zuzug ist für mich nur dann möglich, wenn ich bereit bin für einen baldigen Umzug. Jeder Ort, an dem ich verweile, ist ein Ort, von dem ich aufbreche.

Und es ist nur dann für mich ein guter Ort, wenn er es mir leicht macht, zu verweilen und wieder aufzubrechen.

Das gleiche gilt für alle Beziehungen und Bindungen, die der mobile Mensch an diesen Orten aufbaut. Auch sie taugen für ihn nur in dem Maße, in dem er sie leicht an- und abschalten kann.

Die Lebensform Mobilität stellt an die mobilen Menschen damit die Anforderung, Beziehungen und Bindungen mit möglichst geringem Aufwand und möglichst geringer emotionaler Beteiligung aufkündigen und wieder neu anfachen zu können. **Es ist dies die Fähigkeit „to make and break relationships rapidly" und „to continually forming new bonds and breaking old ones".**[4]

Bande zu einer lokalen Umwelt, zu Bekannten, Freunden und Nachbarn müssen leicht und locker zerschnitten und wieder geknüpft werden, Bindungen zu Arbeitskollegen und Arbeitsorten müssen ohne Aufhebens zerbrochen und wieder aufgebaut werden können.

Das ist nur möglich, wenn eine wesentliche Voraussetzung erfüllt ist. Es ist dies gleichsam eine Überlebensvoraussetzung für den mobilen Menschen in der Wirtschaft des 21. Jahrhunderts. Ich will diese Voraussetzung hier als **„Bindungsdistanz"** bezeichnen.

Der mobile Mensch muss ständig bereit sein, gewohnte Orte zu verlassen, weiterzuziehen, aufzubrechen. Er kann sich nur dann zu einem mobilitätsfähigen und mobilitätserprobten Menschen fortentwickeln, wenn es ihm gelingt, diese Aufbrüche möglichst ohne nennenswerten Aufwand, ohne erhebliche psychische Kosten, d.h. möglichst schmerzfrei bzw. schmerzmindernd durchzuführen.

---

[4] Bennis und Slater 1968, S. 83 und 79.

Entsprechend muss er alle Bindungen und Beziehungen an seinem Arbeits- und Wohnort so gestalten, dass sie diesen schmerzlosen bzw. schmerzarmen Aufbruch möglich machen. Diese Bindungen und Beziehungen müssen deshalb schon dann, wenn sie angebahnt und aufgebaut werden, auf leichte und schnelle Aufkündbarkeit hin ausgerichtet sein. Ihr Anfang muss ende-konform ausgestaltet werden. Weil sie kein „Bund fürs Leben" sind und sein dürfen, müssen sie von vornherein auf eine geräuschlose und konfliktarme Scheidung hin ausgelegt werden.

Der mobilitätskonforme Mensch muss also in diese Bindungen und Beziehungen eine innere Distanz einbauen, er muss sich selbst so konditionieren, dass er diese Bindungen und Beziehungen nur mit einer inneren Reserve, mit einer emotionalen Distanzierung zulässt. Er muss sich selbst so trainieren, dass er zwischen sich und all diese Bindungen und Beziehungen einen **Filter** einfügt, einen Filter, der seine Emotionalität gegenüber diesen Bindungen und Beziehungen temperiert und kanalisiert.

Dieser Filter muss seine Anhänglichkeit an Menschen und Orte so ausdünnen und ausnüchtern, dass der mobile Mensch davor gewappnet wird, sich zu tief einzulassen, sich zu stark zu verwurzeln. Der Filter muss verhindern, dass der mobile Mensch dort Wurzeln schlägt, wo er morgen genötigt ist, sich wieder aufs Neue zu entwurzeln.[5]

Der Filter muss, mit anderen Worten, eine andauernde Bindungsdistanz verbürgen. Er muss als Vermittlungsmedium fungieren, das die Bindungen und Beziehungen zwischen dem mobilen Menschen und Dingen und Menschen auf eine bestimmte Weise vermittelt. Dieser Filter muss einerseits in der Lage sein, Bindungen und Beziehungen durch seine Vermittlung wirksam zu machen; er muss den mobilen Mensch dazu befähigen, sich einzulassen. Zugleich muss der Filter in der Lage sein, diese Bindungen und Beziehungen gleichsam „schwebend unwirksam" zu halten.

Der Filter muss zulassen, dass der mobile Mensch Bindungen und Beziehungen eingeht, von denen er zu bestimmten Zeiten abhängig ist. Und der muss die innere Einstellung, mit der der mobile Mensch diese Bindungen und Beziehungen angeht, so programmieren, dass der mobile Mensch in sich selbst eine Unabhängigkeit von dieser Abhängigkeit kultivieren kann.

Der Filter muss „loose ties", also lockere Bindungen, gewährleisten:

> Philip Slater beschreibt die „advantages of losseness" wie folgt: „The fact that people feel only loosely tied to one another permits great adaptability to changing conditions."[6]

---

[5] Bennis und Slater nennen dies die Fähigkeit der mobilen Menschen „to uproot themselves at relatively frequent intervals" (ebd., S. 78).
[6] Slater 1990, S. 146.

Nur mit jener Bindungsdistanz ist es für den mobilen Menschen möglich, offen und affin für die Mobilitätsanforderungen der Marktökonomie und der Marktgesellschaft zu sein. Bennis und Slater beschreiben die entsprechenden Lernanforderungen, die an den mobilen Menschen gestellt sind, wie folgt:

> „Learning how to develop intense and deep human relationships quickly – and learn how to ‚let go'. In other words, learning how to get love, to love, and to lose love; learning how to enter groups and leave them."[7]

Der mobilitätskonforme Mensch muss also in der Lage sein, ständig Brüche zu vollziehen, ohne wehmütig zurückzublicken. Er muss lernen, das **„Management von Brüchen"** zu professionalisieren. Dies ist eine seiner Basisqualifikationen in der Restrukturierungs-Gesellschaft: Er muss sich antrainieren, Brüche zu vollziehen, wenn ein Engagement ihm nicht mehr zureichend nutzt oder wenn ein anderes Engagement ihm mehr Nutzen verspricht. Und er muss sich dazu erziehen, Brüche zu managen, die ihm von Dritten aufgezwungen werden. Er muss lernen, Brüche nicht als ein deprimierendes Ende, sondern als einen verheißungsvollen Neuanfang zu begreifen, sie als Chance zu sehen, weiterzugehen und zu neuen Ufern aufzubrechen.[8]

Der mobilitätskonforme Mensch muss sich mithin dazu erziehen, das, was nicht mehr passt, mit einem Achselzucken hinter sich zu lassen. Er weiß: Mobil und offen für Neues ist nur der, der nicht tief im Alten verwurzelt ist, der sich nicht tief in das Bestehende emotional verstrickt hat.

So ist denn der mobile, der mobilitätskonforme Mensch einer, der Charakterzüge des abstrakten Menschen ausbilden muss, – des Menschen, der in der Lage ist, von allem Konkreten, sei es ein Ort, eine Bindung an Dinge oder eine Beziehung zu Menschen, schwebend leicht zu abstrahieren.

Der mobile Mensch muss auch noch aus einem anderen Grund den Charakter eines abstrakten Menschen annehmen.

Auch diesen anderen Grund haben die US-amerikanischen Soziologen Bennis und Slater bereits früh erkannt:

> „If one must make and break relationships rapidly then it becomes increasingly important that people be as interchangeable as possible, and this is most simply achieved through uniformity."[9]

---

[7] Ebd., S. 127 f.
[8] Siehe dazu: Gratton 2011.
[9] Bennis und Slater 1968, S. 83.

In der Marktgesellschaft des 21. Jahrhunderts müssen Beziehungen zwischen Menschen möglichst unkompliziert und schnell auf- und abgebaut, aufgesetzt und außer Kraft gesetzt werden können. Für das Funktionieren der Marktgesellschaft ist es ferner erforderlich zu gewährleisten, dass beliebige Menschen beliebige Beziehungen zu beliebigen anderen Menschen an beliebigen Orten und in beliebigen Umständen leicht und unkompliziert knüpfen und wieder auflösen können.

Es ist dies auch ein Gebot der Marktgängigkeit der Wirtschaftsmenschen im 21. Jahrhundert: Sie sind im volatilen Getriebe der Restrukturierungs-Wirtschaft nur dann optimal marktgängig und funktionsfähig, wenn sie möglichst reibungslos in möglichst beliebige Bindungen und Beziehungen einfügbar sind.

Die Marktökonomie des 21. Jahrhunderts stellt also an die, die Gewinner sein wollen, die Anforderung, **im Beliebigen wandlungsfähig** zu sein.

Diese Anforderung können die Wirtschaftsmenschen nur dann erfüllen, wenn sie sich im Wirtschaftsleben als abstrakte Menschen begegnen. Es sind dies Menschen, die eine hervorstechende Eigenschaft haben: Sie sind bereit und in der Lage, jede beliebige Konkretion anzunehmen. Der Kern ihrer Persönlichkeit besteht in dieser Bereitschaft und Fähigkeit. Sie sind Abstrakta, die darauf geeicht sind, in jeder konkreten Bindung und Beziehung zu funktionieren.

Ich bin ein abstrakter Mensch. Wenn mich mein Unternehmen an einen anderen Ort versetzt, mit anderen Menschen zusammenbringt, mit anderen Aufgaben konfrontiert, dann bin ich in der Lage, mich an diese anderen Umstände anzuverwandeln. Welche konkrete Aufgabe mir auch immer gestellt wird, welche konkreten anderen Menschen auch immer mit mir in Teams arbeiten, welche Arbeitsorte ich auch immer vorfinde, ich werde mich dort zurechtfinden. Ich bin der uneingeschränkt adaptionsfähige, innovationsoffene, wandlungsbereite und veränderungsaffine Mensch.

Ich beklage mich nicht, wenn ich von meinem Unternehmen nach Singapur geschickt werde, sondern gehe dorthin. Stellt mich mein Unternehmen in ein bestimmtes Team von Kollegen, die ich nicht kenne, dann mache ich meine Teamfähigkeit nicht davon abhängig, ob mir die Kollegen gefallen, sondern funktioniere in dem Team. Wenn ich von meinem Unternehmen eine neue Aufgabe bekomme, dann lehne ich mich gegen deren Neuartigkeit nicht auf, sondern stelle mich ihr. Wenn mich mein Unternehmen entlässt oder ich zu einem anderen Unternehmen wechsle, handele ich dort genauso. Ich kann mir im Wirtschaftsleben keine Befindlichkeiten, Marotten und Allüren erlauben, keine Allergien gegen Orte, Menschen, Neuerungen oder Umstände. Ich habe gelernt, in all diesen konkreten Umgebungen reibungslos zu funktionieren.

Das Einzige, was ich immer in mir trage, meine einzige Konstante, ist mein Interesse daran, meinen Nutzen zu mehren. Egal, wo ich bin. Egal, in welcher Umgebung ich arbeiten muss. Finde ich eine Umgebung vor, die dieses Interesse nicht mehr optimal bedient, dann weiß ich, dass ich mich nur deshalb leicht aus dieser Umgebung herauslösen kann, weil ich ein abstrakter

> *Mensch geworden bin. Denn ich weiß ja, dass ich nicht nur in dieser konkreten Umgebung funktioniere, sondern in beliebigen anderen. Dieses Wissen macht mich fähig, den Job zu wechseln und mich schnell und reibungslos wieder auf eine neue Umgebung einzustellen. Wäre ich mit irgendeinem Konkreten in der alten Umgebung eng verbunden, wäre ich in irgendeinem Konkreten im alten Unternehmen verwurzelt, in der Beziehung zu einem Menschen, in einer Aufgabe, in einem sozialen Umfeld, in einem Arbeitsort, dann hätte ich diese Fähigkeit nicht. Dann würde ich an Umständen kleben, die für mich unzulänglich und unbefriedigend sind. Dann wäre ich gefangen und gefesselt in niederdrückenden Verhältnissen.*
>
> *So aber bin ich frei, aus alten Verhältnissen auszubrechen und zu neuen Verhältnissen aufzubrechen. Diese Freiheit habe ich nur deshalb, weil ich ein abstrakter Mensch bin.*

Der abstrakte Mensch funktioniert in beliebigen konkreten Umständen ähnlich, wie auch das Geld in beliebigen konkreten Umständen funktioniert. **Das Geld ist ein Gleichnis auf den abstrakten Menschen.** Es ist die dingliche Gestalt des abstrakten Menschen, seine Verdinglichung in Reinform.

Denn auch das Geld ist in der Lage, in jeder beliebigen Umgebung seine Funktion zu erfüllen. Ob auf dem Marktplatz oder an der Börse, im Ladengeschäft oder beim Internethandel, beim Warenkauf oder Warentermingeschäft, beim Derivatehandel ebenso wie bei der Gehaltszahlung. In all diesen konkreten Umgebungen ist es sich selbst gleich, ein abstrakter Vermittler von Tauschakten. Dem Geld ist es auch völlig egal, in welche Konkretion es eingetauscht wird, ob in Waschmaschinen oder Strümpfe, Aktien oder Schuldscheine. Es ist in der Lage, sich in jede beliebige Konkretion zu verwandeln und in beliebigen Umständen zu funktionieren. Es ist deshalb das dingliche Abstraktum par excellence.

So wie das Geld jede beliebige konkrete Form annehmen kann, vorausgesetzt, sein Nutzen als Tauschmedium ist gewahrt, so kann der abstrakte Mensch in beliebige konkrete Umstände versetzt werden, vorausgesetzt, sein Nutzenkalkül wird bedient.

Es gibt viele Indikationen dafür, dass diese Gleichsetzung der Funktion des Geldes und der Funktion des abstrakten Menschen in der neuzeitlichen Gesellschaft heute bereits vielfältige praktische Bedeutung erlangt hat.

Die Soziologin Eva Illouz weist auf eine dieser Bedeutungen hin: die Messung und Quantifizierung der Kompetenzen von Wirtschaftsmenschen am Kriterium der emotionalen Intelligenz.

> *„Das durch das Konzept der emotionalen Intelligenz ermöglichte System der Äquivalenz kündet von einem beispiellosen Verdinglichungsprozeß, insofern die emotionale Intelligenz es ermöglicht, der emotionalen Konstitution einer*

> *Person einen Geldwert zuzuschreiben, ja, eine Person gegen eine andere verrechenbar und austauschbar zu machen."*[10]

Eva Illouz hat in ihren Analysen des „emotionalen Kapitalismus" und der Bedeutung der Emotionalität im neuzeitlichen Wirtschaftsgeschehen viele Hinweise auf den Prozess der Ausbildung des abstrakten Menschen gegeben. Sie hat herausgearbeitet, dass die Fähigkeit zur emotionalen Selbstkontrolle ein wesentlicher Kompetenzausweis für den neuzeitlichen Wirtschaftsmenschen ist.

> *„Die Psychologen machen emotionale Kompetenz zum neuen ‚moralischen Eignungskriterium' der Führungskraft. Emotional kompetent ist, wer zu erkennen gibt, daß er sein inneres Selbst beherrscht, indem er sowohl auf Distanz zu anderen geht (also Selbstkontrolle übt) als auch jene Empathie und Freundlichkeit an den Tag legt, die seine Bereitschaft und Fähigkeit zur Zusammenarbeit signalisieren."*[11]

Eva Illouz kommt in ihren Analysen der neuzeitlichen Wirtschaftsmenschen zu dem Ergebnis, dass diese Kompetenzanforderungen im emotionalen Kapitalismus dazu führen, Menschen zu erziehen, die die **Eigenschaften des abstrakten Menschen** kultivieren. Sie arbeitet heraus, dass die „Ethik der Selbstkontrolle" darauf hinausläuft, den Menschen „eine indifferente Einstellung einzuprägen, die Einstellung, sich nicht vom Spiel vereinnahmen zu lassen und immer das Ziel vor Augen zu haben, die eigenen Interessen zu wahren."[12]

Entsprechend, so Eva Illouz, ist der emotional kompetente, zur emotionalen Selbstkontrolle, Selbstbeherrschung und Selbststeuerung fähige Mensch ein bindungsloses, geselliges Selbst:

> *„Was … verlangt wird, ist die Fähigkeit, Gefühle zu kontrollieren und die Regeln der **Kommunikation** mit einer großen Vielfalt von anderen Akteuren zu beherrschen: ‚Emotional' zu sein heißt … die allgemein erwartete Glätte der sozialen Interaktionen zu stören. Soziologisch aber bedeutet ‚emotional' zu sein schlichtweg, das eigenen Verhältnis zu einem anderen in den Vordergrund zu stellen: Wut, Verachtung, Bewunderung und Zuneigung sind Bezeichnungen, die wir Gefühlen über soziale Beziehungen beilegen, wenn diese Beziehungen bedroht sind oder auf dem Spiel stehen. Das bedeutet, daß*

---

[10] Illouz 2013, S. 356.
[11] Ebd., S. 145.
[12] Ebd., S. 177.

> *die Voraussetzung von Kommunikation oder Kooperation paradoxerweise darin besteht,* **die eigene emotionale Verstrickung in eine soziale Beziehung außer Kraft zu setzen.** *Soweit Emotionen darauf verweisen, daß das Selbst in eine soziale Beziehung verstrickt ist, verweisen sie auch auf die eigene Abhängigkeit von anderen. Die emotionale Selbstkontrolle deutet somit auf ein Modell des Sozialverhaltens, in dem man die Fähigkeit zur Schau stellen muß, sich dem Zugriff anderer zu entziehen, um besser mit ihnen zusammenarbeiten zu können. Die emotionale Selbstkontrolle ... ist gleichermaßen das Erkennungsmerkmal eines* **bindungslosen Selbst** *(das mit Selbstbeherrschung und -kontrolle beschäftigt ist) und eines* **geselligen Selbst** *– das Gefühle ausklammert, um Beziehungen mit anderen einzugehen."*[13]

Es ist dies eine präzise Beschreibung des sozialen Charaktertyps des abstrakten Menschen.

Der mobile Mensch muss als abstrakter Mensch auch und gerade in der Lage sein, **sich in seinem Bewusstsein, in seiner Mentalität** an die verschiedenen, fluktuierenden Umgebungen anzupassen, in denen er arbeitet. Das setzt auch voraus, dass er gegenüber allem ideellen Konkreten anpassungs- und anverwandlungsfähig ist. Also gegenüber kulturellen Besonderheiten von Arbeitsumgebungen, gegenüber Werten und Normen, Moralvorstellungen und Verhaltensregeln, Denkkonventionen und mentalen Modellen.

Denn der mobile Mensch kann es sich nicht erlauben, an fixen, starren Prinzipien und an festgeronnenen, tradierten Wertvorstellungen zu kleben. Er kann sein Verhalten nicht von verinnerlichten Maximen leiten lassen, die von frühester Kindheit an in ihn eingepflanzt wurden und von denen er deshalb sein ganzes Leben lang nicht ablassen kann. Denn dies würde seine Fähigkeit zur beweglichen Anpassung an veränderte Umstände behindern oder verhindern. Er kann sich in der volatilen Wirtschaft des 21. Jahrhunderts nicht als ein „**innengeleiteter Charakter**" behaupten, sondern muss sich zu einem „**außengeleiteten Charakter**" fortbilden. Es ist dies der Charakter eines Menschen, dessen Verhalten und Denken von seinen Zeitgenossen gesteuert wird, von den Signalen, die er unablässig von den anderen empfängt.[14]

Dieser außengeleitete Charakter ist ein wesentliches Element des Charakters des abstrakten Menschen. Darauf werde ich im achten Kapitel näher eingehen.

---

[13] Ebd., S. 178 f.; Hervorhebungen im Original.
[14] Siehe Riesman 1958, S. 38.

Kapitel 6
Das Syndrom des unengagierten Engagements und der Typus des abstrakten Unternehmers

Wenn der abstrakte Mensch das Idealbild des Unternehmensmitarbeiters in der volatilen Wirtschaftswelt des 21. Jahrhunderts ist, dann ist sein Pendant auf der Eigentümerseite der abstrakte Unternehmer. Es ist dies ein real existierendes Pendant. Es prägt die Wirtschaftswelt des 21. Jahrhunderts bereits heute mehr als jemals zuvor. Und es wird die globale Wirtschaftswelt in den kommenden Jahren und Jahrzehnten sukzessive immer weiter durchdringen und dominieren.

Auch der abstrakte Unternehmer ist, genauso wie der abstrakte Mensch, eine begriffliche Typisierung, ein „sozialer Charakter".[1] In der Realität findet sich der abstrakte Unternehmer selten in Reinform, häufig mit Beimischungen des konkreten Unternehmers. Aber auch für den abstrakten Unternehmer gilt, wie für den sozialen Charaktertypus des abstrakten Menschen: Er ist der Unternehmertypus, der am besten an die besonderen Bedingungen der volatilen und erratischen neuzeitlichen Wirtschaftswelt angepasst ist. Deshalb wird die evolutionäre Selektion diesen Typus künftig mehr und mehr als denjenigen Unternehmenseigentümer hervorbringen, der in dieser neuzeitlichen Wirtschaftswelt für Erfolg bürgt und auf Erfolg programmiert ist. Die wirtschaftliche Evolution des 21. Jahrhunderts wird diesen Typus zum Vorbild und zur Benchmark machen.

Was ist der abstrakte Unternehmer?

Gehen wir wieder in jenen fiktiven Vortragssaal hinein und hören wir dort einen zweiten Vortrag. Es ist der Vortrag eines alerten Mittvierzigers, der nach seinem MBA im Investment Banking einer US-amerikanischen Großbank gearbeitet hat, dann leitender Mitarbeiter in einem Hedgefonds wurde und danach gemeinsam mit Kollegen einen eigenen Private Equity Fund gegründet hat.

---

[1] Ich gebrauche diesen Begriff im Sinne von David Riesman, der in seinem Buch „Die einsame Masse" den Fragen nachgegangen ist: „Welche Beziehung besteht … zwischen sozialem Charakter und Gesellschaft? Wie kommt es, daß jede Gesellschaft mehr oder weniger immer gerade den sozialen Charakter zu erhalten scheint, den sie ‚braucht'"? (Riesman 1958, S. 21).

Der Mittvierziger spricht frei und ohne Charts. Auf der Leinwand hinter ihm prangen nur die Worte: „Der abstrakte Unternehmer". Er nimmt einen Schluck von dem Glas mit Mineralwasser, das auf seinem Rednerpult steht, schaut mit einem leichten Schmunzeln und mit festem Blick in das Publikum und beginnt dann seine Rede.

Vortrag
„Ich erzähle Ihnen heute eine Geschichte, die Sie bereits seit langem kennen. Es ist die Geschichte eines bestimmten Unternehmertypus, einer bestimmten Gattung von Unternehmenseigentümern. Diese Geschichte dürfte Ihnen vertraut sein. Denn die meisten von Ihnen werden selbst zu dieser Gattung gehören oder schon einmal zu ihr gehört haben. Sie alle waren oder sind ja Aktionäre von irgendwelchen Unternehmen. Gleichwohl wird diese Gattung von Unternehmenseigentümern nur selten in das kristalline Licht einer unvoreingenommenen Betrachtung getaucht. Ich will diesen Vortrag nutzen, um dieses Licht auf den Typus des abstrakten Unternehmers zu lenken.

Der abstrakte Unternehmer unterscheidet sich grundsätzlich von jenem Unternehmertyp, nennen wir ihn den Typus des konkreten Unternehmers, der ein eigenes Unternehmen gründet und mit Herzblut, Leidenschaft und voller Hingabe für dieses Unternehmen arbeitet. Der sich zerreißt für den Bestand und den Erfolg seines Unternehmens. Der seine ganze Persönlichkeit, sein Herz und seinen Verstand, für dieses Unternehmen einsetzt. Der sein gesamtes Arbeitsleben an sein Unternehmen bindet. Dem dieses Unternehmen alles ist: seine Berufung, seine Bestimmung, seine Identität, sein Lebenssinn, sein Leben. Der sich mit den Produkten und Leistungen, die sein Unternehmen anbietet, so weit identifiziert, dass sie mit seiner eigenen Identität eine Einheit bilden. Der über Jahre und Jahrzehnte hinweg, in guten wie in schlechten Zeiten, mit seinem Unternehmen verbunden ist. Der persönliche Opfer bringt, um sein Unternehmen durch Krisenzeiten hindurchzubringen. Ähnlich wie es in einer guten katholischen Ehe sein sollte: bis dass der Tod sie scheidet.

Bleiben wir im Bild der Ehe. Der abstrakte Unternehmer ist das genaue Gegenteil dieses konkreten Unternehmers. Er ist dessen Negation und zugleich dessen Vervollkommnung. Denn er geht nur dann eine Ehe ein, wenn er an der Person, mit der er sich verheiratet, völlig desinteressiert ist.

Denken Sie an diejenigen, die wie kaum ein anderer prädestiniert sind dafür, abstrakte Unternehmer zu sein und als Vorbild für andere den Typus des abstrakten Unternehmers zu verkörpern: die Private-Equity-Investoren. Manche dieser Private-Equity-Unternehmer mögen noch die Residuen des konkreten Unternehmers mit sich tragen, mögen noch emotionale Bindungen an die Unternehmen hegen, in die sie investiert haben. Das sind Traditionsbestände und Muttermale einer alten Zeit, der Wirtschaftswelt des 20. Jahrhunderts, die Lichtjahre hinter uns liegt. Diese Residuen der alten Zeit wirken hier und da noch nach. Viele Private Equity-Investoren können sich noch nicht völlig von ihnen frei machen. Doch werden diese Residuen tendenziell überwunden werden. Die Dynamik der volatilen Wirtschaftswelt des 21. Jahrhunderts wird dafür sorgen, dass diese Residuen im Laufe der kommenden Jahre und Jahrzehnte verblassen.

Der Private-Equity-Unternehmer in seiner Reinform, ohne Beimischungen der alten Zeit, ist das wahre Ebenbild des abstrakten Unternehmers.

Nehmen wir noch einmal das Beispiel der Ehe. Der Private-Equity-Unternehmer zeichnet sich dadurch aus, dass er sich an seinen Ehepartner nur dann bindet, wenn die Modalitäten der Scheidung im Ehevertrag schon klar geregelt sind. Denn er heiratet nur deshalb, um sich vorteilhaft scheiden zu lassen. Er begreift die Ehe als eine Zugewinngemeinschaft, die er nur eingeht, um über einige Jahre hinweg einen Zugewinn zu erzeugen, den er dann mit der Scheidung einkassiert. Er geht die Bindung der Ehe nur ein, um sie mit dem Ziel der Selbstoptimierung nach einiger Zeit wieder zerreißen zu können. Schmunzelnd und mit leichter Hand. Die Ehe ist für ihn ausschließlich ein Instrument für die eigene Selbstoptimierung. Nichts anderes. Vor allem ist sie für ihn kein Selbstzweck.

Dabei ist der Private-Equity-Bräutigam an der Person der Braut völlig desinteressiert. Zwar legt er Wert darauf, dass die Braut bestimmte Eigenschaften hat: Er wird nur eine Braut ehelichen, die ihm gefällt und die ihm Zugewinnoptionen eröffnet. Doch ist ihm der Mensch, den er zum Ehepartner nimmt, grundsätzlich gleichgültig. Dieser Private-Equity-Bräutigam ist der abstrakte Mensch, der sich dazu abgerichtet hat, gegenüber jeder Konkretion eine Haltung der Gleichgültigkeit zu kultivieren. Er ist fähig, von der konkreten Person, mit der er zusammen ist, voll und ganz zu abstrahieren. Er weiß, dass es viele Bräute gibt, die seine libidinösen Bedürfnisse erfüllen und seinen Gewinn mehren könnten. In seinem instrumentellen Kalkül sind Bräute für ihn jederzeit ersetzbar. Geht er doch eine Ehe nur ein, um sie möglichst bald mit möglichst hohem Gewinn wieder aufkündigen und durch eine neue Ehe ersetzen zu können. Eine neue Ehe, die ihm einen höheren Gewinn verspricht als die Beibehaltung der alten Ehe, sei es einen höheren Lustgewinn oder einen höheren Vermögensgewinn, oder beides.

Es ist dies das eheliche Geschäftsprinzip des abstrakten Bräutigams: Das Prinzip einer volatilen Bindung und einer prinzipiellen Ungebundenheit in jeder Bindung, die er eingeht.

Dieses Prinzip kann der Private-Equity-Bräutigam nur dann leben, wenn er gegenüber dem Menschen, mit dem er sich verbindet, keine emotionale Bindung hegt: Gefühle, Leidenschaften, Liebesschwüre sind für ihn in der Ehe tabu. Denn die würden sein Geschäftsprinzip konterkarieren. Emotionales „Attachment" ist für ihn ein Anachronismus, das Insignium einer alten, vergangenen Zeit. Eine Eigenschaft der Verlierer. Der Private-Equity-Bräutigam muss gegenüber seiner Braut „completely detached" bleiben, mit einer „Coolness", einer emotionalen Kälte und Indifferenz, die es ihm erst ermöglichen, unbedingt mobil und volatil zu sein.

Stellt er fest, dass die Ehe für ihn unvorteilhaft zu werden droht, dass der libidinöse oder finanzielle Zugewinn ausbleibt oder zu gering ausfällt, dann muss er in der Lage sein, sich schnell und ohne Zögern von diesem Ehepartner zu trennen. Emotionen sind da nur hinderlich.

Stellt er fest, dass in seiner Ehe nur ein bestimmtes Quantum an Zugewinn möglich ist und dass dieses Quantum im fünften Ehejahr erreicht wurde, dann muss er sich schleunigst scheiden lassen, um wieder offen zu sein für eine neue gewinnträchtige Verbindung. Weil er weiß, dass ein Verharren in dieser Ehe keinen zusätzlichen Zugewinn verspricht.

Stellt er fest, dass seine Ehe zwar eine florierende Zugewinngemeinschaft ist, in der es Jahr für Jahr neue Zugewinne gibt, dass aber eine andere Partnerschaft mit einer anderen Braut einen weit höheren Zugewinn bringen wird, dann gebietet es sein Ziel der Selbstoptimierung, die bestehende Ehe abrupt zu beenden und auf die neue Partnerschaft umzuschwenken. Er muss also stets fähig und bereit sein, einen Bruch zu vollziehen und diesen Bruch für sich möglichst optimal zu managen.

Verlassen wir dieses Bild der bindungslosen Ehe und gehen wir auf das Unternehmertum ein, das der abstrakte Unternehmer, der Private-Equity-Unternehmer verkörpert.

Dem Private-Equity-Unternehmer ist der konkrete Geschäftszweck des Unternehmens, in das er investiert, völlig gleichgültig. Er investiert heute in Biotech, morgen in ein Internet-Unternehmen, dann wieder in einen Zementhersteller und so fort. Sein Ziel ist es nicht, ein konkretes Unternehmen zum Erfolg zu führen, sondern seinen eigenen Kapitaleinsatz maximal und optimal zu verzinsen. An dem Unternehmen, in dem er investiert ist, ist er deshalb grundsätzlich völlig desinteressiert.

Er zielt mit seinen Investments darauf ab, kurzfristig, binnen weniger Jahre, einen maximalen Zugewinn zu erzielen. Dieses Ziel kann er mit verschiedenen Aktionen erreichen: Er kann das Unternehmen tranchieren und dann die Unternehmensteile veräußern. Er kann das Unternehmen veredeln, seinen Unternehmenswert steigern und dann seine Anteile an diesem veredelten Unternehmen verkaufen.

Er kann das Unternehmen aber auch kurzfristig, d.h. über wenige Jahre hinweg, „auf Verschleiß fahren", d.h. den Gewinn, den das Unternehmen erzielt, kurzfristig zu maximieren versuchen. Das kann er mit verschiedenen Maßnahmen tun: durch Vermeidung von Investitionen, durch drastische Kostenreduktion, durch Ausreizen aller Potenziale zur Erhöhung der Preise für die Produkte des Unternehmens, durch Absenkung der Qualität, die das Unternehmen den Kunden bietet, durch Täuschung der Kunden (in der Facility-Management-Branche nennt man das traditionell „Margenerhöhung durch Weglassen") etc. Der abstrakte Unternehmer kann dann den Gewinn aus dem „verschlissenen Unternehmen" vereinnahmen, dadurch das Eigenkapital, das er, der abstrakte Unternehmer, in das Unternehmen investiert hat, mit hoher

6 Das Syndrom des unengagierten Engagements

> *Verzinsung wieder zurückführen, und dann das Unternehmen mitsamt dem Fremdkapital, das er ihm aufgebürdet hat, einem ungewissen Schicksal überlassen. Diese Kurzfrist-Strategie, bei der das Unternehmen „auf Verschleiß gefahren und dann weggeworfen" wird, ist im instrumentellen Kalkül des abstrakten Unternehmers durchaus funktional.*
>
> *Dieser abstrakte Unternehmer ist der Unternehmer in Reinkultur, der neuzeitliche Unternehmer, der sich von den Schlacken der alten Zeit gereinigt hat. Von einer Zeit, in der der konkrete Unternehmer noch mit seinem Unternehmen emotional verbunden war.*
>
> *Der abstrakte Unternehmer ist die höchste Form des Unternehmers, der Gipfel der marktwirtschaftlichen Evolution, die Krone der wirtschaftlichen Schöpfung.*
>
> *Denn er verkörpert das in höchster Vollendung, was schon im Geld, dem universellen Tauschmittel, angelegt ist: die Gleichgültigkeit gegenüber jeder Konkretion. Geld ist in alles und jedes eintauschbar, kann in jedes konkrete Ding, in beliebige Waren verwandelt werden, ist deshalb jeder Konkretion enthoben, ist die Negation aller Individualität und Qualität, ist gleichgültig gegen jede Besonderheit, ist das Abstraktum par excellence.*
>
> *Der abstrakte Unternehmer verwirklicht in der Unternehmensführung das, was im Geld angelegt ist: die Indifferenz gegen jedes Konkrete. Deshalb ist er derjenige, der die Geldwirtschaft in Reinform verwirklicht und das Unternehmertum seiner wahren Bestimmung zuführt."*

Soweit der imaginäre, reale Vortrag.

Abstrakte Unternehmer gibt es schon so lange, wie es Aktienmärkte gibt. Der volatile Aktionär, der heute hier und morgen dort investiert ist, der mit häufigen Trades seine Aktienengagements stetig umschichtet, ist ein abstrakter Unternehmenseigentümer. Das konkrete Unternehmen, an dem er Anteile hält, ist ihm völlig gleichgültig. Er ist allein interessiert an der Wertentwicklung seiner Aktien, nicht aber am Erfolg des Unternehmens. Dies manifestiert sich z. B. an den vielfältigen Möglichkeiten, am Aktienmarkt auf den Misserfolg eines Unternehmens zu setzen, auf den Verfall der Aktienpreise und damit auf den Niedergang des Unternehmens. Der Aktionär, der auf fallende Aktienkurse spekuliert, gründet seinen Erfolg auf den Misserfolg des Unternehmens, in das er investiert ist. Er ist um so erfolgreicher, je schlechter es dem Unternehmen geht, auf dessen fallende Aktienkurse er gewettet hat. Er bekundet damit eine völlige Indifferenz gegenüber diesem Unternehmen, gegenüber seiner Marktposition, seinen Produkten und Arbeitnehmern.

Das alles ist nicht neu. Neu ist hingegen ein anderes Phänomen, das sich, ebenso wie die volatile Restrukturierungs-Ökonomie, seit den 70er-Jahren des 20. Jahrhunderts herausgebildet hat. Es ist dies das Phänomen des weltweiten Siegeszugs des abstrakten Kapitals, des Kapitals, das gleichgültig gegen die konkrete Form seiner Anlage ist, des Private Equity.

Dieser Siegeszug kann an bestimmten Fakten und Faktoren festgemacht werden, z. B. am Zusammenbruch des Weltwährungssystems von Bretton Woods Ende der 70er-Jahre des 20. Jahrhunderts und an der Herausbildung von globalen Kapitalmärkten im Zuge der Revolution der Informations- und Kommunikationstechniken, die in den 80er-Jahren des 20. Jahrhunderts begann.

Seitdem schwoll der Umfang des abstrakten Kapitals, das weltweit nach Anlagechancen suchte, ebenso an wie der Umfang der derivativen Anlageformen. Gewaltige Pensionsfonds bildeten sich heraus, Private-Equity-Konglomerate und Hedgefonds-Konzerne entstanden und wuchsen rasant, das Investment Banking großer Finanzhäuser entwickelte sich zu einer globalen Börse der Anlage und Akkumulation von abstraktem Kapitel, Staatsfonds traten als Akteure auf dem globalen Markt für abstraktes Kapital auf den Plan (von Norwegen über den Nahen Osten bis China).[2]

All dies indiziert den Anbruch eines neuen Zeitalters der marktwirtschaftlichen Evolution. Dieses Zeitalter begann in den 70er-Jahren des 20. Jahrhunderts und prägt markant die globale Wirtschaft des 21. Jahrhunderts. Es ist dies nicht nur, wie oben dargelegt, ein Zeitalter der Restrukturierungs-Ökonomie, sondern auch und gerade ein Zeitalter, in dem das abstrakte Kapital, das Kapital des abstrakten Unternehmers, mehr und mehr die Weltwirtschaft durchdringt. In diesem neuen Zeitalter wird das abstrakte Kapital des abstrakten Unternehmers tendenziell zu einem dominanten Faktor in der globalen Wirtschaft. Es erlangt sukzessive in der Kultur der globalen Marktwirtschaft eine hegemoniale Bedeutung.

Ein Charakteristikum des abstrakten Kapitals ist seine Volatilität. Es ist unstet und fluktuierend, ist nicht langfristig an bestimmte Unternehmens-Engagements gebunden, sondern bereit und fähig, ständig zu oszillieren, kurzfristig bestehende Engagements aufzukündigen und neue einzugehen.

Für diese Kapitalkultur der Volatilität gibt es vielfältige Indizien. So hat sich z. B. der durchschnittliche Zeitraum, in dem an den Börsen in Europa und in den USA Aktien gehalten werden, in den vergangenen Jahren stetig verkürzt. Das schnelle Changieren ist das Markenzeichen des ungebundenen, ungeduldigen und „unbehausten" abstrakten Kapitals.

Deutsche und internationale Private-Equity-Fonds hielten ihre deutschen Portfolio-Unternehmen im Durchschnitt der Jahre 2004 bis 2014 4,6 Jahre lang. Sie suchten also durchschnittlich nach nicht einmal fünf Jahren den Exit aus ihren deutschen Beteiligungen.[3]

Es gibt in der Private-Equity-Branche sogar einen charakteristischen Begriff für Engagements, die man schon nach kurzer Zeit wieder weiterreicht: Sie heißen „Quick Flips".

Der abstrakte Unternehmer ist in der Restrukturierungs-Ökonomie des 21. Jahrhunderts eine kulturprägende und strukturbildende Kraft. Indem der abstrakte Unternehmer die Wirtschaftswelt des 21. Jahrhunderts nachhaltig formiert, nimmt er auch einen tief greifenden Einfluss auf das Alltagsleben aller Menschen, die in diese Wirtschaftswelt eingebunden sind.

---

[2] Vgl. dazu: Saskia Sassen 1998, Albert 1992.
[3] Siehe dazu: https://www.pwc.de/de/finanzinvestoren/assets/pwc-report-exitstrategien.pdf.

6 Das Syndrom des unengagierten Engagements

Er tut dies, weil er Eigenschaften hat, Anforderungen stellt und Haltungen kultiviert, die maßgeblich kulturprägend sind: Er ist indifferent gegenüber jedem Konkreten. Er agiert prinzipiell volatil, d. h. ist jederzeit bereit und in der Lage, seine Engagements umzuschichten. Er identifiziert sich mit keinem Unternehmen, mit keinem Produkt, mit keiner wirtschaftlichen Leistung. Sie sind ihm allesamt nur Instrumente zur Selbstoptimierung.

Wie sagte doch ein führender Manager eines US-amerikanischen Private-Equity-Hauses in einem Meeting in Frankfurt/Main, in dem es um die Leistungen eines seiner deutschen Beteiligungsunternehmen ging: „Don't bother me with powerpoint charts about the business, just show me an excel sheet!"

Der abstrakte Unternehmer hat mithin eine dezidiert instrumentelle Haltung zu seinen Investments: Sie sind ihm nur Mittel zum Zweck, niemals Selbstzweck. Ebenso ist seine Haltung zur Moral, zu moralisch-ethischem Handeln rein instrumentell: Taugt moralisches Handeln, als Mittel zum Zweck, dazu, seine Selbstoptimierung zu befördern, wird er moralisch handeln. Taugt moralisches Handeln dazu nicht, wird er Mittel und Wege suchen, dieses moralische Handeln zu umgehen oder auszusetzen. Oder es schlicht zu simulieren.

Kulturprägend wirkt der abstrakte Unternehmer vor allem dahingehend, dass er in der Wirtschaftswelt des 21. Jahrhunderts die Herausbildung und das Vordringen des abstrakten Menschen befördert. Der abstrakte Unternehmer ist selbst ein Unterfall des abstrakten Menschen.

Dieser gleichgültige Unternehmer stellt an die Unternehmensakteure solche Verhaltensanforderungen und schafft für sie solche Handlungsbedingungen, die bei diesen Akteuren den Habitus des abstrakten Menschen fordern und fördern. Der abstrakte Unternehmer lebt diesen Habitus vor. Mit seinem eigenen Beispiel stellt der abstrakte Unternehmer diesen Habitus des abstrakten Menschen für alle Mitarbeiter des Unternehmens als vorbildlich und maßgeblich dar. Er fördert und fordert damit Mitarbeiter, die auch für sich selbst diesen Habitus annehmen.

Das gilt für alle Mitarbeiter und für alle Hierarchieebenen: für den CEO eines Unternehmens genauso wie für den Vorstand und die Geschäftsführung, für das mittlere Management genauso wie für die Mitarbeiter im unteren Bereich der Hierarchie-Pyramide. Sie alle müssen ihr Handeln und Denken an dem Beispiel orientieren, das der Eigentümer setzt.

Bekundet der abstrakte Unternehmer ihnen gegenüber, dass er das Unternehmen nicht als Selbstzweck, sondern nur als Mittel zum Zweck begreift, dann werden auch sie gehalten sein, nicht selbstzweckorientiert im Unternehmen zu arbeiten, sondern mit einer instrumentellen Einstellung. Sie folgen damit nur dem Vorbild, das der abstrakte Unternehmen für sie darstellt. Sie vollziehen damit nur die Vorgaben, die der abstrakte Unternehmer als Richtschnur für ihr Denken und Handeln fixiert.

Die Unternehmensmitarbeiter stellen sich gegenüber diesem abstrakten Unternehmer diejenige Frage, die Michael Lewis im Jahr 2000 in der New York Times wie folgt formuliert hat: „Why should I devote my career to a company that my boss treats like a private lotto?"[4]

---

[4] Lewis 2000, S. 2.

Damit aber reproduziert der abstrakte Unternehmer jenes Paradox, jenen Widerspruch, den ich bereits im Kap. 4 aufgezeigt habe.

Denn der abstrakte Unternehmer ist, damit sein Unternehmen optimal funktionieren kann, darauf angewiesen, dass er Mitarbeiter hat, die sich mit dem Unternehmen identifizieren. Wie aber sollen sie das tun können, wenn der Unternehmenseigentümer sich mit dem Unternehmen nicht identifiziert?

Der abstrakte Unternehmer braucht für sein Unternehmen Mitarbeiter, die sich ihrem Unternehmen gegenüber intrinsisch verpflichtet fühlen. Wie aber sollen sie diese Haltung ausbilden können, wenn sich der Unternehmenseigentümer seinem Unternehmen gegenüber nicht intrinsisch verpflichtet fühlt?

Der abstrakte Unternehmer braucht für sein Unternehmen Mitarbeiter, die bereit und fähig sind, sich mit voller Hingabe für den Erfolg des Unternehmens einzusetzen. Wie aber sollen sie dazu bereit und befähigt sein, wenn der abstrakte Unternehmenseigentümer dem Unternehmen gleichgültig gegenübersteht?

Der abstrakte Unternehmer ist in seinem Unternehmen auf Mitarbeiter angewiesen, die mehr tun als ihre Pflicht, die mit voller Hingabe arbeiten, mit intrinsischer Motivation, mit Leidenschaft und Engagement. Doch wie sollen diese Mitarbeiter dies in einem Unternehmen tun können, dessen Eigentümer nur daran denkt, wie er das Unternehmen möglichst gewinnträchtig weiterverkaufen kann?

Warum soll sich ein Mitarbeiter für „sein" Unternehmen zerreißen, wenn der Eigentümer nur eine gute Gelegenheit dafür sucht, seine Bindung an sein Unternehmen zu zerreißen?

Fragen über Fragen. Ich werde, bevor ich Antworten auf diese Fragen vorschlage, das Paradoxon, das hier aufscheint, noch von einigen anderen Seiten beleuchten.

Kapitel 7
Der Verlust der Heimat und das Diktat des Zufalls: Abstraktion als Schutzschild vor den Zumutungen des Wandels

Für die Menschen, die in der Wirtschaftswelt des 21. Jahrhunderts arbeiten, ist es nicht nur ein äußeres, sondern auch ein inneres Gebot, den Habitus eines abstrakten Menschen auszubilden.

Sie werden nicht nur von äußeren Mächten dazu angehalten, dies zu tun: vom Unternehmen, in dem sie arbeiten; vom Unternehmer bzw. von ihrem Vorgesetzten, der ihnen Vorgaben erteilt oder ihnen den Habitus des abstrakten Menschen vorlebt; von der volatilen Wirtschaftswelt, an die sie sich anpassen müssen. Sondern auch von sich selbst: von ihrer eigenen Psyche; von ihrem Bedürfnis danach, physisch und psychisch gesund, marktgängig und arbeitsfähig zu sein und zu bleiben.

Es ist dies eine weittragende und folgenreiche Feststellung: dass die Wirtschaftsmenschen des 21. Jahrhunderts nicht nur von ihrer Umwelt, sondern auch von ihrer Innenwelt dazu genötigt werden, ihren Charakter mehr und mehr dem Charaktertypus des abstrakten Menschen anzubequemen.

Um diese Feststellung näher veranschaulichen und fundieren zu können, werde ich deshalb Bezug nehmen auf einige Erkenntnisse der Sozialpsychologie.

Wir wissen aus der psychologischen Konflikttheorie, dass die Menschen im Laufe der gesellschaftlichen Evolution ein Bedürfnis entwickelt haben, das für die Entwicklung aller Vergesellschaftungsformen prägend war und ist: das Bedürfnis nach generalisierter Realitätskontrolle.[1]

Es ist das Bedürfnis danach, die sozialen und natürlichen Umweltkonstellationen, in denen sich die Menschen bewegen, und damit die Lebensbedingungen, die die Menschen in dieser Umwelt vorfinden, so auszugestalten, dass sie planbar, berechenbar und beherrschbar sind.

---

[1] Siehe zum Folgenden: Prodoehl 1983, S. 113 ff.; siehe dazu auch: P. L. Berger, T. Luckmann: Die gesellschaftliche Konstruktion der Wirklichkeit. Frankfurt am Main 1969, S. 49 ff.; E. Fromm: Anatomie der menschlichen Destruktivität. Stuttgart 1974, S. 196 ff.; U. Holzkamp-Osterkamp: Grundlagen der psychologischen Motivationsforschung. Frankfurt am Main und New York, 1975 (Band 1) und 1976 (Band 2); siehe dazu auch die Theorie der Hierarchie der Bedürfnisse nach Abraham Maslow, der dieses Bedürfnis nach Realitätskontrolle und Sicherheit zu den fundamentalen Bedürfnissen rechnet: Maslow, A.: Motivation und Persönlichkeit. Reinbek bei Hamburg 1981.

Dieses Bedürfnis nach generalisierter Realitätskontrolle stellt darauf ab, Lebensbedingungen zu schaffen, die es ermöglichen, künftige Umweltentwicklungen vorherzusehen, ein Verhaltensrepertoire zur Bewältigung dieser künftigen Entwicklungen vorzuhalten und damit die Zukunft zu kontrollieren. Indem sie dieses Bedürfnis zur Richtschnur ihres Handelns machen, verfolgen die Menschen das Ziel, „die Not des Ausgeliefertseins an zufällige, fremdbestimmte und unvorhergesehene Handlungsbedingungen aufzuheben."[2]

Generalisierte Realitätskontrolle meint also: Schaffung einer gesellschaftlich-natürlichen Lebensumwelt und Lebenswelt, in der nicht nur das Heute abgesichert, stabilisiert und festgelegt ist, sondern auch das Morgen antizipierbar, berechenbar und kontrollierbar wird.

Ich habe im Kap. 4 dargelegt, dass dieses Bedürfnis, das die Menschen in ihrem Evolutionsprozess ausgebildet haben, in der neuzeitlichen Wirtschaftswelt des 21. Jahrhunderts chronisch unbefriedigt bleiben muss. Mehr als jemals zuvor ist das Leben der Menschen in der Wirtschaftswelt des 21. Jahrhunderts Zufällen unterworfen. Ich verstehe hier unter einem Zufall ein Ereignis, das sich unabhängig vom eigenen Tun, außerhalb der eigenen Kontrolle, unvorhergesehen und unvorhersehbar vollzieht und das zugleich für das eigene Leben relevant ist.

In einem Ausmaß, das es vor dem 21. Jahrhundert nicht gab, ist das Leben der Unternehmensakteure seit Ende des 20. Jahrhunderts Ereignissen ausgesetzt, die sich ihrer Beeinflussung entziehen. Sie sind in eine Wirtschaftswelt hineingeworfen, in der abrupte Veränderungen, unvorhergesehene Schwankungen, unerwartete Brüche und unkontrollierbare Verwerfungen zum Alltag gehören. Sie sind mit ständigem Wandel konfrontiert, mit unberechenbaren Eruptionen, die alles Stabile, Sichere, Gewisse und Vertraute in Frage stellen. Ihr Alltagsleben ist mehr und mehr Zufällen unterworfen.

Die US-amerikanische Soziologin Vicki Smith beschreibt diese Wirtschaftswelt des 21. Jahrhunderts als „an era of occupational and industrial transformation, economic volatility, global competition, and job and career insecurity." (Smith 2001, S. 10) Diese Ära geht, so Smith, einher mit einem „decline of career stability" und damit, dass „ongoing job change is an unavoidable reality of contemporary employment." (S. 181)

Die britische Soziologin Lynda Gratton bekräftigt diesen Befund einer epochalen Wandlung der Arbeitsbedingungen für den Wirtschaftsmenschen im 21. Jahrhundert gegenüber dem 20. Jahrhundert: „What we are witnessing now is a break with the past as significant as that in the late eighteenth and early nineteenth centuries when parts of the world began the long process of industrialisation." (Gratton 2011, S. 7) Sie schreibt weiter: „In part this reflects the breaking of the old ‚parent/child' implicit contract that the

---

[2] Prodoehl 1983, S. 118.

> *role of the organization was in some measure to ‚care' for the employee. If that contract ever actually existed, the layoffs of the 1980s and 1990s put paid to it. Increasingly employees all over the world have realized that it is they alone who can be trusted to shepherd their career."* (S. 100)

In der Wirtschaftswelt des 21. Jahrhunderts ist die Zukunft das Zufällige, die Gegenwart das Vorläufige, Flüchtige, Labile, während die Vergangenheit die Quelle der stabilen Erfahrung darstellt, dass sich alle Wegweiser, die eine längerfristige Planung des eigenen Lebens zu ermöglichen scheinen, unaufhörlich drehen im „wind of change".

Diese Dominanz des Zufalls ist eine neue Erfahrung für die Menschen, die in der Wirtschaftswelt arbeiten. Zwar gab es Unstetigkeit und Unsicherheit auch in früheren Phasen der marktwirtschaftlichen Entwicklung. Aber seit den letzten Jahrzehnten des 20. Jahrhunderts hat sie, wie oben beschrieben, eine völlig neue Qualität erlangt.

IBM und das Regiment des Zufalls in der Restrukturierungs-Ökonomie des 21. Jahrhunderts

Diese neue Qualität des Regiments des Zufalls im Leben der Wirtschaftsmenschen kann beispielhaft an der Geschichte von IBM illustriert werden.

Bis in die 80er-Jahre des 20. Jahrhunderts hinein war IBM ein Unternehmen, das für seine Mitarbeiter eine Zone der Sicherheit und der Stetigkeit geschaffen hat und das sich seinen Mitarbeitern moralisch verpflichtet fühlte. IBM war damals ein klassisches Unternehmen des 20. Jahrhunderts, der Zeit vor dem Anbruch der Restrukturierungs-Ökonomie. Sein damaliger CEO, Thomas Watson Sen., agierte als Firmenpatriarch, der für die Mitarbeiter, die ihr gesamtes Berufsleben der Firma widmeten, eine moralische Verantwortung hegte. Wer bei IBM arbeitete, konnte von einer lebenslangen Beschäftigung ausgehen. Es gab bei IBM eine fast beamtenähnliche Arbeitsplatzsicherheit. Die IBM-Mitarbeiter konnten damals ferner auf eine langfristige Berechenbarkeit ihrer Firmenkarriere zählen, die in der Regel mit der Rente endete. Das Management und die Gewerkschaften hatten einen Sozialkontrakt geschlossen, der umfangreiche Sozialleistungen (betriebliche Krankenversicherung, Betriebsrente, Beihilfe zur Ausbildung der Kinder, Firmenhypotheken bei Hauskäufen, Betriebskindergärten etc.) und Arbeitsplatzgarantien umfasste.

In den 90er-Jahren des 20. Jahrhundert musste IBM dann einer drastischen Restrukturierung unterzogen werden. Das Unternehmen war in eine tiefe Krise geraten, hatte allein im Jahr 1992 6,6 Mrd. US-Dollar verloren. Der neue CEO Louis Gerstner brach den bestehenden Sozialkontrakt und leitete eine in der IBM-Geschichte beispiellose Entlassungswelle ein. Das Unternehmen wurde radikal verschlankt und flexibilisiert. Betriebe wurden geschlossen, zehntausende Mitarbeiter wurden freigesetzt, andere wurden aus Festangestellten in Freelancer verwandelt. Gerstner brach mit der tradierten IBM-Firmenkultur, indem er gegenüber allen IBM-Mitarbeitern deutlich machte, sie hätten sich nicht als Teil einer großen Firmenfamilie zu fühlen, sondern als freie Unternehmer, als Freelancer, die jeden Tag aufs Neue um den Bestand ihres Arbeitsplatzes bei IBM zu kämpfen hätten.

Dieser Übergang von IBM in die Welt der Restrukturierungs-Ökonomie findet in jüngster Zeit eine bemerkenswerte Zuspitzung. Im Kontext des IBM-Programms „Liquid" wurde IBM-intern im Jahr 2011 ein „Beschäftigungsmodell der Zukunft" entworfen.[3]

Dieser Entwurf zeichnet das Bild einer Landschaft, in der es neben einer schlanken Kernbelegschaft ein Heer von Freelancern gibt, eine „globale Talent Cloud", die sich im Auktionsverfahren, auf einer Ebay-ähnlichen Internetplattform, weltweit bei IBM auf Projekte bewerben können. IBM heuert diese Freelancer, diese „Cloud Worker", dann für einige Tage, Wochen, Monate oder Jahre für bestimmte Projekte an. Auf diese Weise maximiert IBM die eigene Flexibilität, um die Freelancer je nach Bedarf anheuern und wieder freisetzen zu können. Diese Freelancer konkurrieren um die Arbeitsangebote, die IBM elektronisch kundtut, weltweit miteinander: der SAP-Systemintegrator in Chicago mit dem SAP-Spezialisten in Bangalore und mit dem SAP-Programmierer in Taipeh. Dazu hat IBM ein Zertifizierungsmodell erarbeitet, auf dessen Grundlage nach bestimmten Kriterien die „digitale Reputation" eines Freelancers bemessen wird. IBM hat damit die Chance, für ein bestimmtes Projekt den preiswertesten und am besten geeigneten Freelancer auszusuchen.

Für die Freelancer entfällt damit völlig die Verbindlichkeit, die mit einer Festanstellung nach dem jeweiligen nationalen Arbeitsrecht verbunden ist. Ob sie auf dem Markt der globalen Talent Cloud ein Kurzzeit-Engagement ersteigern können, hängt von Zufällen ab, die sie nicht beeinflussen können. Für sie gibt es weder Arbeitsplatzsicherheit noch eine mittel- und langfristige Kalkulierbarkeit von Arbeitseinsätzen und Einkommen. Sie haben eine umfassend fragmentierte Berufsbiografie, können sie sich doch im IBM-Imperium jeweils nur um eng limitierte Arbeitseinheiten bewerben.

Die Dominanz des Zufalls im Leben der Wirtschaftsakteure des 21. Jahrhunderts steht quer zu ihrem Bedürfnis nach generalisierter Realitätskontrolle. Dieser Kontrast zwischen einem Leben, das mehr und mehr zufälligen, unvorhersehbaren und unbeeinflussbaren Eruptionen unterworfen ist, und dem Bedürfnis der Menschen

---

[3] Siehe dazu: DER SPIEGEL 6/2012, S. 62 ff.

danach, genau dieses Ausgesetzt-Sein durch vorausschauende Realitätskontrolle zu verhindern, schafft für jeden Einzelnen einen schwerwiegenden Konflikt.

Dieser Konflikt ist im 21. Jahrhundert in die Psyche aller Wirtschaftsakteure eingraviert. Er wiegt deshalb schwer, weil er mit einer zentralen Erkenntnis einhergeht, die für alle diese Akteure gilt. Sie müssen erkennen: Kein individuelles Handeln, keine subjektive Anstrengung und keine persönliche Leistung kann sicherstellen, dass ihre Zukunft planbar, voraussehbar und kontrollierbar wird.

Die Lektion, die die Unternehmensakteure aus dem Regiment des Zufalls lernen, lautet: Verlasse dich auf nichts und niemanden. Du bist völlig auf dich allein gestellt. Es gibt kein Unternehmen, das dich braucht, das auf dich zählt, das für dich sorgt, das dir verpflichtet ist. Du bist jederzeit ersetzbar. Und du bist permanent potenziell überflüssig. Du bist für dein Unternehmen dispositives Material, das bereits morgen aussortiert und zur Entsorgung freigegeben sein kann. Dein Unternehmen muss dich so sehen, weil es von seiner Wirtschaftsumwelt dazu gezwungen wird, dies zu tun. Dein Unternehmen muss, um in der volatilen Wirtschaftswelt und in der globalen Konkurrenz des 21. Jahrhunderts bestehen zu können, deinem persönlichen Schicksal völlig gleichgültig gegenüberstehen. Die Gesetze der Restrukturierungs-Ökonomie zwingen das Unternehmen dazu.

Im Jahr 2002 traf ich einen Mitarbeiter von Quam. Das war ein Unternehmen, das von Telefonica mit einem Aufwand von knapp 10 Mrd. € in Deutschland aufgebaut worden war, um den deutschen Mobilfunkmarkt neu aufzurollen. Der Mitarbeiter sagte mir: „Ich war einige Jahre lang bei Mannesmann Mobilfunk, heute Vodafone. Anfangs war das bei Mannesmann ein faszinierender Arbeitsplatz: Wir waren die Pioniere des privaten Mobilfunks in Deutschland, eine große Firmenfamilie, eine verschworene Gemeinschaft von Mannesmännern, die sich anschickte, die Mobilfunkwelt zu verändern. Wir identifizierten uns voll mit dieser Pionier-Aufgabe, arbeiteten Tag und Nacht an unserem D2-Produkt. Nach der Übernahme von Mannesmann durch Vodafone änderte sich diese Mannesmann-Kultur abrupt. In meiner Abteilung wurde das komplette deutsche Management durch britische Manager ersetzt. Auch ich wurde, weil ich ja zum Inventar der alten Mannesmann-Firma gehörte, von heute auf morgen auf die Straße gesetzt. Mein alerter britischer Chef eröffnete mir, ich hätte eine Stunde Zeit, um meinen Schreibtisch zu räumen, persönliche Dinge einzupacken und die Firmenutensilien abzugeben. Alles andere würden dann die Juristen regeln. Als ich dann hier bei Quam anfing, habe ich mir geschworen, dass ich mich nie mehr in meinem Berufsleben mit einer Firma identifizieren werde. Ich habe gelernt, dass ich besser durchs Berufsleben komme, wenn ich mit kaltem Herzen arbeite. Ohne inneres Engagement. Nur so kann ich vermeiden, dass ich, wenn ich wieder von heute auf morgen freigesetzt werde, wie damals bei Vodafone in eine schwere persönliche Krise hineingerate." Ein Jahr später beschloss der Telefonica-Vorstand

> *in Madrid, das Unternehmen Quam komplett einzustellen. Telefonica schrieb damit das Milliardeninvestment Quam völlig ab. Der Mitarbeiter verlor wie über tausend andere seinen Job.*

Es gibt heute keinen Ratgeber für richtiges Verhalten im Wirtschaftsleben, der nicht darauf insistiert, dass Wirtschaftsmenschen wandlungsoffen und veränderungsaffin zu sein haben. „Embrace change!" ist die Losung der Gewinner im heutigen Wirtschaftsgetriebe.

Die Imperative, die den ratsuchenden Wirtschaftsmenschen in all diesen Ratgebern kredenzt werden, lauten: Sei offen für alles Neue! Bejahe den Wandel! Gehe flexibel auf Veränderungen ein! Hänge nicht am Gewohnten! Begreife jede Veränderung als Chance!

Diese Ratgeber reflektieren die Anforderungen, die das Wirtschaftsgetriebe des 21. Jahrhunderts an die Einzelnen stellt. Die volatile Wirtschaftswelt erfordert den allseits veränderungsbereiten Wirtschaftsmenschen.

Ich werde hier der Frage nachgehen, unter welchen Bedingungen die Wirtschaftsmenschen in der Lage sind, diese Imperative für sich zu vollziehen. Dass sie das tun müssen, um im neuzeitlichen Wirtschaftsgetriebe überleben und Erfolg haben zu können, habe ich oben, im zweiten Kapitel, dargelegt.

Wie aber sollen sie es anstellen, sich zu einem Chamäleon des Wirtschaftswandels zu entwickeln? Wie sollen sie es schaffen, ihrem Bedürfnis nach generalisierter Realitätskontrolle komplett abzuschwören?

Geht man dieser Frage nach, dann kommt man um eine irritierende Erkenntnis nicht herum, die ich schon oben im Hinblick auf die psychische Pathologie des neuzeitlichen Wirtschaftsmenschen dargestellt habe: diejenige nämlich, dass Menschen den disruptiven, zufälligen Wandel als Zumutung, als Bedrohung, als Drama empfinden.

> *Für diesen Befund gibt es vielfältige Belege. So schreibt die britische Soziologin Lynda Gratton, dass die Menschen in den entwickelten Wirtschaftsnationen in einem Zustand steigender Angst leben: „The rise in anxiety in developed countries such as the USA has been reported for over three decades. For example, in studies carried out between 1952 and 1993, anxiety in US men and women has continuously increased. In fact, the increase has been exponential." Für die Zukunft leitet Gratton aus den vorliegenden Studien einen „steadily rising level of anxiety" ab. Sie führt dies auf die zunehmenden Wirtschaftsvolatilitäten zurück: „Anxiety increases with threats to self-esteem or social status." (Gratton 2011, S. 110)*

Wie sehr es in die Psyche der Mitteleuropäer seit vielen Jahrhunderten eingraviert ist, dass dieser Typ des Wandels, den wir im 21. Jahrhundert erleben, bedrohlich ist, zeigen einige Ausflüge in die Etymologie.

Wandel ist Leiden. Leiten ist Leiden.

Der erste etymologische Ausflug führt uns in die Zeit vor mehr als 1.000 Jahren, als sich die althochdeutsche Sprache herausbildete. Sie führt uns zu der merkwürdigen Feststellung, dass leiten leiden bedeutet und dass leiden der Ursprung allen leitenden Tätigkeiten ist.

Das deutsche Wort leiden kann auf das altgermanische Wort lidan zurückgeführt werden. Das wiederum geht auf die indogermanische Wortwurzel leit(h) zurück. Lidan meint im Altgermanischen: gehen, sich von einem Ort zu einem anderen bewegen, weggehen, reisen, in die Ferne ziehen, den eigenen Standort verändern. Lidan ist damit das althochdeutsche Ursprungswort für Wandel, für eine Bewegung der Veränderung.

Das Wort leiten ist im Altgermanischen eine Ableitung vom Wort leiden, ein sogenanntes Kausativ. Kausative sind Ableitungen von einem Grundwort. Die Bedeutung des Kausativs liegt darin, dass ein Tun, das das Grundverb bezeichnet, beim Kausativ von einem Dritten bewirkt wird (z. B. ist das Kausativ des Grundverbs trinken das Wort tränken = trinken machen, zu trinken veranlassen). Entsprechend bedeutet das Kausativ leiten, abgeleitet vom Grundverb lidan: gehen machen, reisen machen, ein Gehen bewirken, die Richtung und das Ziel für einen Weg in die Ferne bestimmen, eine Veränderung verursachen.

Nun trug es sich zu, dass das Wort leiden im Laufe des 9. Jahrhunderts im Althochdeutschen eine vielsagende Bedeutungsverschiebung erfuhr, hin ins Pejorative, Negative. Die ursprüngliche Bedeutung des Worts leiden – gehen, weggehen, in die Ferne gehen – mutierte allmählich zu der neuen Bedeutung: sich verändern, in die Fremde ziehen, sich der Gefahr und der Not einer Wanderung in fremde Lande aussetzen, das Übel einer Veränderung ertragen, sich übel befinden in der Fremde, heimatlos sein, Heimweh haben, eben leiden.

Diese Verschiebung der Bedeutung des Wortes leiden hat dann im 9. Jahrhundert auch auf das abgeleitete Verb leiten abgefärbt. Dieses Wort, das ursprünglich „gehen machen" bedeutete, trug deshalb im Althochdeutschen des 9. Jahrhunderts neben dieser Ursprungsbedeutung auch folgenden Bedeutungsgehalt in sich: eine gefahrvolle Bewegung von einem heimischen Ort weg bewirken; veranlassen, dass jemand aus der Heimat in die Fremde und damit in die Gefahr und ins Unglück zieht; jemanden aus der Sicherheit der Heimat hinaus führen; jemandem ein Leid bereiten; jemanden dazu verleiten zu leiden.

Leiten und leiden haben also die gleiche etymologische Wurzel. Ebenso wie das englische to lead. All diese Worte indizieren: Schon vor mehr als 1.000 Jahren wurde im indogermanischen Sprachraum Wandel mit Leid assoziiert. Der Wandel, das Weggehen von einem bekannten Ort in die Ferne oder die Fremde, erschien als gefahrvoll und leidvoll. Diese Assoziation des Wandels mit Leid, der Veränderung mit einem leidverursachenden Ereignis ist tief in die Psyche der Menschen im indogermanischen Sprachraum eingraviert. Und das seit mehr als 1.000 Jahren.

Im Grimmschen Wörterbuch wird dieser Sachverhalt wie folgt beschrieben:

„wie das subst. elend von dem begriffe des wohnens in der fremde in den des unglücks und der not übertrat, so gewann das verbum lidan von der bedeutung des ziehens in ferne lande und über see die des übelbefindens, ertragens und duldens, und an diesem bedeutungsübergange mag eben so sehr das gefühl des heimwehs, wie die fährlichkeit der wanderung antheil haben. ... im ahd. erscheint die neue bedeutung seit der 2. hälfte des 9. jahrh."[4]

Im Grimmschen Wörterbuch wird hier das Wort „Elend" erwähnt. Zu diesem Wort führt uns unser zweiter Ausflug in die Etymologie. Auch dieses Wort hat, ähnlich wie das Wort leiden, im Laufe des 9. Jahrhunderts einen bemerkenswerten Bedeutungswandel erfahren. Ursprünglich bedeutete das Wort Elend im Althochdeutschen nämlich, ohne pejorative Anwandlungen: Leben in der Fremde, Dasein fern von der Heimat.

Das Grimmsche Wörterbuch schreibt dazu:

„urbedeutung dieses schönen, vom heimweh eingegebnen wortes ist das wohnen im ausland, in der fremde. ... da nun fremde und verbannung weh thun und unglücklich machen, nahm elend nach und nach den begrif von miseria an und der ursprüngliche trat vor diesem endlich ganz zurück. ... schon das mhd. ellende begann nicht allein fremd, sondern auch in weiterer ausdehnung entfremdet, beraubt und blosz, dann arm, armselig, gering und schlecht auszudrücken"[5]

Im Laufe der Jahrhunderte, beginnend im 9. Jahrhundert, mutierte also die Bedeutung dieses Wortes. Sie wandelte sich ins Pejorative, ins Negative. Elend bedeutet seither das Dasein in der Not, in einer Notlage, in einer leidvollen Situation. Auch beim Wort Elend wird also deutlich: Das Dasein in der Veränderung, das Leben im Wandel, das Erleben des Wandels, das Leben fern von der Heimat, das Ausgesetzt-Sein in der Fremde wird im indogermanischen Sprachraum seit vielen Jahrhunderten mit Leid, Not und Übel assoziiert.

Wir alle tragen diese Prägung in uns. Sie ist eine Prägung der Sprache und der Psyche. Ist doch die Sprache der Spiegel der emotionalen Haltung der Sprechenden zur Welt.

Wie ich oben gezeigt habe, hat die psychologische Forschung der letzten Jahrzehnte vielfältige Belege dazu geliefert, dass die Menschen in der Evolution ein Bedürfnis herausgebildet haben, das alle Vergesellschaftungsformen geprägt hat: das

---

[4]Deutsches Wörterbuch von Jacob und Wilhelm Grimm, Band 12. München 1984, S. 658 (Erstausgabe: Leipzig 1885).
[5]Deutsches Wörterbuch von Jacob und Wilhelm Grimm, Band 3, München 1984, S. 406, 409 und 410 (Erstausgabe: Leipzig 1862).

7 Der Verlust der Heimat und das Diktat des Zufalls: Abstraktion als Schutzschild... 83

Bedürfnis, Wandel möglichst beherrschbar zu machen, Wandel vorherzusehen und vorauszuberechnen, Wandel zu kontrollieren und einzudämmen.

Dieses Bedürfnis nach „generalisierter Realitätskontrolle" zielt vor allem darauf ab, den Zufall aus dem Alltagsleben der Menschen zu verbannen. Es ist das Bedürfnis, Zufälle zu vermeiden und vermeidbar zu machen, d. h. Ereignisse, die nicht vorhersehbar und berechenbar sind, die nicht beeinflusst und kontrolliert werden können, die erratisch und plötzlich geschehen und die dramatisch in das Alltagsleben der Menschen eingreifen.

Anders formuliert: Menschen wollten in allen Gesellschaften den Zufall des erratischen, disruptiven Wandels aus ihrem Leben fernhalten.

Ich habe im Kap. 4 gezeigt, dass wir in ein Zeitalter eingetreten sind, in dem dieses Bedürfnis chronisch beschädigt und enttäuscht wird. Es ist dies, wie oben dargelegt, das Zeitalter der globalen Marktwirtschaft des 21. Jahrhunderts, der Restrukturierungs-Ökonomie. Das Wirtschaftsgetriebe des 21. Jahrhunderts stürzt die Wirtschaftsakteure immer häufiger und immer erratischer in Ereignisse und Prozesse abrupten, eruptiven Wandels. Dieser zufällige, disruptive Wandel bedeutet für die Wirtschaftsmenschen, indem er jenes Bedürfnis negiert, eine permanente psychische Erschütterung, eine fortdauernde Dramatik.

Wir beobachten hier eine besondere Ausprägungsform der menschlichen Evolution. Die wirtschaftliche Entwicklung der vergangenen Jahrzehnte, die Entwicklung hin zur Ära der Restrukturierungs-Ökonomie, fordert von den Wirtschaftsmenschen eine umfassende Renovierung ihrer psychischen Konstitution. Und das im Zeitraffer.

Diese Wirtschaftsevolution ist selbst eine Evolution in einer historisch einmaligen Geschwindigkeit. Entsprechend forciert sie eine psychische Evolution der Wirtschaftsakteure in einem Tempo, das in der Vergangenheit ohne Beispiel ist. Die Wirtschaftsevolution verlangt von den Wirtschaftsakteuren, sich innerhalb einer Zeit, die einem Wimpernschlag in der Menschheitsgeschichte gleichkommt, psychischer Prägungen zu entledigen, die über viele Jahrhunderte hinweg gewachsen sind.

Sie gebietet den Einzelnen bei Strafe ihrer Wirtschaftsuntauglichkeit, im Eiltempo den Weg vom konkreten zum abstrakten Menschen zu absolvieren, – und das aus folgenden Gründen.

Das Getriebe des disruptiven, zufälligen Wirtschaftswandels markiert für die Menschen eine permanente Bedrohung: dass bestehende emotionale Bindungen, vorhandene affektive Beziehungen hart und schroff zerrissen werden, dass Bekanntes und Selbstverständliches unnachsichtig entwertet wird, dass Liebgewonnenes und Sicheres plötzlich eingeäschert wird.

Da ist der Alstom-Mitarbeiter, der sein Berufsleben lang gegen den Hauptwettbewerber General Electric angekämpft hat, und der nun, nach der Übernahme der Alstom-Energiesparte durch General Electric, GE-Mitarbeiter werden soll. Da ist der Siemensianer, der mit der Siemens-Tochter VDO an den Wettbewerber Continental verkauft wurde, und sich nun im heimischen Unternehmen in der Fremde befindet. Da ist der Manager beim Armaturenhersteller Grohe, der über Jahrzehnte hinweg seiner Firma treu gedient hat und nun gewärtigen muss, dass der neue Eigentümer, ein Private-Equity-Unternehmen, das Wort „Firmentreue" als Relikt einer untergegangenen Vergangenheit ansieht. Da ist der Nokianer, der seine Berufsidentität mit dem Unternehmen Nokia verschmolzen hat, der mit dem Unternehmen Nokia eine Bindung fürs Leben eingehen wollte, und der sich nun, nach dem Verkauf des Mobiltelefongeschäfts von Nokia an Microsoft, auf der Exit-Liste wiederfindet. Da ist der Mitarbeiter der Siemens IT Solutions and Services GmbH, der nach dem Verkauf seines Unternehmens an das französische Unternehmen Atos gewärtigen muss, dass in diesem Unternehmen nur der etwas zu sagen hat, der entweder an einer Pariser Ecole studiert hat oder der bereit ist, sich den Anordnungen der Ecole-Absolventen ohne Widerworte zu unterwerfen.

Im Zeitalter der Restrukturierungs-Ökonomie und des disruptiven, zufälligen Wandels ist jede Beziehung und jede Bindung zu jeder Zeit der plötzlichen Liquidation ausgesetzt. Nun ist die Identität, das Selbstgefühl, das Selbst, der Charakter jedes Menschen auf die Beziehungen und Bindungen gegründet, die er eingegangen ist. Seine Identität besteht nur in diesen Beziehungen und Bindungen. In einer Wirtschaftswelt, in der all diese Beziehungen und Bindungen jederzeit mit einem Wimpernschlag ausgelöscht werden können, ist die Identität des Wirtschaftsmenschen chronisch fragil, chronisch gefährdet.

Die Botschaft, die der Wirtschaftsakteur im 21. Jahrhundert auf seinem Berufsweg mitnehmen muss, lautet: Sei jederzeit bereit, alles, was dir wichtig ist, aufzugeben. Rechne stets damit, dass die Plattform, auf der du stehst, in Brand gesetzt wird. Richte dich so ab, dass du zu jeder Zeit in der Lage bist, diese Plattform ohne Bedauern und ohne Bedenken zu verlassen. Erziehe dich so, dass du in dir alle Gefühligkeit, alle Anhänglichkeit an diese Plattform auslöschst.

Der Wirtschaftsmensch bewegt sich mit seiner Identität im 21. Jahrhundert auf einem Feld, das von unsichtbaren Tretminen durchsetzt ist. Er weiß, dass er sich auf diesem Feld fortbewegen muss, um marktgängig zu sein. Zugleich weiß er, dass jede seiner Bewegungen eine Mine zur Detonation bringen und damit all das erschüttern kann, was seinem Leben Stabilität verlieh.

In früheren Phasen der marktwirtschaftlichen Evolution gab es auf diesem Feld für die Wirtschaftsakteure noch Warnhinweise, Wegweiser und Markierungen, die einen Pfad jenseits der Tretminen wiesen. Es war zwar auch damals nicht sicher, sich auf diesem Feld zu bewegen. Doch verringerten diese Markierungen für die Wirtschaftsakteure die Gefahr, von einer Tretmine zerrissen zu werden, so weit, dass sie sich für bestimmte Zeiten und in bestimmten Kontexten relativ sicher fühlen konnten.

Da war der IBM-Mitarbeiter, dem sein Unternehmen vor den 90er-Jahren des 20. Jahrhunderts eine beamtenähnliche Arbeitsplatzsicherheit bot. Da war der Siemensianer im 20. Jahrhundert, dessen Vater jahrzehntelang Siemensianer gewesen war und der darauf setzen konnte, bis zu seiner Rente auch Siemensianer bleiben zu können. Da war der Mitarbeiter von RWE, der im 20. Jahrhundert mit guten Gründen davon ausgehen konnte, in einem Unternehmen zu arbeiten, das vom Auf und Ab der Konjunkturen und Wettbewerbsbewegungen völlig unbehelligt seine Kreise zieht. Da war der Mitarbeiter eines großen bundesdeutschen Zeitungsunternehmens, der bis in die 90er-Jahre des 20. Jahrhunderts, bis das Internet die Rubriken-Märkte besetzte, sicher sein konnte, dass sein Unternehmen auf seinen lokalen Monopolmärkten unangefochten durch Wettbewerber und Marktschwankungen zweistellige Umsatzrenditen einfahren würde und dass es ihm deshalb einen sicheren Hort bieten konnte. Da war der Mitarbeiter eines großen deutschen Handelsunternehmens, nennen wir es Quelle oder Neckermann oder Karstadt, in den 80er-Jahren des 20. Jahrhunderts, also in der Vor-Internet-Zeit, der fest damit rechnen konnte, dass sich die deutsche Handelslandschaft allenfalls graduell und behutsam wandeln würde, und der deshalb annahm, in seinem Unternehmen vor abrupten Eruptionen geschützt zu sein.

All dies ist Vergangenheit. Das 21. Jahrhundert markiert den Beginn einer neuen Epoche der Wirtschaftsevolution. In dieser Epoche des „Great Divide" sind auf jenem Feld, das von Tretminen durchsetzt ist, alle Markierungen verwischt, alle Wegweiser von volatilen Winden stetig hin- und hergeworfen. Der Wirtschaftsmensch, der sich auf jenem Feld bewegt, sucht hier die Sicherungen, die ihn früher gehalten haben, vergebens. Er macht hier die Erfahrung, dass er auf sich allein gestellt ist, dass ihn nichts und niemand davor schützt, einen falschen Schritt zu tun.

Auf einem solchen Feld ständig zu leben und zu arbeiten, untergräbt das Selbstgefühl und erodiert den Charakter. Es führt zu einer „Corrosion of Character".[6] Es unterminiert das, was jeder braucht, um tagtäglich im kompetitiven Wirtschaftsgetriebe funktionieren zu können: eine stabile Psyche, eine seelische Ausgeglichenheit, eine selbstgewisse Identität.

So schreibt die FAZ über die „Willkür des Schicksals" in der Berufskarriere von Top-Managern: „So gerne die Manager es hätten: Niemand lebt in einer reinen Leistungsgesellschaft. Vergänglich ist der Ruhm, jäh und unerwartet der Absturz, schmachvoll sowieso. Ob sie mögen oder nicht – die Mächtigen der Wirtschaft sind an das Rad der Fortuna gekettet. Und das dreht sich immer schneller. Die einen steigen auf, die anderen steigen ab, freiwillig nie, ganz nach den Launen der Fortuna. Die verteilt ihre Gaben ohne Rücksicht auf die Leistung oder gar Gerechtigkeit."[7]

Die Restrukturierungs-Wirtschaft mutet dem Wirtschaftsmenschen aber nicht nur zu, sich permanent dem Regime der Zufälligkeit auszusetzen. Sie verschärft darüber hinaus die Widersprüche, in denen sich der moderne Wirtschaftsmensch zurechtfinden muss.

So wurde der **Widerspruch zwischen Konkurrenz- und Kooperationsorientierung**, zwischen dem Zwang zum Gegeneinander und dem Zwang zum Miteinander in früheren Phasen der Marktwirtschaft regelmäßig temperiert und abgeschwächt.

---

[6] Vgl. Richard Sennett: The Corrosion of Character. New York 1999.
[7] Frankfurter Allgemeine Sonntagszeitung vom 27. Juli 2014, S. 15.

Es ist dies der Widerspruch zwischen zwei grundlegend gegensätzlichen Haltungen, die im beruflichen Alltag gleichermaßen bedeutend und tagtäglich denk- und verhaltensprägend sind. In einer Marktwirtschaft müssen die Akteure in der Lage sein, beide Haltungen einzunehmen und zu kultivieren:

- *Die Haltung der Konkurrenz: Der andere ist mein Gegner, mein Wettbewerber um knappe Ressourcen (Beförderungen, materielle Gratifikationen, Macht, Einfluss, immaterielle Gratifikationen wie Wertschätzung etc.), einer, dessen Erfolg mein Misserfolg und dessen Misserfolg mein Erfolg ist. Ihm muss ich stets im Modus des Gegeneinander begegnen, um meine Interessen wahren zu können. Ich spiele mit diesem Konkurrenten immer nur ein „Zero Sum Game", ein Spiel, in dem der eine Spieler nur dann einen Gewinn erzielen kann, wenn der andere Spieler einen entsprechenden Verlust hat. Der andere ist für mich eine permanente Bedrohung, eine Quelle von Gefahren. Deshalb liegt es in meinem Interesse, diesem Konkurrenten mit Distanz, mit Gefühlskälte und mit einer unbedingten Indifferenz gegenüberzutreten. Nur diese Distanz macht mich wetterfest in den Eisstürmen der Konkurrenz. Begegne ich dem anderen nicht distanziert, sondern mit Herzenswärme, so setze ich mich schutzlos seinen Intrigen und Giftpfeilen aus. Entsprechend muss ich lernen, seine Interessen und Volten vorausschauend zu erkennen, damit ich sie in meinem Interesse parieren und kontern kann.*
- *Die Haltung der Kooperation: Der andere ist mein Partner, mein Helfer, mein Freund und Mitstreiter. Meine Ziele kann ich nicht gegen ihn, sondern nur mit ihm erreichen. Ich begegne ihm deshalb im Modus des Miteinander. Mit ihm spiele ich immer ein „Nonzero Sum Game", ein Spiel, in dem ich nur gewinnen kann, wenn auch der andere gemeinsam mit mir gewinnt. Mein Erfolg ist sein Erfolg, sein Erfolg ist auch der meine. Deshalb liegt es in meinem Interesse, mit meinem Kooperationspartner offen und ehrlich, empathisch und einfühlsam umzugehen. Es ist mein Interesse, den anderen erfolgreich zu machen. Ich muss seine Sicht der Dinge, seine Interessen und Bedürfnisse kennen und ernst nehmen, damit unsere Zusammenarbeit gut funktionieren kann. Ich muss lernen, die Welt mit seinen Augen zu sehen, damit ich sie gemeinsam mit ihm zu unserem gemeinschaftlichen Nutzen gestalten kann.*

Das Denken und Verhalten von Menschen, die beide Haltungen in den gleichen Situationen ausbilden und ausüben müssen, ist widersprüchlich konditioniert. Diese widersprüchliche Konditionierung von Denken und Handeln in der Marktwirtschaft ist eine chronische Ursache von Konflikten.

Ich behaupte nun, dass diese Widersprüche, diese Konflikte dann abgemildert und vermindert werden, wenn die Wirtschaftsakteure in einem Umfeld arbeiten, das für berechenbare Stetigkeit und langfristige Stabilität steht. In einem solchen Umfeld ist es für die Wirtschaftsmenschen ohne psychische Zerrüttungen leistbar, diese Widersprüche und Konflikte zu managen.

Denn in langfristig berechenbar stabilen Arbeitsumgebungen können es die Wirtschaftsakteure schaffen, Enklaven eines teamorientierten Miteinander zu bauen, aus denen das konkurrenzhafte Gegeneinander weitgehend herausgehalten werden kann. Es sind Enklaven einer konkurrenzfernen eingespielten Partnerschaft. Sie begegnen sich hier tagtäglich als Kooperationspartner, die aufeinander eingestellt und miteinander vertraut sind. Ihre jeweiligen Charaktereigenschaften und Kompetenzen, Stärken und Schwächen, Befindlichkeiten und Interessen sind allen bekannt. Weil sie als Team langfristig zusammenbleiben und deshalb darauf angewiesen sind, miteinander möglichst reibungslos zusammenzuarbeiten, haben sie einen Modus der Kooperation ausgebildet, der all diese individuellen Besonderheiten berücksichtigt.

Zugleich wissen diese Kooperationspartner, dass Einbrüche von externen Ereignissen, die diese eingespielte Partnerschaft stören und die die Konkurrenz im Team schüren, selten vorkommen: Beförderungen einzelner, Umstrukturierungen, Entlassungen und Versetzungen etc. Weil sie selten sind, können sie entweder antizipiert und vorausschauend in die Partnerschaft einbezogen werden („Wenn XY in fünf Jahren in Ruhestand geht, wird YYX sein Nachfolger") oder aus dem konkurrenzenthobenen Miteinander ausgeblendet werden („Das wird schon nicht so schlimm kommen").

In der Restrukturierungs-Ökonomie entfallen all diese Rahmenbedingungen, die jenen Widerspruch und Konflikt eindämmen und kanalisieren. In dieser Wirtschaftsform des 21. Jahrhunderts bewirken die allfälligen Restrukturierungen und die permanent präsenten Unsicherheiten eine drastische Zuspitzung des Widerspruchs von Konkurrenz und Kooperation, in dem sich die Menschen bewegen müssen.

Denn die Restrukturierungs-Ökonomie lässt es nicht zu, dass sich die Wirtschaftsmenschen jene Enklaven bauen und langfristig aufrechterhalten, aus denen die Haltung der Konkurrenz weitgehend ausgeblendet werden kann. Die „Enklaven der Konkurrenzenthobenheit" werden in den Strudeln der permanenten Umstrukturierungen und Unsicherheiten fortwährend geschleift.

Die Restrukturierungs-Wirtschaft unterminiert beständig die Dämme, die die Kooperationspartner gegen die Flut der Konkurrenzhaltung errichten. Diese Dämme werden strukturell porös, mit der Folge, dass die Haltung der Konkurrenz alles durchdringt, alle Arbeitssituationen prägt, alle Arbeitsbereiche durchtränkt, alles Denken und Handeln der Menschen infiltriert. Sie ist überall präsent und an allen Orten. Alle Versuche, sie zu domestizieren, müssen in den Ebb- und Flutbewegungen der Restrukturierungs-Ökonomie scheitern.

Dies schafft für die Menschen in der Restrukturierungs-Ökonomie einen dramatisch zugespitzten Konflikt: sich tagtäglich in Arbeitsumgebungen bewegen zu müssen, in denen sie den beschriebenen widersprüchlichen Verhaltens- und Denkanforderungen ungeschützt ausgesetzt sind.

So sind denn die Menschen in der neuzeitlichen Marktwirtschaft nicht nur mit einem zugespitzten Regiment des Zufalls, sondern zusätzlich mit einem verschärften Verhaltens- und Denkwiderspruch konfrontiert.

Aus dieser Problemdiagnose können wir viele Fragen herausdestillieren, Fragen, die an den Kern der Identität des modernen Wirtschaftsmenschen rühren:

Wie können es Menschen schaffen, tagtäglich in ihrer Arbeit effizient und effektiv zu funktionieren, wenn sie ständig widersprüchliche Anforderungen erfüllen müssen? Wie können sie ihren Job gut tun, wenn sie ihn zugleich als ein „Zero Sum Game" und als ein „Nonzero Sum Game" auffassen müssen?

Wie können Menschen mit dem allgegenwärtigen Regiment des Zufalls umgehen? Wie können sie ihr Bedürfnis nach Realitätskontrolle mit einer Wirtschaftswelt in Einklang bringen, in der die Zukunft erratisch, volatil, unkontrollierbar, unberechenbar ist? Wie können sie eine berufliche Identität auf den Treibsand wirtschaftlicher Volatilität gründen? Wie können sie psychische Stabilität bewahren, wenn sie in ihrer Wirtschaftsumwelt chronischer Instabilität ausgesetzt sind? Wie können sie in ihrem Berufsleben Leitplanken, Wegmarkierungen und Karrierepfade ausmachen, wenn alles Feste und Sichere von den Eruptionen der Zeitläufte pulverisiert wird?

Was soll der neuzeitliche Wirtschaftsmensch konkret tun, wenn er permanent den Zumutungen der Restrukturierungs-Ökonomie mit ihren Zufällen und disruptiven Wandlungen ausgesetzt ist? Was soll er tun, um in dieser Wirtschaftswelt über Jahre und Jahrzehnte hinweg funktionsfähig bleiben zu können? Was kann er unternehmen, um trotz der Unberechenbarkeit des Wandels ausgeglichen, marktgängig und konkurrenzfähig zu bleiben? Wie kann sich der Einzelne davor bewahren, einen psychischen Kollateralschaden zu erleiden, wenn er in den Strudel des disruptiven Wandels gerät? Wie kann der Einzelne seinen Marktwert in der Konkurrenzwirtschaft bewahren, wenn die andauernde Präsenz des Zufalls seinen Selbstwert und sein Selbstwertgefühl nachhaltig erschüttert?

Wie kann er mit jener Dramatik des Zufalls umgehen, die sein Berufsleben jederzeit ereilen kann? Mit der Dramatik, am Mittwoch die Erfahrung zu machen, dass emotionale Bindungen jäh an einem gewohnten Platz eingeäschert werden, und am Donnerstag wieder aufs Neue daran arbeiten zu müssen, an einem anderen Platz, in der Fremde, neue emotionale Bindungen aufzubauen? Wie kann er mit jener Dramatik fertig werden, bei einer Restrukturierung in seinem Unternehmen die Erfahrung zu machen, dass verlässliche Kooperationspartner von heute auf morgen zu unzuverlässigen Konkurrenten werden, Freunde zu Feinden, die, um sich im Unternehmen zu halten, die Sicherungsseile zerschneiden, die den anderen im Unternehmen halten? Und wie kann der Wirtschaftsmensch dann, nach all diesen Erfahrungen, wieder darangehen, in einem neuen Unternehmen neue belastbare Bindungen zu Kooperationspartnern aufzubauen?

Wie kann das gehen, ohne dass der Einzelne einer chronischen Persönlichkeitsstörung anheimfällt, einer Pulverisierung seines Selbstgefühls und seiner Identität?

Es ist dann möglich, wenn der Einzelne eine allmähliche Mutation hin zum Charaktertypus des abstrakten Menschen vollzieht.

Diese Mutation schützt ihn vor den Zerrüttungen des zufälligen Wandels. Sie wappnet ihn gegen die Zumutungen der disruptiven Zufälle. Sie ist der Panzer, der ihn befähigt, Brüche unbeschadet zu überstehen.

Der Wirtschaftsmensch schafft diese Mutation, indem er sich antrainiert, seine Identität nur noch aus der Beziehung zu sich selbst zu gewinnen. Er macht sich unabhängig von den volatilen Beziehungen zur Außenwelt, indem er alle diese

Beziehungen nurmehr durch das Brennglas seines Selbstbezugs bewertet; sie haben nur Bedeutung für ihn als Mittel zu seiner eigenen Selbstoptimierung. Indem der abstrakte Mensch fortwährend narzisstisch um sich selbst kreist, indem er alle Beziehungen und Bindungen zur Außenwelt nur als Mittel zu seiner eigenen narzisstischen Selbstoptimierung deutet, kann er diese externen Beziehungen und Bindungen für sich selbst entemotionalisieren und relativieren. Er schafft es dann, sie mit kaltem Herzen anzugehen, mit jener Coolness, die sein Markenzeichen ist.[8] Er ist dann in der Lage, bei jedem eruptiven Wandel, wenn diese externen Beziehungen und Bindungen ausradiert werden, unbeteiligt und unbehelligt weiterzugehen.

Er ist ja bei sich. Er hat ja sich. Nur diese Bindung zu sich selbst bleibt bei allen Volatilitäten des Wirtschaftslebens bestehen. Nur sie ist ihm deshalb wichtig. Sie trotzt allen Erschütterungen des disruptiven Zufalls, sicher und unerschütterlich.

Diese Mutation kennzeichnet eine Evolutionslinie, keinen Endpunkt. Der Wirtschaftsmensch, der sich antrainiert, ein abstrakter Mensch zu werden, wird sich in aller Regel nicht zur „Reinform" des abstrakten Menschen ausbilden können. Auf absehbare Zeit werden da Beimischungen des konkreten Menschen in seinem Charakter bleiben. Noch lange wird er Residuen des konkreten Menschen in sich tragen. Er wird da und dort emotionale Beziehungen entwickeln, wird nicht völlig davon abstrahieren können, dass ihn das eine oder andere emotional tangieren wird.

Ich behaupte also nicht, dass sich der heutige Wirtschaftsmensch dahin entwickeln kann, völlig von Konkretem zu abstrahieren, dass er sich zur Reinform des abstrakten Menschen hinaufbilden kann. Ich befasse mich hier auch nicht mit der Frage, wie weit der neuzeitliche Wirtschaftsmensch zum Idealtypus des abstrakten Menschen mutieren kann. Was ich behaupte, ist,

- dass es in der heutigen Restrukturierungs-Ökonomie einen Trend, eine Tendenz zur allmählichen Mutation in der Zielperspektive des abstrakten Menschen gibt;
- dass dieser Trend zwingend aus den Volatilitäten dieser Restrukturierungs-Ökonomie folgt; dass er eine Evolutionslinie markiert, die von den Gesetzlichkeiten der neuzeitlichen Wirtschaftswelt vorgezeichnet wird;
- dass diese Mutation ein zentrales Merkmal der psychosozialen Evolution des Charakters der Akteure in der neuzeitlichen Wirtschaftswelt darstellt;
- dass es für die Menschen, die sich dieser volatil-zufälligen Wirtschaftswelt stellen müssen, tendenziell ein Erfordernis ihres Selbsterhalts und ihres Selbstschutzes, ihrer psychischen Stabilität und charakterlichen Identität ist, Züge des abstrakten Menschen auszubilden und ihren Charakter in der Zielperspektive des abstrakten Menschen zu modulieren.

---

[8] „Coolness" ist in den vergangenen Jahrzehnten zum Markenzeichen für persönliche Souveränität geworden. Die Coolness gilt als das Emblem der Erfolgreichen, als die Eigenschaft der Gewinner. Dieser Siegeszug der Coolness in der neuzeitlichen Gesellschaft und Wirtschaft ist ein Indikator dafür, dass der evolutionäre Prozess, der vom konkreten zum abstrakten Menschen führt, bereits ein beträchtliches Stück vorangekommen ist. Der abstrakte Mensch, der Coolness kultiviert, bekundet damit seiner Umwelt, dass ihn nichts und niemand wirklich berührt, dass er in der Lage ist, mit kaltem Herzen alle Bindungen zu zerreißen und dass er leidenschaftlich engagiert, also noncool, nur gegenüber seinem eigenen Interesse an individueller Nutzenmaximierung ist.

Die Mutation des neuzeitlichen Wirtschaftsmenschen hin zum Zielbild des abstrakten Menschen ähnelt dem Bild einer Asymptote: Dies ist in der Mathematik eine Gerade, an die sich eine Kurve immer mehr annähert, ohne sie jedoch jemals erreichen zu können. Ähnlich nähert sich der Wirtschaftsmensch des 21. Jahrhunderts im Prozess jener Mutation mehr und mehr dem Typus des abstrakten Menschen an, ohne doch jemals vollständig die Charaktermerkmale des abstrakten Menschen anzunehmen, – d. h. ohne die Residuen des konkreten Menschen völlig in sich austilgen zu können.

Der Zielpunkt und das Medium dieser Mutation hin zum abstrakten Menschen ist jene **utilitaristische Synthese**, die der alerte Redner in seinem Vortrag zum abstrakten Menschen erwähnt hat (siehe Kap. 4). Diese utilitaristische Synthese ist die Haltung, mit der sich der abstrakte Mensch innerhalb einer volatilen, von erratischen Zufällen heimgesuchten Wirtschaftswelt eine Zone relativer Vertrautheit und relativer Realitätskontrolle schaffen kann.

Der abstrakte Mensch schafft sich mit diesem Habitus einer utilitaristischen Synthese einen Zufluchtsort, der ihn vor den Zumutungen des zufälligen Wandels schützt. Er umfriedet damit gleichsam seine Psyche. Zwischen seine Gefühlswelt und der Wirtschaftswelt schaltet er mit jener utilitaristischen Synthese einen „Transformator", der die Zufälle der Wirtschaftswelt für ihn selbst in einem bestimmten Umfang berechenbar, kanalisierbar und damit kontrollierbar macht. Es ist dies jener Filter, den ich in Kap. 5 beschrieben habe.

Man kann diesen Filter, diesen Transformator, diesen Transformations-Mechanismus mit einer Middleware vergleichen, die dazu beiträgt, dass die Ereignisse der Außenwelt in der Psyche des abstrakten Wirtschaftsmenschen in kontrollierbarer Weise interpretiert und verarbeitet werden.

Diese „Middleware" bewirkt, dass äußere Zufälle vom abstrakten Wirtschaftsmenschen so gedeutet, so wahrgenommen und so erfahren werden, als seien sie einfach und routinehaft beherrschbar und kontrollierbar. Sie verlieren dadurch das Potenzial, die psychische Stabilität des Wirtschaftsmenschen zu bedrohen.

In der Sprache der Systemtheorie kann die Funktionsweise dieser „Middleware" wie folgt beschrieben werden:

Diese „Middleware" konditioniert das psychische System des Wirtschaftsmenschen so, dass es die erratischen, zufälligen Ausschläge der Systemumwelt auf eine bestimmte, standardisierte und routinierte Weise rezipiert und verarbeitet. Auf diese Weise wird das psychische System dagegen immunisiert, von jenen Ausschlägen zerrüttet zu werden. Denn es lernt von dieser „Middleware", die Instabilität seiner Systemumwelt in systeminterne Stabilität zu transformieren.

Ich werde im Folgenden aufzeigen, wie es der abstrakte Mensch schafft, diese Transformationsleistung zu vollbringen, wie es ihm gelingt, durch utilitaristische Synthese jenen Transformator, jene „Middleware" zu installieren.

Oben habe ich dargestellt, dass der abstrakte Mensch mit dem Typus des Selbstoptimierers identisch ist. Der Selbstoptimierer hat eine bemerkenswerte Eigenschaft. Diese Eigenschaft löst für ihn simultan eine Vielzahl von Problemen. Sie bewahrt ihn vor vielfältigen Übeln. Sie ist seine hervorstechende Eigenschaft als Wirtschaftsakteur, sie zeichnet ihn als abstrakten Menschen aus. Dass sie wiederum

Folgeprobleme schafft, steht auf einem anderen Blatt; dieses andere Blatt werde ich später beschreiben.

Diese Eigenschaft macht es ihm möglich, jene Transformation zu vollziehen, die ich oben beschrieben habe.

Es ist dies die Eigenschaft, eine **utilitaristische Synthese** vornehmen zu können. Das bedeutet: Der abstrakte Mensch und Selbstoptimierer fokussiert all sein Denken und Handeln brennglasartig auf das Ziel der individuellen Nutzenmaximierung. Alle Anforderungen, die an ihn gestellt sind, alle Beziehungen, die er eingeht, alle Aufgaben, denen er nachgeht, alle Verhältnisse, in die er sein Verhalten einbetten muss, deutet und behandelt er zum Zweck der Maximierung seines persönlichen Nutzens.

Er vollzieht externe Anforderungen nur in diesem utilitaristischen Kalkül. Er funktionalisiert alle Beziehungen und Bindungen, die er eingeht, für diesen utilitaristischen Zweck. Er instrumentalisiert alles und jedes, um sich stets auf der Ideallinie eines maximalen persönlichen Nutzens und Vorteils bewegen zu können.

Diese utilitaristische Synthese vereinfacht und erleichtert sein Wirtschaftsleben enorm.

Sie reduziert für den Selbstoptimierer die Komplexität seiner Umwelt, indem er seine gesamte Außenwelt und sein gesamtes Tun in der Außenwelt durch den nivellierenden Filter seiner persönlichen Nutzenmaximierung wahrnimmt und deutet. Dieser Filter vereindeutigt die disparate Außenwelt für ihn, er macht sie übersichtlicher und einfacher.

Sie gibt ihm die Chance, zumindest Ansätze zur Kontrolle seiner Umwelt auszubilden. Denn er kann aus dem utilitaristischen Kalkül feste Verhaltens- und Denkmuster ableiten, mit denen er sich klar und eindeutig auf alle Eruptionen seiner Umwelt beziehen kann. Er kann mit diesen Verhaltens- und Denkmustern zufällige Ereignisse ausnutzen bzw. auszunutzen versuchen, um diese Ereignisse für seine persönliche Nutzenmaximierung zu instrumentalisieren. Damit kann er eine Strategie individueller Realitätskontrolle verfolgen.

Die Selbstoptimierer können damit gegenüber einer volatilen Außenwelt eine Haltung der persönlichen Souveränität einnehmen: Im utilitaristischen Kalkül können sie Fremdbestimmung in Selbstbestimmung umwandeln, Zufälle in vorteilhafte Zäsuren, können sich der Verhältnisse bedienen, in denen sie dienen, können als Opfer eruptiven Wandels zu Tätern ihrer eigenen Vorteilsoptimierung werden.

Sie können ein Unternehmen, das sie für seine Zwecke instrumentalisiert, für ihre Zwecke instrumentalisieren.

In diesem utilitaristischen Kalkül ist moralisches, wertorientiertes Handeln stets nur Mittel zum Zweck der individuellen Nutzenmaximierung. Es ist ein Instrument, dessen sich die Selbstoptimierer bedienen, um Anforderungen der Außenwelt nutzenmaximierend erfüllen zu können.

Der abstrakte Mensch, der nach diesem utilitaristischen Kalkül lebt und arbeitet, hat damit auch die Chance, sich von den fluktuierenden und zufälligen Bewertungen abzukoppeln, mit denen andere sein Verhalten taxieren. So kann er auf dem Kompetenzfeld, auf dem er arbeitet, eigene Standards und Kriterien entwickeln, mit denen er die Güte seiner Arbeit beurteilt. Er kann sich fachliche Ziele setzen, an deren Erreichung er seinen Erfolg bemisst. Er kann seine Arbeitsumgebungen und seine Arbeitsprozesse danach bewerten, in welchem Umfang sie ihm die Möglichkeit geben, seine Kompetenzen zu erweitern, neue Erkenntnisse zu gewinnen, neue Fach-Landschaften zu erschließen und sich so weiterzubilden. Er kann als Experte in seiner jeweiligen Fachdisziplin eine Eigenwelt errichten, in der Normen, Standards und Ziele gelten, die für ihn maßgeblich sind. Er kann dann auch den Nutzen, den die Arbeit ihm bietet, an all dem festmachen: daran, in welchem Umfang es ihm persönlich gelingt, in seiner Arbeit jene Normen, Standards und Ziele zu erreichen, die er selbst für seine persönliche fachliche Eigenwelt gesetzt hat; und daran, welche Möglichkeiten ihm die Arbeit gibt, sich weiterzubilden, Neues zu erkunden, seine Fähigkeiten zu verbessern.

Wenn der abstrakte Mensch diese Nutzen-Definition in sein persönliches Nutzen-Kalkül einbaut, kann er arbeiten, ohne von den Urteilen der anderen maßgeblich behelligt zu werden. Er leitet dann den Nutzen, den ihm eine Arbeit bringt, von jenen fachlichen Werten und Interessen ab und nicht davon, was sein Vorgesetzter dazu sagt.

Auf dieser Weise kann sich der abstrakte Mensch eine professionelle, fachliche Experten-Eigenwelt der Nutzen-Definition und der Nutzen-Bewertung schaffen, die ihn relativ unabhängig von den volatilen Bewertungen der anderen macht. Es ist dies eine Welt, in der er seine fachliche Selbstverwirklichung, seine persönliche Erfüllung als Experte sucht. Auch das kann ihn davon entheben, unter den Zufällen seiner Umwelt zu leiden.

Er wird dann nicht mehr davon behelligt, dass Leistung und Erfolg in der heutigen Marktökonomie häufig entkoppelt sind, dass der Markt sehr oft Leistungen nicht belohnt und dass das Verhältnis von Aufwand und Ertrag, das dem Leistungsprinzip stets zugrunde lag, in der neuzeitlichen Wirtschaftswelt erratisch ist.[9]

All das kann ihn nicht mehr erschüttern. Denn er findet ja die Maßstäbe, an denen er den Erfolg seiner Arbeit misst, in sich selbst.

Zur Psychologie des abstrakten Menschen

Das Leben der Menschen im 21. Jahrhundert wird von fundamentalen psychischen Orientierungen und Kräftefeldern bestimmt. Es bewegt sich zwischen mehreren polaren psychischen Dispositionen.

Da sind **zum einen** die psychischen Dispositionen, die die Beziehungen des neuzeitlichen Menschen zu anderen Menschen charakterisieren. Die Menschen bewegen sich hier zwischen zwei charakteristischen Polen, dem Pol der Beziehungsorientierung und dem der Autonomieorientierung.

Beziehungsorientierte Menschen streben nach vertrauten menschlichen Beziehungen, nach tiefen, langdauernden, harmonischen emotionalen

---

[9] Siehe dazu Neckel 2008, S. 87 f.

Bindungen. Sie „suchen Nähe und Geborgenheit. Sie sind teamorientiert, offen für andere, gewähren einen Vertrauensvorschuss und genießen Offenheit und Zusammensein mit anderen Menschen."[10] Beziehungsorientierte Menschen finden zu sich selbst, wenn sie in einer heimatlich bekannten Beziehungswelt eingebettet sind, in einer Gemeinschaft von Gleichgesinnten, die zueinander halten und einander vertrauen.

Autonomieorientierte Menschen suchen demgegenüber in der Distanz zu anderen ihre individuelle Identität. Sie versuchen, Abhängigkeiten von anderen zu vermeiden und sich selbst im Kontrast zu anderen zu profilieren. Sie sind „eher konkurrenzorientiert als teamorientiert, eher individualistisch als kollektivistisch und streben Herausgehobenheit aus der Masse und den Status von etwas Besonderem an."[11] Autonomieorientierte Menschen streben danach, ihre Individualität im Vergleich und in Konkurrenz zu anderen auszubilden. Sie finden zu sich selbst, indem sie ihre individuelle Einzigartigkeit und persönliche Originalität in Abgrenzung zu anderen und in emotionaler Distanzierung von Gemeinschaften ausprägen.

Da sind **zum anderen** die psychischen Dispositionen, die die Haltung des neuzeitlichen Menschen zu sozialen Wandlungsprozessen kennzeichnen. Die Menschen bewegen sich hier zwischen den Polen der Balanceorientierung und der Stimulanzorientierung.

Balanceorientierte Menschen suchen berechenbare, stabile, sichere, geordnete, beständige, veränderungsresistente, vorhersehbare, kontrollierbare und regelmäßige Lebensbedingungen. Sie bevorzugen ein Leben in einer vertrauten, gewohnten, heimatlichen Umgebung. Sie schätzen ein Lebensmilieu, in dem eine feste Ordnung herrscht, in dem ein dichtes Regelwerk für Sicherheit sorgt und in dem man sich auf den Fortbestand des Bestehenden genauso verlassen kann wie auf die Verbindlichkeit von Moralnormen und Konventionen. Sie streben nach einer Geborgenheit im Ritual, nach der verlässlichen Konstanz fester Gewohnheiten. Sie wollen in einer Lebenswelt eingebettet sein, in der das Risiko abrupter Veränderungen minimiert ist, in einer Welt der Vertrautheit, in der die Fortgeltung des Selbstverständlichen und Bekannten gesichert ist.

Demgegenüber erfahren stimulanzorientierte Menschen[12] eine solche Umgebung als freiheitseinschränkend, gleichförmig, trivial, öde und langweilig, als einen Kerker, der ihre Individualität und Vitalität erstickt. Sie suchen im Kontrast dazu die ständige Stimulation durch Neues. Sie streben nach einer stetigen Veränderung ihrer Lebensumstände, nach Abenteuern und

---

[10] Paschen und Dihsmaier 2014, S. 41.
[11] Ebd..
[12] Siehe ebd.

Inspirationen, sind bereit, Risiken einzugehen, bestehende Beziehungen zu beenden, um neue eingehen zu können, suchen neue Erfahrungen und neue Herausforderungen, sind bereit und in der Lage, flexibel und spontan neue Wege zu gehen. Sie sind neugierig und erlebnishungrig. Sie finden dann zu sich selbst, wenn sie immer wieder neu unter Spannung stehen, emotional aufwühlende Kicks erleben, Neuland erkunden, bekannte und gewohnte Gefilde verlassen. Sie leben in einer inspirierenden Multi-Options-Welt, die ihnen die Chance gibt, außerordentliche Erfahrungen zu machen und Außergewöhnliches zu erleben.

Diese vier psychischen Dispositionen „sind polar, aber nicht digital. Jeder Mensch trägt Anteile aller vier Orientierungen in sich, aber mit unterschiedlicher Priorität und Ausprägungsstärke."[13]

Die biologisch-soziale Evolution, die den Typus des abstrakten Menschen ausbildet, führt nun dazu, dass diese vier psychischen Dispositionen auf eine bestimmte Weise beeinflusst werden. Diese Evolution prämiert und protegiert die Autonomieorientierung und die Stimulanzorientierung. Sie schwächt und diskriminiert die Beziehungsorientierung und die Balanceorientierung. Damit befördert diese Evolution mehr und mehr eine Dominanz und eine Hegemonie von Menschentypen, die primär und prioritär autonomie- und stimulanzorientiert sind.

Es ist dies eine soziale und biologische Evolution, die einen bestimmten Selektionsprozess forciert. Einen Prozess, in dem die eher balance- und beziehungsorientierten Charaktere strukturell benachteiligt und bestraft werden. Sie erfahren in diesem Evolutionsprozess, dass sie von bestimmten sozialen Gratifikationen ausgeschlossen werden und dass sie immer häufiger soziale Nachteile erleiden müssen. Sie werden abgehängt und übergangen, gedemütigt und kaltgestellt.

In diesem gleichen sozialen Evolutionsprozess werden die autonomie- und stimulanzorientierten Charaktere demgegenüber gezielt gefördert und belohnt. Sie bekommen Zugang zu Sphären, die für die balance- und beziehungsorientierten Charaktere tendenziell verschlossen sind. Sie erhalten Ressourcen, die es ihnen erlauben, eine Dominanz über balance- und beziehungsorientierte Charaktere zu erlangen, z. B. die Ressourcen Geld, Einfluss und Macht. Sie werden gegenüber jenen balance- und beziehungsorientierten Charakteren immer wieder aufs Neue bevorzugt, bevorteilt, begünstigt und bevorrechtigt. Damit erfahren sie ständig, dass sie an die Anforderungen der neuzeitlichen Wirtschaftswelt besser angepasst sind als die balance- und beziehungsorientierten Charaktere. Und sie erleben auf diese Weise, dass der evolutionäre Selektionsprozess, den diese neuzeitliche Wirtschaftswelt

---

[13] Ebd., S. 46.

forciert, sie tendenziell zu Gewinnern der Evolution macht und jene balance- und beziehungsorientierten Charaktere zu Verlierern.

Als es in der Geschichte der Erde zu einschneidenden Klimaveränderungen kam, erlangten diejenigen Lebewesen eine Dominanz, die sich an diese Klimawandlungen elastisch anpassen konnten. Als sich in der Wirtschaftsgeschichte der Menschheit der Typus der Restrukturierungs-Ökonomie ausbildete, mit stetigen Volatilitäten und eruptiven Veränderungen, begannen mehr und mehr diejenigen Charaktertypen zu dominieren, die sich an diese Wandlungen elastisch anpassen konnten.

Der Kristallisationspunkt, auf den sich all diese bestangepassten Charaktertypen konzentrisch hinbewegen, ist der Typus des abstrakten Menschen.

Kapitel 8
Der abstrakte Mensch als konkreter Mensch: der Selbstdarsteller und der Serienheld

Die Selbstoptimierer, die abstrakten Menschen unternehmen also den Versuch, in allen Eruptionen der Wirtschaftswelt eine Ideallinie der individuellen Nutzenmaximierung zu verfolgen, indem sie eine Haltung moralischer Indifferenz und emotionaler Distanz kultivieren.

Nun treffen diese Selbstoptimierer aber im neuzeitlichen Wirtschaftsleben immer wieder auf Anforderungen, die zu diesem Habitus des Nutzenmaximierers quer liegen.

Ich habe oben aufgezeigt, dass die Wirtschaftsakteure in Unternehmen gehalten sind, sich als konkrete Menschen und Systemoptimierer einzubringen, als passioniert und engagiert Arbeitende, als intrinsisch motivierte Mitarbeiter eines Unternehmens, mit dem sie sich identifizieren und für das sie all ihre Potenziale abrufen.

Sie bewegen sich zudem in sozialen Netzwerken, in denen von ihnen verlangt wird, dass sie emotional auf andere eingehen. Von ihnen wird gefordert, dass sie Empathie gegenüber anderen Menschen zeigen, dass sie einfühlsam und mitfühlend handeln, dass sie emotionale Intelligenz ausbilden, dass sie in der Lage sind, auf andere einzugehen und die Welt mit den Augen der anderen zu sehen.

Auch sind sie in jedem Unternehmen gehalten, Regeln und Konventionen zu beachten, Compliance-Standards und moralisch-ethische Normen guten, gewünschten Verhaltens.

All diese Anforderungen liegen quer zum Typus des abstrakten Menschen, des Selbstoptimierers, des individuellen Nutzenmaximierers.

Es gibt nun zwei Wege, die der abstrakte Mensch gehen kann, um sich auf diesem Feld widersprüchlicher Verhaltens- und Denkanforderungen souverän bewegen zu können.

Es sind dies zwei Wege, die es dem abstrakten Menschen möglich machen, in sein eigenes Verhaltens- und Denk-Repertoire die Verhaltens- und Denkanforderungen zu integrieren, die der konkrete Mensch stellt. Zwei Wege, mit denen es der abstrakte Mensch schaffen kann, die beiden gegensätzlichen Anforderungen zu erfüllen, die neuzeitliche Wirtschaftsunternehmen an ihn stellen: die Anforderung, sich als abstrakter Mensch im Unternehmen einzubringen, und die Anforderung, im Unternehmen als konkreter Mensch zu wirken.

Auf diesen zwei Wegen kann der abstrakte Mensch abstrakter Mensch sein und zugleich die Eigenschaften kultivieren, die den konkreten Menschen auszeichnen. Er kann auf diesen zwei Wegen also die Quadratur des Kreises nachzeichnen.

Diese zwei Wege sind zwei Modelle, mit denen der abstrakte Mensch den Versuch unternimmt, gegensätzliche Verhaltensanforderungen zu integrieren, also die Einheit des Entgegengesetzten zu verwirklichen. Er wandelt sich auf diesen zwei Wegen und in diesen zwei Lebensmodellen nicht zum konkreten Menschen. Er bleibt abstrakter Mensch, versucht aber, die Eigenschaften des konkreten Menschen, die die Unternehmen von ihm verlangen, in sein Verhaltens-Tableau einzufügen.

Der abstrakte Mensch muss diesen Versuch unternehmen, auf allen zwei Wegen oder auf einem dieser zwei Wege voranzugehen. Denn die Unternehmen, in denen er arbeitet, verlangen von ihm, dass er jene Quadratur des Kreises nachzeichnen kann. Will der abstrakte Mensch in der neuzeitlichen Wirtschaftswelt reüssieren, dann muss er diese Anforderungen erfüllen.

Für die Unternehmen ist es von existenzieller Bedeutung, dass sie abstrakte Menschen zu ihren Mitarbeitern zählen, die es schaffen, diese Quadratur des Kreises zu absolvieren. Die also bindungsfähig und bindungsresistent zugleich sind, intrinsisch motiviert und cool-unengagiert, hingebungsvoll passioniert und teilnahmslos-wandlungsoffen, verliebt in das Bleiben und das Gehen, fähig, sich dem Erhalt des Bestehenden genauso emotional leidenschaftlich hinzugeben wie der brüsken Abschaffung des Bestehenden.

Beide Wege sind steinig und steil. Sie zu begehen, schafft Folgeprobleme, die für den abstrakten Menschen nicht leicht zu bewältigen sind. Aber der abstrakte Mensch hat keine Wahl. Er muss sich aufmachen. Er muss das Wagnis auf sich nehmen, auf ein Feld zu gehen, das ihm nur ein Leben in Widersprüchen erlaubt.

Diese beiden Wege sind nicht nur der Modus, mit dem es dem abstrakten Menschen im Berufsleben gelingen kann, Anforderungen des konkreten Menschen zu erfüllen, sondern auch im Privatleben. Ich werde darauf im Kap. 18 näher eingehen.

Hier nur so viel: Die Gesetze der Restrukturierungs-Wirtschaft sind, wie ich oben gezeigt habe, auch die Gesetze der Restrukturierungs-Gesellschaft. Die wirtschaftlichen Verhältnisse durchdringen im 21. Jahrhundert mehr und mehr die sozialen Verhältnisse. Dies führt dazu, dass der abstrakte Mensch nicht einfach im Berufsleben abstrakter Mensch und dann im Privatleben konkreter Mensch sein kann. Eine derartige „chronische Schizophrenie" kann er nicht durchhalten. Er muss gewärtigen, dass die Charakterprägung, die ihm die Ökonomie vorgibt, auch im Privatleben durchschlägt. Er muss also damit leben, dass sein Charakter als abstrakter Mensch nicht nur sein Berufsleben prägt, sondern auch sein Privatleben. Er muss damit zurechtkommen, dass er im Privatleben als abstrakter Mensch auftritt, auftreten muss.

Nun kann aber der abstrakte Mensch nur dann auch im Privatleben zur Gänze abstrakter Mensch sein, wenn er dieses Privatleben beschneidet und zurechtstutzt. Ryan Bingham hat das versucht. Indem er aus seinem Privatleben alle Bindungen, die auf Dauer gestellt sind, herausgehalten hat. Das konnte er aber nur durchhalten, wenn er ihm gelang, seine Emotionen zu kanalisieren. Bei Alex ist ihm das grandios misslungen. Er hat es letztlich also nicht geschafft, auch im Privatleben ein abstrakter Mensch zu sein.

Das Beispiel des Ryan Bingham zeigt: Für den Menschen im 21. Jahrhundert stellt sich auch und gerade im Privatleben die Frage, wie es ihm gelingen kann, jene Quadratur des Kreises zu leben.

Was sind nun diese zwei Wege und diese zwei Lebensmodelle, die es dem abstrakten Menschen erlauben, im Berufsleben und im privaten Leben das Entgegengesetzte zu vereinen, abstrakter Mensch zu bleiben und zugleich Züge des konkreten Menschen zu kultivieren?

Es sind dies die Lebensformen des Selbstdarstellers und des Serienhelden.

Beide Lebensformen haben viele Gemeinsamkeiten. Sie können leicht kombiniert und kumuliert werden. Der abstrakte Mensch wird sich dann, wenn er Züge des konkreten Menschen annehmen und ausleben will, beide Lebensformen aneignen müssen. Beide Lebensformen sind also nicht nur miteinander kompatibel. Sie sind vielmehr darauf ausgelegt, integriert und gemeinsam gelebt zu werden.

Der abstrakte Mensch als Selbstdarsteller

Es ist dies zum einen die Lebensform der Simulation.

Die Simulation ist die Kunst, so zu tun als ob. Der abstrakte Mensch kann auf die Anforderung, sich als konkreter Mensch im Wirtschaftsleben zu verhalten, so eingehen, dass er einen konkreten Menschen simuliert. Er ist dann kein konkreter Mensch, sondern spielt die Rolle des konkreten Menschen. Er denkt und handelt dann nicht als konkreter Mensch, sondern stellt sich im Wirtschaftsleben (und entsprechend auch in seinem privaten Leben) auf eine Bühne, auf der er einen konkreten Menschen darstellt. Er begreift das Wirtschaftsleben als eine Theaterbühne, auf der er tagtäglich eine Selbstinszenierung vorzunehmen, eine Rolle zu spielen hat. Er ist dort nicht er selbst, sondern Darsteller der Rolle, die ihm in der jeweiligen Situation den größten Nutzen verspricht.

Der Nutzenmaximierer, der als Selbstdarsteller auftritt, ist nicht empathisch, sondern spielt empathisches Verhalten. Er handelt nicht moralisch, sondern simuliert moralisches Verhalten. Wenn er sich moralisch verhält, dann tut er das, weil ihm Moral ein Werkzeug zur Selbstoptimierung ist. Er engagiert sich nicht, sondern tut so, als ob. Er fühlt sich einem Unternehmen oder einer Person nicht innerlich verpflichtet, sondern inszeniert eine schauspielerische Darbietung, in der er diese innere Verpflichtung vorspielt bzw. vorspiegelt.

Der Nutzenmaximierer hat sich antrainiert, in seinem Berufsleben einen harten Trennungsstrich zu ziehen, der seine Individualität von der Rolle scheidet, die er in der Außenwelt spielt. Seine Individualität, sein Selbst, seine Identität ist seine Intimsphäre, ist ein Arkanum, das im Berufsleben nicht zählt und nicht zum Vorschein kommt. Im Berufsleben spielt der Nutzenmaximierer eine Rolle, ein Stück auf der Bühne der Restrukturierungs-Ökonomie. Zu dieser Rolle hegt er eine dezidierte Distanz. Seine Individualität, das, was er wirklich ist, fühlt und denkt, ist sorgsam von jener Rolle separiert. Mit dieser Rollendistanz lebt der Nutzenmaximierer auf der Bühne seines Berufslebens.[1]

Diese Rollendistanz ist das Pendant zu jener Bindungsdistanz, die ich oben (Kap. 4) ausgeführt habe.

Der abstrakte Mensch, der sich zum Selbstdarsteller gebildet hat, spielt auf der Bühne des Berufslebens eine Person. Das Wort Person bedeutet ursprünglich Maske, es bezeichnet den Träger einer Maske im Schauspiel, der durch einen Mundspalt in der Maske hindurch spricht (per-sonare bedeutet im Lateinischen „hindurchtönen"). Die Person ist also nicht der Mensch, der sich hinter der Maske verbirgt, sondern der Maskenträger, der Schauspieler, der auf der Bühne eine Rolle spielt.

Es gibt in der europäischen und US-amerikanischen Soziologie eine Vielzahl von Arbeiten, die jene Techniken illustrieren, die Selbstoptimierer zur Simulation von Betroffenheit und Engagement einsetzen.[2] Es sind dies allesamt Techniken der Eindrucksmanipulation und der Rollendistanz.

Die Selbstoptimierer transformieren ihr Handeln auf dem Parkett der neuzeitlichen Wirtschaftswelt in ein Wirtschafts-Theater, auf dessen Bühne sie eine Rolle spielen und gewünschte Verhaltens- und Denkweisen inszenieren.

Auf dieser Bühne des Wirtschafts-Theaters können sie abstrakte Menschen sein und zugleich konkrete Menschen spielen. So kann es ihnen gelingen, auf dieser Bühne widersprüchliche Anforderungen zu synthetisieren.

Sie können auf diesem Bühnenparkett empathisch mit anderen kooperieren und diese anderen zugleich unnachsichtig niederkonkurrieren. Sie können anderen in diesem Wirklichkeitstheater Vertrauen entgegenbringen und ihnen zugleich mit prinzipiellem Misstrauen begegnen. Sie können auf dieser Bühne moralisch handeln und dieses Handeln zugleich relativieren. Sie können hier Moralität als Zweck und als Mittel praktizieren.

Der Selbstoptimierer hat als Bühnendarsteller die Möglichkeit, gezielt die „Technik der Eindrucksmanipulation"[3] anzuwenden. Mit dieser Technik kann er bewirken, „das Verhalten der anderen, insbesondere ihr Verhalten ihm gegenüber, zu kontrollieren" und damit bei anderen genau den Eindruck erzeugen, den er erzeugen

---

[1] Zur Rollendistanz bei sozialer Interaktion liegen umfangreiche soziologische Arbeiten vor; siehe dazu z. B.: Goffman 1973.
[2] Siehe Goffman 1976; Prodoehl 1983; Gouldner 1974, Carnegie 2002.
[3] Goffman 1976, S. 189.

will.⁴ Damit schafft der Selbstoptimierer für sich einen Raum, in dem er eine individuelle Realitätskontrolle verwirklichen kann.

Selbstoptimierer müssen dann als Selbstdarsteller agieren, wenn von ihnen erwartet wird, als konkrete Menschen zu denken und zu handeln. Das ist, wie oben gezeigt, im Wirtschaftsleben regelmäßig der Fall. Selbstdarsteller haben nur dann die Chance, abstrakte Menschen zu sein und zugleich als konkrete Menschen wahrgenommen zu werden, wenn sie die Fähigkeit ausbilden, das Wirtschaftsleben als Theaterbühne zu gestalten. Als eine Theaterbühne, auf der sie eine professionelle Darstellung abliefern. Der Maßstab für die Qualität dieser Darstellung ist ausschließlich ihre Glaubwürdigkeit. Wenn Dritte davon ausgehen, dass die Darstellung glaubwürdig war, dann war sie gelungen.

Selbstoptimierer können ihren Nutzen also dann maximieren, wenn sie im neuzeitlichen Wirtschaftsgetriebe nicht so auftreten, wie sie sind, sondern so spielen, wie sie sein sollten. Es kommt für sie nicht darauf an, authentisch zu sein, sondern Authentizität glaubwürdig zu inszenieren. Ihre Performance auf der Wirtschaftsbühne ist dann optimal, wenn sie das Bild, das sie bei anderen zu erzeugen versuchen, glaubwürdig vermitteln können. Die Glaubwürdigkeit ihrer Bühnenvorstellung bestimmt, ob ihre Strategie der Eindrucksmanipulation aufgeht oder nicht.

Erving Goffman hat dieses Verhalten der Selbstoptimierer als Selbstdarsteller wie folgt beschrieben:

> *„In ihrer Eigenschaft als Darsteller ist den Einzelnen daran gelegen, den Eindruck aufrechtzuerhalten, sie erfüllten die zahlreichen Maßstäbe, nach denen man sie und ihre Produkte beurteilt. Weil diese Maßstäbe so zahlreich und allgegenwärtig sind, leben die einzelnen Darsteller mehr als wir glauben in einer moralischen Welt. Aber als Darsteller sind die Einzelnen nicht mit der moralischen Aufgabe der Erfüllung dieser Maßstäbe beschäftigt, sondern mit der amoralischen Aufgabe, einen überzeugenden Eindruck zu vermitteln, daß die Maßstäbe erfüllt werden. Unsere Handlungen haben es also weitgehend mit moralischen Fragen zu tun, aber als Darsteller sind wir nicht moralisch an ihnen interessiert. Als Darsteller verkaufen wir nur die Moral."*⁵

Dem Selbstdarsteller, der auf der Bühne der Wirtschaftswelt glaubwürdig spielt, kann es also gelingen, eine Synthese zwischen dem Typus des abstrakten und des konkreten Menschen, des Selbstoptimierers und des Systemoptimierers vorzunehmen, – vorausgesetzt, er liefert eine souveräne Bühnen-Performance ab.

So kann der Selbstdarsteller denn bindungslose Bindungen und beziehungslose Beziehungen eingehen, kann sich unengagiert engagieren, kann Kälte und Wärme kultivieren, kann zutiefst affektiv und nüchtern-effektiv arbeiten. Er kann Loyalität mit Illoyalität kombinieren, Vertrauen aufbauen und zugleich Misstrauen hegen, die

---

⁴ Ebd. S. 7.
⁵ Ebd. S. 229 f.

Nähe einer partnerschaftlichen Kooperation mit der Distanz einer gegnerschaftlichen Konkurrenz verbinden.

Es ist dies eine gespielte Synthese, eine synthetische Synthese. Weil sie nur synthetisch ist, schafft sie dann Folgeprobleme, wenn der Spieler keine ausgebildete abstrakte Persönlichkeit ist, wenn er noch mit den Residuen des konkreten Menschen behaftet ist.

Für den abstrakten Menschen gibt es diese Folgeprobleme nicht. Er leidet nicht darunter, dass er auf der Bühne etwas vorspiegelt, das hinter der Bühne so nicht besteht. Er leidet nicht unter einer Differenz zwischen dem Menschen, den er spielt, und dem Menschen, der er tatsächlich ist.

Denn für den abstrakten Menschen gibt es diese Differenz nicht. Das, was er spielt, ist er selbst. Es gibt für ihn nur diese Bühne des Lebens. Außerhalb dieser Bühne gibt es für ihn nichts. Er unterscheidet nicht zwischen dem eigentlichen Leben außerhalb des Theaters und dem inszenierten Leben im Theater. Für ihn ist beides identisch.

Der abstrakte Mensch hat keine Identität, keine Authentizität außerhalb der Bühne. Er hat es sich abtrainiert, eine solche bühnenferne Persönlichkeit zu bewahren. Weil er das ist, was er spielt, stellt sich für ihn auch nicht die Frage, ob er auf der Bühne des Wirtschaftslebens täuscht und betrügt. Diese Frage behelligt ihn nicht. Denn er, der außengeleitete abstrakte Mensch, hat gelernt, immer dann, wenn er vor anderen Menschen auftritt, eine Bühnendarstellung abzuliefern. Er kennt deshalb keinen Auftritt vor Menschen außerhalb der Bühne. Er kennt damit auch keine persönliche Identität außerhalb der Bühne. Denn seine Identität als Persönlichkeit erwächst ja gerade aus seinen Interaktionen mit anderen. Weil diese Interaktionen für ihn immer nur Bühnen-Interaktionen sind, hat er auch immer nur eine Bühnen-Identität und eine Bühnen-Authentizität. Und weil seine Bühnen-Persönlichkeit mit seiner „echten" Persönlichkeit identisch ist, kann es für ihn dann, wenn er eine Bühnendarstellung gibt, keine Täuschung, keinen Betrug am Publikum geben. Denn er gibt sich ja stets so, wie er ist.

So kann denn der abstrakte Mensch auch nichts Verwerfliches darin erkennen, dass er anderen gegenüber stets eine Rolle vorspielt. Da ihm diese Rolle zu seiner Natur geworden ist, versteht der abstrakte Mensch unter diesem Rollenspiel den authentischen Ausdruck seiner Persönlichkeit. Er spielt authentisch und ist damit authentisch.

Diese Identität von Spiel und Wirklichkeit ist in die DNA des abstrakten Menschen eingeprägt: Er ist, wie wir wissen, zu jeder Konkretion fähig. Er ist ein Abstraktum, das jede konkrete Gestalt annehmen kann. Entsprechend ist er ein Schauspieler, der in jede Rolle hineinschlüpfen kann, die ihm vorgegeben wird. Er kann sich in jede konkrete Rolle hineinverwandeln, eben weil er ein Abstraktum ist, das beliebige Konkretionen annehmen kann.

Die Soziologin Cornelia Koppetsch hat diesen Typus des Selbstdarstellers als „Netzwerkopportunisten" bezeichnet und wie folgt charakterisiert:

> „Diese Akteure schöpfen den Rahm subjektivierter Arbeitskulturen ab, indem sie Beziehungen, Netzwerke und Emotionen für sich nutzen, ohne sich selbst zu binden. Sie können Abhängigkeiten vermeiden, indem sie andere abhängig machen. Sie demonstrieren Nähe und Vertrauen, ohne tatsächlich emotionale Verpflichtungen einzugehen. ... Sie besitzen eine große emotionale Energie, bleiben aber auf Distanz. Sie kontrollieren ihre Gefühle, da sie darauf aus sind, sich selbst und andere zu beherrschen. Gefühle sind für sie lediglich Instrumente der strategischen Eindrucksbildung und der Manipulation von Beziehungen. Sie begeistern, ohne begeistert zu sein, bezaubern, ohne selbst dem Zauber anderer zu erliegen. Sie erscheinen vertrauenswürdig, ohne anderen zu trauen. ... Netzwerkopportunisten sind somit keine Opfer subjektivierter Arbeitswelten, sondern deren Träger. Hinter der Fassade scheinbarer Identifikation benutzen sie die Logik von Netzwerk und Team als Arena strategischen Machthandelns."[6]

Ich, der Schauspieler meiner selbst

Frag mich nicht danach, wer ich denn eigentlich bin. Frag mich nicht danach, was denn meine authentische Identität ist. Frag mich nicht danach, was denn von mir bleibt, nachdem ich alle Rollen, die ich spielen muss, von mir abgestreift habe. Frag mich nicht, was den wahren Kern meiner Persönlichkeit ausmacht. Stell mir solche Fragen nicht. Denn ich würde diese Fragen allesamt nicht beantworten. Weil ich die Antwort gar nicht kenne. Weil ich die Antwort nicht kennen will. Weil sie mir egal ist. Weil ich mir diese Fragen selbst nicht stelle. Weil ich mir diese Fragen selbst nicht stellen will.

Für mich ist nicht entscheidend, wer ich bin, sondern, wer ich in den Augen der anderen bin. Wenn mein Unternehmen mich für einen so wertvollen Mitarbeiter hält, dass es mir ein Spitzengehalt anbietet, dann kümmert mich nicht, ob ich tatsächlich so viel wert bin. Wenn ich in einem Bewerbungsgespräch bei allen Anwesenden den Eindruck erzeugen konnte, dass ich der beste Mann für die ausgeschriebene Stelle bin, dann ist es mir egal, ob ich tatsächlich der beste Mann für diese Stelle bin. Wenn ich einen Kunden dafür gewinnen konnte, mir einen Großauftrag zu erteilen, dann ist es mir gleichgültig, ob dieser Kunde in seinem eigenen Interesse diesen Auftrag besser einem Wettbewerber erteilt hätte. Wenn ich bei einem anderen den Eindruck erzeugt habe, den ich bei ihm erzeugen wollte, dann frage ich nicht, ob dieser Eindruck richtig ist.

Wenn ich auf der Bühne stehe, erwecke ich einen Anschein. Ich inszeniere eine Erscheinung, einen Schein. Ob dieser Schein die Wirklichkeit abbildet oder verfremdet, interessiert mich nicht. Ob dieser Schein eine Täuschung ist

---
[6] Koppetsch 2013, S. 159 f.

oder die Wirklichkeit, zählt für mich nicht. Wichtig ist für mich allein, ob ich mit meiner Bühnendarstellung, mit dem Schein, den ich erzeuge, die Eindrücke und die Reaktionen beim Publikum hervorrufe, die ich hervorrufen will.

Ob ich das, was ich vorspiele, selbst glaube oder nicht, ist für mich kein Thema. Mir geht es nur darum, dass ich die Inszenierung meiner Selbst so auf die Bühne bringe, dass sie glaubwürdig für andere ist.

Ich bin ein Spieler. Ich spiele die Rollen, die mir aufgetragen werden. Ich spiele die Rollen, die ich spielen will. Mein Beruf ist es, ein bestimmtes Bild von mir bei anderen zu erzeugen. Meine Berufung ist es nicht, so zu scheinen, wie ich bin, sondern so wahrgenommen zu werden, wie ich wahrgenommen werden will.

Bei allem, was ich tue, stehe ich fortwährend auf einer Bühne. Jeden Tag, jede Stunde, in allen Beziehungen, in allen Verhältnissen. Im Privaten wie im Beruf. Die anderen, das ist mein Publikum. Meine Aufgabe ist es in meinem alltäglichen Arbeitsleben, den Eindruck, den das Publikum von mir hat, zu prägen. Ich könnte auch sagen: zu manipulieren und zu kontrollieren.

Gehe ich auf der Straße entlang, dann gehe ich so, dass die anderen Passanten mir genau jene Eigenschaften zuschreiben, von denen ich will, dass die Passanten sie mir zuschreiben (z. B. das Bild eines juvenilen, sportlichen, gut gelaunten, federnd leicht durchs Leben gehenden Gewinners). Sitze ich in einer Besprechung, dann ist es mein Ziel, den Eindruck zu erzeugen, den andere von mir gewinnen sollen (z. B. den Eindruck, dass ich tief betroffen und innerlich erschüttert darüber bin, dass ich fünfhundert Mitarbeiter freisetzen muss). Rede ich mit einem Kollegen, dann tue ich das in der Absicht, sein Bild von mir exakt so auszuprägen, wie ich es mir wünsche (z. B. um bei dem Kollegen die Meinung zu erzeugen, ich sei gar nicht sein Konkurrent um die begehrte Beförderungsstelle). Bewerbe ich mich bei einem Kunden um einen Auftrag, dann muss ich auf der gesamten Klaviatur der Bühnendarstellung spielen können, um bei diesem Kunden genau den Eindruck hervorzurufen, den ich hervorrufen will (z. B. den Eindruck, dass es in seinem ureigenen Interesse ist, mir den Auftrag zu geben). Sitze ich in einem Hotelfoyer und warte dort auf Gesprächspartner, dann werde ich durch bestimmte Inszenierungen versuchen, den Anwesenden einen bestimmten Eindruck von mir zu vermitteln (z. B. könnte ich durch beständiges Hantieren mit dem Smartphone den Eindruck erzeugen wollen, ich sei beschäftigt und bedeutend; oder könnte durch das Bereithalten eines angesehenen Buches anderen bedeuten, ich sei belesen und gebildet etc.).

Um diese Rolle glaubwürdig spielen zu können, brauche ich Requisiten. Sie machen das Bühnenbild aus, in dem ich mich bewege. Sie formen die Kulisse, vor der ich mich inszeniere.

Und ich brauche für meine Rollendarstellung eine Fassade, die ich zur Schau stellen kann. An dieser Fassade arbeite ich mein ganzes Berufsleben lang. Ich dekoriere diese Fassade nicht auf der Vorderbühne, dort, wo das Publikum zuschaut, sondern auf der Hinterbühne, dort, wo kein Publikum Zutritt hat und wo ich ungestört meinen Bühnenauftritt vorbereiten kann. Meine Fassade besteht

> nicht nur aus meiner äußeren Erscheinung, aus den Dingen, mit denen ich mich umgebe, aus meinem Outfit, aus meiner Schminke, meinen Kostümen und Accessoires, sondern auch und gerade aus meiner Gestik und Mimik, meiner Sprechweise und Haltung. Sie besteht aus dem gesamten Ausdrucksrepertoire, das ich gelernt habe. Und das ich immer wieder neu weiterbilden muss. Denn ich muss draußen, auf der Bühne des Wirtschaftslebens, viele Rollen spielen, Rollen mit unterschiedlichen, ja gegensätzlichen Anforderungen, und ich muss Rollenerwartungen erfüllen, die sich ständig wandeln.
>
> So gehe ich denn jeden Morgen hinaus, spiele zuweilen den mitfühlenden, empathisch betroffenen Kollegen, dann wieder den schroff abweisenden Konkurrenten, um dann lächelnd, demütig und zuvorkommend meinem Kunden die Reverenz zu erweisen und kurze Zeit später einem ersetzbaren, machtlosen Lieferanten mit eiskalter Miene das letzte Hemd auszuziehen, führe dann ein nüchtern-sachliches Pflichtgespräch mit einem Zahlenmann im Controlling und wechsle danach in den jovialen Ton einer Führungskraft, die einem Subalternen den Weg weist, um daraufhin ehrerbietig die Anweisungen meines cholerischen Vorgesetzten entgegenzunehmen.
>
> Und wenn ich dann abends, nach getaner Bühnenarbeit, meine Maske und mein Kostüm ablege, auf meine Hinterbühne trete, zu der nur ich allein Zugang habe, dann fühle ich mich wie ein unbeschriebenes Blatt, das jeden Tag aufs neue die Schriftzüge annimmt, die das Publikum sehen will, wie ein White Label, das sich elastisch und chamäleonartig in jedes beliebige Produkt verwandeln kann.

Der abstrakte Mensch als Serienheld: als Mensch der Episoden und der Affären

Ich habe bereits dargelegt, dass der abstrakte Mensch in der Lage ist, eine **Gleichgültigkeit gegenüber Langfristigkeit** zu kultivieren.

Es ist wichtig, die besondere Art der Gleichgültigkeit präzise zu erfassen, die der abstrakte Mensch kultiviert. Es ist dies mitnichten eine „Indifferenz der Welt gegenüber".[7] Der Archetypus des abstrakten Menschen ist nicht der Buddhist, der seine emotionale Bindung an die Welt in sich auszutilgen versucht, oder der Stoiker, der seine innere Freiheit durch Desengagement gegenüber der äußeren Welt zu gewinnen sucht. Das sind mitnichten die Urbilder des abstrakten Menschen.

Der abstrakte Mensch ist vielmehr gleichgültig gegenüber der langfristigen Fortdauer des Bestehenden. Diese Fähigkeit macht es dem abstrakten Menschen möglich, einen zweiten Weg zu beschreiben, auf dem er die Eigenschaften des

---

[7] Jaeggi 2005, S. 176.

konkreten Menschen in sein eigenes Charakterprofil einfügen kann. Dieser Weg führt ihn dazu, sein eigenes Leben in ein Leben zu verwandeln, das aus einer Ansammlung von Episoden besteht. Es ist **der Weg in ein episodisches Leben**.

Das bedeutet: Der abstrakte Mensch kann sein Leben als eine Aneinanderreihung von Zeitabschnitten, als eine Abfolge von Zeitstücken, als eine Ansammlung von Fragmenten begreifen. Dabei ist es für ihn nicht relevant, dass diese Abschnitte, Stücke und Fragmente ein konsistentes Ganzes bilden. Er ist nicht daran interessiert, eine „Biografie aus einem Guss" zu haben. Die Episoden seines Lebens sind für ihn vielmehr Puzzleteile im Mosaik seines Lebens. Der abstrakte Mensch stellt sich nicht die Frage, ob sich diese Teile zu einem stimmigen Gesamtbild zusammensetzen lassen. Er unternimmt entsprechend auch nicht den Versuch, sie zu einem stimmigen Gesamtbild zu formen.

Weil das so ist, müssen diese Puzzleteile für den abstrakten Menschen für sich selbst, ohne Verweis auf ein Gesamtbild, einen Sinn ergeben. Es ist dies ein fragmentierter Sinn oder der Sinn von Fragmenten. Es ist dies auch immer ein flüchtiger Sinn, weil ja jedes Fragment eine begrenzte Halbwertzeit hat und schon morgen überholt sein kann.

Das episodische Leben des abstrakten Menschen kann mit einer **„Serie"** verglichen werden: Es ist ein Leben, das aus einer Ansammlung von Serienfolgen besteht. Jede dieser Serienfolgen hat eine in sich geschlossene, sinnvolle und emotionsträchtige Handlung. Jede dieser Serienfolgen bietet den abstrakten Menschen, die in ihnen einen Serienheld spielen, vielfältige Möglichkeiten für emotionales Engagement, für Liebesaffären, für leidenschaftliche Aktionen und für ein „Leben aus vollen Zügen". Aber zugleich ist klar: Jede dieser Folgen endet mit dem Abspann. Jede der Affären und leidenschaftlichen Bindungen, die in der Serienfolge vorkommen, ist mit dem Abspann Vergangenheit. Sie ist ausgelöscht. Der Abspann ist eine Zäsur. Danach folgt eine neue Serienfolge, mit neuen Affären und Passionen, sei es mit komplett neuen Interaktionspartnern, mit dem gesamten alten Ensemble oder mit einem Teil dieses alten Ensembles. Bis dann wieder der Abspann folgt und darauf erneut eine weitere Serienfolge.

Warren G. Bennis und Philip E. Slater haben dieses **„Leben in Serienfolgen"** bei ihrer Diagnose der US-amerikanischen Gesellschaft prägnant beschrieben:

> „Instead of partial commitment to a relatively large number of groups over a relatively long period of time, we will see relatively total commitment to a single group over a short time period – the organizational equivalent of ‚serial monogamy' (in which a person may have several spouses but only one at a time) replacing a kind of organizational polygamy."[8]

Serielle Monogamie ist die Lebensform des abstrakten Menschen in Serienfolgen und Episoden.

---

[8] Bennis und Slater 1968, S. 93.

So ist der abstrakte Mensch in diesen Lebensepisoden und Serienfolgen durchaus in der Lage, innerhalb eines bestimmten Zeitabschnitts mit Interesse, Engagement und hoher Intensität an einer Sache zu arbeiten. Er ist durchaus fähig und bereit, innerhalb eines bestimmten Zeitstückes und Lebensfragments mit vollem Einsatz eine Aufgabe wahrzunehmen. Dort kann er dann durchaus Eigenschaften eines konkreten Menschen zeigen.

Er kann innerhalb einer solchen Serienfolge leidenschaftliche emotionale Beziehungen zu Menschen kultivieren („relatively total commitment"), vorausgesetzt, er schafft es, jene Bindungsdistanz aufrechtzuerhalten, die es ihm möglich macht, diese Beziehungen dann, wenn die Serienfolge vorbei ist, mit leichter Hand wieder aufzukündigen.

Es sind dies allesamt für ihn eben nur Episoden. Der abstrakte Mensch, der sich zum episodischen Menschen bildet, lebt nur in und für Episoden. Sie sind vorübergehend, flüchtig, zeitlich begrenzt. Sie weisen nicht über sich hinaus. Es sind in sich abgeschlossene Lebensphasen und Erfahrungs-Bruchstücke. Innerhalb dieser Episoden kann der abstrakte Mensch durchaus ein tiefes, heftiges emotionales Engagement ausbilden. Dieses Engagement überdauert aber die limitierte Dauer der Episode nicht. Wenn die Episode endet, geht der abstrakte Mensch zur nächsten Episode über. Er schaltet dann das emotionale Engagement aus, das er in der verflossenen Episode entwickelt hat, und schaltet ein neues emotionales Engagement in der neuen Episode ein.

Der abstrakte Mensch weiß, dass jede Episode, die er erlebt, jederzeit abrupt enden kann. Er ist permanent auf dieses Ende vorbereitet. Geht er doch davon aus, dass das, was er erlebt, immer nur eine Episode ist und sein kann, eine flüchtige Durchgangsstation zur nächsten Episode. Wie lange die Episode dauert, ist chronisch ungewiss und unvorhersehbar. Deshalb muss der abstrakte Mensch ständig auf das Ende der Episode gefasst und vorbereitet sein. Er muss entsprechend permanent die Bereitschaft haben, sein Engagement und seine emotionale Bindung an die endliche Episode aufzugeben, um für eine neue Episode offen und empfänglich zu sein.

Entsprechend meidet der abstrakte Mensch Identifikationen. Denn eine Identifikation kann nie episodisch sein. Sie ist nie bedenkenlos terminierbar, kann nie abrupt ausgetilgt werden.

Die Sozialphilosophin Rahel Jaeggi beschreibt Identifikation wie folgt: „Wenn man sich mit etwas ‚identifiziert', macht man es zum Bestandteil seiner Identität oder seines Selbstverständnisses." Nach Jaeggi verbindet man, wenn man sich identifiziert, sein Schicksal mit dem eines anderen oder einer Sache. Das eigene Schicksal ist dann, so Jaeggi, mit dem Schicksal des anderen oder der Sache verwoben. Die eigene Identität bestehe darin, dass es diese Verwebung mit dem Objekt der Identifikation gibt. Werde die Identifikation aufgegeben, dann erlösche damit auch die eigene Identität.[9]

---

[9] Jaeggi 2005, S. 168 f.

Der episodisch lebende abstrakte Mensch kann also innerhalb der Episoden, die er lebt und erlebt, durchaus Verhaltens- und Denkweisen ausbilden, die zum Charakter des konkreten Menschen passen: Leidenschaft für eine Arbeit, Hingabe an eine Aufgabe, Anhänglichkeit an eine Arbeitsgruppe, Engagement für ein Unternehmen, emotionale Bindung an andere Menschen etc. Er wird aber, weil er nur in Episoden lebt, seine Emotionalität immer temperieren müssen. Er braucht immer jene Bindungsdistanz. Er wird sich nie rückhaltlos identifizieren können. Das markiert eine Grenze, bis zu der der abstrakte Mensch in seinem episodischen Leben Eigenschaften des konkreten Menschen annehmen kann. Diese Grenze kann der abstrakte Mensch nicht überschreiten, ohne seine eigene Identität zu hintergehen.

Das episodische Leben des abstrakten Menschen kann auch als ein Leben bezeichnet werden, das aus einer Aneinanderreihung von **Affären** besteht. Ich verstehe unter Affären („affairs") berufliche und private Lebensabschnitte oder Erlebniswelten, die zeitlich befristet sind und die ohne Verletzung der Identität dessen, der sie beendet, beendet werden können. Sie vergehen, während sie entstehen, bestehen aus „locker gekoppelten Beziehungen"[10] und sind belanglos für das, was vor ihnen geschehen ist und nach ihnen geschieht.

Wenn wir heute von einer „privaten Affäre" sprechen, dann schließt dies auch ein, dass die Menschen, die eine Affäre miteinander haben, eine Bindung zueinander eingehen und emotional engagiert sind. Dass sie sich also als konkrete Menschen begegnen.

Zugleich aber bezeichnet das Wort „Affäre" eine Beziehung, die keine langfristige Verbindlichkeit hat, keine tiefen, dauerhaft nachwirkenden emotionalen Aufwallungen verursacht und die deshalb leicht beendet und vergessen werden kann. Es ist dies ein Charakteristikum der Beziehungen des abstrakten Menschen.

Der abstrakte Mensch, der eine Affäre eingeht, sei es im Berufsleben oder im privaten Leben, schafft damit eine besondere Lebenssphäre, die eigene Gesetze, eigene Normen und eigene Konventionen hat. Er baut damit eine eigene Welt, eine Affären-Lebenswelt.

Seine Identität innerhalb dieser Affären-Welt ist eine Affären-Identität, eine Identität, die nur in und aus diesen Affären besteht. Innerhalb der Eigensphäre der Affären-Welt kann der abstrakte Mensch durchaus Eigenschaften des konkreten Menschen ausbilden: Leidenschaft, Commitment, Loyalität, emotionale Bindung, Hingabe an eine Aufgabe oder an einen Menschen. Aber diese Eigenschaften bleiben immer an diese Eigensphäre gebunden, sie sind funktional in diese Eigensphäre eingepasst und reichen deshalb nicht über sie hinaus. Sie gelten nur innerhalb des Funktionskreises dieser Eigensphäre. Außerhalb dieser Eigensphäre haben sie keine Geltungskraft. Es sind episodische Eigenschaften, Affären-Attitüden. Ist die Affäre zu Ende, sind auch diese Eigenschaften erloschen.

Der abstrakte Mensch, der sein Leben so baut, dass es aus einer Abfolge von Affären besteht, im Berufs- wie im Privatleben, kann damit also den Versuch

---

[10] Siehe dazu das Konzept der lockeren Kopplung bei Weick 1995.

unternehmen, Elemente aus dem Verhaltens-Repertoire des konkreten und des abstrakten Menschen miteinander in Einklang zu bringen. Es ist dies, wie oben gezeigt, ein chronisch brüchiger Versuch. Der Einklang, der hier geschaffen werden kann, ist fragil und flüchtig.

Fragil ist das Affären-Leben des abstrakten Menschen immer dann, wenn sich bei ihm innerhalb einer Affäre Gefühle einstellen, die nicht einfach an- und abgeschaltet werden können. Wenn er also im Laufe einer Affäre das Bedürfnis ausbildet, sich längerfristig zu binden. So wie es bei Ryan Bingham geschah, als er sich in Alex verliebte. Wie der abstrakte Mensch mit diesem „Ryan-Bingham-Syndrom" umgehen kann, wie er dieses Bedürfnis nach Langfristigkeit „managen" kann, werde ich im 17. Kapitel detailliert beschreiben.

Meine Affären
Alle meine bisherigen Berufsetappen waren für mich Affären. Auf diese Affären habe ich mich gerne eingelassen. Und das aus drei Gründen: Zum einen deshalb, um aus der Arbeit für irgendein Unternehmen möglichst viele materielle Gratifikationen für mich herauszuholen: viel Geld, schöne Reisen, erstklassige Hotels, viele Flugmeilen usw. Zum anderen deshalb, um dort möglichst viel zur Steigerung meines Marktwertes zu tun. Also habe ich in diesen Unternehmen immer Aufgaben gesucht, die mich interessieren, die meine Kompetenzen fordern und fördern, die für meine Selbstverwirklichung als arbeitender Mensch wichtig sind, die mich weiterbilden und weiterbringen. Drittens habe ich auf diesen Berufsetappen immer eine Atmosphäre gesucht, in der ich mich wohlfühlen konnte, in der ich mit sympathischen Menschen zusammen war und Wertschätzung bekam.

Wenn das alles gestimmt hat, habe ich durchaus gerne und hart gearbeitet. Ich habe mich in eine Aufgabe hineingekniet, habe alles aus mir herausgeholt, habe mit vollem Einsatz gearbeitet, habe auch mehr getan als meine Pflicht, mehr als ich unbedingt hätte tun müssen, bin manche Extrameile gegangen, einfach weil mir die Arbeit Freude gemacht hat, weil ich in einem tollen Team arbeiten konnte und weil mein Arbeitgeber immer wieder mit passenden Gratifikationen für gute Laune gesorgt hat. Da ging die Arbeit schon einmal bis in die Nacht hinein, da habe ich auch an manchem Wochenende noch Arbeit nach Hause mitgenommen, weil irgendein Problem unbedingt gelöst werden musste und weil ich hier Verantwortung übertragen bekommen habe, die ich unbedingt wahrnehmen wollte.

Zugleich habe ich immer darauf geachtet, Abhängigkeiten zu vermeiden: von der Firma, in der ich gerade war, von einer Aufgabe, die ich gerade hatte, von den Menschen, mit denen ich gerade zusammenarbeiten musste. Ich wollte es nie so weit kommen lassen, dass ich hier in eine Falle gerate, aus der es keinen Ausweg mehr gibt. Dass ich einen neuen Vorgesetzten bekomme, der Gefallen daran findet, mich zu demütigen, zu fesseln oder für seine Interessen auszunutzen. Dass mir die Firma sagt, es sei nun vorbei mit meiner

Festanstellung, oder ich sei nun vorgesehen für irgendeine andere Aufgabe, die mir gar nicht zusagt. Und dass ich dann, weil ich mich tief verstrickt habe in meine Festanstellung und meine alte Aufgabe, in ein tiefes Loch falle, aus dem ich nur mit Mühe herausfinden kann.

So weit wollte ich es nie kommen lassen. Also habe ich dafür gesorgt, dass mich die Firma und all das, was ich dort treibe, nur oberflächlich berührt. Dass ich immer einen Plan B und einen Plan C habe, um schnell aus der Firma abspringen zu können. Und dass ich immer innerlich frei bin und frei bleibe, dann abspringen zu können, wenn ich das will.

So bin ich denn eigentlich immer auf dem Sprung. Weil das, was ich gerade in einer Firma tue, nie so gut sein kann, dass es nicht noch etwas Besseres gäbe. Und weil ich täglich damit rechnen muss, dass das, was heute in der Firma gut für mich ist, morgen weniger gut oder schlecht wird.

Ich muss immer auf dem Sprung sein. Denn die Verhältnisse, in denen ich arbeite, sind nie sicher. Immer kann etwas passieren, das mich nötigt zu springen. Sei es, dass dieser Sprung von anderen provoziert oder befohlen wird. Sei es, dass ich mir diesen Sprung selbst auferlege, weil ich ständig auf der Suche bin und ständig auf der Suche sein muss, mich zu verbessern.

Und wenn ich denn etwas Besseres finde, springe ich. Weil ich nicht an dem klebe, was ich gerade tue, fällt mir der Sprung nie schwer. Er ist leicht, dieser Sprung. Die Bande, die mich mit der alten Firma verbinden, kappe ich ohne Wehmut. Ich sage dann: „Es war schön bei euch, aber jetzt ist es für mich Zeit, weiterzugehen." Ich arrangiere eine nette Abschiedsfeier, packe meine Sachen und ziehe dann weiter.

Ich lasse es nie zu, dass eine Arbeit in einem Unternehmen so sehr mit mir selbst verwächst, dass ich den Sprung nur mit heftigen Schmerzen schaffen kann oder dass ich ihn gar nicht erst wage. Ich lasse das nie zu. Deshalb sorge ich dafür, dass alles, was mit mir in dem Unternehmen geschieht, mein Innerstes nicht berührt. Ich baue einen Schutzzaun um mein Innerstes, damit es nicht mit meiner aktuellen Arbeit in Berührung kommen kann. Ich halte das, was mich im Innersten bewegt, von meiner Arbeit weg und aus meiner Arbeit heraus.

Ich achte immer darauf, dass der Schutzzaun hält. Er wappnet mich davor, mich in der Arbeit zu verlieren, mich auf Gedeih und Verderb dem Unternehmen auszuliefern, in dem ich gerade arbeite. Er hält mich selbst, er hält den Kern meiner Persönlichkeit aus all dem heraus, was ich im Unternehmen zu tun habe. Er sorgt für jene Distanz, die ich brauche, damit ich immer auf dem Sprung sein kann.

So wie es auch bei privaten Affären ist, die ich da und dort habe. Bei denen ist es genauso wie bei meinen beruflichen Affären.

Ich lasse mich gerne auf diese privaten Affären ein. Mit Haut und Haaren, mit Leib und Seele. Sie können ruhig heftig sein, gerne auch leidenschaftlich. Sie können mir den Schlaf rauben und meinen Terminkalender durcheinanderbringen. Aber sie müssen immer so sein, dass sie genauso schnell, wie sie in mein Leben getreten sind, daraus auch wieder verschwinden können. Sie müssen so sein, dass ich sie ohne Stress loslassen und loswerden kann.

Dieses Loslassen funktioniert nur dann, wenn ich mich davor wappne, mit dieser Affäre einen Bund fürs Leben eingehen zu müssen. Nichts Langfristiges eben. Deshalb brauche ich auch hier immer jenen Schutzzaun. Den trage ich stets mit mir. Damit mir nicht das passiert, was Ryan Bingham mit Alex passiert ist.

Keine Affäre berührt mich so sehr, dass ich Mühe habe, sie hinter mir zu lassen. Keine Affäre greift so tief in mein Leben ein, dass ich unerträgliche Schmerzen empfinden müsste, wenn ich sie wieder aus meinem Leben entferne. Keine Affäre bindet mich so, dass sie mich fesselt. Keine Affäre hindert mich daran, zur nächsten Affäre weiterzugehen.

Keine Affäre darf um mich herum ein stählernes Gehäuse errichten, dem ich nicht mehr entrinnen kann. Keine Affäre darf ein Käfig für mich sein, der mir keinen Ausweg lässt. Keine Affäre darf mich so bleiern schwer machen, dass ich aus ihr nicht mehr davonkommen kann. Keine Affäre darf mehr sein als eine Fußnote in meiner Biografie, als ein Fragment in einem Meer von Fragmenten.

Bin ich ein Nomade? Ein Unbehauster? Ein Single? Ein „lonesome hero"? Ich sehe mich nicht so. Ich bin auch nicht so. Ich suche immer und überall Menschen und Unternehmen, an die ich mich binden kann. Mit Freude und Leidenschaft. Wenn ich die gefunden habe, bin ich bereit und fähig, mich zu binden.

Aber ich sorge immer dafür, dass diese Bindung nicht zur Fessel wird. Zu einer Verstrickung, die mich stranguliert. Ich sorge immer dafür, dass da irgendwo ein Exit möglich ist, dass da eine Tür offensteht und offenbleibt, durch die ich gehen kann, wenn es Zeit ist. Zeit für Neues. Zeit für Besseres.

Kapitel 9
Der abstrakte Mensch im synaptischen Unternehmen

Es gibt neben den Existenzformen des selbstoptimierenden Selbstdarstellers und des episodischen abstrakten Menschen noch einen weiteren Modus, in dem es gelingen kann, die beiden Anforderungen des konkreten und des abstrakten Menschen miteinander zu verschränken, die an einen neuzeitlichen Wirtschaftsakteur gestellt sind. Es ist dies der Modus, in dem die Anforderungen, die das Unternehmen an den Mitarbeiter stellt, mit den Anforderungen übereinstimmen, die der Mitarbeiter als Selbstoptimierer an das Unternehmen stellt.

Ich nenne diesen Modus **„synaptische Vernetzung"**.

In einem Unternehmen, in dem synaptische Vernetzungen stattfinden, gelingt es einzelnen Mitarbeitern, ihre Interessen an Selbstoptimierung mit den Interessen des Unternehmens zur Deckung zu bringen, und gelingt es umgekehrt dem Unternehmen, seine Interessen an dem Beitrag des Mitarbeiters mit den Interessen des Mitarbeiters an individueller Nutzenmaximierung zu harmonisieren.

In einem solchen Unternehmen findet der Mitarbeiter bestmögliche Bedingungen zur eigenen Selbstoptimierung vor: Er erhält hier materielle und immaterielle Gratifikationen, die er in seiner jeweiligen beruflichen Situation als optimal einschätzen kann. Er hat hier darüber hinaus einen Betätigungsraum, in dem er seine Fähigkeiten so fortbilden kann, dass er seinen Marktwert kontinuierlich steigert.

Dieses Unternehmen wiederum ist in der Lage, den Mitarbeiter so einzusetzen, dass das Fähigkeiten-Potenzial des Mitarbeiters zum optimalen Nutzen des Unternehmens voll ausgeschöpft wird.

Die synaptische Vernetzung, die hier stattfindet, führt also zu einer Verschränkung von individuellen und unternehmensspezifischen Referenzsystemen, Zielen und Werten. Sie ermöglicht einen Prozess, in dem der Marktwert des Mitarbeiters ebenso bestmöglich gesteigert wird wie der Marktwert des Unternehmens.

Diese synaptische Vernetzung bewirkt eine Synthese des scheinbar Unvereinbaren. In einem Unternehmen, in dem diese synaptische Vernetzung gelingt, können Selbstoptimierer als Systemoptimierer denken und handeln. Dort kann sich der abstrakte Mensch als konkreter Mensch in den Unternehmensalltag einbringen.

Dort ist die Rolle, die der Bühnendarsteller spielt, im Einklang mit seinen Interessen an der Optimierung und Maximierung seines persönlichen Nutzens. Deshalb muss der Bühnendarsteller hier, inmitten einer bestimmten „Serienfolge", nicht auf der Suche nach einer alternativen Beschäftigung sein, nicht im akuten Modus, einen Plan B zu verfolgen. Er findet in dieser „Episode" seines Berufslebens eine Umgebung vor, in der er bleiben kann, – so lange wie jene Verschränkung gelingt. Er kann sich in dieser Unternehmensumgebung also für eine gewisse Zeit lang heimisch fühlen, eins mit sich und mit den Anforderungen, die das Unternehmen an ihn stellt.

Ich habe an anderer Stelle dargelegt, welche Vorkehrungen ein Unternehmen treffen muss, um die unternehmensinternen Bedingungen dafür zu optimieren, dass diese synaptische Vernetzung an möglichst vielen Stellen im Unternehmen, bei möglichst vielen Unternehmensakteuren und in möglichst langen Zeiträumen gelingen kann.[1]

Ich will deshalb die Voraussetzungen, die ein Unternehmen schaffen muss, um ein optimales Milieu für diese synaptische Vernetzung aufzubauen und aufrechtzuerhalten, hier nur kurz zusammenfassend darstellen.

Um dieses Milieu zu errichten, ist es erforderlich, dass die Unternehmensführung fünf Maßnahmen-Cluster durchführt. Es sind dies Maßnahmen-Bündel, die nur in ihrer Gesamtheit in der Lage sind, jenes Milieu zu erzeugen. Sie müssen also ganzheitlich, als Teile eines Ganzen, betrachtet werden. Sie funktionieren nur gemeinsam, im Zusammenwirken und in wechselseitiger Ergänzung.

Diese fünf Maßnahmen-Bündel können in aller Kürze wie folgt beschrieben werden[2]:

- **Management von Umweltvernetzung:** umfassende Ausrichtung des Unternehmens auf die unternehmensrelevante Umwelt durch Schaffung einer Kultur der Extrovertierung; umfassende Mobilisierung der kollektiven Intelligenz des Unternehmens zur Optimierung von Vernetzungsintensität und Vernetzungsproduktivität; fortwährende Kultivierung und Weiterentwicklung von Vernetzungspartnerschaften; Aufbau und Pflege eines unternehmensspezifischen Ökosystems; Optimierung des Kundenmanagements durch synaptisches Umweltmanagement.
- **Management von Binnenvernetzung:** umfassende Vernetzung aller Subsysteme im Unternehmen; Verschränkung von Teil und Ganzem, d.h. Ausrichtung der Binnenvernetzung in ganzheitlicher Perspektive auf die Strategie des Gesamtsystems; Schaffung von Strukturen und Räumen für die Ausbildung von Heterogenität, Diversität, grenzüberschreitendem Denken und Handeln; Schaffung eines Milieus, in dem die Kultur der partnerschaftlichen, barrierenfreien Kooperation und Kommunikation eine Hegemonie über die Kultur der Silos, der Abschottung von Unternehmenseinheiten und des habituellen Gegeneinander erlangt.
- **Management von Kontingenz:** Kontingenz-Management ist das Management von Unsicherheit im Unternehmen durch evolutionäre Steuerung von Komplexität; Kontingenz-Management operiert mit den Instrumenten des Managements als

---

[1] Siehe Prodoehl 2014, S. 85 ff.
[2] Siehe dazu ausführlich: Prodoehl 2014, S. 85–246.

Konstruktion, des Managements durch Verfremdung, des Managements im Optionenraum, des Managements mit Reserven, des Managements mit Rückkopplungen, des Managements in Experimentierräumen und der Ausbildung und Pflege einer Kultur des Dialogs. Kontingenz-Management stimuliert den Dialog unter egalitären Kommunikationspartnern, fördert offene Kommunikation über funktionale und hierarchische Grenzen hinweg, ermutigt zum Experimentieren und zum Erkunden neuer Wege.

- **Management von Temporalisierung:** Schaffung eines Milieus dynamischer Stabilität und kalkulierter Instabilität im Unternehmen mit dem Ziel, Lernprozesse zu beschleunigen und Anpassungsaffinität zu optimieren, durch Befristung der Dauer von Strukturen und Prozessen, durch Schaffung temporärer Strukturen, Prozesse und Einheiten im Unternehmen, durch das Management von Revidierbarkeit und durch das Management von Umbrüchen.
- **Management von Heterarchie:** Schaffung einer dualen Organisationsstruktur im Unternehmen, bestehend aus einem hierarchischen Weisungssystem und einem heterarchischen Verhandlungssystem; synaptische Verschränkung beider Strukturen mit dem Ziel, dass das heterarchische System im Unternehmen zur hegemonialen, die Kultur des Unternehmens maßgeblich prägenden Organisationsstruktur wird. Mit Heterarchie ist eine Ordnung im Unternehmen gemeint, in der die einzelnen Einheiten (Personen, Gruppen, Bereiche) nach dem Muster neuronaler Netze miteinander verknüpft sind und als Gleichgestellte in einem Raum offener Kommunikation interagieren. Die Heterarchie ist damit das Milieu, in dem die Unternehmenseinheiten Selbstorganisation, Selbstbewertung, Selbstkontrolle und Selbstmanagement kultivieren, in dem dadurch autotelisches Arbeiten befördert wird und in dem aus der Selbstverantwortung der Unternehmenseinheiten unternehmerisches Engagement entsteht.

Diese synaptische Vernetzung ist möglich. Zu bestimmten Zeiten, in bestimmten Unternehmen, bei bestimmten Mitarbeitern. Durch ein bestimmtes Management, das ich synaptisches Management genannt habe, kann diese synaptische Vernetzung in Unternehmen befördert werden. Dafür, dass dies machbar ist, gibt es eine Vielzahl von Beispielen.[3]

Diese synaptische Vernetzung ist aber in der volatilen Wirtschaftswelt des 21. Jahrhunderts immer fragil, immer flüchtig, immer gefährdet. Das synaptische Management von Unternehmen ist deshalb nie fertig, nie abgeschlossen. Es ist eine Daueraufgabe, eine Aufgabe, die sich für die Unternehmensführung immer wieder aufs Neue stellt, immer wieder neu aufgefasst und ausgestaltet werden muss. Das synaptische Management kann deshalb auch nicht mit fertigen Rezepten und vorgestanzten Schemata operieren. Seine Instrumente müssen vielmehr immer neu an die jeweils fluktuierende Umwelt angepasst werden, in der sich das Unternehmen bewegt.

Auf der **Makroebene** eines Unternehmens kann es also für gewisse Zeit gelingen, eine synaptische Unternehmenskultur zu schaffen. Dies bedeutet aber nicht, dass es damit auch gelingen kann, auf der **Mikroebene** der einzelnen Mitarbeiter

---

[3] Siehe ebd.

eine langfristig berechenbare synaptische Vernetzung sicherzustellen. Letzteres lässt die Erratik des zufälligen, disruptiven Wandels nicht zu. Sie verhindert, dass es in Unternehmen möglich ist, für alle Mitarbeiter dauerhaft zuverlässige synaptische Vernetzungen zu gewährleisten.

Nehmen wir zum Beispiel den Mitarbeiter in einem synaptisch geführten Unternehmen, der sich in seinem Arbeitsumfeld rundum wohl fühlt, der seine Interessen in seiner Arbeit in vollem Umfang zur Geltung bringen kann. Und nehmen wir an, dass dieses Unternehmen Objekt einer feindlichen Übernahme durch einen Wettbewerber wird. Dann wird unser Mitarbeiter abrupt und für ihn zufällig aus seinem geschätzten Arbeitsmilieu herausgerissen und in ein völlig neues Milieu gestellt, mit völlig neuen Vorzeichen und Anforderungen. Oder er wird jäh aus seinem Arbeitsumfeld herauskatapultiert und von den neuen Eigentümern freigesetzt.

Daraus folgt: Die Unternehmensakteure sind im 21. Jahrhundert auch dann, wenn sie in einem solchen Milieu der synaptischen Vernetzung arbeiten können, wenn sie in einem Unternehmen arbeiten, das viel dazu tut, ein solches Milieu möglich zu machen, gehalten, sich zu abstrakten Menschen auszubilden. Sie können sich nämlich nicht darauf verlassen, dass ein Zustand der synaptischen Vernetzung, sollten sie ihn einmal in einem Unternehmen erleben können, von Dauer ist. Sie müssen immer damit rechnen, dass dieser Zustand abrupt beendet wird.

Sie müssen leben und arbeiten in dem Bewusstsein, dass dieser Zustand temporär ist, dass er einer Spur im Treibsand gleichkommt. Einer Spur, die morgen noch erkennbar sein kann. Die aber auch morgen bis zur Unkenntlichkeit verwischt sein könnte. Die Wirtschaftsakteure würden fahrlässig handeln, gründeten sie ihr Berufsleben auf den Wunsch, ein Unternehmen zu finden, in dem sie diesen Zustand der synaptischen Vernetzung berechenbar langfristig erleben können.

Das käme dem illusionären Wunsch gleich, in einem Unternehmen zu arbeiten, in dem es gelingt, dem Treibsand eine steinerne Konsistenz zu geben.

Zumal die abstrakten Menschen wissen müssen, dass eines nicht möglich ist: dieses Milieu durch eigene Leistung abzusichern und dauerhaft aufrechtzuerhalten.

Ich werde im Kap. 17 detailliert darlegen, dass in der Wirtschaftswelt des 21. Jahrhunderts Leistung und Gratifikation strukturell entkoppelt sind, dass es hier keine verlässliche Rationalität in der Allokation von Gratifikationen gibt. Das gilt auch hier, für den Mitarbeiter eines Unternehmens, der versucht, mit Bestleistungen den Zustand der synaptischen Vernetzung mit seinem Unternehmen aufrechtzuerhalten und auf Dauer zu stellen. Dieser Versuch kann zeitweilig gelingen, wenn der Wind des Wirtschaftsschicksals günstig steht, wenn die Volatilitäten der Märkte diesem Versuch ein günstiges Klima angedeihen lassen. Dieses Gelingen ist aber, ebenso wie jene synaptische Vernetzung, stets gefährdet, flüchtig, fragil. Der Versuch kann scheitern, jeden Tag, in jedem Unternehmen.

Es hilft dem Mitarbeiter nicht, wenn er durch volle Hingabe an seine Aufgabe, durch leidenschaftliches Engagement versucht, jenes Milieu in einem Unternehmen abzusichern, das vor dem Konkurs steht. Er hilft ihm nicht, sich als konkreter Mensch in einem Unternehmen einzubringen, das seinen Arbeitsplatz restrukturierungsbedingt beseitigt. Es hilft ihm nicht, alles aus sich in einem Unternehmen herauszuholen, in dem ein neuer Eigentümer ihn, der mit dem alten Eigentümer eng assoziiert war, aufs Abstellgleis befördert.

Also gibt es in der Restrukturierungs-Ökonomie des 21. Jahrhunderts keinen Rettungsanker, der die Wirtschaftsmenschen davor bewahrt, in sich selbst Eigenschaften des abstrakten Menschen auszubilden. Es gibt ihn nicht, den sicheren Hafen, den heimatlichen Ort, an dem der Wirtschaftsakteur bedenkenlos und dauerhaft konkreter Mensch sein kann, an dem der Wirtschaftsmensch verlässlich darauf verzichten kann, sich zum abstrakten Menschen abzurichten. Es gibt diesen Hafen nicht.

Es gibt für den Wirtschaftsakteur auf dem offenen Meer, auf dem er tagtäglich navigieren muss, nur flüchtige Ankerplätze, die für eine begrenzte Zeit Schutz vor den Orkanen der Volatilitätswirtschaft geben. Wie lang diese Zeitspanne ist, weiß keiner; ob sie den morgigen Tag anhält, ist ungewiss; keine Anstrengung und keine Leistung kann diese Ungewissheit zuverlässig bannen.

Kapitel 10
Die abstrakte Moral und die Moralität des abstrakten Menschen

Im Park an der Ilm in Weimar, wo Goethes kleines Gartenhaus steht, befindet sich der „Stein des guten Glücks", ein Denkmal, das Goethe im Jahr 1777 dort aufstellen ließ. Goethe hatte dieses Denkmal selbst entworfen. Es besteht aus einem steinernen Kubus, auf dem eine steinerne Kugel ruht.

Für Goethe symbolisierte der würfelförmige Kubus die Beständigkeit, Festigkeit und Stabilität. Die Kugel, die auf diesem Kubus liegt, war für ihn ein Symbol für das Schwankende, Volatile, Unbeständige, Wandelbare.

Das Zusammenspiel von Kubus und Kugel stellte für Goethe die Verschränkung von Stabilität und Labilität im menschlichen Charakter und in den Dingen des Lebens dar. Es war für ihn ein Sinnbild für ein Leben, in dem das Unveränderlich-Beständige immer wieder aufs Neue mit dem Unberechenbar-Unbeständigen konfrontiert wird. Ein Sinnbild für ein Leben, das auf festen Grundsätzen basiert und zugleich immer wieder auf den Zufall unvorhersehbarer Veränderungen stößt.

Der „Stein des guten Glücks" stand aber für Goethe auch dafür, dass es den Menschen gelingen kann, die Unbill des unberechenbaren Schicksals zu ertragen, wenn sie ihr Leben, ihr Denken und Handeln auf ein festes Fundament gründen. Die Menschen können, so die Botschaft dieses Goetheschen Denkmals, das Wagnis der Fahrten auf das offene Meer dann auf sich nehmen, wenn sie einen sicheren Hafen haben, von dem diese Fahrten ihren Ausgang nehmen und zu dem diese Fahrten immer wieder hinführen. Sie können die Erratik des Zufalls dann aushalten, wenn sie eine Heimat haben, die für Sicherheit und Beständigkeit steht.

Diese Heimat kann **eine materielle und eine ideelle Komponente** haben. Sie kann darin bestehen, dass die Menschen in einer stabilen örtlichen Gemeinschaft verankert sind. Und sie kann sich darin manifestieren, dass die Menschen eine Verankerung in einer heimatlichen, berechenbar verbindlichen ideellen Welt von Grundsätzen, Werten und Moralnormen finden.

Beide Verankerungen werden, wie ich in Kap. 4 dargelegt habe, in der Restrukturierungs-Ökonomie des 21. Jahrhunderts porös und fragil. Das bedeutet, schauen wir auf den „Stein des guten Glücks": Der Kubus zerfällt in einem Zerfallsprozess, der allmählich und schleichend stattfindet. Aber er findet statt und schreitet stetig fort. Er ist diagnostizierbar und sinnfällig erfahrbar.

So erleben wir in den hochentwickelten Marktwirtschaften des 21. Jahrhunderts zum einen eine tendenzielle Erosion der sozialen Gemeinschaftsstrukturen, die den **materiellen** Fundus der Heimat ausmachen. Sie äußert sich darin, dass die Bindungskraft von Gemeinschaften chronisch abnimmt. Die Heimat, die die sozialen Gemeinschaften den Einzelnen bieten können, wird damit chronisch hinfällig. Sie mutiert zu einer Aneinanderreihung von flüchtigen Durchgangsstationen in der Fremde.

Eine chronische Erosion zeichnet sich zum anderen auch bei der **ideellen** Heimat ab, die für die Menschen im 19. und 20. Jahrhundert die Funktion jenes Kubus wahrnehmen konnte. Es ist dies eine Heimat aus festen Prinzipien und Grundsätzen, stabilen Moralnormen und Werten. Eine Werteheimat, ein sicherer Hort der Moral und der Gewissheit, dass diese heimatlichen Grundwerte eine allgemeine Verbindlichkeit und vorhersehbare Geltung haben.

Auch diese ideelle Heimat wird in der Restrukturierungs-Ökonomie des 21. Jahrhunderts chronisch unterminiert. Die Kräfte, die diese Erosion der ideellen Heimatorte bewirken, sind in vielen Untersuchungen detailliert beschrieben worden. In all diesen Untersuchungen wurde aufgezeigt, dass es in den hochentwickelten Volkswirtschaften der Welt eine fortschreitende Erosion der Geltungskraft von Normen und Werten, Konventionen und Regeln, moralischen Standards und ethischen Prinzipien gibt.[1]

> *Seit Mitte des 20. Jahrhunderts wird diese Tendenz einer sich immer weiter ausbreitenden Normenrelativierung und Moralindifferenz immer wieder aufs Neue beschrieben. So diagnostizierte z. B. Wilhelm Röpke in seinem Werk „Civitas Humana" bereits im Jahr 1946 eine tiefgreifende Krise marktwirtschaftlicher Wirtschaftssysteme. Er sah die Ursache dieser Krise „in der zunehmenden Entleerung der Glaubensinhalte und im wachsenden Schwinden unverbrüchlicher Überzeugungen".[2]*

Diese Erosion hat viele Ausprägungsformen und Facetten. Sie lässt sich veranschaulichen, wenn man einige Quintessenzen aus Erfahrungen zieht, die die Wirtschaftsmenschen in der neuzeitlichen Restrukturierungs-Ökonomie immer wieder aufs Neue machen. Ich werde diese Quintessenzen im Folgenden kurz umreißen:

---

[1] Vgl. Wilhelm Röpke: Civitas Humana. Erlenbach-Zürich 1946; Max Scheler: Vom Umsturz der Werte. Bern 1955, S. 126 ff.; Hans Zbinden: Die Moralkrise des Abendlandes. Bern 1941; David Riesman: Die einsame Masse. 1958; Alvin W. Gouldner: Die westliche Soziologie in der Krise. Reinbek bei Hamburg 1974, S. 458 ff.; Henri Lefebvre: Das Alltagsleben in der modernen Welt. Frankfurt am Main 1972, S. 86 ff.; Ulrich Beck: Risikogesellschaft. Auf dem Weg in eine andere Moderne. Frankfurt am Main 1986, S. 143 ff.; Richard Sennett: Der flexible Mensch. Die Kultur des neuen Kapitalismus. Berlin 2000; Richard Sennett: Verfall und Ende des öffentlichen Lebens. Die Tyrannei der Intimität. Frankfurt am Main 1983.
[2] Röpke 1946, S. 202.

- Der Wettbewerb zwischen den Akteuren in der Restrukturierungs-Ökonomie basiert auf habituellem Misstrauen. Dies wurde in vielen spieltheoretischen Grundlagenarbeiten aufgezeigt.[3] Danach kann ein Unternehmen gegenüber Wettbewerbern seine Position nur dann optimieren, wenn es davon ausgeht, dass die Wettbewerber bei ihren Handlungen chronisch geneigt sind, moralische Prinzipien und Regeln außer Kraft zu setzen. Unterstellt ein Akteur, dass die anderen Akteure, die mit ihm im Wettbewerb stehen, prinzipiell aufrichtig, authentisch, integer, glaubwürdig, verlässlich und rücksichtsvoll agieren, so wird er mit hoher Wahrscheinlichkeit das Spiel verlieren. Geht der Akteur davon aus, dass seine Wettbewerber aufgrund hoher ethischer Grundsätze nicht nur ihre, sondern auch seine Interessen verfolgen, so wird er seine Interessen verraten. Vertraut er den anderen, dann unterwirft er sich ihrem misstrauischen Kalkül. Er ist deshalb gehalten, bei all seinen Dispositionen die Annahme zugrunde zu legen, dass seine Wettbewerber bereit und in der Lage sind, zu täuschen, zu lügen, zu übervorteilen, Regeln zu brechen und ein Doppelspiel zu betreiben: mit einer Vordergrundkulisse, auf der die Beachtung von Regeln gespielt wird und mit einer Hintergrundkulisse, auf der dieselben Regeln smart außer Kraft gesetzt werden.
- Der Akteur lernt aus seinen Spielerfahrungen also: Er hat nur dann eine Chance, das Spiel zu gewinnen, wenn er mindestens über das gleiche Handlungsarsenal verfügt wie seine Wettbewerber; er muss unterstellen, dass dieses Handlungsarsenal seiner Wettbewerber auch moralisch fragwürdige Instrumente enthält, Instrumente zur gezielten Täuschung, Camouflage, Manipulation etc. Dezimiert er aus moralischen Gründen sein eigenes Handlungsarsenal gegenüber dem, das sein Wettbewerber vorhält, so schafft er für sich selbst eine asymmetrische Wettbewerbssituation und verschafft seinem Konkurrenten Wettbewerbsvorteile. Damit läuft er Gefahr, in den Wettbewerbsgefechten der Restrukturierungs-Ökonomie eine Niederlage nach der anderen zu erleiden.
- In der Restrukturierungs-Ökonomie ist es der Zweck des Wirtschaftens, die eigenen Geschäftsziele in einer hochkomplexen, volatilen und erratischen Umwelt möglichst lange auf einer Linie zu verfolgen, die der Ideallinie der Nutzenmaximierung möglichst nahekommt. Moral ist in diesem Kontext nie Selbstzweck, kann und darf das nicht sein, sondern kann immer nur den Stellenwert eines Mittels zum Zweck haben. Als solches ist das strikte Verfolgen moralischer Prinzipien in der Restrukturierungs-Ökonomie nie unabdingbar und nie unbedingt. Sie ist vielmehr bedingt und abdingbar. Sie muss das sein.

Entsprechend ist einer, der selbstzweckhaft moralisch handelt, in der neuzeitlichen Wirtschaft immer im Nachteil gegenüber dem, der es schafft, seine wirtschaftlichen Ziele dadurch optimal zu verfolgen, dass er Moral als Mittel zum Zweck begreift. Dieser Nachteil ist tendenziell wirtschaftlich ruinös. Deshalb muss derjenige, der immer und überall moralisch handelt, als ein schwächlicher Wettbewerber, als ein potenziell übervorteilbarer Konkurrent gelten. Ist er doch

---

[3] Vgl. dazu z. B.: Ken Binmore: Game Theory. Oxford 2003; Ken Binmore: Rational Decisions. Princeton 2008; Robert Axelrod: The Evolution of Cooperation. New York 1984.

für seine Wettbewerber ein Kontrahent, der spieltheoretisch allzu leicht auszurechnen und deshalb leicht zu besiegen ist.

Denn die Wettbewerber des stets moralisch Handelnden wissen genau, dass dieser moralisch Handelnde bestimmte Grenzen nie überschreiten wird. Sie können deshalb sein Verhalten leicht antizipieren. Das aber kann der moralisch Handelnde gegenüber seinen Wettbewerbern wiederum nicht, denn er muss stets unterstellen, dass seine Wettbewerber moralische Grenzen überschreiten. So entsteht zwischen diesen Wettbewerbern, dem moralisch Handelnden und dem moralisch Indifferenten, eine strukturelle Waffenungleichheit. Die Moralität des stets moralisch Handelnden muss deshalb als eine Waffe erscheinen, die seinen Wettbewerbern zuverlässig zu Gebote steht, um ihm eine Niederlage zu bereiten. Sie schwächt seine Wettbewerbskraft und stärkt die seiner Kontrahenten.

Die „Renaissance" von Ethik und Moral, die in den vergangenen Jahren mit den Etiketten „Corporate Social Responsibility", „Good Governance" und „Compliance" versehen wurde, ist keine Gegenbewegung zu diesem Trend, sondern unterstreicht seine Wirksamkeit.

Denn diese Renaissance ist eine Reaktion der Wirtschaftsakteure und Wirtschaftsunternehmen auf Auswüchse von Amoralität und Moralindifferenz (Korruptionsaffären, Weltfinanzkrise u. a.), die jener Trend hervorgebracht hat. Diese Renaissance und jene Erosion der Verbindlichkeit von Werten und Normen sind die beiden Seiten der gleichen Medaille. Es sind „kommunizierende Röhren". Diese Renaissance bedingt jene Erosion. Sie besteht nur mit ihr und durch sie.

Mit der „Compliance-Renaissance" versuchen Unternehmen, innerhalb bestimmter Grenzen ein regelgebundenes Wirtschaftsverhalten sicherzustellen. Sie unternehmen diesen Versuch, um für sich selbst eine möglichst berechenbare und vorhersehbare Geschäftsumwelt zu schaffen. Dieses mikroökonomische Unterfangen muss sich aber immer wieder an den makroökonomischen Gegebenheiten einer tendenziell moralindifferenten Systemumwelt brechen. Es kann diesen makroökonomischen Trend weder außer Kraft setzen noch anfechten.

Dieser Trend zur Moralindifferenz und zur Normenrelativierung, der in fortgeschrittenen Industriegesellschaften nachweisbar ist, ist für die Wirtschaftsmenschen im 21. Jahrhundert eine Quelle chronischer Unsicherheit und Unberechenbarkeit. Er pulverisiert damit jenen Goetheschen Würfel, der den Menschen in den Strudeln der Restrukturierungs-Wirtschaft Stabilität und Halt geben könnte.

Denn in einer Gesellschaft, in der staatliche Normen und moralische Regeln eine hohe Geltungskraft haben, bewegen sich die Wirtschaftsakteure in einer durchregelten und damit für sie weithin berechenbaren Systemumwelt. Normen und Moralprinzipien führen zu einer Verminderung von Volatilität, weil sie das Arsenal der Handlungsmöglichkeiten verkleinern, das den Wirtschaftsakteuren und den Wirtschaftsunternehmen zur Verfügung steht. Sie schaffen damit für die Menschen eine normativ strukturierte Umwelt, in der Unsicherheit und Volatilität durch kodifizierte Regeln und moralische Prinzipien eingehegt und begrenzt sind.[4]

In dem Maße, in dem die Verbindlichkeit ethischer Standards und moralischer Normen für die Wirtschaftsakteure schwächer wird, nimmt die Komplexität der Systemumwelt zu, in der sich die Akteure bewegen. Ihre Fähigkeit, Handlungen anderer Wirtschaftsakteure zu berechnen und zu antizipieren, und, darauf basierend, für sich selbst eine Selektion von Handlungsoptionen vorzunehmen, wird in einer Umwelt der chronischen Normenrelativierung und Moralindifferenz strukturell geschwächt. Für die Wirtschaftsakteure wachsen damit chronisch Unsicherheit und Instabilität.

Dieses grundsätzliche Problem wird für Menschen, die sich in unterschiedlichen Wirtschaftsräumen und Ethikwelten bewegen müssen, noch potenziert. Sie sind damit konfrontiert, dass sie in dem einen Wirtschaftsraum ethische Prinzipien beachten müssen, die in anderen Wirtschaftsräumen faktisch keine Geltung haben bzw. geschäftsschädigend wirken. Sie müssen gewärtigen, dass die gleiche ethische Norm in dem einen Wirtschaftsraum Voraussetzung für Geschäftserfolg und in dem anderen Wirtschaftsraum Garant für Misserfolg ist.

Sie erfahren zum Beispiel, dass ein Geschäftsabschluss in Dänemark durch Bestechungszahlungen unmöglich und in Indien erst möglich gemacht wird. Oder dass die Regeln eines fairen Wettbewerbs nicht global gelten: So gilt z. B. innerhalb der EU die Regel, dass die Konkurrenz zwischen zwei Unternehmen nicht durch Subventionen, die ein EU-Staat einem der konkurrierenden Unternehmen gewährt, verfälscht werden darf. Diese Regel ist aber faktisch für ein europäisches Unternehmen außer Kraft gesetzt, das auf dem globalen Markt mit einem staatlich subventionierten chinesischen Unternehmen in einen Wettbewerb tritt.

Diese „ethische Ambivalenz" des Wirtschaftshandelns im Zeitalter der Globalisierung ist ein weiterer Faktor, der die Unsicherheit für die Wirtschaftsmenschen erhöht.

Wenn wir hier wieder auf jenes Goethesche Denkmal, auf jenen „Stein des guten Glücks" zurückkommen, dann können wir festhalten: Die sozialen Tendenzen zum Voranschreiten von Normenrelativierung und Moralindifferenz üben auf jenen Goetheschen Kubus, auf den Würfel, der die Kugel trägt, eine zersetzende Kraft aus. Sie machen ihn brüchig und instabil. Auf einem solchen innerlich zersetzten Kubus kann aber jene Kugel, die zum „Stein des guten Glücks" gehört, nicht mehr sicher ruhen. Der Kubus ist immer weniger in der Lage, der Kugel einen stabilen Halt zu geben. Er verliert tendenziell seine Eigenschaft, die Kugel verlässlich zu tragen.

---

[4] Vgl. Talcott Parsons: Zur Theorie der sozialen Interaktionsmedien. Opladen 1980, S. 183 ff.

> *Der US-amerikanische Management-Wissenschaftler Gary Hamel beschreibt diese Tendenz. Er schildert in seinen Unternehmensstudien die „Entzauberung" der „so lieblos gewordenen" modernen Wirtschaftswelt. Er spricht von der „Entmenschlichung unserer heutigen Unternehmenswelt". „Wir leben in einer säkularisierten, mechanisierten und entpersönlichten Welt."*[5]

Was aber kann nun geschehen, damit die Kugel nicht ziel- und haltlos dahinrollt? Like a rolling stone. Was kann getan werden, um ihr wieder einen festen Halt, eine beständige Plattform zu geben?

Anders gefragt: Was ist zu tun, um zu verhindern, dass sich der neuzeitliche Wirtschaftsmensch im Ungefähren verliert? Was kann bewirken, dass er, der seinen festen Platz im Wirtschaftsgetriebe und dazu auch noch seine ideelle Heimat verloren hat, nicht unbehaust dahinschlingert? Ein Obdachloser, der kein Zuhause mehr hat, keine soziale Gemeinschaft und keine mentale Geborgenheit mehr. Ein Vagabund der Neuzeit, den nichts mehr davon abhält, sich im Ungewissen und Unsteten zu verirren. Der keinen Halt mehr in seiner volatilen Umwelt findet und auch keinen mehr in sich selbst.

Denn die Umwelt, in die der neuzeitliche Wirtschaftsmensch eingefügt ist, bietet ihm, wie oben dargelegt, diesen Halt nicht mehr. Inmitten all der erratischen Umbrüche und volatilen Wandlungen, denen der Wirtschaftsmensch ausgesetzt ist, kann er keinen stabilen und sicheren Heimatort mehr finden. Im Treibsand der Restrukturierungs-Ökonomie kann er keine Spuren hinterlassen und keine wiedererkennbaren Zeichen ausmachen.

Er kann aber auch in seiner moralischen Innenwelt keinen Halt mehr finden. Denn diese wird, wie aufgezeigt, chronisch fragil und flüchtig.

Der Wirtschaftsmensch des 21. Jahrhunderts kann nicht mehr, wenn er durch eine Restrukturierung aus seinem Arbeitsplatz, aus seinem gewohnten Umfeld, aus den ihm vertrauten Beziehungen hinauskatapultiert wurde, Halt und Zuflucht in einer ideellen Sphäre moralischer Grundsätze und ethischer Überzeugungen finden, in einer Sphäre, die ihm bei allen Irrungen und Wirrungen der Wirtschaftsvolatilitäten einen berechenbar beständigen Hort bietet. Die eine feste Burg ist, in die sich der Wirtschaftsmensch bei allen Fluktuationen seines Wirtschaftslebens immer wieder flüchten kann.

Denn diese Burg wird in der Restrukturierungs-Ökonomie des 21. Jahrhunderts fortwährend geschleift. Residuen und Ruinen dieser Burg sind noch zu finden: Es gibt sie noch, die Zufluchtsstätten der Moral, der Weltanschauung und der Besinnung. Für die Wirtschaftswelt des 21. Jahrhunderts verlieren sie aber mehr und mehr an Bedeutung. Sie werden zum „schmückenden Beiwerk", das im

---

[5] Hamel 2016, S. 109.

10 Die abstrakte Moral und die Moralität des abstrakten Menschen

Stellungskampf des Wirtschaftsalltags keine prägende Rolle mehr spielt. Sie werden zur „Kunst am Bau", die für den Bau selbst belanglos ist.

Das gilt auch für die Religionen. Sie bieten zwar einen ideellen Heimatort, eine wohlgeordnete und festgefügte Weltanschauung, unterlegt mit festen Werten und Normen, Ritualen und Riten. Doch spielt diese religiöse Eigenwelt in der Restrukturierungs-Ökonomie keine nennenswerte Rolle mehr. Das neuzeitliche Wirtschaftshandeln ist immer weniger religiös motiviert und religiös gesteuert. Wirtschaft und Religion sind zwei Sphären, die im 21. Jahrhundert chronisch abnehmende Schnittmengen und chronisch verblassende Schnittstellen haben. Es sind Sphären, die mehr und mehr entkoppelt sind.

> *„Die religiöse Wurzel des modernen ökonomischen Menschentums ist abgestorben."*[6]

Max Weber hat diese Entkopplung von Wirtschaft und Religion, diese „Entzauberung" der modernen Welt, eindrucksvoll beschrieben. Viele andere Soziologen haben sie später nachgezeichnet und weiter konturiert.[7]

Wenn aber die Religion von der Wirtschaft tendenziell entkoppelt ist, dann kann die Religion dem Wirtschaftsmenschen nur dann einen Halt bieten, wenn auch er sich von der Wirtschaft entkoppelt. Die Religion ist als Fluchtpunkt des ideell heimatlosen Wirtschaftsmenschen nur dann dauerhaft geeignet, wenn er sich von der Wirtschaftswelt lossagt und seine berufliche Identität außerhalb des Wirtschaftsgetriebes sucht.[8]

Wenn die Religion und ihre ideelle Eigenwelt in der Praxis der Wirtschaftsakteure keine Bedeutung mehr hat, dann kann sie auf Dauer nur für denjenigen eine ideelle Heimat sein, der sich dieser Praxis entzieht. Für den Wirtschaftsmenschen, der sich

---

[6] Weber 1981, S. 373; zur Gegenbewegung des islamistischen Fundamentalismus vgl. meine Ausführungen im Kap. 18.

[7] Vgl. Weber 1980; Beck 1986; Simmel 1999; Riesman 1958; Riesmans Buch ist eine umfassende Beschreibung jenes Entwicklungsprozesses der modernen Industriegesellschaften, in dem die Verbindlichkeit religiöser Weltdeutungen und Normen für die Menschen stetig abnahm. Dieser Prozess spiegelt sich im Wandel von den traditionsgeleiteten und innengeleiteten Charaktertypen hin zu den außengeleiteten Charaktertypen der Moderne.

[8] Zu der Frage, wie sich Gegenbewegungen in der islamischen Welt zu diesem Trend verhalten, siehe das Kap. 18. Jean-Claude Kaufmann spricht im Hinblick auf die verblassende Verbindlichkeit religiöser und moralischer Normen und im Blick auf die zunehmenden Entwurzelung und Entzauberung der modernen Existenz von einer „Revolution" und bezeichnet Gegenbewegungen wie z. B. den islamistischen Fundamentalismus in diesem Zusammenhang als „Konterrevolution"; vgl. Kaufmann 2005.

tagtäglich den Volatilitäten der Restrukturierungs-Ökonomie aussetzen muss, fällt sie als Stabilisator seiner Identität schlichtweg aus.

Denn der Wirtschaftsmensch im 21. Jahrhundert kann nicht auf Dauer ein „Double-Bind-Leben" führen. Es ist dies das Leben eines Menschen, der seine religiöse Identität im Wirtschaftsleben liquidiert und außerhalb des Wirtschaftslebens zelebriert. Der in seinem Beruf außer sich und außerhalb seines Berufs bei sich ist. Eine solche Schizophrenie kann dauerhaft nicht durchgehalten werden, ohne zu gravierenden Persönlichkeitsstörungen zu führen.

Also muss der Wirtschaftsmensch, der in der Restrukturierungs-Ökonomie des 21. Jahrhunderts leben will und leben muss, seine psychische Stabilität, seinen seelischen Halt außerhalb von Moralsystemen und Religionssphären suchen. Er kann seinen persönlichen „Stein des guten Glücks" nicht auf stabilen Moralgrundsätzen und fraglos gültigen Religionsdogmen gründen. Er muss den Kubus, auf dem die Kugel ruht, auf andere Weise bauen und festigen.

Ihm verbleibt für dieses Unterfangen nur ein einziges Mittel: die utilitaristische Synthese. Es ist dies ein durchaus probates Mittel. Denn es ist sozial anerkannt, im Wirtschaftsgetriebe funktional und dauerhaft einsetzbar. Es ist für den Wirtschaftsmenschen im 21. Jahrhundert der einzig verfügbare sichere Hafen, aus dem er die psychische Kraft und die innere Stärke gewinnen kann, die er braucht, um immer wieder neu auf das offene Meer der Wirtschaftsvolatilitäten hinauszufahren.

Dieses Mittel der utilitaristischen Synthese ist für den neuzeitlichen Wirtschaftsmenschen mehr als ein Aphrodisiakum, mehr als eine Stimulanz, um im alltäglichen Wirtschaftskampf reüssieren zu können. Es ist ein Lebensmittel, ein Überlebensmittel, ein Mittel, um im Wirtschaftsgetriebe des 21. Jahrhundert dauerhaft, über Jahre und Jahrzehnte hinweg, wettbewerbsfähig und marktgängig bleiben zu können.

Die utilitaristische Synthese ist der Modus Vivendi des abstrakten Menschen. Sie kann ihm deshalb dauerhaft Halt und Sicherheit verleihen, sie kann für ihn deshalb der „Stein des guten Glücks" werden, weil sie es ihm ermöglicht, allen Fluktuationen, Wandlungen und Volatilitäten der Außenwelt ein langfristig beständiges Deutungsschema zu unterlegen.

Sie ermöglicht es dem abstrakten Menschen, alles, was in der Außenwelt geschieht, nach einer einfachen Maxime zu deuten und zu bewerten. Er filtert seine gesamte Wahrnehmung der Außenwelt, indem er folgende Fragen stellt: Ist das, was in der Außenwelt geschieht, geeignet, meinen individuellen Nutzen optimal und maximal zu mehren? Was kann ich tun, um dieses Geschehen so zu beeinflussen, dass es meinen individuellen Nutzen optimal und maximal mehrt?[9]

Es ist dies durchaus ein moralischer Filter. Denn er taxiert alles, was in der Außenwelt geschieht, nach dem Moralgrundsatz des abstrakten Menschen. Das Geschehen entspricht dann dem moralischen Ideal des abstrakten Menschen, wenn es mit der Ideallinie seiner individuellen Nutzenmaximierung in Einklang gebracht werden kann. Es ist dann moralisch vorbildlich. Hingegen ist das Geschehen

---

[9] Den Begriff „optimaler Nutzen" beziehe ich auf die Nutzenqualität, also auf Nutzen-Elemente, die nicht beziffert und gemessen werden können. Den Begriff „maximaler Nutzen" verwende ich für Nutzen-Elemente, die quantifizierbar und deshalb in Zahlen ausgedrückt werden können.

moralisch verwerflich, wenn es mit dieser Ideallinie kollidiert bzw. wenn es von ihr signifikant abweicht.

Diese Moral der utilitaristischen Synthese ist die dauerhaft stabile und beständige Richtschnur für das Denken und Handeln des abstrakten Menschen. Sie ist stabil und beständig, weil sie vom abstrakten Menschen dauerhaft zur Bewertung aller denkbaren Phänomene der Außenwelt und zur Ausrichtung des eigenen Verhaltens in dieser Außenwelt genutzt werden kann. Und weil sie in marktwirtschaftlichen Systemen allgemein anerkannt, sozial akzeptiert und damit systemkonform ist.

Sie taugt damit durchaus dazu, jenem Kubus Konsistenz und Festigkeit zu verleihen, auf dem die Kugel der Wirtschaftsvolatilitäten Halt finden muss. Mit ihr kann jener Goethesche „Stein des guten Glücks" getrost in die Wirtschaftswelt des 21. Jahrhunderts transferiert werden.

> *Der kategorische Imperativ des abstrakten Menschen lautet: Handle stets so, dass dein Handeln deinen persönlichen Nutzen maximiert und optimiert. Deute alle äußeren Ereignisse, mit denen du konfrontiert wirst, als Mittel, um deinen persönlichen Nutzen zu maximieren und zu optimieren. Trachte stets danach, diese äußeren Ereignisse so zu instrumentalisieren und zu beeinflussen, dass sie deinen persönlichen Nutzen maximieren und optimieren. Gehe nur solche Beziehungen ein, die es dir ermöglichen, dich auf deiner Ideallinie der persönlichen Nutzenoptimierung und Nutzenmaximierung zu bewegen. Gestalte deine Beziehungen so, dass sie dir genau das ermöglichen.*

Die Moral der utilitaristischen Synthese muss keine Ego-Moral sein. Es wäre ein Missverständnis anzunehmen, dass sie die Moral eines asozialen, rücksichtslosen Egozentrikers sein muss. Sie kann vielmehr durchaus eine kollektive Nutzendimension haben. In einer bestimmten Hinsicht muss sie das sogar.

In einem marktwirtschaftlichen System ist es mir in der Regel nur dann möglich, meinen eigenen Nutzen zu mehren, wenn ich Nutzen für andere schaffe.

Denn dieses System beruht im Kern auf der Freiwilligkeit von Interaktionen und Transaktionen. In der Regel ist kein Kunde dazu gezwungen, mein Produkt oder meine Dienstleistung zu kaufen. Er tut das freiwillig. Deshalb kann ich meinen Nutzen durch Verkauf einer Ware an einen Kunden nur dann mehren, wenn ich dem Kunden einen Nutzen verschaffe. Er wird auch nur dann mein Kunde bleiben, meine Ware also erneut kaufen, wenn er davon überzeugt war und ist, dass sie ihm einen Nutzen bereitet.

Das Wirtschaftsgetriebe des 21. Jahrhunderts funktioniert deshalb nach einer „Dialektik des Erfolgs". Sie lautet: Wer sich auf seinen eigenen Erfolg fokussiert, wird ihn verfehlen. Wer sich auf den Erfolg anderer fokussiert, wird den eigenen Erfolg mehren.

Khalsa und Illig schreiben dazu:

> „Helping clients succeed is not an attempt to be nice; it is not philanthropic or selfless. It is a powerful, if paradoxical, means of getting what we want."[10]

Die Moral des abstrakten Menschen, die Moral der utilitaristischen Synthese, muss diese Dialektik des Erfolgs reflektieren. Sie umfasst deshalb stets die beiden Dimensionen des individuellen Nutzens (Nutzen für mich) und des kollektiven Nutzens (Nutzen für andere).

Entsprechend kann der kategorische Imperativ des abstrakten Menschen und der utilitaristischen Synthese wie folgt konkretisiert werden:

> *Handle stets so, dass du deinen Nutzen dadurch mehrst, dass du Nutzen für andere schaffst. Beachte dabei, dass der Nutzen, den du für andere schaffst, immer nur das Mittel dafür ist, deinen Nutzen zu mehren. Er ist nie Selbstzweck. Er taugt nur, insofern er geeignet ist, deinen Nutzen zu optimieren. Die Art und Weise, wie du Nutzen für andere schaffst, muss deshalb immer so ausgestaltet werden, dass sie deinen Nutzen optimiert. Dabei gilt: Dein Ertrag muss stets größer sein als dein Aufwand. Der Aufwand, den die Nutzenstiftung für andere bei dir verursacht, muss stets geringer sein als der Nutzen, den du dadurch für dich stiftest.*

Die Spieltheorie und die Evolution des abstrakten Menschen
Stellen wir uns ein Spiel vor, in dem zwei Menschen miteinander spielen, die gegensätzliche Spielinteressen haben. Solche gegensätzlichen Spielinteressen liegen immer dann vor, wenn der eine Spieler seinen Vorteil nur auf Kosten des anderen vergrößern kann. Es ist ein Win-Lose-Spiel. Ein solches Spiel wird in der Spieltheorie, wie oben bereits dargestellt, „Zero Sum Game" genannt. In einem solchen Zero Sum Game kann ein Spieler nur dann einen Gewinn erzielen, wenn ein äquivalenter Verlust für den anderen Spieler entsteht. Schach ist ein Zero Sum Game, ebenso wie z. B. Fußball; in beiden Spielen kann der eine Spieler nur dann gewinnen, wenn der andere verliert.

Platzieren wir nun ein solches Zero Sum Game in die Wirtschaftswelt. Und unterstellen wir, dass sich die beiden Spieler nur dieses eine Mal begegnen werden. Sie treffen also nicht wieder aufeinander.

Bei dieser singulären Begegnung der beiden Spieler ist es für beide rational, den Versuch zu unternehmen, den anderen Spieler zu übervorteilen. Ebenso ist es für beide Spieler erforderlich, dem anderen zu misstrauen. Es entspricht den Interessen beider Spieler, in dieser Spielsituation den jeweils anderen Spieler zu täuschen, zu blenden, zu belügen etc. Moralisches Verhalten ist für beide Spieler in dieser Spielsituation nicht interessenkonform. Es schadet ihnen. Sie müssen also beide, um das Spiel nicht zu verlieren, moralische Prinzipien negieren.

---

[10] Khalsa und Illig 2008, S. 12.

10 Die abstrakte Moral und die Moralität des abstrakten Menschen

Denken wir an den Verkäufer einer Ware, der weiß, dass der Kunde, der ihm gegenübersteht, kein zweites Mal sein Kunde sein wird. Vielleicht deshalb, weil dieser Kunde aus einem fernen Land kommt und nur dieses eine Mal kurzzeitig das Land des Verkäufers besucht. Nehmen wir weiter an, dass dieser Kunde in Zukunft keinerlei Einfluss auf das Geschäft des Verkäufers nehmen kann, weder durch Benotungen im Internet noch durch Mundpropaganda. In diesem Fall einer singulären Begegnung der beiden Akteure ist es im wirtschaftlichen Interesse des Verkäufers, den Kunden möglichst zu übervorteilen. Er nutzt sich selbst in dem Maße, wie er dem Kunden einen Schaden zufügt (z. B. dadurch, dass er diesem Kunden eine Ware zu einem weit überhöhten Preis verkauft).

Anders verhält es sich, wenn sich zwei Spieler mehrfach oder beliebig häufig begegnen. In der Spieltheorie wurde diese Situation eines seriellen Spiels, das stetig wiederholt wird, unter der Überschrift „Iterated Prisoner's Dilemma" häufig untersucht.

Diese spieltheoretische Analyse des wiederholten Spiels zweier Spieler führte zu einer bemerkenswerten Erkenntnis. Jeder der beiden Spieler kann langfristig seinen Nutzen dadurch maximieren, dass er in diesem Spiel nach drei bestimmten moralischen Prinzipien handelt:

zum einen nach dem Prinzip, gegenüber dem anderen nie als Erster unmoralisch zu handeln (täuschend, betrügend etc.), sondern nur dann, wenn der andere als erster unmoralisch gehandelt hat;

zum anderen nach dem Prinzip, nicht nachtragend zu sein, d. h. ein unmoralisches Verhalten des anderen nicht zum Anlass zu nehmen, auf dieses unmoralische Verhalten stets wieder mit unmoralischem Verhalten zu antworten;

und drittens nach dem Prinzip, in diesem Spiel darauf hinzuwirken, dass für beide Spieler ein annähernd gleich großer Gewinn erzielt wird, und zu vermeiden, dass ein Spieler mehr gewinnt als der andere oder auf Kosten des anderen gewinnt.

Spieler, die nach diesen drei Prinzipien handeln, verwandeln dadurch ein „Zero Sum Game" in sein Gegenteil, d. h. in ein „Nonzero Sum Game". Ein Nonzero Sum Game ist ein Spiel, in dem es möglich ist, dass beide Spieler gewinnen, in dem also der Gewinn des einen Spielers nicht mit dem Verlust des anderen einhergehen muss, sondern durchaus mit einem äquivalenten Gewinn des anderen Spielers verbunden sein kann.

Wenn beide Spieler nach diesen drei Prinzipien handeln, haben sie nicht nur bessere Chancen, langfristig ihren Nutzen zu optimieren, als es Spieler haben, die diese Prinzipien missachten. Die „moralischen" Spieler verwandeln darüber hinaus ihre Spielbeziehung: aus Konkurrenten werden Kooperierende, aus Gegner werden Partner, aus einem Kampf zwischen zwei Kontrahenten wird ein Arrangement zwischen zwei Kollegen.

Aber diese Transformation des Spiels von einem moralindifferenten Zero Sum Game in ein moralaffines Nonzero Sum Game kann aus spieltheoretischer Sicht nur dann funktionieren, wenn dieses Spiel wiederholt wird. Richard Dawkins hat diesen Zusammenhang in seinem Buch „The Selfish Gene" im Rekurs auf den US-amerikanischen Spieltheoretiker Robert Axelrod wie folgt erläutert:

„*Many situations in real life are, as a matter of fact, equivalent to nonzero sum games ... Individuals can therefore benefit from one another's success. They do not have to do down rivals in order to benefit themselves. Without departing from the fundamental laws of the selfish gene, we can see how co-operation and mutual assistance can flourish even in a basically selfish world. ... But none of this works unless the game is **iterated**. The players must know ... that the present game is not the last one between them. In Axelrod's haunting phrase, the ‚shadow of the future' must be long. But how long must it be? It can't be infinitely long. From a theoretical point of view it doesn't matter how long the game is; the important thing is that neither player should **know** when the game is going to end.*"[11]

Dieser „shadow of the future" ist hier von entscheidender Bedeutung. In den spieltheoretischen Analysen von Robert Axelrod,[12] auf die sich Dawkins bezieht, hat sich nämlich gezeigt: Nehmen die Spieler an, das Spiel dauere noch eine sehr lange Zeit an, wiederhole sich noch sehr oft, und ist das Ende des Spiels für beide Spieler nicht vorhersehbar, dann ist es für beide Spieler rational, die oben beschriebenen moralischen Prinzipien zu beachten. Wenn die Spieler hingegen davon ausgehen, dass das Spiel nicht mehr lange andauert, dass es bald enden wird, werden sie dazu tendieren, diese moralischen Prinzipien zu brechen. Wenn beide Spieler wissen, wann das Spiel zu Ende sein wird, ist es in ihrem Interesse, diese Prinzipien zu verletzen.

Dawkins fasst diesen Sachverhalt wie folgt zusammen:

„*Two strictly rational players, each of whom assumes that the other is strictly rational, can do nothing but defect if they both know how many rounds the game is destined to run. ... Each player can be expected to behave as if he possessed a continuously updated estimate of how long the game is likely to go on. The longer his estimate, ... the nicer, more forgiving, less envious he will be. The shorter his estimate of the future of the game, ... the nastier, and less forgiving will he be.*"[13]

Wenn wir diese spieltheoretischen Erkenntnisse in unseren Argumentationskontext zum abstrakten Menschen einfügen, dann können wir Folgendes festhalten:

---

[11] Dawkins 2006, S. 224; die Hervorhebungen sind im Original.
[12] Vgl. Robert Axelrod: The Evolution of Cooperation. New York 1984.
[13] Dawkins 2006, S. 225.

Die Wahrscheinlichkeit dafür, dass Menschen in der Wirtschaft nach moralischen Prinzipien und nach der Logik der Nonzero Sum Games zusammenarbeiten, dass sie also Win-Win-Strategien verfolgen und auf wechselseitigen Vorteil bedacht sind, steigt in dem Maße, wie der „shadow of the future" langanhaltend und langfristig berechenbar ist. Arbeiten Wirtschaftsmenschen in Kooperationszusammenhängen, die langfristig stabil sind, dann handeln sie rational, wenn sie nach moralischen Prinzipien handeln. Agieren sie in einer Umwelt, in der Kontinuität vorherrscht, in der der Fortbestand des Bestehenden erwartbar ist und in der die abrupte Beendigung bestehender Beziehungen unwahrscheinlich ist, liegt es in ihrem eigenen Interesse, Win-Win-Beziehungen zu pflegen.

Nun ist es aber gerade, wie oben dargelegt, das Charakteristikum der Restrukturierungs-Ökonomie des 21. Jahrhunderts, dass all diese Voraussetzungen dahinschwinden. In dieser Volatilitäts-Wirtschaft ist der „shadow of the future" flüchtig und kurz.

Die Wirtschaftsakteure müssen hier stets damit rechnen, dass das Spiel, das sie gerade spielen, abrupt und unerwartet beendet wird. Sie können sich in dieser neuzeitlichen Wirtschaftswelt nicht mehr auf die langfristige Fortgeltung eines vertrauten Spiels verlassen. Im Gegenteil. Sie müssen stets damit rechnen, dass das bekannte Spiel abrupt endet, dass die Spiele immer kürzer werden und dass sie immer schneller und immer unberechenbarer abbrechen.

Die Restrukturierungs-Ökonomie ist also eine Umwelt, in der der „shadow of the future" permanent zerrissen wird. Es ist eine Wirtschaftswelt, in der nichts Langfristiges besteht und harte Brüche zur Regel werden.

In dieser Wirtschaftswelt wird es für die Akteure immer riskanter und immer uninteressanter, strikt und unverbrüchlich nach den moralischen Prinzipien der Nonzero Sum Games zu handeln.

Denn zum einen bewegen sie sich in einer Umwelt, in der die Spiele immer schneller und häufiger enden und in der das Ende eines Spiels immer weniger berechenbar ist. Zum anderen terminieren sie selbst, als freie Agenten, immer häufiger und immer schneller das Ende eines Spiels.

Die Menschen, die sich in der neuzeitlichen Wirtschaftswelt bewegen, können daraus zwei Lehren ziehen:

Zum einen lernen sie, dass sie immer dann, wenn sie in wiederholten Spielsituationen sind, moralisches Handeln nach den Prinzipien des Nonzero Sum Game einüben und einhalten sollten. Denn in einer Situation, in der sie wiederholt mit denselben Menschen interagieren, ist dies für sie ein rationales Handeln. Arbeitet ein Wirtschaftsakteur z. B. in einem Unternehmen, so muss er für die Dauer seiner Beschäftigung in diesem Unternehmen die Fähigkeiten des Spielers ausbilden, der nach den drei beschriebenen moralischen Prinzipien handelt.

Zum anderen lernen die Menschen, dass diese Spiele immer kürzer werden und zufällig enden können. Daraus müssen sie für sich die Quintessenz ziehen, dass sie stets darauf vorbereitet und stets dazu bereit sein müssen, das Spiel zu wenden. Also aus einem Nonzero Sum Game ein Zero Sum Game zu machen. Und damit moralische Prinzipien über Bord zu werfen.

Die modernen Wirtschaftsmenschen müssen also vermeiden, sich so unverbrüchlich an moralische Prinzipien des Wirtschaftsspiels zu binden, dass sie diese Prinzipien nicht leichterhand missachten können. Sie müssen verhindern, dass die Einhaltung dieser Prinzipien zu einem integralen Teil ihrer persönlichen Identität wird. Sie müssen sich so ausbilden, dass sie jederzeit bereit und in der Lage sind, diese Prinzipien für sich selbst außer Kraft zu setzen. Sie müssen lernen, sich nur unverbindlich an diese Prinzipien zu binden.

Die Wirtschaftsmenschen des 21. Jahrhunderts müssen daraus, dass der „shadow of the future" immer unkenntlicher und unzuverlässiger wird, auch noch eine weitere Konsequenz ableiten: dass es in ihrem eigenen Interesse liegt, das Ende des Spiels selbst zu bestimmen und die Spiele, die sie spielen, in immer kürzeren Zeitabständen selbst zu terminieren.

Denn dann, wenn sie das tun können, sind sie in der Lage, zum richtigen Zeitpunkt vom Win-Win-Spiel in das Win-Lose-Spiel zu wechseln, also ohne Rücksichtnahme auf jene moralischen Prinzipien ihre Interessen zu verfolgen. Sie müssen daran interessiert sein, den Switch von dem einen in das andere Spiel, und damit den Wechsel von der „Niceness" zur „Nastiness" selbst zu terminieren. Damit dieser Switch nicht zu ihrem Nachteil von anderen terminiert wird. Das bedeutet auch: Sie müssen jederzeit und an jedem Ort fähig sein, diesen Switch zu vollziehen.

Es liegt nicht im Ermessen und im Belieben des heutigen Wirtschaftsmenschen zu entscheiden, ob er als „nice guy" oder als „nasty player" in die Wirtschaftsarena eintritt. Vielmehr diktiert ihm die Wirtschaftsumwelt, wie er sich in dieser Arena verhalten muss, will er dort reüssieren und nicht untergehen. Eine Wirtschaftsumwelt, die den „shadow of the future" tendenziell auslöscht, nimmt den „nice guys" tendenziell das Spielfeld für ihre Nonzero Sum Games weg. Sie verlangt von den Wirtschaftsakteuren, stets darauf gefasst zu sein, dass sie Spieler in einem Zero Sum Game werden. Entsprechend fordert sie von ihnen die Fähigkeit, moralisches Verhalten spielerisch zu nehmen und mit moralischen Prinzipien zu spielen.

Kapitel 11
Der abstrakte Mensch und die Erosion des Sinns in neuzeitlichen Unternehmen

In kaum einem Handbuch für gute Unternehmensführung fehlt der Hinweis darauf, dass eine Führungskraft Sinn stiften müsse. Es heißt dort in der Regel:

Um die Mitarbeiter in einem Unternehmen für die gemeinsame Sache einzunehmen, um sie zum vollen Einsatz ihrer Arbeitskraft zu motivieren, müsse die Führungskraft den Mitarbeitern deutlich machen, dass ihre Arbeit einen erhabenen und erhebenden Sinn habe. Dazu müssten Unternehmensleitbilder erarbeitet, Visionen und Mission-Statements entworfen, Testimonials eingeholt und immer wieder aufs Neue Kommunikationsrituale absolviert werden, in denen die Mitarbeiter mit sinnstiftenden Botschaften konfrontiert würden. Diese Sinnstiftung müsse immer auch eine soziale und ethische Dimension haben. Sie müsse sich darauf beziehen, dass das Unternehmen Nutzen für Kunden stifte, dass es einen Wert für die Gesellschaft schaffe, dass es die Welt reicher und besser mache. Man müsse den Mitarbeitern mit dieser sinnstiftenden Kommunikationsarbeit deutlich machen, dass sie für eine große Sache arbeiteten, für eine Sache, die größer und wichtiger sei als sie selbst, für eine ethisch-wertvolle Sache, dass sie Teil einer großartigen gemeinnützig-kommerziellen Veranstaltung seien, dass der kommerzielle Erfolg des Unternehmens im Dienste des Gemeinwohls stünde. Nur ein Unternehmen, das derart Sinn stifte, sei in der Lage, alles aus seinen Mitarbeitern herauszuholen. Nur ein solches sinnerfülltes und sinnvolles Unternehmen könne erwarten, dass die Mitarbeiter leidenschaftlich, engagiert, intrinsisch motiviert und damit in höchstem Maße produktiv arbeiteten. Nur ein solches Unternehmen könne dauerhaft im globalen Wettbewerb bestehen.

So weit, so gut.

In der Tat finden sich in der sozialpsychologischen Literatur viele Belege dafür, dass passioniertes Arbeiten sinnerfülltes Arbeiten ist. Und dass jemand nur dann passioniert, mit voller Hingabe, mit äußerstem Einsatz arbeiten kann, wenn er in seiner Arbeit einen Sinn erkennt, der in der Arbeit selbst liegt. Darin, eine Sache gut zu tun. Damit sie für andere Nutzen schafft. Damit sie der Gesellschaft einen Nutzen bringt. Damit sie die Welt ein wenig besser und lebenswerter macht. Sinnstiftung im Wirtschaftsleben kann nach diesen Studien nur dann gelingen, wenn sie auf eine ethisch-soziale, qualitativ-konkrete Sinnhaftigkeit des Arbeitens abstellt.

Jenes Mantra der guten Unternehmensführung, nur über Sinnstiftung sei die Arbeitsleistung der Mitarbeiter optimierbar, ist durch eine Vielzahl von Studien fundiert. Beispielhaft sei dazu der US-amerikanische Management-Vordenker Peter M. Senge zitiert. Er geht davon aus, dass Sinn in Unternehmen durch eine gemeinsame Vision geschaffen werden muss:

> *„Eine gemeinsame Vision ist keine Idee. ... Sie ist eher eine Kraft im Herzen der Menschen, eine Kraft von eindrucksvoller Macht. ... Auf ihrer einfachsten Ebene ist eine Vision die Antwort auf die Frage: ‚Was wollen wir erschaffen?' So wie persönliche Visionen Bilder oder Vorstellungen sind, die Menschen in ihren Köpfen und Herzen tragen, sind auch gemeinsame Visionen Bilder, die von allen Mitgliedern einer Organisation geteilt werden. Sie erzeugen ein Gefühl von Gemeinschaft, das die Organisation durchdringt und die unterschiedlichsten Aktionen zusammenhält. ... Eine gemeinsame Vision ist lebenswichtig für eine lernende Organisation, weil sie den Schwerpunkt und die Energie für das Lernen liefert. Während adaptives Lernen auch ohne Vision möglich ist, ist ein schöpferisches Lernen nur möglich, wenn Menschen nach etwas streben, das ihnen wahrhaft am Herzen liegt."*[1] *„Eine gemeinsame Vision, insbesondere eine intrinsische, gibt dem Streben der Menschen Auftrieb. Die Arbeit wird Teil eines höheren Zwecks, der durch die Produkte oder Dienstleistungen des Unternehmens verkörpert wird. ... Visionen sind belebend. Sie erzeugen den Funken, die Begeisterung, die eine Organisation aus dem Profanen heraushebt."*[2]

Dies ist aber nur die eine Seite der Medaille.

Die andere Seite zeigt ein ernüchterndes Bild. Es ist das Bild einer Restrukturierungs-Ökonomie, die mehr und mehr das Potenzial zur Sinnstiftung, zur Stiftung von gemeinsamen Visionen verliert. Es ist das Bild einer volatilen Wirtschaftswelt, in der die Fähigkeit der Unternehmen, Sinn zu stiften, mehr und mehr abnimmt. Es ist das Bild eines dynamischen Wirtschaftsgetriebes, in dem Sinnillusionen und Sinnkulissen kolportiert werden. Für die Unternehmen wird es in dieser Restrukturierungs-Ökonomie des 21. Jahrhunderts immer schwieriger, einen Sinn zu stiften, der für die Mitarbeiter glaubwürdig und anschlussfähig ist.

Warum ist das so? Diese **Erosion der Sinnstiftungs-Kapazität der neuzeitlichen Wirtschaftsunternehmen** hat vier Gründe.

Der erste Grund dafür, dass in der Wirtschaftswelt des 21. Jahrhunderts die Fähigkeit von Unternehmen, Sinn für ihre Mitarbeiter zu stiften, chronisch abnimmt,

---

[1] Senge 2011, S. 225 f.
[2] Ebd., S. 228.

ist die Restrukturierungs-Ökonomie. Sie ist eine Wirtschaftsform, die das Fundament unterminiert, auf das jede Sinnstiftung gegründet werden muss.

Denn Sinn kann nur dort entstehen und wachsen, wo es Stetigkeit und Berechenbarkeit gibt. Sinn war und ist niemals eine volatile Kategorie. Sinnstiftung kann niemals in einem Milieu fluktuierenden Wandels und eruptiver Brüche erfolgen. Sinnerfülltes Handeln kann nicht beliebig ab- und aufgeschaltet werden. Die Zuschreibung von Sinn, die ein Mensch einer bestimmten Handlung verleiht, ist auch nicht beliebig an- und abtrainierbar. Sie steht damit quer zu den Volatilitäten der Restrukturierungs-Ökonomie.

Sinnerfüllt kann nur jemand handeln, der sich mit dem Sinn, den seine Arbeit schafft, identifiziert. Sinn ist eine konkrete Kategorie, die immer auf eine bestimmte Qualität der Arbeit abstellt. Sinn kann nur dann zum subjektiven Sinn werden, zum Sinn, den ein Mensch seiner Arbeit beimisst, wenn diese Sinnzuschreibung Teil der Persönlichkeit des Arbeitenden, Teil seines Ich wird. Wenn jemand sinnerfüllt handelt, dann ist dieses Handeln in seine Individualität eingraviert. Es ist ein integraler Teil seiner Lebenseinstellung, seines Charakters, seiner emotional-kognitiven Haltung zu seiner Arbeit und zu seiner Umwelt.

Sinn ist „eine Kraft im Herzen der Menschen".[3] Diese Kraft, Sinn zu stiften und sinnerfüllt zu handeln, gründet immer in der Emotionalität der Menschen. Nur deshalb kann sie zu einem intrinsisch motivierten, passionierten Arbeiten ertüchtigen. Nur deshalb kann sie zu einer Vitalisierung eines Unternehmens führen. Nur deshalb kann sie das Unternehmen herausheben aus dem Ensemble der Wettbewerber. Und gerade deshalb kann diese Kraft nicht abrupt erzeugt und wieder liquidiert werden.

Wenn ich einen tiefen, motivierenden Sinn darin erkenne, ein umweltverträgliches Produkt herzustellen, dann ist dies keine Haltung, die heute eingenommen und morgen abgelegt werden kann. Sie ist Teil meiner Persönlichkeit, Teil meines Charakters. Sie ist auf Dauer in meine DNA als arbeitender Mensch eingeprägt.

Meine Fähigkeit, einer Arbeit Sinn beizumessen, kennzeichnet deshalb ein Persönlichkeitsmerkmal, das nicht beliebig abdingbar, veränderbar, liquidierbar und aufkündbar ist. Diese Fähigkeit wird deshalb in der volatilen Restrukturierungs-Ökonomie mehr und mehr zu einem Charaktermangel, zu einem Wettbewerbsnachteil, zu einem Relikt aus längst verschollenen Zeiten.

Denn wie soll ich heute der Arbeit an einem Produkt Sinn beimessen, wenn ich weiß, dass es morgen abgeschafft und durch ein anderes Produkt ersetzt werden kann? Wie soll ich heute sinnerfüllt für ein Unternehmen arbeiten, wenn ich gewärtigen muss, dass dieses Unternehmen morgen bis zur Unkenntlichkeit transformiert werden kann? Wie soll ich mich heute sinnerfüllt für einen bestimmten Kundennutzen einsetzen, wenn ich damit rechnen muss, dass dieser spezifische Kundennutzen morgen im Unternehmen nichts mehr zählt? Wie soll ich heute den Sinn, den ich meiner Arbeit zuschreibe, an einer ethisch-sozialen Dimension dieser Arbeit festmachen, wenn ich permanent bereit sein muss, diese ethisch-soziale Sinndimension

---

[3] Ebd., S. 225.

morgen, in einem restrukturierten Arbeits-Ambiente, als irrelevant anzusehen? Wie soll ich heute meine Arbeitsmotivation auf den Sinn gründen, den ich aus meinen Beziehungen zu einer bestimmten Gruppe von Kollegen ableite, wenn ich weiß, dass dieser Kooperationszusammenhang bei der nächsten Restrukturierung zerrissen werden kann?

Sinn kann ich nur dann einer Arbeit oder einem Unternehmen beimessen, wenn ich mich mit dieser Arbeit oder mit diesem Unternehmen identifizieren kann. Die Restrukturierungs-Ökonomie fordert von mir aber gerade die Fähigkeit und Bereitschaft, jegliche Identifikationen flexibel auslöschen zu können.

Damit behindert die Restrukturierungs-Ökonomie strukturell die Fähigkeit von Unternehmen, ihre Mitarbeiter dazu zu bringen, sinnerfüllt zu arbeiten und ihrer Arbeit einen Sinn beizumessen.

Ein **zweiter Grund** für die Erosion der Sinnstiftungs-Kapazität von Unternehmen im 21. Jahrhundert besteht darin, dass Unternehmen mehr und mehr von Agenten taxiert werden, die nur abstrakte Maßstäbe kennen. Diese Taxation wird in der Regel von den Agenten diverser Finanzinstitutionen durchgeführt: von Börsen-Akteuren und Bankanalysten, Hedgefonds-Managern und Private-Equity-Agenten, Rating-Agenturen und Machern von Medien der Finanzwelt. Abstrakt sind deren Maßstäbe, weil sie ein Unternehmen nach Kapitalmarkt-Indikatoren taxieren, nach einem System von Zahlen, dem alles Qualitative und Konkrete äußerlich ist.

Die Taxation eines Unternehmens nach Renditekennziffern befasst sich eben nicht mit der Frage, ob das Unternehmen ein ethisch hochwertiges, sozial nützliches Produkt herstellt.

Diese Taxation von Unternehmen nach der Logik der Finanzmärkte ist eine abstrakte Taxation. Sie ist damit exakt passfähig zur Taxation des abstrakten Menschen und des abstrakten Unternehmers. Nach dieser Logik der abstrakten Taxation können die Leistung und die Leistungsfähigkeit eines Unternehmens ausschließlich an Zahlen abgelesen werden.

In dieser Logik wird alles Qualitative pulverisiert und ins Quantitative transformiert und wird alles Konkrete auf abstrakte Kennziffern reduziert. In dieser Logik zählt nicht die Qualität einer Unternehmenskultur oder der konkrete Kundennutzen eines Produkts des Unternehmens, sondern nur der Vergleich der Unternehmenszahlen mit denen der Wettbewerber.

Diese abstrakte Taxation muss zwingend auch von der Unternehmensführung internalisiert werden. Und das nicht nur, weil die Unternehmensführung der Logik der Finanzmärkte folgen muss. Sondern auch, weil das Management eines Unternehmens gehalten ist, stetig die Marktposition des eigenen Unternehmens mit der Marktposition der Wettbewerber zu vergleichen. Dabei muss immer auch und gerade eine abstrakte Taxation zugrunde gelegt werden, d. h. ein Unternehmensvergleich an Hand von Zahlen, Daten und Fakten. Vergleichbar, kommensurabel sind Unternehmen nur dann, wenn sie nach der Metrik der abstrakten Taxation beurteilt werden.

Nun ist aber diese abstrakte Taxation grundsätzlich nicht geeignet, Sinnstiftung auf Seiten der Mitarbeiter zu stimulieren. Sie ist nicht anschlussfähig an die Interessen und Bedürfnisse von Arbeitnehmern. Deshalb können aus dieser abstrakten Taxation keine objektiven Sinnangebote abgeleitet werden, die von den Mitarbeitern in subjektiven Sinn übersetzt werden können. Subjektiver Sinn ist der Sinn, den der einzelne seiner Arbeit beimisst. Er „wurzelt in den Wertvorstellungen, Sorgen und Sehnsüchten des Einzelnen."[4]

Warum kann die abstrakte Taxation keinen Sinn stiften? Warum können Ziffern niemals sinnstiftend sein?

Ein Unternehmensziel, das in Ziffern darstellbar ist (Umsatzsteigerung um 10 %, Steigerung der Rendite bzw. der Eigenkapitalverzinsung um 20 %, Senkung der Kosten um 15 % etc.), taugt grundsätzlich nicht als Grundlage für die Stiftung von Sinn auf Seiten der Mitarbeiter. Denn diese Stiftung subjektiven Sinns bedarf, wie oben gezeigt, stets eines sozial-ethischen, qualitativ-konkreten, emotional stimulierenden Sinnangebots.

Messbarkeit und Sinnhaftigkeit sind Gegensätze. Aus Ziffern kann kein subjektiver Sinn abgeleitet werden. Quantitative Unternehmensziele können grundsätzlich bei den Unternehmensakteuren keinen subjektiven Sinn erzeugen.

Quantitative Unternehmensziele sind Unternehmerziele, Eigentümerziele. Sie können nur dann zu sinnstiftenden Unternehmenszielen werden, wenn sie anschlussfähig an die Bedürfnisse und Wünsche der Unternehmensmitarbeiter sind. Das aber sind sie nur dann, wenn sie qualitativ fundiert sind.

Warum das so ist, will ich mit folgendem Beispiel veranschaulichen.

Wird in einem Unternehmen das Ziel gesetzt, im kommenden Jahr 10 % mehr Umsatz und/oder eine Kostenreduktion um 10 % und/oder eine Marktanteilssteigerung von 10 % zu erreichen, so stellt sich für jeden Mitarbeiter des Unternehmens zunächst die Frage, warum dieses Ziel erreicht werden soll. Wenn die Antwort auf diese Frage lautet, dieses quantitative Ziel sei gesetzt worden, damit die Eigentümer des Unternehmens mehr Geld verdienen können, dann erhellt diese Antwort, dass aus diesem Ziel auf Seiten der Arbeitnehmer kein subjektiver Sinn abgeleitet werden kann. Warum sollen sie mit Begeisterung und Hingabe dafür arbeiten, dass die Eigentümer noch mehr Vermögen aufhäufen können? Lautet die Antwort auf diese Frage, jenes quantitative Ziel müsse angestrebt werden, um einen Wettbewerber zurückzudrängen oder um die Marktführerschaft zu erlangen, dann kann auch diese Antwort wieder hinterfragt werden: Warum, so kann gefragt werden, soll der Wettbewerber zurückgedrängt bzw. soll die Marktführerschaft erlangt werden? Wenn diese Frage dann wiederum damit beantwortet wird, dass durch diese Zielerreichung das Vermögen der Eigentümer vergrößert werden kann, dann taugt auch diese Antwort nicht dazu, subjektiven Sinn auf Seiten der Unternehmensakteure zu erzeugen.

Wird die Ausgangsfrage („Warum soll jenes Zahlenziel erreicht werden?") mit Hinweis darauf beantwortet, nur durch Erreichung des Zahlziels könne die Existenz des Unternehmens im Wettbewerb mit seinen Konkurrenten abgesichert und damit der Arbeitsplatz der Mitarbeiter erhalten werden, dann wird das Zahlenziel damit qualitativ fundiert und von anderen, qualitativen Zielen abgeleitet. Es ist damit als ein sekundäres

---
[4] Senge 2011, S. 232.

Ziel ausgewiesen, das für sich selbst keinen Sinn stiften kann. Nur das primäre Ziel des Erhalts der Wettbewerbsfähigkeit und der Existenz des Unternehmens kann sinnstiftend wirken. Es ist dies aber ein qualitatives Ziel, das eine Vielzahl von Dimensionen hat und nicht auf jenes Zahlenziel reduziert werden kann (die Wettbewerbsfähigkeit eines Unternehmens hängt bekanntlich von einer Vielzahl quantifizierbarer und nicht quantifizierbarer Parameter ab, z. B. auch von dem nicht-quantifizierbaren Parameter der Unternehmenskultur).

Es macht eben für die Mitarbeiter keinen Sinn, passioniert zu arbeiten, um die Noten, die Analysten dem Unternehmen verleihen, zu verbessern. Es stellt für die Unternehmensakteure kein überzeugendes Sinnangebot dar, wenn ihnen gesagt wird, sie müssten noch härter arbeiten, damit die Rendite, die die Eigentümer aus dem Unternehmen ziehen können, gesteigert wird.

Natürlich macht es für ein Unternehmen Sinn, den Erfolg seines Geschäfts an Hand von Zahlen zu bewerten und die Unternehmensziele auf Zahlen herunterzubrechen. Aber diese Zahlenwelt taugt nicht als Bezugsgrundlage für die Ausbildung jenes subjektiven Sinns, den die einzelnen Unternehmensakteure ihrer Arbeit im Unternehmen beimessen.

Dieser subjektive Sinn entsteht nur, wenn der Sinnstiftung Unternehmensziele und Visionen zugrunde gelegt werden, die eine qualitative, ethische, soziale und emotionale Dimension haben. Und wenn diese Ziele und Visionen anschlussfähig an die Bedürfnisse und Interessen der Unternehmensakteure sind.

Aus der abstrakten Taxation lässt sich Sinnstiftung also nicht ableiten. In dem Maße, wie die abstrakte Taxation das Wirtschaftsgetriebe bestimmt, schwindet deshalb die Fähigkeit der Unternehmen, für ihre Mitarbeiter Sinn zu stiften.

Zum dritten ist der Typus des abstrakten Unternehmers für jene Erosion der Sinnstiftungs-Kapazitäten neuzeitlicher Unternehmen verantwortlich. Das ist jener Unternehmertypus, der, wie ich in Kap. 6 aufgezeigt habe, in der Restrukturierungs-Wirtschaft des 21. Jahrhunderts tendenziell an Bedeutung gewinnen wird. Dieser abstrakte Unternehmer ist grundsätzlich unfähig zur glaubwürdigen Sinnstiftung.

Denn der abstrakte Unternehmer handelt und denkt immer nur in einer subjektiven Sinnperspektive. In dieser Sinnperspektive zählt alles unternehmerische Tun nur als Mittel zur Maximierung der Ressourcen des abstrakten Unternehmers. Alle übersubjektiven, sozialen und ethischen Sinndimensionen sind für den abstrakten Unternehmer sinnloses Gepländel unmaßgeblicher Gutmenschen. Sie sind ihm schlichtweg gleichgültig. Allenfalls taugen sie für ihn als beliebig substituierbares Mittel zur Erreichung des Zwecks der Vermögensmaximierung.

Der abstrakte Unternehmer misst dem Unternehmen, an dem er beteiligt ist, ebenso wenig Sinn bei wie den Produkten, die das Unternehmen herstellt. Denn er ist ja stets bereit und in der Lage, das Unternehmen zu verkaufen, wenn die Verkaufskonditionen für ihn vorteilhaft sind, und ein Produkt zu liquidieren, wenn er mit einem anderen Produkt mehr Vermögen anhäufen kann.

Sinnstiftung und Liquidation sind Gegensätze. Ich kann einer Sache, die ich mit leichter Hand liquidieren kann, keinen für mein Leben relevanten Sinn beimessen. Ich kann eine Sache, die für mein Leben einen bedeutenden Sinn hat, nicht bedenkenlos liquidieren.

Ein Unternehmer, dem jede sozial-ethische Sinndimension fremd ist, kann nicht glaubwürdig darangehen, die Arbeitsleistung seiner Mitarbeiter mit dem Hinweis auf ihre sozial-ethische Sinnhaftigkeit zu stimulieren. Er kann für seine Mitarbeiter nicht in überzeugender Manier einen Sinn stiften, den er für sich selbst als irrelevant ansieht.

Die Mitarbeiter des abstrakten Unternehmers werden nicht in der Lage sein, in einem Unternehmen sinnerfüllt zu arbeiten, dessen Eigentümer ein solches sinnerfülltes Arbeiten nicht kennt. Sie werden keinen Lebenssinn darin erkennen können, für ein Unternehmen zu arbeiten, dessen Eigentümer jederzeit bereit ist, sein Unternehmen zur Disposition zu stellen. Sie werden den sozial-ethischen Sinn ihres Arbeitslebens nicht darauf gründen können, den volatilen Eigentümer noch reicher zu machen.

Es gibt noch einen **vierten Grund** dafür, dass das Potenzial, das Unternehmen im 21. Jahrhundert zur Erzeugung von Sinn haben, tendenziell schwindet. Dieser Grund ist jenes Voranschreiten der abstrakten Moral, das ich im vorherigen Kapitel beschrieben habe.

In der Wirtschaftswelt des 19. und 20. Jahrhunderts waren die Unternehmen noch häufig in eine gesellschaftlich-politische Umwelt eingebunden, in der bestimmte moralische Normen, religiöse Glaubenssätze und weltanschauliche Gewissheiten weitgehend unangefochten Geltungskraft hatten (z. B. die protestantische Ethik, die Max Weber beschrieben hat). In dieser Umwelt war es für die Unternehmen einfach, diese Umwelt-Normen und Umwelt-Gewissheiten zu internalisieren und sie damit zur Grundlage von unternehmensinterner Sinnstiftung zu machen. [5]

Der Sinn, der damals in Unternehmen geschaffen wurde, der subjektive Sinn, den die Unternehmen damals bei ihren Mitarbeitern erzeugen konnten, war unmittelbar aus dieser selbstverständlichen Gewissheit moralischer, ideologischer oder religiöser Haltungen abgeleitet. Die Sinnstiftung wurde in solchen Unternehmen aus einem übergeordneten, für alle verbindlichen weltanschaulichen Bezugssystem extrahiert: Man arbeitete in einem solchen weltanschaulich geprägten Unternehmen deshalb sinnerfüllt, weil jedes Denken und Handeln in einen für alle verbindlichen Rahmen eingebettet war, der durch allgemein geteilte Glaubenssätze, Moralnormen und Überzeugungen festgezimmert wurde.

Dies kann zum Beispiel veranschaulicht werden, wenn man Unternehmen des 19. und 20. Jahrhunderts betrachtet, die im Geiste des christlichen Glaubens geführt wurden. In diesen Unternehmen war das christliche Ethos (z. B. die protestantische Ethik), in der Regel vom Unternehmenseigentümer vorgelebt, handlungsleitend für die Geschäftsführung und für die alltägliche Geschäftspraxis. Man handelte in diesen Unternehmen sinnerfüllt, weil dieses Handeln auf einem Moralkodex beruhte, der religiöse Wurzeln und Weihen hatte; weil dieses Handeln gottgefällig war, weil es der Erfüllung einer religiösen Pflicht diente, weil es einem Gottesdienst gleichkam. Für jeden Gläubigen war es leicht, dem eigenen Handeln in einem solchen Unternehmen einen unverbrüchlichen Sinn beizumessen. Basierte doch diese Sinnstiftung auf absoluten Gewissheiten und ewigen Wahrheiten, auf einer höheren

---

[5] Vgl. Weber 1981

Ordnung und einer religiösen Moralinstanz, in die sich das Tun des Unternehmensakteurs sinnvoll einfügte.

Diese Quelle von Sinnstiftung in Unternehmen ist, wie ich in Kap. 10 gezeigt habe, in den säkularisierten Wirtschaftswelten des 21. Jahrhunderts verlässlich trockengelegt. Der Binnenraum eines Wirtschaftsunternehmens wird im 21. Jahrhundert immer weniger von ehernen Gewissheiten, unumstößlichen Moralnormen, handlungsleitenden Weltanschauungen und religiösen Glaubenssätzen geprägt.

Die Mitarbeiter eines neuzeitlichen Wirtschaftsunternehmens haben deshalb immer seltener die Chance, ihre Arbeit deshalb als sinnvoll zu erleben, weil sie im Einklang mit diesen „höheren" Überzeugungen und Moralkodizes steht.

Ich habe vier Tendenzen dargestellt, die zu einer chronischen Erosion der Sinnstiftungs-Kapazität neuzeitlicher Wirtschaftsunternehmen führen. Resümiert man diese Tendenzen, dann gelangt man zu folgender Feststellung: Das Wirtschaftsunternehmen im 21. Jahrhundert wird mehr und mehr zu einem sinnentleerten Ort, zu einem Raum, in dem es immer weniger Chancen für sinnerfülltes Handeln, immer weniger Potenziale für Sinnstiftung gibt.

In der New York Times vom 5. März 2000 heißt es dazu, „the decline of corporate loyalty" in den USA hänge eng mit einem Verfall von Sinn zusammen, mit einem „new skepticism toward the company's argument that it serves some purpose higher than itself."[6]

Für die Menschen, die in diesen sinnfreien Zonen der neuzeitlichen Wirtschaft arbeiten, bedeutet dies: Sie können ihre Motivation dafür, hart zu arbeiten, kaum noch auf Sinn gründen, den das Unternehmen stiftet. Sie finden im Unternehmen immer weniger Anlässe und Gründe dafür, ihre Arbeitsmotivation aus Sinnstiftung abzuleiten. Sie müssen in der schönen neuen Wirtschaftswelt ernüchtert feststellen, dass sie den Antrieb dazu, Höchstleistungen zu erbringen, nicht außer sich, sondern nur noch in sich finden können. Die Sinnangebote, die ihnen ihr Unternehmen macht, verlieren immer mehr an Überzeugungskraft. Sie verblassen zusehends.

Wie aber kann der neuzeitliche Unternehmensakteur trotz dieses Entschwindens des Sinns in seinem alltäglichen Arbeitsleben engagiert, motiviert, ja passioniert arbeiten? Weiß er doch, dass es in seinem eigenen Interesse liegt, engagiert und motiviert arbeiten zu können. Denn von dieser Fähigkeit, mit vollem Einsatz zu arbeiten, hängen seine Aussichten ab, in der Konkurrenz um Berufschancen zu reüssieren.

Der neuzeitliche Unternehmensakteur hat nur eine einzige Möglichkeit, seine Arbeitsmotivation trotz des allmählichen Verblassens externer Sinnangebote zu erhalten. Er muss dazu übergehen, seine Arbeitsmotivation nicht auf objektiven Sinn zu gründen, d. h. auf den Sinn, den das Unternehmen stiftet, sondern auf subjektiven Sinn, d. h. auf den Sinn, den er selbst seiner Arbeit beimisst.

Er muss also die Leistung vollbringen, die Sinndefinition und die Sinnfindung zu subjektivieren. Er muss sich die Fähigkeit aneignen, den Sinn, den er seiner Arbeit beimisst, aus sich selbst heraus zu schöpfen. Er muss lernen, diesen subjektiven Sinn daraus abzuleiten, dass seine Arbeit seinen persönlichen Nutzen vermehrt und steigert,

---

[6] Lewis 2000, S. 3.

maximiert und optimiert. Dies kann materieller Nutzen sein wie z. B. Gehaltszahlungen, Boni, sonstige materielle Gratifikationen (Dienstwagen, Erste-Klasse-Tickets etc.). Dies kann aber auch und gerade immaterieller, ideeller Nutzen sein: zum Beispiel die Selbstbestätigung und Selbstverwirklichung bei der Erzielung eines Arbeitsergebnisses und bei der Lösung einer Arbeitsaufgabe, die Erweiterung von Qualifikationen und Kompetenzen, die Erlangung von Wertschätzung in einer professionellen Community, die Schaffung von Gelegenheiten, in der Arbeit ideelle Interessen zu verfolgen (an einer Verminderung von klimaschädlichen Emissionen etc.).

Der neuzeitliche Wirtschaftsmensch muss sich also antrainieren, seine Motivation zur Arbeit **aus dem Funktionskreis der utilitaristischen Synthese** zu beziehen. Entsprechend muss er sich selbst dazu erziehen, mehr und mehr Charakterzüge des abstrakten Menschen anzunehmen. Er muss sich auf jenen Weg machen, an dessen Endpunkt der abstrakte Mensch steht.

Der abstrakte Mensch braucht keine objektiven Sinnangebote mehr, um mit voller Hingabe arbeiten zu können. Er zielt in seinem Denken und Handeln nicht auf jenen „höheren Zweck" ab, von dem Peter M. Senge sprach. Ein solches Trachten erscheint dem abstrakten Menschen als Schwärmerei von Ewiggestrigen. Er sieht jenen „höheren Zweck" nurmehr als ein Trugbild, das zur Selbstillusionierung taugt. Der abstrakte Mensch benötigt eine solche Fata Morgana nicht, um sich auf den Weg zu machen. Er trägt die Landkarte, die ihm den Weg weist, in sich. Sie trägt die Aufschrift: Mihi bono. Zu meinem Nutzen.

Der abstrakte Mensch passt exakt zum Anforderungsprofil eines Unternehmens, das sich im Koordinatensystem abstrakter Taxationen bewegt.

Denn ein Unternehmen, das nach Ziffern geführt wird, dessen Ziele Zahlenziele sind (x % mehr Gewinn, y % mehr Umsatz etc.), passt exakt zum Funktionskreis der utilitaristischen Synthese, in dem Zahlen zählen. Quantitative Unternehmensziele sind anschlussfähig an quantitative individuelle Ziele. Und nur an sie. Zahlenziele korrespondieren mit Zahlenzielen. Und nur mit ihnen.

Folgendes Beispiel soll diesen Zusammenhang illustrieren: In einem Unternehmen gibt die Unternehmensführung für das kommende Jahr quantitative Ziele aus (Kostensenkung um y %, Ebit-Steigerung um xx %, Eigenkapitalverzinsung um zz %, Umsatzwachstum um yy % etc.). Für die Stiftung von Sinn bei den Mitarbeitern taugen diese Ziele, wie oben dargelegt, nicht. Sie können dann und nur dann motivierend auf einen Mitarbeiter wirken, wenn sie bei ihm mit quantitativen Incentives verbunden werden. Wenn also der Mitarbeiter weiß, dass er bei Erreichung eines vorgegebenen quantitativen Unternehmensziels einen bestimmten Bonus erhält (in Form eines bestimmten Geldbetrages), dann und nur dann ist jenes quantitative Unternehmensziel für ihn anschlussfähig. Das heißt, er ist dann in der Lage, jenes quantitative Unternehmensziel in ein subjektives Ziel zu überführen. Nur dann kann er sich dieses Unternehmensziel zu eigen machen.

Wir können also festhalten:

- Sinn ist immer eine qualitative Kategorie. Er kann nur aus qualitativen, ethisch-sozialen Unternehmenszielen abgeleitet werden. Unternehmensziele können nur dann bei den Mitarbeitern Sinn stiften, wenn sie so ausgestaltet werden, dass sie

in den Charakter, in die Emotionalität und die Haltung der Mitarbeiter eingeprägt werden können. Das ist nur möglich, wenn die Unternehmen ihre Mitarbeiter als konkrete Menschen adressieren.
- In der Restrukturierungs-Ökonomie sind Unternehmen immer weniger in der Lage, Sinn zu stiften. Sie können deshalb ihre Mitarbeiter immer seltener dadurch erreichen, dass sie ihnen anschlussfähige Sinnangebote machen, d. h. Sinnangebote, die die Mitarbeiter in subjektiven Sinn, in subjektiv sinnerfüllt erlebtes Arbeiten übersetzen können.
- Deshalb müssen die Unternehmen in der Restrukturierungs-Ökonomie mehr und mehr dazu übergehen, ihre Mitarbeiter als abstrakte Menschen zu adressieren. Abstrakte Menschen haben sich dazu ausgebildet, motivationsstiftenden Sinn in sich selber zu suchen, bei sich selbst zu finden, aus sich selbst heraus zu erzeugen. Sie funktionieren nicht nach objektiven Sinnangeboten (die sie als chronisch prekär und fragil wahrnehmen), sondern nur auf subjektive Sinnstiftungen hin.

Abstrakte Menschen sind Mitarbeiter, die sich quantitative und qualitative Unternehmensziele zu eigen machen, weil und insofern sie mit der Erreichung dieser Ziele quantitative und qualitative subjektive Ziele erreichen können. Diese abstrakten Menschen parieren auf das Diktat eines quantitativen Unternehmensziels (z. B. des Ziels, die Eigentümer erheblich reicher zu machen) dann und nur dann, wenn sie damit ihr individuelles quantitatives Vermögensziel verfolgen können (z. B. das Ziel, am Jahresende bei Unternehmensziel-Erreichung einen möglichst hohen finanziellen Bonus zu bekommen).

Der abstrakte Mensch sucht im Berufsleben keinen **objektiven** Sinn. Er motiviert sich in seiner Arbeit nicht dadurch, dass er in seiner Arbeit nach einer Sinnerfüllung trachtet, die das Unternehmen vorgibt (durch Formulierung von Unternehmensmissionen und Unternehmensvisionen, Unternehmenszielen, Unternehmensprinzipien und Unternehmensleitbildern). Darüber ist er längst hinaus. Er hat das Zeitalter, in dem objektiver Sinn leistungsfördernd war, hinter sich gelassen. Das Trachten nach einem Unternehmenssinn ist für ihn ein Anachronismus. Ein Evolutionsstadium, dem er längst entwachsen ist.

Der abstrakte Mensch betrachtet die intellektuellen Pflichtübungen, die Manager absolvieren, um in ihren Unternehmen Sinn zu stiften, mit einem mitleidigen Schmunzeln. Denn er weiß, dass diese Pflichtübungen schon morgen Makulatur sein können. Er weiß, dass alles Gerede im Unternehmen vorläufig und vordergründig ist: das Gerede über die hehren ökologischen Ziele, die man verfolgt, über den Nutzen, den das Unternehmen für die Gesellschaft stiftet, über die Maximierung des Kundennutzens, die über allem steht, und über die unio mystica von Kundennutzen, Mitarbeiternutzen und Sozialnutzen. Er weiß, dass dieses Gerede schon morgen an der harten Wirklichkeit zerschellen kann. Zum Beispiel dann, wenn ein angelsächsischer Private Equity Fund das Unternehmen übernimmt und der US-amerikanische Fundmanager den Führungskräften des Unternehmens zuruft: „Don't talk about your business, give me an excel sheet!"

Der abstrakte Mensch ist über dieses Gerede erhaben. Er steht in seiner Vorstellungswelt weit über jenen Niederungen, in denen Menschen ein Unternehmen suchen, das für sie Sinn stiftet. Er kann sich diesen Menschen turmhoch überlegen fühlen, weil er, der abstrakte Mensch, in seiner Arbeitsmotivation völlig unbehelligt davon ist, ob das Unternehmen, in dem er gerade arbeitet, Sinn stiften kann. Er bewegt sich gegenüber den konkreten Menschen, die eine sinnvolle Arbeitsheimat suchen, in der kristallinen Sphäre seines Nutzenkalküls. Es ist dies eine Sphäre, in der auch die Logik der Zahlen anschlussfähig an die Logik des Nutzens ist.

Dort, in jener kristallinen Sphäre seines Nutzenkalküls, ist der abstrakte Mensch, der „professional man", völlig unberührt von den Bedenklichkeiten, Gefühligkeiten, Empfindsamkeiten und Besorgtheiten, die die „company men" mit sich tragen. Er kann deren eherne Unflexibilität nur kopfschüttelnd belächeln. Beharren doch die sinnsuchenden „company men" auf objektiven Prinzipien und Moralnormen, die für sie den Sinn ihrer Arbeit ausmachen. Dem abstrakten Menschen ist ein solches Beharren fremd. Ihm sind alle Prinzipien und Moralnormen nur Mittel zum Zweck. Und dieser Zweck ist einzig und allein die Maximierung und Optimierung seines individuellen Vorteils.

Der abstrakte Mensch hat also die Suche nach objektivem Sinn mit der „coolen" Taxation seines individuellen Nutzens vertauscht. Er sucht in seiner Arbeit nicht mehr einen sozialen, ethischen, ökologischen, emotionalen Unternehmenssinn, sondern eine subjektive Nutzenmehrung.

Die ist durchaus mit der Welt der Zahlen kompatibel. Der abstrakte Mensch kann sich mit der Ziffer motivieren, die seine „total compensation" ausmacht. Mit dieser Motivation fällt es ihm leicht, bezifferbare Unternehmensziele zu exekutieren. Wenn das Unternehmen ihm sagt, er arbeite dort nur deshalb, um die Eigentümer noch reicher zu machen, dann antwortet er darauf: „Okay, einverstanden, vorausgesetzt, die Eigentümer mehren mit ihrem Reichtum auch den meinen."

Ich habe oben dargelegt, dass die Evolution hin zum abstrakten Menschen ein längerer Prozess ist. Die Mutation des Charakters des neuzeitlichen Menschen verläuft auf einem Migrationspfad, auf dem viele Etappen zu absolvieren sind, manche Umwege bevorstehen und stetig Lernerfahrungen gemacht werden. Auf diesem Migrationspfad trägt der Wirtschaftsmensch noch die Muttermale und Residuen des konkreten Menschen.

Zu diesen Muttermalen und Residuen gehört auch das Interesse vieler Wirtschaftsakteure, ihre subjektive Sinnstiftung mit der objektiven Sinnstiftung eines Unternehmens zu verschmelzen. Da ist der Automobilfan, der sein Faible für emissionsarme Autos in seiner Arbeit für einen Automobilhersteller zu verwirklichen versucht, da ist der Mitarbeiter in einem eCommerce-Unternehmen, der sein intrinsisches Interesse daran, den Zugang der Menschen zu Produkten und Dienstleistungen zu erleichtern, mit dem Ethos seiner Firma in Einklang bringen will, da ist der Mitarbeiter in einem Biotech-Unternehmen, der seine Passion dafür, die Behandlung von chronischen Krankheiten zu verbessern, mit der Mission seines Unternehmens verknüpfen will etc.

Für solche Verknüpfungen finden sich in der heutigen Wirtschaftswelt viele Chancen, auch und gerade in synaptisch geführten Unternehmen, in denen synaptische Vernetzungen stattfinden. Sie sind möglich, diese Brückenschläge zwischen subjektiver Sinnsuche und objektiver Sinnstiftung, zwischen persönlicher Passion und unternehmensoffizieller Mission, und sei es auch nur in bestimmten Unternehmen, an bestimmten Orten, zu bestimmten Zeiten.

Doch ändert dies nichts daran, dass diese Brückenschläge in der neuzeitlichen Restrukturierungs-Wirtschaft chronisch gefährdet und strukturell fragil sind. Weil das so ist, treibt es den modernen Wirtschaftsmenschen auf jenem Migrationspfad unweigerlich voran. Weil das so ist, kann der neuzeitliche Wirtschaftsakteur auf diesem Pfad nicht innehalten und sich behaglich an einem Etappenort einrichten. Er kann auch nicht zurück, hin zu den heimatlichen Gefilden des konkreten Menschen. Er muss weiter.

Kapitel 12
Das Syndrom der Vergeblichkeit: Abstraktion als Überlebensmaxime

Es ist der 13. Juli 2014. Im Finale der Fußballweltmeisterschaft tritt im Maracana-Stadion von Rio de Janeiro Deutschland gegen Argentinien an. Deutschland gewinnt dieses Finale bekanntlich 1:0.

Studiert man dieses Finalspiel, so fällt auf: Die deutsche Fußball-Nationalmannschaft ist als strahlender, gefeierter Sieger vom Platz gegangen, obwohl sie von ihren 55 Angriffen auf das Tor der Argentinier 54 vergeblich vorgebracht hat. 54 Mal versuchte die deutsche Mannschaft erfolglos, den Abwehrriegel der Argentinier zu durchbrechen und den Ball im argentinischen Tor unterzubringen. 54 Mal brachte sie einen Angriff bis vor den argentinischen Strafraum, ohne zum Abschluss zu kommen. 54 vergebliche Attacken. Nur eine einzige, die von Erfolg gekrönt war. Und doch gilt dieses Spiel als ein großer Erfolg der deutschen Mannschaft. Trotz der 54 vergeblichen Angriffe.

Was für dieses Finalspiel gilt, gilt cum grano salis für nahezu alle Spiele im Profifußball. Die Mannschaft, die ein Spiel mit 3:0 gewinnt, hat in der Regel erheblich mehr vergebliche als erfolgreiche Angriffe unternommen. Und doch gilt sie als klarer Sieger, als das erfolgreiche Team.

Oft ist das Verhältnis von vergeblichen zu erfolgreichen Angriffen mehr als 10:1. Und doch kreiden die Zuschauer der Mannschaft, die mit 3:0 gewinnt, die vergeblichen Angriffe in der Regel nicht an. Sie feiern die Mannschaft wegen der drei Tore, die sie mehr geschossen hat als der Gegner und vergessen darüber die vielen vergeblichen Angriffe. Die gehen in die Bewertung der siegreichen Mannschaft deshalb nicht ein, weil jeder Fußballkenner weiß, dass es keine Mannschaft auf der Welt gibt, die aus jedem Angriff ein Tor macht, die also ohne das Syndrom der Vergeblichkeit auskommt.

Dieses Syndrom der Vergeblichkeit hat schon immer marktwirtschaftliches Handeln und Denken geprägt. Es ist dies ein Syndrom, das konstitutiv ist für die Marktwirtschaft. In marktwirtschaftlichen Wirtschaftssystemen gehört vergebliches Handeln zum Alltag.

Auch bei diesem Syndrom der Vergeblichkeit lässt sich aber eine bemerkenswerte Evolutionslinie ausmachen. Ich werde zeigen, dass die neuzeitliche Marktwirtschaft des 21. Jahrhunderts, die Restrukturierungs-Ökonomie, das Syndrom der Vergeblichkeit drastisch verschärft. Es prägt im Wirtschaftsleben des 21. Jahrhunderts mehr und mehr und in deutlich größerem Umfang als vor dem Zeitalter der Restrukturierungs-Wirtschaft das Verhalten und Denken der Menschen.

Warum ist dieses Syndrom der Vergeblichkeit stets ein Charakteristikum des Wirtschaftsalltags in einer Marktwirtschaft? Weil in der Marktwirtschaft eine Vielzahl von einzelnen Akteuren autonom agieren, Waren produzieren, sie zum Markt tragen und dann erst auf dem Markt feststellen, ob es für ihre Ware eine zahlungskräftige Nachfrage gibt, die ihre Kosten deckt und einen Gewinn ermöglicht. Sie spekulieren auf die Marktgängigkeit ihrer Waren, müssen darauf spekulieren, weil sie vor der Vermarktung der Waren nicht sicher wissen können, ob die Vermarktung gelingt. Manche dieser Spekulationen gehen auf, manche nicht. Die nachträgliche Koordination der vielfältigen unternehmerischen Einzelaktionen durch den Markt bringt es also regelmäßig mit sich, dass einzelne Produzenten für ihre Ware keine ausreichende Nachfrage vorfinden. Diese Produzenten haben dann vergebens gearbeitet.

Der Soziologe Georg Simmel hat dieses Syndrom der Vergeblichkeit als einen Vorgang beschrieben, bei dem die Leistungsbeiträge Einzelner und einzelner Gruppen „unbelohnt ins Nichts fallen."[1]

Niemand hindert einen Würstchenbudenbetreiber in der Marktwirtschaft daran, auf einer Straße, auf der sich schon andere Würstchenbuden befinden, eine weitere zu errichten. Ob er genügend zahlungsbereite Käufer für seine Würstchen findet, weiß er im Voraus nicht. Er wird es erst hinterher, a posteriori, erfahren. Möglicherweise hat er seine Würstchenbude vergebens aufgebaut. Er wird sie dann wieder abbauen und vielleicht an einem anderen Ort erneut sein Glück versuchen.

Dieser Grundsachverhalt in der Marktwirtschaft, dass einige Marktteilnehmer vergebens arbeiten, dass sie ausrangiert werden vom Mechanismus der unnachgiebigen und unbarmherzigen Konkurrenz, wird in der volatilen Wirtschaftswelt des 21. Jahrhunderts dramatisch potenziert. In dieser neuzeitlichen Wirtschaftswelt wird das Syndrom der Vergeblichkeit zu einer traumatischen Erfahrung, die jeden treffen und in seiner beruflichen Identität erschüttern kann.

Und auch hier gilt: Der Einzelne kann sich vor diesem Trauma am besten dadurch schützen und wappnen, dass er sich zum abstrakten Menschen ausbildet. Aber dazu später.

Es gibt vielfältige Indizien und Belege[2] dafür, dass das Syndrom der Vergeblichkeit in der neuzeitlichen Wirtschaftswelt für immer mehr Menschen zu einer akuten Bedrohung wird. Es wird zu einer Krankheit der Moderne, zu einer Pathologie der Restrukturierungs-Ökonomie, die überall lauert, die zufällig zuschlägt und der niemand durch planvolles Tun entkommen kann.

---

[1] Zitiert nach: Neckel 2008, S. 160.
[2] Siehe Sennett 2005, S. 73 ff., Smith 2001.

12 Das Syndrom der Vergeblichkeit: Abstraktion als Überlebensmaxime

Ich werde im Folgenden vier Gründe für das Voranschreiten dieses Syndroms der Vergeblichkeit anführen.

Da ist **zum einen** die schon beschriebene Volatilität und Erratik des Wirtschaftsgeschehens im 21. Jahrhundert. Sie bringt es mit sich, dass bei denen, die in den Strudel volatilen Wandels geraten, Wissen entwertet wird und durch langjährige Arbeit erworbene Kompetenzen wertlos gemacht werden. Die Arbeit, die auf den Erwerb dieser Kompetenzen und Kenntnisse verwandt wurde, wird damit der Vergeblichkeit anheimgegeben.

Die Biografien von Wirtschaftsmenschen sind im 21. Jahrhundert mehr und mehr von Brüchen durchzogen, von abrupten Brüchen, von zufälligen Interruptionen. Ich bezeichne es als einen Bruch, wenn ein Wirtschaftsakteur aus einem sozialen System, in dem er integriert war (ein Unternehmen, ein Betrieb, eine Unternehmenseinheit etc.), durch ein Ereignis, das sich seiner Kontrolle entzogen hat, hinauskatapultiert wird. Bei jedem solchen Bruch wird ein Teil der Kompetenzen, die sich die Menschen in ihrem bisherigen Berufsleben erworben haben, ausrangiert. Es ist der Teil, der auf den Berufs- und Lebensetappen, die auf die Zäsur des Bruches folgen, nicht mehr gebraucht und nicht mehr nachgefragt wird.

Der Strudel unvorhersehbarer Eruptionen erfasst im volatilen 21. Jahrhundert mehr und mehr auch das Top Management der Unternehmen. Die Halbwertzeit von Vorständen und Geschäftsführern nimmt in Deutschland tendenziell ab. Immer mehr ehemalige Vorstände und Geschäftsführer befinden sich in einem Alter auf einem Abstellgleis, in dem sie noch fit sind, zugleich aber am Arbeitsmarkt als schwer vermittelbar gelten.

Sie sind ausrangiert worden aus einem Unternehmen, weil ein neuer Eigentümer auf den Plan trat, der neues Management einbrachte, oder weil den Analysten für unbefriedigende Quartalszahlen ein Menschenopfer dargebracht werden musste, oder weil sie im Getriebe der Konkurrenz, das sich in der volatilen Wirtschaftswelt zusehends verschärft, unter die Räder eines Wettbewerbers gerieten, oder weil ihre Unternehmenseinheit mit einer anderen fusionierte und ihre Funktion damit überflüssig wurde oder weil ihr Unternehmen ein anderes Unternehmen gekauft hat und sie dann der Post Merger Integration zum Opfer fielen oder weil ihr Unternehmen in den volatilen Wettbewerbsstürmen unterging oder oder…

Das Syndrom der Vergeblichkeit hat im 21. Jahrhundert auch Bevölkerungsgruppen erfasst, die in früheren Zeiten noch als weitgehend immun gegen dieses Syndrom galten. So hat die Globalisierung der Wirtschaft dafür gesorgt, dass massenhaft hoch qualifizierte Tätigkeiten in die Zentren der Nearshore- und Offshore-Ökonomie ausgelagert wurden. Wer sich einmal in Gurgaon bei New Delhi, in Poona bei Mumbai oder in Bangalore umschaut, ahnt die Dimensionen dieses Auslagerungsprozesses.

Diese Auslagerung hochqualifizierter Tätigkeiten in die Regionen der Nearshoring- und Offshoring-Ökonomie entwertet in Europa und in den USA massenhaft die Qualifikationen von Unternehmensakteuren, die sich in früheren Zeiten noch zur Bildungselite zählen konnten. Diese Menschen machen sehr oft die Erfahrung, dass sie sich bestimmte Qualifikationen deshalb vergebens angeeignet haben, weil sie in ein Zeitalter hineingeraten sind, in dem sie nicht nur mit lokalen Wettbewerbern um Arbeitsplätze konkurrieren, sondern mit einem Heer von Wettbewerbern auf der gesamten Welt.

In der volatilen Restrukturierungs-Ökonomie sind es aber nicht nur diese Phänomene einer Auslagerung von Arbeitsplätzen in Niedriglohnländer, die das Syndrom der Vergeblichkeit befördern. Vielmehr wächst mit der Volatilität des Wandels das Risiko für alle Unternehmensakteure, dass sie über kurz oder lang von diesem Syndrom erfasst werden.

Da ist der Abteilungsleiter, dessen Abteilung aufgrund einer Entscheidung der fernen Unternehmenszentrale geschlossen wird, und der damit gewärtigen muss, dass seine langjährig erarbeiteten Qualifikationen und Kontaktnetzwerke entwertet werden.

Da ist der Vertriebler, der über Jahre hinweg in seinem Kundenkreis ein Kontaktnetzwerk aufgebaut hat, und der nun abrupt in ein neues Tätigkeitsfeld hin versetzt wird, weitab von seinem bisherigen, mit der Folge, dass alle Kontakte, die er mit viel Mühe gepflegt hat, nun für ihn wertlos geworden sind.

Da ist der Unternehmensmitarbeiter, der einem Restrukturierungsprojekt zum Opfer gefallen ist, und der dann auf dem Arbeitsmarkt feststellen muss, dass nur ein kleiner Teil der Qualifikationen, die er sich in seinem bisherigen Berufsleben erworben hat, für potenzielle neue Arbeitgeber von Interesse ist. All die anderen Teile hat er sich vergebens angeeignet.

Da ist, um auch ein konkretes Beispiel einzufügen, der Mitarbeiter der Siemens IT Solutions and Services GmbH, der nach dem Verkauf des Unternehmens an das französische IT-Unternehmen Atos feststellen musste, dass er in einem Unternehmen, das von Paris aus regiert wird, ohne exzellente Französischkenntnisse, ohne einen französischen Pass bzw. ohne eine ausgeprägte Demut vor französischen Managern nur noch einen Abstellplatz haben wird.

Der **zweite Grund** für das Voranschreiten des Syndroms der Vergeblichkeit ist die chronisch abnehmende Halbwertzeit von Qualifikationen. Auch dieses Phänomen ist ein Ergebnis der wachsenden Komplexität, Volatilität, Unbeständigkeit und Flüchtigkeit in der neuzeitlichen Restrukturierungs-Ökonomie. Es resultiert ferner aus der immer schnelleren Entwertung von „altem" Wissen durch „neues" Wissen, durch die immer schnellere Wissensevolution. Und es ist eine Folge der seit den 70er-Jahren des vergangenen Jahrhunderts fortschreitenden Umwälzung aller Arbeitsprozesse, seien sie in der Produktion, in der Verwaltung oder im Dienstleistungsbereich, eine Umwälzung, die vor allem durch die Innovationen in der Informations- und Kommunikationstechnik vorangetrieben wurde.

In der Restrukturierungs-Ökonomie gilt: Was ich heute lerne, kann morgen schon anachronistisch sein. Der Arbeitsplatz, den ich heute habe, kann morgen schon durch Automaten ersetzt werden. Das Wissen, das ich akkumuliere, veraltet bereits in dem Prozess, in dem ich es erwerbe. Der Wert meiner Erfahrung nimmt in dem Maße, wie ich Erfahrungen aufhäufe, nicht zu, sondern ab; denn Erfahrungen bergen immer ein retardierendes Element in sich, ein Beharrungsmoment, das sich dem Wandel widersetzt; bedeutet Erfahrung doch, dass ich neue Herausforderungen mit gelernten, bekannten Verhaltensmustern angehe.

Ein typischer Universitätsabsolvent in den USA weiß heute, dass er in seinem Berufsleben viele verschiedene Stationen absolvieren wird und dass das Wissen, das er sich angeeignet hat, in immer kürzeren Zeitrhythmen verfällt. Was er heute weiß, wird in wenigen Jahren voraussichtlich nutzlos sein. Akkumulation von Wissen und Erfahrung ist für ihn kein Wert an sich mehr. Immer, wenn er etwas lernt, tut er dies in dem Bewusstsein, dass sich dieses Lernen bereits heute oder morgen als wertlos herausstellen kann.

> „In den USA machen die Menschen im Schnitt sieben verschiedene Karrieren. Die durchschnittliche Anstellung dauert etwa viereinhalb Jahre. Und damit hat sich auch der Druck erhöht, sich weiter fortzubilden."[3]
> „Heute muß ein junger Amerikaner mit mindestens zweijährigem Studium damit rechnen, in vierzig Arbeitsjahren wenigstens elfmal die Stelle zu wechseln und dabei seine Kenntnisbasis wenigstens dreimal auszutauschen."[4]

Entsprechend trifft das Syndrom der Vergeblichkeit auch und gerade diejenige Generation, die in den alternden Gesellschaften Europas künftig mehr denn je auf den Arbeitsmarkt drängen wird: die Generation der über Fünfzigjährigen. Diese ältere Generation muss gewärtigen, dass ihre Qualifikationen drastisch entwertet werden, mehr als jemals zuvor.

Bringt ein älterer Arbeitssuchender in einem Bewerbungsgespräch vor, er habe sich im Laufe seines Arbeitslebens umfassendes Wissen angeeignet, so wird ihm der Personalchef entgegenhalten, dass der weit überwiegende Teil dieses Wissens auf den Müll der Geschichte gehöre. Bringt der Bewerber weiter vor, er habe vielfältige und langjährige Erfahrungen in vielen Bereichen gewonnen, so wird der Personalchef ihm entgegnen, dass er mit diesem Erfahrungs-Ballast seine Fähigkeit, flexibel und elastisch auf Veränderungen einzugehen, drastisch dezimiert habe.

Wer sich heute eine Kompetenz aneignet, wer heute etwas lernt, der muss gewärtigen, dass diese Kompetenz und dieses Gelernte abrupt, ohne Vorankündigung, von heute auf morgen wertlos wird. Dass die Volatilitäten des Wirtschaftsgetriebes dieses Know-how und damit den Know-how-Träger schlicht ausrangieren.

Der **dritte Grund** für den Bedeutungszuwachs des Syndroms der Vergeblichkeit in der neuzeitlichen Wirtschaftswelt ist die globale Verbreitung einer Trial and Error-Kultur in Unternehmen.

Diese Trial and Error-Kultur hängt eng mit der drastischen Beschleunigung und der volatilen Erratik des Wandels in der globalen Wirtschaft des 21. Jahrhunderts zusammen.

Denn in dieser volatilen Wirtschaftswelt können die Unternehmen ihre Zukunft nicht mehr dadurch optimal gestalten, dass sie aufgrund präziser Analysen richtige Erkenntnisse gewinnen, daraus richtige Prognosen ableiten und darauf richtige

---

[3] So Sebastian Thrun, der Gründer des eLearning-Unternehmens Udacity, in der Ausgabe des Magazins Bilanz vom November 2014.
[4] Sennett 2000, S. 25.

Planungen gründen. Eine solche Kaskade des Richtigen und Wahren wird von der unberechenbaren Erratik der Wirtschaftsfluktuationen fortlaufend unterminiert.

In dieser erratischen Wirtschaftswelt ist eine erfolgversprechende Zukunftsplanung nur möglich, wenn man sich tastend und testend vorwärts bewegt: mit Versuchen und Rückkopplungen, mit Experimenten und Lernerfahrungen, die man aus diesen Experimenten zieht, mit der Inkaufnahme von Irrwegen, gescheiterten Ausflügen und stornierten Innovationen.

> „Experimentierfreudigkeit als Grundhaltung eines Unternehmens hat etwas mit einer Pokerpartie gemein. Mit jeder Karte steigt der Einsatz, und mit jeder Karte weiß man mehr; man weiß jedoch erst genug, wenn die letzte Karte ausgespielt ist. Vor allem muß man bei diesem Spiel wissen, wann man das Blatt niederzulegen hat."[5]

Diese Trial and Error-Kultur bringt es mit sich, dass einem gelungenen Experiment, einem erfolgsträchtigen Geschäftsentwicklungsprojekt viele gegenüberstehen, die misslungen sind, die nicht zielführend waren, die von den Zeitläuften überholt wurden.

Und das alles, obwohl bei all diesen gescheiterten oder stornierten Initiativen viele Menschen, teils über Monate und Jahre hinweg, mit Passion und Engagement gearbeitet haben. Ihre Arbeit war vergebens. Sie hat vielleicht einige Erkenntnisse abgeworfen. Aber die Erkenntnis, in einer Sackgasse gelandet zu sein, kann nicht das Trauma kaschieren, vergebens gearbeitet zu haben. Sie kann nicht darüber hinwegtäuschen, dass das angestrebte Ergebnis nicht erzielt wurde. Sie kann nicht verhindern, dass auch hier wieder jenes Syndrom der Vergeblichkeit aufscheint.

Es gibt noch einen **vierten Grund**, der für die These spricht, dass sich das Syndrom der Vergeblichkeit zur Epidemie des Zeitalters der Restrukturierungs-Ökonomie auswachsen könnte.

Es ist dies der Trend zu einer Wirtschaftswelt, in der der Gewinner alles bekommt und der Verlierer leer ausgeht. Diese „Winner takes it all-Ökonomie" ist ebenfalls ein Phänomen der neuzeitlichen Wirtschaftswelt. Es ist ein typisches Phänomen der Restrukturierungs-Ökonomie des 21. Jahrhunderts. Lynda Gratton spricht im Blick darauf von einer „,winner takes all' society".[6]

Es gibt eine Vielzahl an Indizien dafür, dass diese „Winner takes it all-Ökonomie" im Wirtschaftsgetriebe der 21. Jahrhunderts an Bedeutung gewinnt.[7]

Da ist die Internet-Ökonomie, die aufgrund ihrer immanenten Strukturen das Voranschreiten dieser „Winner takes it all-Ökonomie" befördert. Zu diesen Strukturen gehören die globale Reichweite der Internet-Unternehmen; das fehlende

---

[5] Peters und Waterman 2003, S. 174.
[6] Gratton 2011, S. 109.
[7] Siehe dazu: Robert Frank, Philip Cook: The Winner-Take-All Society. New York 1996.

Erfordernis, für diese globale Reichweite eine globale Infrastruktur aufzubauen (siehe z. B. Facebook, Whatsapp, Google); die direkte Korrespondenz zwischen Nutzer-Zahl und Nutzer-Nutzen (der „Netzwerk-Effekt"); die Hebelwirkung von nutzergeneriertem Content für den Nutzer-Nutzen bei genügend großer Nutzer-Zahl etc.

Die Geschichte des Verfalls der Internet-Communities von studiVZ, schülerVZ und meinVZ im Zuge des globalen Siegeszugs von Facebook illustriert dieses Phänomen beispielhaft.

Eine weitere Tendenz, die das Voranschreiten der „Winner takes it all-Ökonomie" begünstigt, ist die Tendenz zur wachsenden Anonymisierung, Durchregelung und Versachlichung von Konkurrenzgefechten und wettbewerblichen Auseinandersetzungen. Oder, anders formuliert, die Tendenz dazu, dass Geschäftsbeziehungen in der Restrukturierungs-Ökonomie verglichen mit den früheren Phasen der Marktwirtschaft immer abstrakter und anonymer werden. Sie mutieren tendenziell von konkreten Beziehungen zwischen Partnern, die sich persönlich kannten, vertrauten und schätzten, hin zu abstrakten Beziehungen zwischen Funktionsträgern, die austauschbar und fluktuierend sind.

Es ist eine Tendenz, die mit der oben beschriebenen Tendenz zum Voranschreiten des abstrakten Menschen korrespondiert. Denn auch jene Anonymisierungs-Tendenz ist eine Tendenz zur graduellen Abstraktion von Konkretem, zur allmählichen Abkehr von emotionalen Bindungen im neuzeitlichen Geschäftsleben.

In früheren Zeiten der marktwirtschaftlichen Evolution gab es häufig zwischen einem Auftraggeber und einem Auftragnehmer, zwischen einem Einkäufer und einem Lieferanten, zwischen einem Kunden und seinen Dienstleistern gewachsene Beziehungen. Diese hatten sich nicht selten über Jahrzehnte oder Generationen herausgebildet, gingen in der Regel einher mit wechselseitigen emotionalen Bindungen und Freundschaften, die beide Seiten zu einem bestimmten Verhalten verpflichteten: den Auftragnehmer dazu, die bekannten Erwartungen des Auftraggebers so, wie der es gewohnt war, zuverlässig zu bedienen; den Auftraggeber dazu, den Auftragnehmer immer wieder aufs Neue berechenbar verlässlich mit Aufträgen auszustatten.

In diesem wechselseitigen Verpflichtungsverhältnis achtete der Auftragnehmer darauf, dass er im Einklang mit den Werten und Zielen des Auftraggebers handelte, und fühlte sich der Auftraggeber mitverantwortlich dafür, dass der Auftragnehmer genügend Aufträge bekam, um sein Geschäft aufrechterhalten und weiterentwickeln zu können.

Dies war häufig ein wechselseitiges Treueverhältnis: Man kannte sich persönlich seit vielen Jahren und Jahrzehnten, hatte eine Geschichte miteinander, an der man festhielt, hielt sich in guten wie in schlechten Tagen die Treue, fühlte sich dem anderen moralisch verpflichtet, konnte sich auf das künftige Handeln des anderen verlassen, schloss Vereinbarungen per Handschlag, hatte über die Jahre hinweg in der Beziehung zueinander ein festes Fundament des wechselseitigen Vertrauens aufgebaut. Dieses Fundament schuf für beide Seiten ein Element von Stabilität und Sicherheit in einer unsteten Konkurrenzwelt. Es bildete für beide Seiten eine Komfortzone des Gewohnten und Bekannten, in der sie sich behaglich einrichten konnten.

Diese Komfortzone entlastete beide Seiten vom Zwang, neue Entscheidungen zu treffen, und von dem Erfordernis, neue Beziehungen aufzubauen. Sie erleichterte für beide Seiten die Realitätskontrolle, indem sie den Fortbestand des Bekannten und die berechenbare Fortgeltung des Gewohnten absicherte.[8]

Diese Komfortzone wird in der volatilen Restrukturierungs-Ökonomie mehr und mehr beseitigt. Im Strudel ständiger Wandlungen, in der Unstetigkeit permanenter Eruptionen lassen sich diese Komfortzonen nicht mehr länger aufrechterhalten. Sie werden von der Dynamik des volatilen Wirtschaftsgetriebes überrollt. Dort, wo sie gleichwohl erhalten bleiben, sind sie Anachronismen, Residuen einer fernen Vergangenheit, chronisch gefährdet, von den Orkanen der Restrukturierungs-Ökonomie hinweggefegt zu werden.

An die Stelle dieser althergebrachten Treue- und Vertrauensverhältnisse tritt in der Restrukturierungs-Ökonomie mehr und mehr ein anderes Paradigma der Beziehungen zwischen Geschäftspartnern, das **Paradigma der abstrakten Beziehung**.

Es handelt sich um eine Beziehung, die nicht mehr auf Emotionalität, Konventionen, Treue, Vertrauen und wechselseitigen Verpflichtungen beruht, sondern auf dem nackten Kalkül von Zahlen, Daten und Fakten. Es ist eine versachlichte Beziehung, eine Beziehung, in der die emotionale Bindung durch die Bindungswirkung eines Vertrages abgelöst wird, eine Beziehung, in der sich nicht Bekannte und Freunde gegenübertreten, sondern Funktionsträger und anonyme Unternehmensvertreter.

Die Herausbildung dieser abstrakten Beziehungen zwischen Geschäftspartnern wird durch vielfältige Entwicklungen beschleunigt:

- durch die volatilen Wandlungen in der neuzeitlichen Restrukturierungs-Ökonomie, die dazu führen, dass das Festhalten an jenen hergebrachten Komfortzonen immer mehr diskreditiert wird; denn dieses Festhalten schwächt tendenziell die Wettbewerbsposition eines Unternehmens in der volatilen Wirtschaft; hat doch in der volatilen Restrukturierungs-Ökonomie ein Unternehmen Vorteile gegenüber seinen Wettbewerbern, wenn es wandlungsaffiner, veränderungsoffener, anpassungsfähiger, beweglicher und schneller wandelbar ist; genau diese Eigenschaften eines dynamischen Unternehmens, die für das Überleben in der Wirtschaft des 21. Jahrhunderts schlechthin entscheidend sind, werden durch jene Komfortzonen geschwächt und konterkariert; denn diese Komfortzonen sind Horte der Stetigkeit und der Veränderungsresistenz;
- durch die Herausbildung und Professionalisierung von Einkaufsabteilungen in Unternehmen, die nach kodifizierten Regeln und Standards des „Supply Chain Managements" Wettbewerbe und Ausschreibungsverfahren zwischen Lieferanten organisieren; in diesen Wettbewerben zählt dann nicht mehr das gewachsene

---

[8] Berger und Luckmann fassen diesen Sachverhalt unter dem Begriff der Habitualisierung: „Dadurch, dass sie (die Habitualisierung, HGP) einen gesicherten Hintergrund bietet, vor dem sich menschliche Tätigkeit abspielen kann – meistens mit einem Minimum an Entscheidungen –, setzt sie außerdem Energien für gewisse Gelegenheiten frei, bei denen Entscheidungen nun einmal unumgänglich sind. Mit anderen Worten: vor dem Hintergrund habitualisierten Handelns öffnet sich ein Vordergrund für Einfall und Innovation." Berger, Luckmann 1969, S. 57.

Vertrauen zwischen Geschäftspartnern, sondern die kalte Rationalität mathematischer Verfahren zur Taxation von Angeboten;
- durch die wachsende Relevanz einer Compliance-Kultur in Unternehmen; diese Kultur fordert eine Bewertung von Lieferanten und Geschäftspartnern nach sachlichen, objektivierbaren Kriterien; sie steht damit quer zur Fortgeltung jener Komfortzonen;
- durch die zunehmende Bedeutung des Internets als einer Plattform, auf der sich Auftraggeber und Auftragnehmer anonym begegnen und auf der Beziehungen zwischen Kunden und Lieferanten im sachlich-unpersönlichen Ambiente elektronischer Marktplätze fixiert werden;
- durch die tendenziell wachsende Bedeutung des öffentlichen Sektors als Auftraggeber von Unternehmen und durch die zumindest in der EU und in den USA vorherrschende Praxis des öffentlichen Sektors, Aufträge in standardisierten Vergabeverfahren nach objektiven Kriterien zu vergeben.

Was hat nun diese tendenzielle Dominanz abstrakter Geschäftsbeziehungen mit jener „Winner takes it all-Ökonomie" und mit der zunehmenden Bedeutung des Syndroms der Vergeblichkeit zu tun?

Es gibt viele Indizien dafür, dass es zwischen all diesen Phänomenen vielfältige kausale Beziehungen und Wechselwirkungen gibt.

Der Lieferant in früheren Phasen der Marktwirtschaft, der um sich herum einen Kordon von Komfortzonen aufgebaut hatte, von altbewährten Vertrauensbeziehungen zu Kunden und Geschäftspartnern, konnte in der Regel darauf vertrauen, dass er aus diesen Beziehungen einen kontinuierlichen Strom von Aufträgen herausdestillieren würde. Er konnte verlässlich davon ausgehen, dass der ihm vertraute Geschäftspartner ihn bei bestimmten Auftragsvergaben „angemessen" berücksichtigte.

Der Lieferant in der Restrukturierungs-Ökonomie, der zu seinen Geschäftspartnern in abstrakten Beziehungen steht, kann dies nicht mehr. Er muss sich auf wettbewerbliche Auseinandersetzungen um Aufträge und auf objektivierte Vergabeprozesse einlassen, deren Ausgang für ihn ungewiss ist.

Diese Prozesse haben für ihn in der Regel ein Element von Zufälligkeit. Er kann den Ausgang dieser Ausschreibungsverfahren nie völlig eindeutig vorhersehen und beeinflussen.

Dieser neuzeitliche Lieferant ähnelt, wenn er an Ausschreibungsverfahren teilnimmt, den Fußballmannschaften, die ich oben beschrieben habe. Er muss davon ausgehen, dass er es in der neuzeitlichen Konkurrenz-Ökonomie nie schaffen wird, jede Ausschreibung zu gewinnen. So, wie jede Fußballmannschaft weiß, dass es ihr niemals gelingen wird, jeden Angriff mit einem Tor abzuschließen.

Der Lieferant des 21. Jahrhunderts muss damit leben, dass er bei den vielen Ausschreibungen, an denen er teilnimmt, teilnehmen muss, oft verliert, oft vergeblich antritt. Vielleicht schafft er es, nur eine von zehn oder zwanzig Ausschreibungen zu gewinnen. Ähnlich wie eine Fußballmannschaft in einem Spiel vielleicht nur einen von zehn oder zwanzig Angriffen ins Ziel bringt. Der Lieferant muss also einkalkulieren, dass er, um einmal einen Auftrag gewinnen zu können, oftmals vergeblich antreten muss. So wie die Fußballspieler wissen, dass sie, um ein Tor zu schießen, nicht nur einen, sondern viele Angriffe durchführen müssen. Dabei kann es dem Lieferanten passieren, dass er in der Hitze des Ausschreibungswettbewerbs, des Beauty Contests, einen Auftrag gewinnt, der ihm keinen Profit, ja nicht einmal eine Kostendeckung einbringt. Vergleichbar dem Fußballteam, das nach vielen vergeblichen Angriffen einen Angriff ins Tor gebracht hat, das Spiel aber gleichwohl verliert, weil der Gegner mehr Tore geschossen hat.

Das Syndrom der Vergeblichkeit ist in all diesen Ausschreibungsverfahren für den Bewerber so schmerzlich erfahrbar, weil der Gewinner in diesen Verfahren in der Regel den gesamten Auftrag bekommt und schon der Zweitplatzierte völlig leer ausgeht. „Winner takes it all" – das ist das Mantra, das für nahezu alle Ausschreibungsverfahren gilt, die im Ambiente abstrakter Beziehungen aufgesetzt werden.

In aller Regel gilt hier: Der zweite Platz qualifiziert nicht einmal für einen Trostpreis. Er ist der Logenplatz auf der Ehrentribüne der Verlierer. Es ist diese Tribüne, auf der das Syndrom der Vergeblichkeit grassiert.

Alle Register, die sie ziehen konnten, haben sie gezogen, die mehr als 40 Mitarbeiter von Motorola, die das Bid-Team des Unternehmens für eine der wichtigsten Ausschreibungen der Firmengeschichte bildeten. Sie haben sich zerrissen für diese Aufgabe, haben Tag und Nacht gearbeitet, in den verschiedenen Etappen dieses Ausschreibungsverfahrens, das sich über mehr als fünf Jahre hin erstreckte. Fünf Jahre harte Arbeit. Fünf Jahre zittern und bangen. Fünf Jahre Unsicherheit ob des Ausgangs dieses Rennens. Fünf Jahre Gewissheit nur darüber, dass der Ausgang dieses Rennens ungewiss war. Dass der Zufall hier mitspielte. Dass sie alle, die sie im Bid-Team von Motorola arbeiteten, nichts tun konnten, um dieses merkwürdige Phänomen Zufall zu verbannen. Fünf Jahre harte Arbeit in dem Bewusstsein, nie sicher sein zu können, dass in diesem Ausschreibungsverfahren gute Arbeit mit einem guten Ergebnis belohnt wird.

Es war die Ausschreibung des Bundes und der Länder über die Lieferung der TETRA-Technik für das neue digitale Mobilfunksystem der Behörden und Organisationen mit Sicherheitsaufgaben (BOS) in Deutschland. Ein Ausschreibungsverfahren, das seit den späten 90er-Jahren des 20. Jahrhunderts geplant worden war und sich dann bis zum Jahr 2008 hinzog. Dieser Auftrag hatte eine Dimension von fast zwei Milliarden Euro. Ein Mega-Auftrag. Und das für viele Jahre. Ersatzinvestitionen, Upgrades, technologische Weiterentwicklungen würden folgen. Und das bei einem Kunden, der alle 17 deutschen Staaten umfasste. Mit vielfältigen Möglichkeiten, diesen 17 Staaten weitere Leistungen anzubieten, zum Beispiel die Leistung des technischen Betriebs dieses Mobilfunksystems.

Motorola hatte in diesem Ausschreibungsverfahren nur einen ernst zu nehmenden Konkurrenten. Das war Nokia. Auch Nokia hatte, wie Motorola, ein TETRA-System im Portfolio. Lange Zeit, in den Positionierungsübungen der beiden Wettbewerber vor Beginn des Ausschreibungsverfahrens, lag Motorola vorn. Motorola hatte den Auftrag für einen Pilotversuch mit seinem TETRA-System

12 Das Syndrom der Vergeblichkeit: Abstraktion als Überlebensmaxime

gewonnen, hatte über diesen Versuch viele belastbare Beziehungen zu Akteuren in Bund und Ländern aufgebaut, hatte es geschafft, einen Besuch von Bundeskanzler Schröder im Headquarter von Motorola in Schaumburg/USA zu arrangieren, war verankert in Gremien und Verbänden, hatte vielfältige Referenzen mit seiner TETRA-Technik im In- und Ausland. Nokia hatte demgegenüber wenig vorzuweisen. Das Unternehmen war als TETRA-Provider kaum bekannt bei Bund und Ländern, war kaum präsent bei den Entscheidern auf der Kundenseite.

Im Verlauf des Ausschreibungsverfahrens begann sich dann allmählich das Blatt zu wenden. Das Bid-Team von Motorola arbeitete bis zur Erschöpfung, zerriss sich für den Gewinn dieses Auftrags. Und doch fiel Motorola in der Gunst der 17 Staaten immer weiter zurück. Denn der Wettbewerber Nokia hatte eine Mutation vollzogen: Er hatte sein TETRA-Geschäftsfeld kurz vor Beginn des Ausschreibungsverfahrens an EADS verkauft. An das „staatsnahe" Unternehmen EADS, das über exzellente Beziehungen zum Bund und zu den Ländern verfügte. Dieser Verkauf war für Motorola völlig überraschend gewesen. Niemand bei Motorola hatte diese Volte von Nokia vorhergesehen.

Es kam dann, wie es kommen musste: EADS gewann den Auftrag, Motorola verlor ihn. Damit war eine jahrelange aufzehrende Arbeit eines vielköpfigen Bid-Teams bei Motorola umsonst gewesen. Völlig umsonst. Der zweite Platz erbrachte noch nicht einmal einen Trostpreis.

Wie verarbeitet jemand, der mit Herzblut arbeitet, mit Leidenschaft, mit intrinsischer Motivation, mit ehrlichem Engagement, eine Situation, in der er mit jenem Syndrom der Vergeblichkeit konfrontiert wird? Wie verarbeitet er es, über lange Zeit hart und mit Entbehrungen an einer Sache gearbeitet zu haben, und dann plötzlich festzustellen, dass all diese Arbeit vergeblich war? Und wie verarbeitet es jemand, der über Jahre hinweg Know-how, Erfahrungen und Kontakte aufgebaut hat, wenn er von heute auf morgen, abrupt und zufällig, unvorhersehbar und unabwendbar, erfährt, dass all diese Kompetenzen nutzlos und wertlos geworden sind? Wie verarbeitet es jemand, der sich mit seiner ganzen Persönlichkeit, mit all seinen Fähigkeiten und mit all seiner Emotionalität für ein Ziel engagiert hat, wenn er mitleidlos, durch eine kalte Standard-E-Mail erfährt, dass dieses Ziel verfehlt wurde („Leider müssen wir Ihnen mitteilen, dass der Zuschlag für diesen Auftrag an ein anderes Unternehmen ergangen ist.")?

Und wie verhält sich jemand, der weiß, dass ihm dies alles im Zeitalter der Restrukturierungs-Ökonomie jederzeit und immer wieder passieren kann? Wie verhält sich jemand, der gelernt hat, dass ihn die Restrukturierungs-Ökonomie abrupt und ohne Warnung mit dem Trauma der Vergeblichkeit heimsuchen kann? Wie verarbeitet es jemand, der in seinem Bekanntenkreis solche Menschen hat, die mit jenem Syndrom der Vergeblichkeit konfrontiert wurden? Wie schafft es ein Wirtschaftsmensch, sich so abzurichten, dass er im neuzeitlichen Wirtschaftsgetriebe kontinuierlich mitrotieren und tagtäglich effizient funktionieren kann, wenn er über sich ständig jenes Damoklesschwert sieht, das an einem seidenen Faden hängt? Jenes Damoklesschwert, auf dem die Worte eingraviert sind: Alles, was du heute tust, kann sich morgen als vergeblich erweisen.

Der Wirtschaftsmensch des 21. Jahrhunderts muss sich so abrichten, dass er trotz jenes Damoklesschwertes seine Arbeitsfähigkeit, seine Wettbewerbsstärke und seinen Marktwert erhält. Deshalb kann er nicht riskieren, dann, wenn das Schwert ihn trifft, verwundet daniederzuliegen. Er muss verhindern, dass er psychisch zerrüttet wird, wenn der Zufall der Vergeblichkeit auch bei ihm zuschlägt. Er muss vermeiden, dauerhaft psychisch erschüttert zu werden, wenn ihn dieser Zufall ereilt.

Denn er muss ja darauf abzielen, trotz alledem, trotz jenes Damoklesschwertes, trotz des jederzeit möglichen zufälligen Niederschlags seine Funktions- und Wettbewerbsfähigkeit aufrechtzuerhalten. Er darf jene Allgegenwärtigkeit des Zufalls nicht so verarbeiten, dass er in stetiger Angst, in ständiger Alarmbereitschaft steht. Denn das würde seine Leistungsfähigkeit und damit seinen Marktwert dezimieren. Er darf auf das Syndrom der Vergeblichkeit nicht so reagieren, dass er im Wirtschaftsgetriebe alles nur mit angezogener Handbremse tut, unter Vorbehalt, mit Bedenken, mit Vergeblichkeitsängsten, mit aufgezwungener Motivation. Er muss vielmehr, um im Beruf reüssieren zu können, diese Handbremse lösen.

Der neuzeitliche Wirtschaftsmensch kann all dies nur dann erreichen, wenn er sich mehr und mehr zu jenem Typus des abstrakten Menschen hin entwickelt. Er kann, im Lichte jener omnipräsenten Bedrohungen, nur dann wettbewerbskonform funktionieren, wenn er sich auf jenen Evolutionsweg begibt, an dessen Ende der abstrakte Mensch steht.

Denn wenn er sich auf diesen Weg begibt, dann gelingt es ihm mehr und mehr, seine Psyche, seine Gefühle und Stimmungen von dem abzuschotten, was ihm im Wirtschaftsgetriebe widerfahren kann. Es gelingt ihm dann allmählich, sich zu wappnen gegen Enttäuschungen und Demütigungen, Zufälle und Brüche. Er trainiert sich dann an, eine Haltung der Gleichgültigkeit gegenüber diesen Umweltereignissen anzunehmen. Sie betreffen ihn dann nicht mehr, treffen ihn nicht mehr ins Mark, beschädigen seine Identität nicht mehr, sondern prallen an ihm ab, wie Wassertropfen von einer eisernen Spuntwand.

Der abstrakte Mensch verfügt über ein reichhaltiges Arsenal an Möglichkeiten, jene Erschütterungen, die Vergeblichkeitserfahrungen mit sich bringen können, von sich abzuhalten, zu relativieren und abzumildern.

So kann er die Arbeit in einem vergeblichen Projekt als eine Affäre verbuchen, die seine nächsten Affären nicht beeinträchtigen muss. Er kann ferner den Verlust des Auftrags, den sein Unternehmen erleidet, von sich selbst fernhalten, weil er ja weit davon entfernt ist, sich mit dem Unternehmen zu identifizieren. Wenn er während der Arbeit an dem Ausschreibungsverfahren, das verloren wurde, seinen individuellen Nutzen mehren konnte (durch gute Bezahlung, durch eine karriereförderliche Weiterqualifizierung etc.), kann er gegenüber dem Verlust des Auftrags eine stabile Enttäuschungsresistenz ausbilden. Ja, er kann sich sogar, auf seine Kompetenzen hinweisend, die er im Ausschreibungsverfahren angehäuft

12 Das Syndrom der Vergeblichkeit: Abstraktion als Überlebensmaxime

hat, bei dem Unternehmen bewerben, das die Ausschreibung gewonnen hat, also vom Verlierer zum Gewinner wechseln.

So hat der abstrakte Mensch ein reichhaltiges Arsenal an Methoden, um diejenigen Aktivitäten, die für sein Unternehmen vergeblich waren, für die eigene Nutzenmaximierung zu instrumentalisieren. Er kann damit die Schmerzen und psychischen Zerrüttungen, die das Syndrom der Vergeblichkeit dem konkreten Menschen bereitet, wirksam von sich abhalten.

Kapitel 13
Der abstrakte Konsument

Der abstrakte Wirtschaftsmensch im marktwirtschaftlichen Getriebe des 21. Jahrhunderts findet auf der Kundenseite ein bemerkenswertes Pendant: Es ist der abstrakte Konsument, der Kunde, der abstrakt konsumiert oder ein abstraktes Konsumverhalten zeigt.

Der Konsument ist in der Marktwirtschaft stets im Besitz eines Gutes, das die vollkommene Verkörperung der Abstraktion von allem Konkreten darstellt: des Geldes. Geld ist, wie bereits in Kap. 5 skizziert, das abstrakte Medium par excellence. Es charakterisiert den Tauschwert einer jeden Ware, jenen Wert, zu dem die Ware in Geld eingetauscht werden kann. Dieser Tauschwert ist jeder Ware inhärent. Das Geld als die universelle Verkörperung des Tauschwerts abstrahiert damit völlig vom Gebrauchswert der Ware, von ihrer konkreten Gestalt und Qualität, ist als allgemeines Wert-Abstraktum gegen jede Ware eintauschbar. Das Geld kann nur deshalb den Wert einer jeden Ware verkörpern, weil es gleichgültig ist gegen jede konkrete Warenform, weil es eine Eigenschaft jeder Ware darstellt, die völlig unabhängig ist von dem Nutzen, den die Ware für den Konsumenten erzeugt. Das Geld ist die vollkommene Abstraktion von allem Konkreten. Es negiert jede Individualität, jede Besonderheit, weil es allem Individuellem, allem Besonderen eine gleichmachende, allgemeine und abstrakte Maßeinheit unterlegt. Es ist deshalb das Medium par excellence für den abstrakten Menschen.

Der abstrakte Konsument ist aber keine Hervorbringung der Geld- und Marktwirtschaft, sondern der vergangenen Jahrzehnte der marktwirtschaftlichen Evolution. Er ist ein neuzeitliches Phänomen.

Auch er ist, ebenso wie der abstrakte Mensch, ein sozialer Charakter, ein Typus, der sich in der Realität unserer Konsumwelt nicht in Reinform findet. Züge des abstrakten Konsumenten werden aber mehr und mehr in dieser Konsumwelt prägend und ausgeprägt. Die Evolution der Marktwirtschaft im 21. Jahrhundert prämiert, fördert und fordert die Ausbildung dieser Züge und befördert damit allmählich das Vordringen dieses Typus. Der abstrakte Konsument wird so zum Ideal- und Zielbild der marktwirtschaftlichen Evolution im 21. Jahrhundert.

Was unterscheidet nun den abstrakten Konsumenten vom konkreten Konsumenten? Der konkrete Konsument kauft eine Ware wegen ihres Gebrauchswerts, also wegen des Nutzens, den ihr Gebrauch ihm verschafft. Dieser konkrete Konsument ist für die neuzeitliche Marktwirtschaft ein Alptraum, ein Anachronismus, ein Hinterwäldler, den es möglichst radikal zu überwinden gilt. Denn dieser konkrete Konsument blockiert mit seiner Fixierung auf den Gebrauchswert der Waren die Dynamik der Marktwirtschaft: Er konsumiert viel zu wenige Paar Schuhe, weil er einfach nicht mehr braucht; er benutzt seine Schuhe übermäßig lange, nämlich so lange sie halten, also gebrauchsfähig sind, und kauft deshalb viel zu selten neue Schuhe; er macht den Tauschwert der Schuhe, also den Geldbetrag, den er zu zahlen bereit ist, strikt am Gebrauchswert der Schuhe fest und ist deshalb nicht bereit, für eine bestimmte Marke, eine Brand, eine Mode, ein Design etc. ein Premium-Entgelt zu zahlen. Kurz: Er ist vom Standpunkt der Marktwirtschaft des 21. Jahrhunderts aus gesehen ein dysfunktionales Wesen, das den schnellen Umschlag der Waren behindert. Ein Wesen, das das Wachstum der Warenökonomie einschränkt oder sogar verhindert. Ein Wesen, das dringend und zwingend überwunden werden muss. Es muss verwandelt werden in einen Typus von Konsumenten, der die Dynamik der Marktwirtschaft entfesselt: in den abstrakten Konsumenten.

Dieser abstrakte Konsument kauft Schuhe natürlich auch deshalb, weil er sie benutzen will. Er kauft aber ein *bestimmtes Paar* Schuhe nicht wegen ihres Gebrauchswertes. Diesen „Gebrauchswertstandpunkt" hat der abstrakte Konsument längst überwunden. Er kauft ein bestimmtes Paar Schuhe aus einem völlig anderen Grund, einem Grund, der vom Gebrauchswert der Schuhe abstrahiert. Er kauft dieses *bestimmte Paar* Schuhe, weil es einen Wert für ihn hat, den ich **Identitätswert** nenne.

Die Differenz zwischen diesem Identitätswert und dem Gebrauchswert, zwischen dem abstrakten und dem konkreten Konsumenten, kann verdeutlicht werden, wenn wir die Kategorien des innengeleiteten und des außengeleiteten Menschen heranziehen, die der US-amerikanische Soziologe David Riesman in seiner Studie „Die einsame Masse" eingeführt hat.[1]

Der konkrete Konsument ist der innengeleitete Mensch, der eine spezifische Ware deshalb kauft und konsumiert, weil sie ihm einen spezifischen Gebrauchsnutzen bringt. Dieser innengeleitete Mensch kauft einen Schuh, weil dieser Schuh für eine bestimmten Verwendungszweck geeignet ist (Bergschuhe für eine Bergwanderung,

---

[1] Den innengeleiteten Charaktertyp beschreibt David Riesman wie folgt: „Die Kraft, die das Verhalten des Individuums steuert, wird verinnerlicht, d. h. sie wird frühzeitig durch die Eltern in das Kind eingepflanzt und auf prinzipiellere, aber dennoch unausweichliche Ziele gerichtet." (Riesman 1958, S. 31) Zum außengeleiteten Charaktertyp schreibt Riesman: „Das gemeinsame Merkmal der außengeleiteten Menschen besteht darin, daß das Verhalten des einzelnen durch die Zeitgenossen gesteuert wird; entweder von denjenigen, die er persönlich kennt, oder von jenen anderen, mit denen er indirekt durch Freunde oder durch die Massenunterhaltungsmittel bekannt ist." Der außengeleitete Mensch zeichnet sich nach Riesman aus „durch die außergewöhnliche Empfangs- und Folgebereitschaft, die er für die Handlungen und Wünsche der anderen aufbringt." (Riesman 1958 S. 38).

13 Der abstrakte Konsument

Laufschuhe für Jogging etc.), weil er eine bestimmte, für den Käufer angenehme ästhetische Anmutung hat, weil er bequem ist und gut passt, weil er eine bestimmte Qualität hat (und deshalb strapazierfähig ist, langfristig nutzbar, wenig reparaturanfällig etc.) und weil er deshalb für den Käufer einen konkreten, beschreibbaren Gebrauchswert hat.

Dieser Gebrauchswert hängt eng zusammen mit den Einstellungen und Haltungen, charakterlichen Dispositionen und persönlichen Vorlieben, Werten und Moralnormen, die der Käufer, der konkrete Konsument hat. So kann z. B. der Kauf eines bestimmten Schuhs mit der Einstellung des Käufers zusammenhängen, dass die langfristige Haltbarkeit und Nutzbarkeit eines Schuhs das entscheidende Kriterium für den Kauf dieses Schuhs darstellt. Der Gebrauchswert, den der Schuh für den konkreten Konsumenten hat, ist von dem Bild abgeleitet, das dieser konkrete Konsument von sich selbst hat, von seinem **Selbstbild**.

Der abstrakte Konsument ist der außengeleitete Mensch, der eine spezifische Ware deshalb kauft, weil sie für ihn einen bestimmten Identitätswert hat. Dieser Identitätswert markiert den Wert, den die Ware für die Ausbildung der Identität des Käufers hat. Der abstrakte Konsument, der außengeleitete Käufer, unterstellt einen bestimmten Nutzen der Ware als gegeben. Auch er will, dass der Schuh bestimmte Bewegungsfunktionen unterstützt. Dieser Nutzen ist eine notwendige, aber keine hinreichende Bedingung für die Kaufentscheidung des abstrakten Käufers. Ausschlaggebend für die Kaufentscheidung des abstrakten Konsumenten für bestimmte Schuhe ist nicht ihr Nutzen, ihr Gebrauchswert, sondern die Wirkung, die diese Schuhe auf die Identität haben, die der abstrakte Konsument sich selbst attestiert.

Dieses Attest ist immer ein sozial vermitteltes Attest. Der abstrakte Konsument attestiert sich eine Identität, weil und insofern andere Menschen ihm diese Identität attestieren.

So fragt der abstrakte Konsument, wenn er eine Kaufentscheidung über ein Paar Schuhe treffen will: Welches Bild wird bei anderen von mir, von meiner Persönlichkeit, von meiner Identität dadurch erzeugt, dass ich diesen Schuh trage? Welchen Eindruck macht meine Persönlichkeit dann, wenn ich diesen Schuh trage, auf andere? Welche Assoziationen weckt dieser Schuh bei anderen Menschen über meine Persönlichkeit? Welche Eigenschaften und Persönlichkeitsmerkmale schreiben mir andere Menschen zu, wenn ich diesen Schuh trage? Wie sehen mich die anderen, wenn sie sehen, dass ich diesen Schuh trage?

Der abstrakte Konsument ist jener außengeleitete Mensch, der den Schuh, der er kaufen will oder gekauft hat, mit den Augen der anderen sieht. Sein Konsum ist „the global currency of self-presentation".[2]

Der Identitätswert, den der Schuh für den abstrakten Konsumenten hat, ist gleichbedeutend mit der Prägewirkung, die dieser Schuh aus der Sicht des Konsumenten auf das Bild hat, das in den Köpfen der anderen Menschen über den Konsumenten entsteht.

Dieses Bild, das andere von unserem Konsumenten haben, bezeichne ich als **Fremdbild**. Dieses Fremdbild bzw. das vom Konsumenten bei den anderen vermutete

---
[2] Gratton 2011, S. 115.

Fremdbild formt maßgeblich die Identität, die der Konsument sich selbst zuschreibt. So, wie die anderen ihn sehen, sieht er sich selbst. So, wie er annimmt, dass die anderen ihn sehen, sieht er sich selbst. Das Attest, das die anderen ihm geben, ist die Grundlage für das Attest, das er sich selbst gibt.

Der abstrakte Konsument kauft deshalb eine spezifische Ware, weil er annimmt, dass diese spezifische Ware in den Köpfen anderer Menschen ein bestimmtes Bild von ihm erzeugt. Dieses Bild, dieses Fremdbild, das die Ware bei anderen über den Warenbesitzer hervorruft, macht den Identitätswert aus, den die Ware für den Konsumenten hat.

Der abstrakte Konsument kauft und nutzt also eine spezifische Ware, um damit ein Fremdbild zu erzeugen, ein Bild von sich selbst bei anderen. Dieses Fremdbild ist ein konstitutiver Faktor für die Ausbildung des Selbstbildes, des Bildes, das der abstrakte Konsument von sich selbst hat. Es prägt maßgeblich seine Identität. Der abstrakte Konsument kauft und konsumiert also als Identitätswert jene **Aura der Ware**, mit der diese Ware ein bestimmtes Fremdbild (anderer über den Konsumenten) und damit ein bestimmtes Selbstbild (des Konsumenten über sich selbst) erzeugt.

Der Identitätswert der Waren wird dadurch geschaffen, dass die Produzenten bzw. die von ihnen beauftragten Marketingagenturen jede Ware, in unserem Beispiel ein Paar Schuhe, in einen **Kokon von Assoziationen** einhüllen.[3] Diese Assoziationen umhüllen die Ware vollständig. Sie haben eine bestimmte Funktion: Sie sind die Mittler, die die Bedeutung vermitteln, die eine Ware für den Konsumenten hat. Diese subjektive Bedeutung der Ware, diese Bedeutung der Ware für das konsumierende Subjekt ergibt sich also in der Marktwirtschaft des 21. Jahrhunderts nicht mehr unmittelbar aus ihrem Gebrauchswert. Vielmehr wird diese subjektive Bedeutung vermittelt über jenen Kokon von Assoziationen, die dem Konsumenten deutlich machen, welchen Identitätswert die Ware für ihn hat.

Die Assoziationshülle, die die Waren umgibt, besteht aus Zeichen, aus Emblemen. Sie versinnbildlichen nicht den Gebrauchswert der Waren, sondern ihren imaginären Identitätswert. Sie repräsentieren das Potenzial, das die Waren haben oder zu haben versprechen, um den Warenbesitzer mit einer bestimmten persönlichen Identität auszustatten. Ich nenne dieses Potenzial **das emblematische Potenzial der Waren**.

Dieses emblematische Potenzial wird in der Regel durch eine Warenmarke repräsentiert. Die Marke einer Ware, ihr „Brand" ist häufig der Träger dieses emblematischen Potenzials. An der Marke macht sich meist das emblematische Versprechen fest, das eine Ware ausstrahlt: das Versprechen nämlich, den Warenbesitzer mit einem bestimmten identitätsbildenden Emblem auszustatten.

---

[3] Siehe dazu den französischen Soziologen Henri Lefebvre, der in seiner Arbeit über das Alltagsleben in der modernen Welt feststellte: „Die Zeichen umgeben die Güter mit einem Nimbus, und die Güter sind nur ‚Güter', wenn sie mit Zeichen versehen sind, aber der größte Konsum betrifft die Zeichen der ‚Güter' ohne diese Güter." Lefebvre 1972, S. 129; siehe dazu auch die weitsichtige Prognose von Wolfgang Fritz Haug in seiner Kritik der Warenästhetik aus dem Jahr 1971: „Vom unmittelbaren, materiell zweckbezogenen Gebrauchswert wird das Gewicht sich weiter verschieben auf die Gedanken, Empfindungen, Assoziationen, die man mit der Ware verknüpft oder von denen man annimmt, daß andere sie mit der Ware verknüpfen." Haug 1971, S. 127.

13 Der abstrakte Konsument

Die Assoziationen verleihen der Ware eine bestimmte Aura. Für den Konsumenten hat diese Aura eine existenzielle Bedeutung: Denn diese Aura verspricht dem Konsumenten, dass sie mit dem Kauf der Ware auf ihn übergeht und dass sie mit seiner Persönlichkeit verschmilzt. Indem der Konsument die Ware kauft, erwirbt er die Aura der Ware und macht diese Aura zu einem Teil seiner Persönlichkeit, seiner Individualität, seiner subjektiven Identität.

Diese Aura, die sich aus den Assoziationen speist, die die Ware umhüllen, hat also die Funktion, die Identität des Konsumenten zu programmieren. Sie formt das Bild, das der Konsument von sich selber hat, weil sie das Bild prägt, das Dritte von dem Konsumenten haben. Sie umhüllt also gleichsam die Persönlichkeit des Konsumenten mit einem Persönlichkeitsschein, mit einer käuflich erworbenen Identität, mit einer Anmutung, die dieser Konsument mit dem Besitz der Ware Dritten gegenüber ausstrahlt. Sie verleiht ihm einen bestimmten Identitätswert.

Der abstrakte Konsument kauft eine bestimmte Ware, weil er an diesem Identitätswert, an ihrem emblematischen Potenzial interessiert ist. Er kauft die Ware wegen der Aura, die die Assoziationshülle der Ware verbreitet. Er kauft sie, weil ihm der Identitätswert der Ware die Möglichkeit gibt, die eigene Persönlichkeit, die eigene Identität zu optimieren. Oder weil dieser Identitätswert der Ware andere Menschen dazu bringt anzunehmen, die Identität des Konsumenten sei optimiert.

So kauft unser Schuhkäufer ein bestimmtes Paar Schuhe deshalb, weil dieses Paar Schuhe in ihm die Assoziation hervorruft, es unterstreiche bestimmte Züge seiner Persönlichkeit, betone bestimmte Merkmale seiner Identität. Und er kauft sie deshalb, weil er assoziiert, dass andere Menschen diese Assoziation teilen. Er, der Käufer, geht davon aus, dass andere, die ihn mit diesen Schuhen sehen, ihm deshalb, weil er diese Schuhe trägt, eine bestimmte Identität, eine bestimmte Persönlichkeits-Aura, einen bestimmten Nimbus zuschreiben.

Die Assoziationshülle, die die Waren umgibt, bewirkt, dass andere, die den Konsumenten im Besitz der Ware sehen, dem Konsumenten einen bestimmten Nimbus attestieren. Und sie bewirkt, dass der Konsument dann, wenn er die Ware kauft und nutzt, davon ausgeht, dass andere, die ihn im Besitz der Ware sehen, ihm einen bestimmten Nimbus attestieren.

Der abstrakte Konsument kauft also nicht eine bestimmte Ware um ihrer Nützlichkeit willen, sondern wegen des Nimbus, den sie bewirkt. Er kauft sie wegen ihres emblematischen Potenzials.

Das Wirtschaftsgetriebe des 21. Jahrhunderts fordert und fördert jenen Konsumenten, jenen abstrakten Konsumenten, der eine bestimmte Ware nicht wegen ihres Gebrauchswerts, sondern wegen ihres auratischen Werts, ihres Identitätswerts, ihres Nimbus-Potenzials erwirbt. Denn damit überschreitet dieser abstrakte Konsument zugleich die Grenzen, die der konkrete Konsument für sich abgesteckt hat.

Der abstrakte Konsument beschränkt sich nicht auf den Kauf von Schuhen, die er tatsächlich braucht, sondern sprengt alle diese Beschränkungen und Grenzen des konkreten Konsumenten. Weil der abstrakte Konsument Schuhe wegen ihres auratischen Wertes konsumiert, ist er prinzipiell bereit und in der Lage, eine unendliche Vielzahl an Schuhpaaren zu kaufen. Sein Konsuminteresse ist durch nichts und niemanden mehr begrenzt.

Auch der Geldbetrag, den der abstrakte Konsument für ein Paar Schuhe auszugeben bereit ist, ist nicht durch das Korsett des Gebrauchswerts, der Nützlichkeit der Schuhe limitiert. Dieser Geldbetrag kann den Gebrauchswert immens überschreiten, ist er doch am Identitätswert festgemacht, den der Schuh für den abstrakten Konsumenten hat.

Der Nimbus, den der Besitz einer Ware dem Konsumenten verleiht, muss immer wieder aufs Neue aufgefrischt, erneuert, aufpoliert und präsentiert werden. Der Konsument muss diesen Nimbus stetig durch den Kauf neuer Waren nähren. Denn dieser Nimbus ist eine flüchtige, volatile Angelegenheit. Er verfliegt leicht, wenn er nicht immer wieder mit neuen Darbietungen unterstrichen wird.

Das gilt besonders für den Nimbus, der in der neuzeitlichen Wirtschaftswelt für alle Wirtschaftsakteure von zentraler Bedeutung ist: für den Nimbus, trendy zu sein, auf der Höhe der Zeit zu sein, hip und up to date zu sein, sich von anderen durch Originalität zu differenzieren, sich von anderen durch überraschendes und neuartiges Outfit zu unterscheiden, seine außerordentliche Individualität immer wieder aufs Neue durch ausgefallene Präsentationen zu unterstreichen.

Indem der abstrakte Konsument den anderen Menschen, denen er begegnet, immer wieder neue Waren vorführt, die seinen Nimbus unterstreichen und veredeln, befestigt er immer wieder aufs Neue die Identität, die er sich zuschreibt, die andere ihm zuschreiben und von der er annimmt, dass andere sie ihm zuschreiben.

Weil diese Identität chronisch fragil und flüchtig ist, benötigt der abstrakte Konsument ständig neue Warenkäufe, mit denen er die Identität profiliert, die er von sich selbst erzeugen will. Er muss also stetig weiter konsumieren, stetig neue Waren kaufen, auch dann, wenn er vom Gebrauchswertstandpunkt aus bereits mehr als genug hat.

Die Konsumgrenzen, die dieser Gebrauchswertstandpunkt dem konkreten Konsumenten verordnet, sind für den abstrakten Konsumenten nicht maßgebend. Er überschreitet sie ständig, er muss sie ständig überschreiten.

So kann der abstrakte Konsument denn durchaus hundert Paare Schuhe haben, darunter auch solche, die er nach einmaliger Benutzung wegwirft. Er kann einen SUV fahren, der eigentlich für Fahrten durch Wüsten und afrikanische Steppen ausgelegt ist, obwohl er diesen SUV nur für Fahrten innerhalb einer deutschen Großstadt braucht. Er kann eine Uhr kaufen, die mehrere tausend Euro kostet, obwohl der Zweck des Anzeigens der Tageszeit auch von einer Uhr erfüllt wird, für die weniger als einhundert Euro zu zahlen sind. Er kann ein elektronisches Gerät kaufen, das mehr Funktionen bietet, als er jemals wird nutzen können, weil es diese „überragende Potenz"[4] des Gerätes ist, die dessen Nimbus-Potenzial ausmacht.

Hinzu kommt, dass sich der abstrakte Konsument und der abstrakte Mensch in einer Wettbewerbsgesellschaft bewegen. In dieser Wettbewerbsgesellschaft muss der abstrakte Mensch stetig daran arbeiten, seine Identität und die Identität, die andere ihm zuschreiben, von der Identität, die andere kultivieren, abzuheben.

Er muss sich differenzieren, um im Wettbewerb mit anderen Menschen Stellungsvorteile erzielen zu können. Er muss zumindest nach außen hin den Schein

---
[4] Sennet 2005, S. 131.

erzeugen und aufrechterhalten, er sei anders und/oder besser als die mit ihm konkurrierenden anderen. Die Wettbewerbsgesellschaft nötigt ihm also den Zwang auf, sich von den anderen zu unterscheiden. Ich bezeichne dieses Erfordernis als Differenzierungszwang.

Der abstrakte Konsument kann diesem **Differenzierungszwang** dadurch nachkommen, dass er Waren kauft, die individuell, besonders, differenziert sind. Oder die so zu sein scheinen. Indem er Waren kauft und nutzt, die ein besonderes Merkmal haben, eine besondere Ausprägung oder eine besondere Aura, kann er den Nimbus, den diese Waren verleihen, dazu nutzen, seiner eigenen Identität ein besonderes Gepräge zu geben, eines, das ihn von anderen unterscheidet.

So ist der abstrakte Konsument denn ständig auf der Suche nach neuen Waren, die ihn von den anderen differenzieren, nach dem Besonderen, das ihn von den anderen abhebt. Der abstrakte Konsument stimuliert und fordert damit auf der Seite der Warenproduzenten eine immer weiter fortschreitende **Produktdifferenzierung**. Er verlangt von den Automobilherstellern, dass sie ihm tausende von Varianten eines Fahrzeugtyps anbieten, er fordert von Schuhherstellern, dass sie eine unendliche Vielfalt an Design-Variationen kreieren, er nötigt die Hersteller aller beliebigen Waren dazu, auf dem Weg der Produktindividualisierung immer weiter voranzuschreiten.

Und er verlangt von den Herstellern und Verkäufern, dass sie in immer schnelleren Abfolgen neue Produkte auf den Markt bringen, dass sie den Prozess des geplanten Veraltens bei ihren Waren vorantreiben. Dies ist das Pendant dazu, dass der Differenzierungszwang den abstrakten Konsumenten dazu nötigt, immer neue Produkte und immer neue Variationen von Produkten zu kaufen. Denn wenn z. B. Apple ein neues Produkt, eine neue Konfiguration des iPhone auf den Markt gebracht hat, dauert es nicht lange, bis dieses Produkt eine Masse an Käufern gefunden hat. Dann aber, wenn dieses Produkt zu einem Allerweltsprodukt geworden ist, kann sich der abstrakte Konsument von anderen nicht mehr mit diesem Produkt differenzieren. Er benötigt, will er sich weiter differenzieren können, ein neues Produkt, und nötigt damit den Herstellern den Zwang auf, die Produktumschlagszeiten immer mehr zu verkürzen.

Der abstrakte Konsument kauft eine Ware also mit einer Haltung, die als „chronische Obsoleszenz" bezeichnet werden kann. Es ist eine Haltung, nach der die Waren immer schneller veralten, immer schneller dysfunktional werden, also ihre Funktion der differenzierenden Identitätsbildung nicht mehr zureichend erfüllen können. Die Waren, die er kauft, haben für den abstrakten Konsumenten also nur eine limitierte Halbwertzeit, sie tragen ihr Verfallsdatum stets in sich. Schnell sind sie outdated, sind überflüssig, nicht mehr interessant. Sie können dann ausrangiert und weggeworfen werden, völlig unabhängig davon, ob sie noch nützlich, also aufgrund ihres Gebrauchswertes noch brauchbar sind.

Dieser abstrakte Konsument ist deshalb auch immer ein süchtiger Konsument.

Das Bedürfnis des konkreten Konsumenten nach einer bestimmten Nutzung des Gebrauchswerts einer bestimmten Ware kann gestillt werden. Er braucht für einen bestimmten Gebrauchszweck ein Auto; er kauft ein passendes Auto; damit hat er sein Bedürfnis befriedigt.

Das Bedürfnis des abstrakten Konsumenten hingegen nach dem Identitätswert einer Ware, nach dem Nimbus, den eine Ware ihm verleiht, ist prinzipiell unstillbar. Der abstrakte Konsument trägt dieses Bedürfnis, durch Nutzung des Identitätswerts einer Ware seine Persönlichkeit mit einem bestimmten Nimbus zu umgeben, permanent in sich. Das emblematische Potenzial einer Ware, den abstrakten Konsumenten mit einer bestimmten Identität auszustatten, ist ein flüchtiges Potenzial, schnell vergänglich und schnell abgenutzt. Die identitätsbildende Wirkung des Warenbesitzes muss immer wieder aufs Neue mit neuen Waren bekräftigt und erneuert werden.

Deshalb ist das Bedürfnis des abstrakten Konsumenten nach Waren, die seine Identität stabilisieren und profilieren, grundsätzlich unerschöpflich und nie zu befriedigen.

Der abstrakte Konsument ähnelt hier dem Tantalus in der griechischen Sage, der ständig von anziehenden Trugbildern der Objekte seiner Begierde umgeben war und der dann, wenn er nach diesen Trugbildern griff, ins Leere zielte. „Tantalus ist der süchtige Käufer."[5]

Aus all diesen Gründen ist der abstrakte Konsument für die Warenproduzenten und die Warenverkäufer der ideale Konsument des 21. Jahrhunderts. Es ist der Konsument, der alle Grenzen sprengt. Sein Konsumbedürfnis ist grenzenlos und unbegrenzbar. Es ist genau dieses Bedürfnis, das die Wirtschaftswelt des 21. Jahrhunderts immer aufs Neue stimulieren und befördern muss. Denn dieses Bedürfnis ist die notwendige Voraussetzung für das Florieren eines Wirtschaftssystems, das auf ein „Immer mehr", „Immer schneller" und „Immer größer" ausgelegt ist.

Der Identitätswert der Waren ist immer ein sozialer Wert. Er beeinflusst das Bild, das andere von dem jeweiligen Konsumenten haben. Er beeinflusst das Prestige, das der Konsument in ihren Augen hat, den sozialen Status, der ihm zukommt oder der ihm von Dritten zugemessen wird, und den Platz, der dem Konsumenten in der imaginären, allgegenwärtigen Rangskala und Rating-Taxation der Wettbewerbsgesellschaft eingeräumt wird. Er dient der Stabilisierung und Aufwertung der Identität des Einzelnen in einer Welt, in der Identitäten zunehmend verwischt und von der Volatilität der Markteruptionen unkenntlich gemacht werden.

Zugespitzt formuliert: Je mehr die Identität der Menschen in einer Welt, die sich erratisch, volatil, zufällig und abrupt wandelt, brüchig und flüchtig wird, je schwerer es für die Wirtschaftsmenschen wird, in all diesen Eruptionen der Märkte eine eigene stabile subjektive Identität auszumachen, auszubilden und aufrechtzuerhalten, desto attraktiver, ja zwingender wird jenes identitätsbildende Werteversprechen der Warenaura. Desto wichtiger wird es für den Wirtschaftsmenschen, eine warenvermittelte Identität, eine Warenidentität auszubilden, die auf dem emblematischen Potenzial von Waren beruht. Desto naheliegender, ja notwendiger wird es für den neuzeitlichen Wirtschaftsmenschen, sich zu einem abstrakten Konsumenten zu wandeln.

Getreu dem Satz von Friedrich Hölderlin: „Wo aber Gefahr ist, wächst das Rettende auch!",[6] kann man festhalten: Die Wirtschaftswelt des 21. Jahrhunderts unterminiert einerseits die Fähigkeit der Menschen, eine stabile Identität auszubil-

---

[5] Mattenklott 1970, S. 116.
[6] Das Zitat stammt aus der Hymne „Patmos" von Friedrich Hölderlin. Siehe: Hölderlin 1969, S. 176.

den, und schafft andererseits für die Menschen ein umfassendes Potenzial, durch abstrakten Konsum der Identitätswerte von Waren kompensatorisch eine Warenidentität zu simulieren.

Wie aber steht der abstrakte Konsument zum Gebrauchswert der Ware?

Natürlich bleibt der Gebrauchswert der Ware auch für den abstrakten Konsumenten in aller Regel ein relevanter Faktor. Er kauft ein Auto, um damit zu fahren und um auf bestimmte Weise komfortabel, sicher und schnell damit zu fahren. Der Gebrauchswert der Ware ist eine Basisqualität, die der abstrakte Konsument als gegeben annimmt. Sie motiviert ihn aber nicht zum Kauf **einer bestimmten Ware**. Seine Kaufentscheidung für ein bestimmtes Auto ist maßgeblich dadurch motiviert, dass der Gebrauchswert dieses Autos durch seinen Identitätswert auf eine bestimmte Weise gesteigert, veredelt, verwandelt wird.

Der abstrakte Konsument kauft das Auto nicht einfach deshalb, weil er es braucht, sondern deshalb, weil er es begehrt. Und dieses Begehren wird nicht vom Gebrauchswert des Autos hervorgerufen, sondern von dem durch den Identitätswert auf spezifische Weise veredelten Gebrauchswert des Autos. Der abstrakte Konsument kauft also nicht den unmittelbar der Ware anhaftenden Gebrauchswert, sondern ihren durch den Identitätswert vermittelten Gebrauchswert. **Nur in dieser Vermittlung durch den Identitätswert hat der Gebrauchswert für den abstrakten Konsumenten eine kaufentscheidende Attraktivität.**

Diese Überformung des Gebrauchswerts durch den Identitätswert kann aber in der Konsumwelt des abstrakten Menschen durchaus so weit gehen, dass der Gebrauchswert bis zur Unkenntlichkeit im Identitätswert verschwindet, dass der Gebrauchswert für den abstrakten Konsumenten also nahezu irrelevant wird. Das folgende Zitat wirft ein Schlaglicht auf jenes Phänomen:

> „Für Jean-Claude Biver, Konzernchef des Schweizer Luxusherstellers Hublot, ist eine Uhr für den Mann von heute eher ‚ein Kommunikationswerkzeug, so ähnlich wie eine Handtasche für die Frau'. Eine Uhr, so seine Philosophie, ‚sagt anderen, wer du bist. Sie ist nicht dazu da, dir die Zeit zu sagen. Die Zeit ist nur ein Vorwand, um eine Uhr zu kaufen.'"[7]

Nun kann der gleiche Identitätswert, das gleiche emblematische Potenzial beliebigen Waren zukommen. Nehmen wir z. B. den Identitätswert „Selbsterhöhung". Dieser Identitätswert weist denjenigen, der eine bestimmte Ware besitzt, als einen Menschen aus, der in den Augen der anderen und damit auch in seinen Augen einen herausgehobenen Status hat, der ein Erfolgsmensch ist, der souverän, smart, gewinnend und jugendfrisch durchs Leben geht. Viele Waren können mit der Aura dieses Identitätswerts, dieses Identitätsversprechens daherkommen. Ob es Kleidung ist oder Schmuck, Autos oder Häuser, Uhren oder Accessoires, – der Identitätswert der Selbsterhöhung kann beliebigen Warengruppen anhaften.

---

[7] Artikel „Zeit ist Gold" in der Süddeutschen Zeitung vom 27./28. April 2013.

Weil das so ist, kommt dem Identitätswert genau jene Eigenschaft zu, die auch dem Geld inhärent ist: Es ist ein abstrakter Wert, der in vielfältigen konkreten Warenkörpern aufscheinen kann, der also unabhängig von seinen konkreten Manifestationen besteht, als eine Zeichenhülle, ein Emblem, ein Abstraktum, das beliebige Warenformen annehmen kann und das deshalb gegenüber allen diesen konkreten Warenformen gleichgültig ist. Der Konsument, der eine Ware wegen ihres Identitätswerts kauft, mutiert damit zu einem Konsumenten eines abstrakten Wertes, zu einem abstrakten Konsumenten.

Das Bedürfnis, das die abstrakten Konsumenten mit dem Kauf einer Ware befriedigen, kann deshalb auch von beliebigen Waren adressiert werden. Dies hat der US-amerikanische Soziologe David Riesman bereits im Jahr 1958 gesehen, als er dieses Bedürfnis als „eine Begierde ohne konkreten Gegenstandsbezug" charakterisierte.[8] Es ist ein Bedürfnis ohne konkrete Gebrauchswertorientierung, ein abstraktes Bedürfnis oder das Bedürfnis des abstrakten Konsumenten.

Der abstrakte Konsument kennt deshalb auch keine emotionale Anhänglichkeit an eine bestimmte Ware. Er kann jede beliebige Ware ohne emotionale Reserve jederzeit durch eine andere ersetzen, die ihm den gleichen oder einen besseren Identitätswert vermittelt.

Der abstrakte Konsument kennt dementsprechend auch keine Loyalität gegenüber einer bestimmten Marke. In der „Welt der gebrochenen Loyalitäten",[9] in der er lebt, fällt es ihm leicht, Waren durch andere zu substituieren, Waren auch dann, wenn sie noch gebrauchsfähig sind, auszurangieren und wegzuwerfen, und eine Warenmarke durch eine andere auszutauschen.

Der abstrakte Konsument kennt keine Treue zu einer Warenmarke, er ist habituell untreu und volatil, flüchtig und floatend. Er ist damit auf dem Markt der Käufer und Konsumenten das authentische Pendant zum abstrakten Menschen.[10]

---

[8] Riesman 1958, S. 92.

[9] Schirrmacher 2013, S. 243.

[10] Pierre Bourdieu hat einen besonderen Typus des abstrakten Konsumenten untersucht: den Konsumenten moderner Kunst (siehe Bourdieu 1982). Das ist, so Bourdieu, ein Kunstkonsument, der „die Teilnahmslosigkeit des reinen Blicks" (S. 24) kultiviert, der im Kunstkonsum vom Inhalt der Kunstwerke, ihrer Funktion und vom Dargestellten abstrahiert und nur die Form der Kunstwerke und die Darstellungsweise rezipiert. Bourdieu bescheinigt der modernen Kunst eine „systematische Ablehnung alles ‚Menschlichen'... – aller Leidenschaften, Empfindungen und Gefühle, in die sich die gewöhnlichen Menschen in ihrer gewöhnlichen Existenz verstricken." (S. 62). Der Kenner der modernen Kunst habe eine Haltung der „Distanziertheit, Interesselosigkeit, Gleichgültigkeit" (S. 68) gegenüber allen konkreten Inhalten, Funktionen, Objekten und Sujets der Kunst. Er lege Wert auf „Détachement", darauf, sich auf all dies Konkrete „nicht einzulassen, distanziert und gleichgültig zu bleiben." (S. 68) Ihm gehe es um die „Neutralisierung jedweden affektiven oder ethischen Interesses für das Objekt der Darstellung." (S. 86) Entsprechend kultiviere der Ästhet auch „eine Art moralischen Agnostizismus" und eine „ethische Gleichgültigkeit" (S. 90 f.).

13 Der abstrakte Konsument

Wer bin ich? Wer bin ich in den Augen der anderen?
Nichts ist mehr sicher. Nichts ist mehr beständig. Auf nichts ist mehr Verlass. Auf niemanden kann ich mehr vertrauen. Ich muss heute in diesem Unternehmen funktionieren und dort in jenem, muss heute mit fremden Menschen empathisch kommunizieren und morgen mit fremden anderen, muss heute eine Aufgabe erfüllen, die mich nicht betrifft und berührt, und morgen eine andere, die mich kalt lässt. Ich bin heute Teil einer Unternehmensgemeinschaft, aus der ich morgen entlassen werde oder die ich morgen verlasse. Ich stehe heute für bestimmte Leistungen und Kompetenzen, die morgen nichts mehr zählen. Ich verlasse mich heute auf Beziehungen, die morgen aufgekündigt werden. Ich gehe heute Bindungen ein, die ich morgen zerreißen muss. Ich lebe in Verhältnissen, aus denen ich morgen herauskatapultiert werde.

Wer bin ich in all diesen Fluktuationen? Wenn die Umwelt, in die ich mich hineinbegebe, ständig rotiert, wenn die Landschaft, in der ich mich bewege, ständig im Fluss ist, wo ist dann für mich ein fester Anker, ein Orientierungspunkt, an dem ich innehalten und zu mir selbst kommen kann?

Wenn sich alle Spuren, die ich hinterlasse, im Treibsand verflüchtigen, was soll ich dann denen sagen, die mich fragen, welche Spuren ich in meinem Leben hinterlassen habe?

Wenn ich wie ein Chamäleon heute diese und morgen jene Rolle spielen muss, wenn ich meine Persönlichkeit immer wieder aufs Neue anpassen muss an Verhältnisse, in die ich hineingeworfen werde, was macht dann meine Individualität aus?

Und wenn ich heute auf einem grünen Feld mit grünen Menschen grün denken und ein grünes Verhalten zeigen muss und morgen auf ein anderes Feld geworfen werde, auf dem ich mit violetten Menschen violett kommunizieren und ein violettes Spiel spielen muss, welche Farbe habe ich dann, ich, ich selbst?

Oder habe ich gar keine Farbe mehr?

Bin ich ein White-Label-Produkt meiner selbst, ein unbeschriebenes Blatt, eine leere Hülle, ein Nullum, das beliebige Inhalte verkörpern und Formen annehmen kann? Das von jedem, der mich nutzen will und bezahlt, vereinnahmt werden kann? Bin ich ein Abstraktum, das für nichts steht und für nichts einsteht?

Wenn ich aber eine **White-Label-Persönlichkeit** sein muss, um in beliebigen Verhältnissen funktionieren zu können, wo bleibt denn das, was immer wieder mit feierlichen Worten beschworen wird: die unverwechselbare Persönlichkeit, die einzigartige Individualität, die unvergleichliche Eigenart, die authentische Identität?

Sie muss dann zu einer Person werden (im ursprünglichen Sinne dieses Wortes), zu einer Maske, zu einer Kulisse, die ich wie eine Monstranz trage, zu einer fingierten Identität für die Außenwelt, zu einer inszenierten Identität.

Wenn ich in mir selbst nichts mehr finde, das mich von den anderen unterscheidet, wenn das, was im Innersten meine eigene Identität ist, immer poröser, flüchtiger und blasser wird, dann muss ich mir eine äußere Identität bauen, eine Identität, die den anderen deutlich macht, wer ich in ihren Augen sein will.

So frage ich denn nicht mehr, wer ich denn eigentlich bin. Sondern ich frage, was ich tun muss, um bei anderen den Eindruck zu erzeugen, ich sei der, der ich eigentlich sein will. So frage ich denn nicht mehr, wie ich zu mir selbst finden kann. Sondern ich frage, was ich tun kann, damit andere mich dort finden, wo ich gerne sein würde.

So kultiviere ich denn nicht mehr meine unverwechselbare Persönlichkeit. Sondern ich kultiviere die Methoden, mit denen ich bei anderen den Eindruck einer unverwechselbaren Persönlichkeit erzeuge.

Zu diesen Methoden gehören viele Rituale der Eindrucksmanipulation, die ich als Schauspieler meiner selbst pflege. Meine Bühnendarbietungen auf dem Laufsteg des Lebens weisen mich in den Augen der anderen als die Persönlichkeit aus, die ich in ihren Augen sein will.

Zu diesen Methoden gehören aber auch die Waren, mit denen ich mich umgebe und mit denen ich eins werde. Die Waren, die ich kaufe und herzeige, sind mehr als nur eine Umhüllung meiner Individualität. Sie sind mehr als ein Accessoire, mehr als ein schmückendes Beiwerk. Sie verschmelzen vielmehr dann, wenn ich sie nutze, mit meiner Persönlichkeit, werden ein Teil von mir, werden mein Ich. Sie werden meine Warenidentität.

Diese Warenidentität, die andere mir zuschreiben und die ich mir selbst zuschreibe, wird nicht nur aus den Waren erzeugt, die ich nutze. Sondern auch aus der Art und Weise, wie ich die Waren nutze. Daraus ergibt sich mein persönlicher Stil.

Mein Stil ist die Art und Weise, wie ich, umhüllt von meinen Waren, meiner Außenwelt gegenübertrete, wie ich mich anderen Menschen gegenüber ausdrücke. Mein Stil ist die Visitenkarte, die ich stetig in meinem alltäglichen Tun vorzeige. Er ist das Abbild meines Ich, die Reflexionsfläche meiner Identität. Er ist das Bild meines Ich, das ich in den Köpfen der anderen erzeuge. Er ist das Bild meines Ich, das ich in mir trage. Er ist mein Ich.

Niemand kann diese Warenidentität von meiner eigentlichen Identität unterscheiden, auch nicht ich selbst. Denn diese Warenidentität ist so fest mit meiner eigentlichen Identität verschmolzen, dass beide eine Einheit geworden sind. Meine Warenidentität ist meine Identität.

Natürlich ist diese Warenidentität eine Funktion der finanziellen Mittel, die ich habe und die ich für die Ausbildung dieser Warenidentität ausgebe. So lerne ich denn: Alle Wege, die zu mir selbst führen, zu meinem unverwechselbaren Ich, führen über Zahlstellen. Es sind Mautwege.

So ist die Kraft meiner Persönlichkeit eine Funktion meiner Kaufkraft. Denn meine Warenidentität ist immer über das Geld, das ich für sie ausgebe, vermittelt. Es ist eine geldvermittelte Identität, eine durch das abstrakte

Tauschmittel Geld erworbene Identität, eine abstrakte Identität oder die Identität eines abstrakten Menschen.

Ich bewege mich in einem Universum von Dingen, die mir gehören. Sie machen meine Warenidentität aus. Dieses Universum besteht aus einer unendlichen Vielzahl an Waren. Die Lebensmittel, die ich konsumiere, gehören genauso dazu wie die Autos, die ich fahre, die Kleider, Uhren und Schuhe, die ich trage, das Haus, in dem ich wohne, die Einrichtungsgegenstände, die ich um mich herum versammle, die Geräte, die ich benutze, und auch all die vielen mir gehörenden Artikel, die ich gar nicht benutze, aber benutzen könnte.

Die Dienstleistungen, die ich nutze, gehören ebenso dazu. Auch sie sind Waren, mit denen ich mich umgebe, mit denen ich den anderen bedeute, wer ich bin. Das Hotel, in dem ich absteige, prägt mein Ich und das Bild, das andere von meinem Ich haben, ebenso wie das Restaurant, in dem ich speise, das Fortbewegungsmittel, das ich nutze, und die Statusklasse, in der ich im Flugzeug, im Zug oder auf dem Schiff fahre. Auch all die häuslichen und außerhäuslichen Dienste Dritter, die ich in Anspruch nehme, sei es die Putzfrau oder der Gärtner, der Friseur oder der Personal Trainer, bilden meine Warenidentität aus.

Dieses gesamte Universum an Waren und meine persönliche Manier der Nutzung dieser Waren weisen mich bei den Menschen, auf die ich treffe, als einen besonderen Menschen aus, als eine markante, originäre und originelle Persönlichkeit. Mein Warenuniversum prägt das Bild, das andere von mir haben. Es prägt das Bild, das ich von mir selbst habe. Es prägt mein Ebenbild.

Ohne diese Waren bin ich eine White-Label-Persönlichkeit, ein unbeschriebenes Blatt. Ohne meine Warenidentität bin ich ein Mensch ohne Eigenschaften, eine leere Hülle, ein Mensch, der sich jeder konkreten Bestimmtheit entzieht, ein Mensch, der nichts darstellt und für nichts steht, ein Mensch jenseits aller Konkretion, ein Mensch als Abstraktum, ein abstrakter Mensch.

Mit diesen Waren bin ich wer, stelle in den Augen der anderen etwas dar, bin eine unverwechselbare Persönlichkeit, eine Warenpersönlichkeit, ein abstrakter Konsument eines Universums von Waren, ein abstrakter Mensch.

Kapitel 14
Der abstrakte Mensch: Idealtypus im Digitalzeitalter

Ich habe in den Kap. 4 und 7 bereits darauf hingewiesen, dass die Evolution des Wirtschaftsmenschen hin zum abstrakten Menschen von der Restrukturierungs-Wirtschaft des 21. Jahrhunderts gefördert und gefordert wird. Ich habe dargelegt, dass die Restrukturierungs-Ökonomie des 21. Jahrhunderts der Treiber und Motor dieser Evolution ist, dass diese neuzeitliche Restrukturierungs-Ökonomie die Herausbildung des Typus des abstrakten Menschen einfordert, ja erzwingt.

Diese These ist von weittragender Bedeutung. Stellt sie doch darauf ab, dass wir es beim Typus des abstrakten Menschen nicht mit einem Phänomen zu tun haben, das hier und dort auftritt und hin und wieder aufscheint, mit einem Randphänomen also, einer akzessorischen Nebenwirkung der wirtschaftlichen Entwicklung, sondern mit einem Phänomen, das die Wirtschaftskultur und das gesellschaftliche Milieu des 21. Jahrhunderts maßgeblich prägen wird.

Ich spitze diese These wie folgt zu:

Die Evolution des Menschen hin zum abstrakten Menschen ist ein Schlüsselfaktor zum Verständnis der sozialen und wirtschaftlichen Entwicklung in den fortgeschrittenen marktwirtschaftlichen Systemen des 21. Jahrhunderts.

Diese Evolution grundiert und präformiert in diesen Volkswirtschaften alle gesellschaftlichen und wirtschaftlichen Strukturen und Prozesse. Es ist eine Evolution, die weder rückholbar noch beliebig veränderbar ist.

Denn sie folgt aus den Gesetzlichkeiten der Restrukturierungs-Ökonomie des 21. Jahrhunderts. Diese Wirtschaftsform benötigt den abstrakten Menschen. Sie erzwingt ihn. Sie stanzt ihn aus. Sie tut das, indem sie die Menschen, die sich auf dem Evolutionspfad zum abstrakten Menschen weit voranbewegen, prämiert und fördert. Und indem sie die Menschen, die sich weigern, auf diesem Pfad weiterzugehen, sanktioniert und aussondert.

Die Restrukturierungs-Ökonomie setzt damit einen evolutionären Selektionsmechanismus in Gang. Der belohnt alle diejenigen, die auf diesem Pfad fortschreiten, und bestraft diejenigen, die auf diesem Pfad zurückbleiben. „Survival of the fittest", Überleben der Bestangepassten, bedeutet nach diesem sozialen und wirtschaftlichen Selektionsmechanismus: die graduelle Herausbildung einer Hegemonie des abstrakten Menschen über den konkreten Menschen.

Ich habe diese These in den Kap. 4 und 7 damit begründet, dass die Restrukturierungs-Ökonomie in ihrer volatilen Unberechenbarkeit und eruptiven Veränderungsdynamik einen Menschen erfordert, der Bindungen und Beziehungen mit leichter Hand aufkündigen, zerreißen und überwinden kann. Sie fordert einen abstrakten Menschen, der in der „heutigen fragmentierten Karrierelandschaft"[1] ohne Emotionen Brüche vollziehen und Veränderungen durchziehen kann.

Reid Hoffman, der Mitgründer von LinkedIn, schreibt über diese Anforderung der neuzeitlichen Restrukturierungs-Ökonomie:

> „Sie wissen nie, was als Nächstes passiert. Sie verfügen nur über beschränkte Informationen. Die finanziellen Mittel sind knapp. Der Wettbewerb ist scharf. Die Welt verändert sich. Und die Zeit, die Sie mit einem einzelnen Job verbringen, nimmt immer mehr ab. Das bedeutet, dass Sie sich die ganze Zeit anpassen müssen. Und wenn Sie das nicht schaffen, dann wird niemand – weder ein Arbeitgeber noch der Staat – Sie auffangen, wenn Sie fallen."[2]
>
> „Sie können nie genau wissen, wann ein Wendepunkt Ihre Karriere erschüttern wird. Das Einzige, was Sie sicher über die Zukunft wissen können, ist, dass sie früher kommen und seltsamer sein wird, als Sie denken."[3]

Nun gibt es für die These einer zwangsläufigen Evolution hin zum abstrakten Menschen noch einen zweiten wirtschaftlichen Grund.

Konkret: Die Zwangsläufigkeit des Evolutionstrends hin zum abstrakten Menschen ist nicht nur darauf zurückzuführen, dass die volatile Restrukturierungs-Ökonomie den volatilen Menschen erfordert, der Bindungen emotionslos einäschern kann. Sie hat darüber hinaus noch einen zweiten Grund und Hintergrund.

Der besteht darin, dass die Restrukturierungs-Ökonomie des 21. Jahrhunderts permanent auf dem Weg der mathematisch exakten Automatisierung von Prozessen voranschreitet. Der Mensch, der geeignet und passfähig ist, um diesen Weg mitgehen zu können, ist der abstrakte Mensch.

Frank Schirrmacher hat auf einen Zusammenhang hingewiesen, der in diesem Kontext für meine Argumentation von Bedeutung ist: auf den Zusammenhang zwischen der Reduzierung des Menschen auf einen egoistischen Selbstoptimierer und dem Zwang zur fortschreitenden Automatisierung und mathematisch exakten Optimierung von Wirtschaftsprozessen.

---

[1] Hoffman und Casnocha 2012, S. 20.
[2] Hoffman und Casnocha 2012, S. 20.
[3] Ebd., S. 86 f.

> „Denn nur, wenn man als Prämisse akzeptiert, dass jeder nur aus Eigennutz handelt, kann man die ganze Komplexität menschlichen Verhaltens in die Sprache der Mathematik übersetzen." (S. 25 f.) „Das rationale Individuum ist eine Rechenmaschine. Es ist reduzierbar auf das, was es egoistisch will und wählt, seine sogenannten Präferenzen, und die lassen sich mathematisch berechnen." (S. 31 f.) „Alle Probleme mit dem Unsicherheitsfaktor ‚Mensch' lösen sich in Wohlgefallen auf, wenn man zwingend annimmt, dass er bei dem, was er denkt und tut, immer nur an seinen eigenen Vorteil denkt." (S. 35 f.) „Erst wenn alles ein Spiel nach den Regeln des Egoismus geworden ist, lassen sich der Mensch und seine Welt in präzisen mathematischen Formeln berechnen." (S. 283)[4]

Der abstrakte Mensch ist mithin nicht nur die Prämisse, von der die Restrukturierungs-Ökonomie in ihrem Bestreben ausgeht, ökonomische Prozesse zu automatisieren. Er ist auch und gerade das evolutionäre Ergebnis dieses Bestrebens.

In der neuzeitlichen Restrukturierungs-Ökonomie ist das Geschäftsmodell jedes Unternehmens permanent Risiken ausgesetzt, die es in dieser Form im 20. Jahrhundert nicht gab. Es sind Risiken, die daraus resultieren, dass die Umwelt des Unternehmens im 21. Jahrhundert auf eine qualitativ neue Weise komplex, unsicher, unberechenbar, volatil und eruptiven Wandlungen ausgesetzt ist.[5]

Die Unternehmen sind im 21. Jahrhundert bei Strafe ihres Untergangs darauf angewiesen, gegen diese risikoreiche Tendenz einer fortschreitenden Umwelt-Volatilisierung entgegenwirkende Kräfte zu mobilisieren. Sie können dies auf vielfältige Weise tun. Ein Weg, um diese entgegenwirkenden, risikomindernden Kräfte freizusetzen, ist der Weg des synaptischen Managements, den ich in Kap. 9 aufgezeigt habe.[6]

Ein anderer Weg ist der, den ich **„Umwelt-Domestikation"** nennen will. In der Biologie meint der Begriff „Domestikation" jenen Prozess, in dem Wildtiere gezielt in Haustiere umgezüchtet werden. In Anlehnung daran bezeichne ich mit „Umwelt-Domestikation" den Versuch von Unternehmen, ihre zunehmend erratische, volatile und komplexe Umwelt mathematisch exakt berechenbar und verwertbar zu machen.

Diese „Umwelt-Domestikation" ist ein epochaler Vorgang. Er ist von großer Tragweite. Man kann ihn durchaus historisch nennen. Für die wirtschaftliche und gesellschaftliche Evolution im 21. Jahrhundert hat er eine maßgebliche Bedeutung.

Ich werde für eine genauere Charakterisierung dieses epochalen Vorgangs einige Begriffe und Bilder aus der Biologie entlehnen und einen Ausflug in eine Fantasiewelt unternehmen.

---

[4] Alle Zitate aus: Schirrmacher 2013.
[5] Siehe dazu Prodoehl 2014.
[6] Siehe Prodoehl 2014.

Exkursion in eine Fantasy-Welt der Umwelt-Domestikation
Wir schreiben das Jahr 2087. Die Bewohner eines hoch technisierten Dorfes im Norden Europas haben sich behaglich eingerichtet. Sie haben ein Dorfunternehmen gegründet, das ihre gemeinschaftlichen Dinge regelt. Es produziert auf höchst effiziente und effektive Weise die Güter, die die Dorfbewohner brauchen, regelt die Distribution und sorgt für die ökologische Einbindung der Dorfgemeinschaft in die Naturumwelt. Diese Umwelt ist menschengerecht bearbeitet und zugerichtet. Die Menschen haben diese Naturlandschaft an ihre Kulturlandschaft angepasst. So ist das Leben im Dorf geregelt, berechenbar und komfortabel.

Da geschieht etwas Unerhörtes. In den Alltag des Dorfes bricht etwas ein, das die Dorfbewohner niemals vorher erlebt hatten. Immer häufiger verheeren Stürme das Dorf. Sie werden von Mal zu Mal heftiger, kommen plötzlich und unerwartet auf und nehmen einen unberechenbaren Verlauf. Immer mehr Wildtiere tauchen auf, brechen ohne Vorwarnung in das Dorf ein und verwüsten umzäunte Gehege. Jäh und unvorhersehbar überschwemmen Flutwellen das Dorf, sie kommen von irgendwo her, rollen immer öfter an, aus dem Nichts. Die Dorfbewohner haben kein Mittel, um sie einzudämmen. Hinzu kommen Erdbeben, auch sie immer häufiger und heftiger, unvorhersehbar und unberechenbar, kein Seismograf zeigt sie an, sie brechen abrupt auf, ohne irgendein Vorzeichen.

Die Lage der Dorfbewohner wird immer verzweifelter. Die Ausbrüche der Naturwildheit mehren sich und werden ein allgegenwärtiges und ständig präsentes Gefahrenpotenzial. Die Dorfbewohner sehen sich einer Umwelt gegenüber, die aus den Fugen gerät. Einer wilden, verwilderten und wildwütigen Umwelt. Einer Umwelt, die unberechenbar und zerstörerisch ist.

In dieser Lage erinnern sich die Dorfbewohner an das Dichter-Wort „Wo aber Gefahr ist, wächst das Rettende auch!". Sie konzentrieren all ihre Energie und Intelligenz darauf, den Source Code für jene Naturkräfte zu entschlüsseln, die sie peinigen. Dabei gehen sie von der Annahme aus, dass die Natur nach mathematischen Algorithmen funktioniert und dass derjenige, der diese Algorithmen aufdeckt, den Schlüssel zur Beherrschung der Naturkräfte in Händen hält.

So ziehen sich denn die klügsten Mathematiker und Informatiker des Dorfes in ein Kloster zurück, das die Dorfbewohner für solche Klausuren in einem ausgedehnten Tal am Rande des Dorfgebietes errichtet haben. Nach langen Anstrengungen und Experimenten bemerken die Dorfbewohner, dass aus diesem Kloster endlich weißer Rauch aufsteigt. Offenbar haben es die Nerds des Dorfes geschafft, den Algorithmus zu dechiffrieren, nach dem die Natur funktioniert!

Sofort gehen die Dorfbewohner, angeführt von ihren Dorf-Nerds, daran, die Software der Natur umzuprogrammieren. Sie versuchen, die Software der Natur so zu verändern, dass sich die Natur ihnen anpasst. Sie versuchen, die Natur zu domestizieren. Sie tun das, indem sie die von ihnen entwickelte Natur-Software implementieren. Sie nennen diese neue Software „Release Nature-Domestication 1".

> Gespannt warten die Dorfbewohner dann ab. Als die Natur zwei Wochen lang nach der Implementation der neuen Software keinerlei Anzeichen von Wildheit mehr zeigt, feiern die Dorfbewohner ein Freudenfest. Endlich haben sie die Natur gebannt, endlich haben sie gelernt, den Source Code der Natur zu manipulieren! Ihre Algorithmen haben die Natur domestiziert!
> Während sie noch ausgelassen feiern, geschieht etwas Ungeheuerliches. Sie, die Dorfbewohner, verwandeln sich plötzlich. Während der Freudenfeier! Ihre Gesichter nehmen mathematisch exakte Proportionen an. Ihre Sprache wird eine Aufeinanderfolge von Ziffern. Ihre Bewegungen werden mechanisch exakt. Ihre Gestik und Mimik folgt algorithmischer Logik. Ihre Gefühle werden zu Funktionsanzeigern. Ihre Augen werden zu Ortungssensoren. Ihre Arme werden zu Greifarmen.
> Nichts mehr deutet darauf hin, was sie einst waren, vor jenem D-Day, an dem der Releasewechsel stattfand. Denn sie haben mit der äußeren Natur auch ihre innere verwandelt.

Jene „**Umwelt-Domestikation**" ist der epochale Versuch der Wirtschaftsunternehmen im 21. Jahrhundert, den Tendenzen zur fortschreitenden Volatilisierung ihrer Umwelt dadurch entgegenzuwirken, **dass sie den Faktor Mensch berechenbar und programmierbar machen.** Sie müssen diesen Versuch unternehmen. Denn die wachsende Erratik der Umweltveränderungen unterminiert beständig ihre Fähigkeit, planvoll zu handeln und konsistent zu planen.

Sie können diese Erratik ihrer Umwelt dann kanalisieren, sie können die „Wildheit" ihrer Umweltkonstellationen dann domestizieren, sie können ihre Geschäftschancen in dieser „wilden" Umwelt dann optimieren, wenn es ihnen gelingt, den entscheidenden Produktionsfaktor und den entscheidenden Absatzfaktor zu programmieren: den Menschen.

> *Der Philosoph Evan Selinger und der Rechtswissenschaftler Brett Frischmann stellen dazu im August 2015 im „Guardian" die Fragen: „Will the internet of things result in predictable people?... Will people become programmable like machines?" Sie sprechen in diesem Kontext von „techno-social engineering. Techno-social engineering involves designing and using technological and social tools to construct, influence, shape, manipulate, nudge, or otherwise design human beings." „The internet of things is envisioned to be a ‚programmable world' where the scale, scope, and power of these tools is amplified as we become increasingly predictable: more data about us, more data about our neighbours, and thus more ways to shape our collective beliefs, preferences, attitudes and outlooks."[7]*

---

[7] http://www.theguardian.com/technology/2015/aug/10/internet-of-things-predictable-people.

Nun ist aber **der konkrete Mensch** einer, der sich gegen eine Programmierung seiner Identität sperrt. Der konkrete Mensch ist immer einzigartig, in seiner Individualität singulär. Er ist damit unvergleichlich und unvergleichbar. Er ist prinzipiell inkommensurabel. Denn das Singuläre entzieht sich jedem Vergleich. Er ist nicht eindimensional, sondern multidimensional, rational und irrational, von vielfältigen Bedürfnissen, Kognitionen und Emotionen angetrieben. Seine Psyche ist kein softwaregesteuerter Automat, sondern ein komplexes Phänomen, das nicht nach mathematischer Logik funktioniert. Deshalb ist er nicht berechenbar, nicht maschinengleich programmierbar, nicht mathematisch exakt steuerbar. Er ist weder automatisierbar noch industrialisierbar.

Deshalb ist er für Wirtschaftsunternehmen, die sich durch jene Umwelt-Domestikation inmitten der Volatilitäten ihrer Marktumwelt optimieren wollen, ein dysfunktionaler Faktor.

Wirtschaftsunternehmen haben im 21. Jahrhundert ein doppeltes Interesse daran, den Faktor Mensch durch Domestikation programmieren zu können:

- **Der Faktor Mensch als Produzent:** Zum einen müssen die Unternehmen, als Antwort auf jene Umweltvolatilität und auf die Zwänge des globalen Wettbewerbs, ihre internen Strukturen und Prozesse mehr und mehr rationalisieren. Diese Rationalisierung geschieht durch die Steuerung aller Abläufe nach der mathematisch exakten Logik von Softwaresystemen. Indem die Automatisierungstechnologie mehr und mehr mit der Informationstechnologie zu einem einheitlichen technischen System verschmilzt (Industrie 4.0), werden industrielle Prozesse und Unternehmensstrukturen automatisiert steuerbar, mathematisch exakt planbar und anpassbar. Die Menschen, die in diesen Prozessen und Strukturen arbeiten, müssen sich die Fähigkeit antrainieren, innerhalb dieser Welt der Automatisierung und industriellen Standardisierung bruchlos zu funktionieren. Die Unternehmen, die diese Menschen beschäftigen, müssen ein Interesse daran haben, dass die Beschäftigten ihr Handeln und Denken in diese Systeme mathematischer Exaktheit und algorithmischer Automatisierung reibungslos einfügen.
- **Der Faktor Mensch als Konsument:** Zum anderen müssen die Unternehmen, als Reaktion auf die omnipräsente Umweltvolatilität, darauf abzielen, die Menschen als Konsumenten **berechenbar und steuerbar** zu machen. Sie können ihre Produktgestaltung und ihren Umsatz nur dann optimieren, wenn sie den Konsumenten als ein Wesen begreifen, das berechenbar ist und vorhersehbar handelt, und wenn sie den Konsumenten so konditionieren, dass er berechenbar wird und vorhersehbar agiert. Denn nur dann können sie ihre Waren mit denjenigen Identitätswerten ausstatten, die für die von ihnen adressierten Konsumenten mit hoher Wahrscheinlichkeit attraktiv sind. Und nur dann können sie ihre Produktion mehr und mehr softwaregesteuert automatisieren. Bedarf doch die Automatisierungs-Software einer Programmierung, die nur aus der exakten Festlegung der Produktpalette und damit aus der präzisen Berechnung der Konsumenten-Bedürfnisse herrühren kann. So müssen die Unternehmen darangehen, möglichst viele Daten über den Konsumenten zu sammeln und diese

Daten so auszuwerten, dass sie diesen Konsumenten punktgenau adressieren können. **Dieses Big-Data-Kundenmanagement verfängt aber nur dann, wenn die Unternehmen davon ausgehen können, dass der Kunde ein Wesen ist, das nach den Algorithmen der Big-Data-Software berechenbar und programmierbar ist.**

Wollen die Unternehmen diese beiden Aspekte der IT-gestützten Umwelt-Domestikation verwirklichen, dann müssen sie auf einen Menschentyp abstellen, der dafür zugänglich ist, programmiert zu werden. Wollen die Unternehmen die Wahrscheinlichkeit dafür, dass diese Umwelt-Domestikation gelingt, berechenbar zuverlässig erhöhen, dann müssen sie darangehen, diesen Menschentyp nicht nur zu unterstellen, sondern ihn gezielt zu fördern und auszubilden. Es ist dies der Typ des abstrakten Menschen.

Warum ist der abstrakte Mensch ein auf diese Weise domestizierbarer Mensch?

Er ist es deshalb, weil er, anders als der konkrete Mensch, nach dem binären Code der Computertechnologie funktionieren kann. Es ist dies ein Code, der von allem Konkreten abstrahiert, indem er alles Konkrete auf Abstrakta herunterbricht. Dieser binäre Code der digitalen Welt ist deshalb ein abstrakter Code. Er ist der Code des abstrakten Menschen. Der abstrakte Mensch ist das Pendant zu diesem Code.

Die digitale Welt der Informationstechnik operiert mit Bits. Bits sind die Atome dieser Welt, ihre Kernbausteine. Ein Bit beschreibt immer einen binären Zustand: ein oder aus, 1 oder 0. In der digitalen Welt ist es möglich, alle denkbaren konkreten Phänomene durch Abstraktion in Ketten aus 1 und 0 zu übersetzen.

> „Für eine Audio-CD beispielsweise tastet man die Klänge eines Musikstücks 44.100mal pro Sekunde ab und zeichnet dessen Audiowellenformen (der Schalldruckpegel wird als Spannungswert gemessen) als Kette einzelner Zahlen auf (die ihrerseits in Bits umgewandelt werden). Wenn man diese Bit-Ketten nun 44.100mal pro Sekunde abspielt, erhält man eine ununterbrochene Wiedergabe der Originalmusik. Die aufeinanderfolgenden einzelnen Meßpunkte liegen zeitlich so dicht nebeneinander, daß unser Ohr sie nicht mehr als eine Aneinanderreihung getrennter Klänge, sondern als durchgehenden Ton wahrnimmt."[8]

So macht es die Digitalisierung möglich, alle denkbaren konkreten, analogen Phänomene auf die binäre Logik der Ziffern 0 und 1 zu reduzieren: Musikstücke genauso wie Fotos, Sprache genauso wie Bewegtbilder, Text genauso wie Grafiken. Die binäre Logik des Digitalzeitalters abstrahiert also von allem Konkreten, indem sie jedes Konkrete auf eine Kette aus den Zahlen 0 und 1 herunterbricht.

---

[8] Negroponte 1995, S. 23.

Nach dieser binären Logik ist alles Konkrete programmierbar und umprogrammierbar, wenn es auf diese Zahlenkette, auf eine Aufeinanderfolge von zwei Zuständen herunterabstrahiert werden kann.

Wie aber kann ein Mensch nach dieser binären Logik programmiert und umprogrammiert werden? Wie kann es gelingen, den Menschen nach jener mathematischen Logik der digitalen Welt berechenbar, ausrechenbar, automatisierbar und steuerbar zu machen? Wie kann diese mathematische Modellierung des Menschen gelingen?

Sie kann dann gelingen, wenn die Evolution des Menschen so vorangetrieben wird, dass sie mehr und mehr jenen Typus des abstrakten Menschen hervorbringt.

Denn dieser abstrakte Mensch ist exakt jener Mensch, der nach der binären Logik funktioniert. Er denkt und handelt nach dieser binären Logik, weil und sofern er dem Kalkül der utilitaristischen Synthese folgt. Nach diesem Kalkül kann der abstrakte Mensch alles Konkrete, alle konkreten Situationen, Ereignisse, Denk- und Handlungsoptionen nach einem einfachen binären Schema taxieren. Das Schema lautet: Dieses Konkrete passt ins Kalkül der utilitaristischen Synthese oder es passt nicht. Es dient der Nutzenmaximierung oder es dient nicht. Es ist für die Selbstoptimierung geeignet oder nicht. Es ist 0 oder 1.

Der abstrakte Mensch ist deshalb der digitale Mensch. Er ist für das Digitalzeitalter wie geschaffen. Er wird deshalb im Digitalzeitalter geschaffen.

Indem er bei allem, was er denkt und tut, immer nach der Ideallinie seiner individuellen Nutzenmaximierung und Nutzenoptimierung vorgeht bzw. vorzugehen versucht, kennt der abstrakte Mensch nur jene binäre Logik: ja oder nein, passt zur Ideallinie oder passt nicht, 0 oder 1.

So ist denn dieser abstrakte Mensch einer, der nach den oben dargestellten beiden Logiken der Umwelt-Domestikation funktionieren und funktionsfähig gemacht werden kann: nach der binären Logik des Big-Data-Kundenmanagements und nach der digitalen Logik der softwaregestützten Automatisierung und Standardisierung von Unternehmensprozessen. In beide Logiken kann sich der abstrakte Mensch einfügen, in beide Logiken kann er hineinprogrammiert werden.

Niklas Luhmann hat diese Rationalität der Evolution des abstrakten Menschen schon im Jahr 1971 vorhergesehen. Er beschrieb damals den künftigen Menschentyp, der in die rationellen Systeme der Wirtschaft bruchlos eingefügt werden kann, wie folgt:

> „Er muß ... seine Selbstachtung an generalisierte Maßstäbe binden: an Werte oder Fernwirkungen, an formalen Status, Geldsummen, Publicity, Erfolgsziffern oder Kontaktmengen, über die ihm mit Hilfe anderer Organisationen soziale Unterstützung zugeführt wird. Er muß zur Selbstabstraktion fähig werden, durch die er auf die Rationalisierung des sozialen Systems parieren kann."[9]

---

[9] Luhmann 1971, S. 138.

14 Der abstrakte Mensch: Idealtypus im Digitalzeitalter

Der abstrakte Mensch ist auch der vergleichbare Mensch.
Er teilt nicht das Schicksal des konkreten Menschen, singulär und inkommensurabel zu sein. Vielmehr ist er mit anderen abstrakten Menschen vergleichbar, insofern er ebenso wie die anderen nach dem Schema der utilitaristischen Synthese denkt und handelt. Das macht ihn berechenbar, vorhersehbar, taxierbar, für Ratings geeignet, steuerbar, programmierbar und messbar. Es macht ihn auswertbar und verwertbar. Es macht ihn domestizierbar.

So ist denn der abstrakte Mensch das Objekt der Begierde all jener, die darauf abstellen, ein Unternehmen durch „Umwelt-Domestikation" aus der Gefahrenzone der Umweltvolatilitäten hinauszusteuern und inmitten dieser Volatilitäten zu optimieren.

Die Strategie der Umwelt-Domestikation ist für Unternehmen in der volatilen Umwelt des 21. Jahrhunderts eine existenziell wichtige Strategie. Sie kann nur aufgehen, wenn sie auf den abstrakten Menschen trifft. Weil der abstrakte Mensch der entscheidende Erfolgsfaktor für diese Strategie ist und weil diese Strategie ein entscheidender Erfolgsfaktor für das Überleben von Unternehmen in der Volatilitätsumwelt des 21. Jahrhunderts ist, können es die Unternehmen nicht dem Zufall überlassen, ob sie diese Strategie tatsächlich auf real existierende abstrakte Menschen gründen können. Sie können die Existenz des abstrakten Menschen nicht dem Prinzip Hoffnung überantworten. Vielmehr sind sie gehalten, mit den Instrumenten, die ihnen zu Gebote stehen, daran zu arbeiten, die Evolution des abstrakten Menschen zu forcieren.

Die Logik jener Umwelt-Domestikation lautet: Die Automatisierung des Wirtschaftsbetriebs muss dem binären Code der digitalen Welt folgen. Es ist dies der Code der Software, nach der wirtschaftliche Prozesse programmiert werden. Der „weiche Faktor" im Wirtschaftsgetriebe, der Mensch, kann nur dann optimal in dieses Software-System eingefügt werden, wenn er als abstrakter Mensch nach jenem binären Code funktioniert.

So ist denn der abstrakte Mensch jener Typus, den das wirtschaftliche System braucht, um die Erratik des „weichen Faktors" eliminieren zu können.
Der abstrakte Mensch verwandelt jenen „soft factor" in einen „software factor" und damit in einen Faktor, der der Logik des IT-gestützten Wirtschaftssystems anverwandelt werden kann.

Es wundert vor diesem Hintergrund nicht, dass die Computertheorie des Geistes das bestimmende Paradigma der neueren kognitionswissenschaftlichen Forschung ist. Die Computertheorie des Geistes geht davon aus, dass das menschliche Gehirn in Analogie zu einem Computer funktioniert.[10] Nach dieser Theorie muss das Gehirn deshalb als ein organischer Computer

---

[10] Vgl. Zenon W. Pylyshyn: Computation and Cognition. Toward a Foundation for Cognitive Science. Cambridge 1984.

> *verstanden werden, weil beide, das Gehirn und der Computer, aus einer Vernetzung von Binärschaltern bestehen (die nur zwei Stellungen kennen: „ein" und „aus"): der Computer aus einer Ansammlung von elektronischen Binärschaltern, die einen Stromimpuls entweder durchleiten oder nicht durchleiten; das Gehirn aus einer Ansammlung von organischen Binärschaltern, den Neutronen, die ein Nervensignal entweder übertragen oder nicht übertragen.*
>
> *Der US-amerikanische Informatik-Professor David Gelernter schreibt dazu: „Die Computertheorie des Geistes behauptet, Rechnen sei das Wesen des Geistes: Danach ist das Gehirn eine Art organischer Computer, und der Geist gleicht der Software, die auf diesem Computer läuft. Manche Menschen und viele Anhänger der Computertheorie des Geistes glauben, man könne einen Geist aus Software konstruieren. Einen wirklichen, echten Geist. Wenn man ausreichend viele Computerbefehle richtig anordnet, ist die so entstandene App oder das Programm ein Geist. ... Die Anhänger dieser Vorstellung – viele davon Vertreter der Computertheorie des Geistes – meinen damit einen vollständigen Geist, der nicht nur denken und alle möglichen Probleme lösen kann, sondern auch in der Lage ist, zu fühlen, die Welt zu erleben und sich etwas vorzustellen." Und David Gelernter fügt hinzu, dies sei „die übereinstimmende Ansicht des intellektuellen Mainstreams in den Wissenschaften über den Geist."*[11]

Ich behaupte hier nicht, dass der Wirtschaftsmensch ohne Rest in einen softwaregesteuerten abstrakten Menschen verwandelt werden kann. Ich gehe auch nicht so weit wie Frank Schirrmacher, der in seinem Buch „Ego" feststellt, der „Homo oeconomicus", ein „ideales mathematisches Wesen",[12] sei auf dem Weg, die Welt zu erobern. Aus der Sicht von Frank Schirrmacher wird dieser „Homo oeconomicus" zu einem „Ego-Automat" werden, einer „Maschine, die sich programmieren und einsetzen lässt".[13]

Ich gehe demgegenüber davon aus, dass die Residuen des konkreten Menschen noch auf absehbare Zeit am abstrakten Menschen haften bleiben werden. Denn die Konditionierung, die der Mensch im 21. Jahrhundert erfährt, ist, wie ich in Kap. 4 beschrieben habe, eine widersprüchliche. Die Marktwirtschaft und die Marktgesellschaft des 21. Jahrhunderts brauchen jene Residuen des konkreten Menschen.

Das aber ändert nichts daran, dass wir zwei evolutionäre Kräfte in der Wirtschaftswelt des 21. Jahrhunderts ausmachen können, die den Prozess der Herausbildung des abstrakten Menschen befördern und forcieren.

---

[11] Gelernter 2016, S. 16 f.
[12] Schirrmacher 2013, S. 58.
[13] Ebd., S. 98.

Da ist **zum einen** die evolutionäre Kraft, die vom Wirtschaftsmenschen selbst ausgeht. Er ist, wie ich oben in den Kap. 4 und 7 gezeigt habe, aus Gründen seines Selbstschutzes vor den Volatilitäten der Restrukturierungs-Ökonomie, vor den Zumutungen des Wandels, gehalten, sich sukzessive zum abstrakten Menschen zu erziehen. Er muss das tun, will er im Strudel der erratischen Wirtschaftseruptionen nicht seine psychische Stabilität verlieren.

Da ist **zum anderen** die in diesem Kapitel dargestellte evolutionäre Kraft, die von den Wirtschaftsunternehmen ausgeht (und die von der vorherrschenden kognitionswissenschaftlichen Lehre gestützt wird). Auch diese Kraft drängt den Wirtschaftsmenschen dazu, auf dem Weg voranzuschreiten, der ihn vom konkreten zum abstrakten Menschen führt. Sie prämiert den, der auf diesem Weg bereits weit fortgeschritten ist, und bestraft den, der zögert, diesen Weg zu gehen.

Der Grund dafür, dass die Evolution des Wirtschaftsmenschen hin zu abstrakten Menschen keine Episode, kein Randphänomen in der Wirtschaftsgeschichte des 21. Jahrhunderts darstellt, ist das Zusammenwirken dieser beiden evolutionären Kräfte.

Beide Kräfte wirken in die gleiche Richtung. So verstärken sie sich und forcieren mit konzertierter Wirkung jene Evolutionsdynamik, die den Wirtschaftsmenschen auf jenes Zielbild des abstrakten Menschen hintreibt.

Kapitel 15
Hit it and quit it! Das Internet als Treibhaus für die Evolution des abstrakten Menschen

Es ist eine merkwürdige Koinzidenz: Gerade zu dem Zeitpunkt, da am Horizont der menschlichen Evolution das Zielbild des abstrakten Menschen aufscheint, entsteht ein Medium, das ein enormes Potenzial zur Beschleunigung dieser Evolution in sich birgt: das Internet. Das Internet ist ein allgegenwärtiger und machtvoller Treiber für diese biologisch-soziale Evolution, in der das Charakterbild des abstrakten Menschen ausgestanzt wird. Es ist das Treibhaus, in dem jenes Charakterbild mehr und mehr zu dem beherrschenden und herrschenden Menschenbild wird.

Das Internet fungiert als ein Treibsatz für die Evolution des abstrakten Menschen nicht allein, sondern eingebettet in das neuzeitliche Ensemble der informations- und kommunikationstechnischen Innovationen, die seit dem letzten Jahrzehnt des 20. Jahrhunderts das globale Wirtschaftsleben umgewälzt haben (von Breitbandnetzen über Satellitenkommunikation bis hin zu Smartphones und Cloud-IT).[1]

Das Internet hat, eingebettet in diese neuzeitliche IKT-Welt, vielfältige Potenziale zur Beschleunigung dieses Evolutionsprozesses. Ich werde einige dieser Potenziale hier kurz beschreiben.

Das Internet als Bühne für die Inszenierung des abstrakten Menschen

Zum einen schafft das Internet für die User ein Universum an Möglichkeiten, um das eigene Selbst zu simulieren und das eigene Leben als eine Bühnendarstellung zu inszenieren. Ich hatte oben, in Kap. 8, dargelegt, dass diese Inszenierung des Selbst für den abstrakten Menschen ein wesentliches Lebensmittel ist. Das Internet schafft für den abstrakten Menschen, der vor anderen eine Rolle spielen will, eine

---
[1] Siehe dazu Prodoehl 2014, S. 11 ff. ; das Kürzel IKT bezeichnet die Informations- und Kommunikationstechnik; vgl. auch Lawler und Worley 2006.

globale Bühne. Es stattet den abstrakten Menschen mit einem unerschöpflichen Arsenal an Requisiten für seinen Bühnenauftritt aus.

Das Internet gibt dem abstrakten Menschen vor allem die Chance, ohne ausgeprägte schauspielerische Fähigkeiten vor einem Publikum eine überzeugende Darstellung abzuliefern. Das globale Netz macht es für den User leicht, ständig und überall eine Rolle zu spielen. Denn der User muss sich dazu nicht mühsam in professioneller Schauspielerei üben. Er muss nur online gehen.

Das Internet ermöglicht und erleichtert es dem User auch, alle möglichen Rollen und Identitäten anzunehmen. In der Anonymität der Internet-Welten kann der User in die Larve unterschiedlichster Persönlichkeiten schlüpfen. Er kann in einem Online-Spiel eine Vielzahl an Charakteren annehmen, in Foren und Blogs anonym irgendwelche Charaktermasken aufsetzen, in Social-Media-Welten seine Identität fingieren und dabei beliebig oft seine Identitäten wechseln und seine Rollen vertauschen.

> *In einem Artikel im Magazin „Vanity Fair" vom September 2015 heißt es über „heavy user" der Social-Media-Plattformen: „They say they think their own anxiety about intimacy comes from having ‚grown up on social media,' so ‚we don't know how to talk to each other face-to-face.' ‚You form your first impression based off Facebook rather than forming a connection with someone, so you're, like, forming your connection with their profile.'"*[2]

Der Internet-Nutzer kann sich also auf der Bühne des Internets jedes konkrete Persönlichkeitsprofil zu eigen machen, er kann jede Konkretion annehmen und sich dabei gleichzeitig unabhängig machen von jeder Konkretion. Er kann auf dieser Bühne, kurz gesagt, frei und ungebunden als abstrakter Mensch spielen, als ein Mensch, der jede konkrete Gestalt annehmen und deshalb von jeder konkreten Gestalt abstrahieren kann.

So bietet denn das Internet eine Bühne, auf der der abstrakte Mensch zu sich selber kommen kann. Deshalb ist das Internet das Forum, auf dem die Züchtung des abstrakten Menschen, die wirtschaftlich-soziale Evolution des abstrakten Menschen massiv forciert wird. Das Internet beschleunigt diesen Prozess, in dem der abstrakte Mensch als hegemonialer Charakter des 21. Jahrhunderts ausgebildet wird. Denn es bietet in all seinen Foren eine unerschöpfliche Vielfalt an Möglichkeiten für das Einüben und Trainieren der Qualifikationen, die den abstrakten Menschen ausmachen.

Das Internet ist damit ein globales Trainingscamp und ein globales Bildungsmedium für den abstrakten Menschen. Die Menschen im 21. Jahrhundert lernen in den virtuellen Räumen, die ihnen das Internet bietet, wie sie, von ihrer Individualität abstrahierend, diejenige Person darstellen können, die sie darstellen wollen.

Das Internet befähigt die User nicht nur dazu, sich unendlich viele Charaktermasken aufzusetzen und sich mit diesen Masken vor dem Publikum zu präsentieren. Es führt sie darüber hinaus in eine Welt hinein, in der die User zu diesen Charaktermasken werden, in der ihre Identität mit der Identität verschmilzt, die sie sich im Internet geben. Es führt sie in die Welt des abstrakten Menschen.

---

[2] http://www.vanityfair.com/culture/2015/08/tinder-hook-up-culture-end-of-dating.

Wie schrieb schon Georg Büchner im Jahr 1836 in seinem Drama „Dantons Tod":

> *„Lacroix: Und Collot schrie wie besessen, man müsse die Masken abreißen.*
> *Danton: Da werden die Gesichter mitgehen."*[3]

Dieses Potenzial des Internets, die Identitäten ihrer User so zu modulieren, dass daraus die Identität des abstrakten Menschen herausdestilliert wird, hat die US-amerikanische Psychologin Sherry Turkle bereits in den 90er-Jahren des 20. Jahrhunderts erkannt. In ihrem 1997 erschienenen Buch „Life on the Screen – Identity in the Age of the Internet" schreibt sie:

> *„In virtual reality, we self-fashion and self-create."* (S. 2)
> *„The Internet has become a significant social laboratory for experimenting with the constructions and reconstructions of self that characterize postmodern life."* (S. 180)
> *„The Internet ... has contributed to thinking about identity as multiplicity. In it, people are able to build a self by cycling through many selves."* (S. 178)

Sherry Turkle zitiert die Äußerung eines Users, der sich in den virtuellen Welten des Internets bewegt und der sein Leben in diesen Welten wie folgt beschreibt:

> *„You can be whoever you want to be. You can completely redefine yourself if you want. You can be the opposite sex. You can be more talkative. You can just be whoever you want, really, whoever you have the capacity to be. ... It's easier to change the way people perceive you, because all they've got is what you show them."* (S. 184)

So ist denn das, was Ervin Goffman „Eindrucksmanipulation" nennt (siehe Kap. 8), im Internet viel leichter umsetzbar als im realen Leben.

Denn das Publikum im Internet sieht vom abstrakten Menschen nur das, was er zeigt. Der abstrakte Mensch kann sich im Internet völlig von dem Kontext befreien, in dem er lebt, von seiner Geschichte, seiner Vergangenheit, seinen charakterlichen Prägungen, seinem sozialen Milieu, seinem Aussehen, seinen Neigungen und Bedürfnissen. Er kann sich als Charakter im Netz völlig neu erfinden, ohne jede Rücksichtnahme auf seinen realen Charakter. Wenn der abstrakte Mensch den Charakter, den er vor dem Internet-Publikum spielt, beliebig formt, braucht er dazu weder schauspielerisches Talent noch Bühnenrequisiten.

Der abstrakte Mensch kann damit im Internet etwas tun, was ihm im realen Leben immer weniger gelingt: Er kann kontrollieren, wie andere ihn erfahren, in

---
[3] Büchner 1972, S. 19.

welchen Umgebungen er sich bewegt und wie er in diesen Umgebungen auf andere wirkt. Er kann damit in der virtuellen Realität des Internets eine generalisierte Realitätskontrolle ausüben. Ich habe oben, im Kap. 7, dargelegt, welche Bedeutung diese Fähigkeit zur generalisierten Realitätskontrolle für den neuzeitlichen Wirtschaftsmenschen hat.

So schafft denn das Internet ein Milieu, in dem der abstrakte Mensch tagtäglich ausgebildet werden kann. Er kommt in diesem Milieu zu sich selbst. Er nutzt dieses Internet-Milieu für seine Selbsterschaffung. Das Internet-Milieu gibt ihm die Chance, seine Netz-Identität beliebig zu polieren, zu prostituieren und zu manipulieren, je nach dem Kontext, in dem er sich gerade bewegt. Das Internet ist der Raum, in dem der abstrakte Mensch seine Netz-Identität so formen kann, dass sie für ihn größtmöglichen Nutzen abwirft. Er kann sich dort chamäleonartig immer wieder neu selbst optimieren.

Hinzu kommt: Das Internet schafft für den abstrakten Menschen, für den außengeleiteten Selbstdarsteller auch vielfältige Möglichkeiten für das, was ich **„abstrakte Identitätsarbeit"** nenne.

Erinnern wir uns: Der abstrakte Mensch hat keine feste, sondern eine flüssige und flüchtige Identität.[4] Was er ist, was seine Identität ausmacht, ist nicht in seine Persönlichkeit eingraviert, sondern hängt von den Umständen ab, in denen er sich bewegt. Der abstrakte Mensch leitet seine Identität davon ab, was für ihn selbst in bestimmten Situationen nutzenoptimierend ist.

Entsprechend benötigt der abstrakte Mensch, um seine Identität stets nutzenoptimierend an die Umstände anzupassen, ständig ein Feedback von seiner Außenwelt. Er muss stets wissen, wie ihn die anderen sehen, was sie von ihm erwarten, um dann seine Identität so zu modulieren, dass er sich in seiner jeweiligen Umwelt nutzenoptimierend positionieren kann. Er muss, weil er keinen Kompass in sich selber trägt, ein feines Sensorium für die Erwartungen und Haltungen der anderen ausbilden. Als ein außengeleiteter Mensch muss er ständig wissen, was die anderen über ihn denken, um sich von seiner Außenwelt nutzenmaximierend anleiten zu lassen.

Für dieses ständige, seismografische Einholen von Feedback und für dieses permanente Aufspüren der Erwartungen der anderen ist das Internet das schlechthin optimale Medium. In den Social-Media-Welten des Internet, von Facebook bis YouTube, kann der User ständig und überall erkunden, wie andere ihn taxieren, welches Rating er unter welchen Bedingungen von anderen bekommen kann, was andere von ihm erwarten und was er tun muss, um sich in der Außenwelt nutzenoptimal aufzustellen.

Das Internet bietet also für den abstrakten Menschen oder für den Menschen, der sich zum abstrakten Menschen heranbilden will, ein reichhaltiges Arsenal an Portalen, um die Frage beantworten zu können: Welche Rolle soll ich vor den anderen spielen, um ein möglichst gut bewerteter Mitspieler zu sein?

---

[4] Der US-amerikanische Psychologe Kenneth Gergen nennt dies das „relationale Selbst": Gergen 1996.

Das Internet als Trainingscamp für bindungslose Bindungen und beziehungslose Beziehungen

Zum anderen öffnet das Internet für die Nutzer vielfältige Räume dafür, bindungslos Bindungen einzugehen und beziehungslos Beziehungen zu knüpfen. Es schafft damit für den abstrakten Menschen eine Welt, in der er sein Leben bedenkenlos als eine Aneinanderreihung von Episoden und Affären gestalten kann (siehe Kap. 8). Und das in vielfältiger Hinsicht.

So kann der User, der sich in Social-Media-Welten bewegt, der Online-Spielewelten besucht, an Internet-Diskussionsforen teilnimmt etc., jederzeit, ohne Nachteile befürchten zu müssen, seine Teilnahme an diesen virtuellen Gemeinschaften aufkündigen und beenden. Ein Klick reicht dazu aus, es bedarf dazu keiner Rechtfertigungen und Begründungen. In den anonymen Welten der Internet-Kommunikation kann sich der Einzelne beliebig einklinken und ausklinken, können beliebig oft und beliebig leicht Beziehungen aufgebaut und ausgelöscht werden. Der User kann sich in diesen virtuellen Welten so bewegen, dass seine Teilnahme völlig unverbindlich und folgenlos ist. Er kann je nach seinem Gusto seine Teilnahme beenden, ohne doch je Rücksicht nehmen zu müssen auf die Gefühle und die Interessen seiner Kommunikationspartner.

So kann sich der Internet-User mit einer unendlich großen Zahl von Menschen über das Internet verbinden, ohne doch je mit ihnen eine Bindung einzugehen. Er kann sich vernetzen, ohne Verpflichtungen zu übernehmen. Er kann sich outen, ohne zuhören zu müssen. Er kann sich dort selbst darstellen, ohne sich zugleich auf Dialog, Diskurs und Kritik einlassen zu müssen. Er kann Menschen treffen, ohne die Bedürfnisse dieser Menschen zur Kenntnis nehmen oder gar ernst nehmen zu müssen. Er kann hier das Ideal des abstrakten Menschen von einer völlig bindungslosen Verbindung ausleben.

Mehr noch: Der Internet-User kann in den Welten des Netzes auch virtuelle Partnerschaften aufbauen, „casual partnerships", die zu nichts verpflichten und auf nichts festlegen. Er kann „Cyber Relationships" bauen und auf sein Smartphone virtuelle Partner downloaden (wie es in Hongkong und Japan täglich millionenfach geschieht). Wohin diese Entwicklung gehen kann, hat Sony mit seinem PET-Computer „AIBO" vorexerziert.

Der abstrakte Mensch kann auf diese Weise im Internet umfassend seine Gleichgültigkeit gegenüber Langfristigkeit kultivieren. Das Internet ist kein Medium für langfristige Gefühlsbindungen und dauerhafte Anteilnahme. Es ist ein volatiles, flüchtiges Medium. Die Auslöschung einer Bindung ist hier nur einen Klick entfernt, ebenso wie das Anfachen einer neuen.

So ist das Internet das ideale Medium für ein Leben in Episoden, Affären und Serienfolgen, das den abstrakten Menschen kennzeichnet (siehe Kap. 8).

Der US-amerikanische Journalist Dan Slater hat beschrieben, wie dieses unverbindliche Online-Affären-Leben durch die Dating-Portale im Internet befördert wird. Er stellt fest, dass es eine „inverse correlation between commitment and the efficiency of technology"[5] gibt. Das bedeutet, so Dan Slater: In dem Maße, in dem

---

[5] Slater 2013, S. 121.

sich die Internet-Technologien der Dating-Portale weiterentwickeln, schwindet die Bindekraft und Verbindlichkeit von Beziehungen. Wenn Online-Dating-Portale für jeden ohne Anstrengung die Chance eröffnen, mit einem Mausklick eine unendlich große Auswahl an neuen, an besseren Partnern zu finden, dann führt das zu einer „future of relationship instability."

Dan Slater fasst das Ergebnis seiner Studien in folgendem Satz zusammen: „The rise of online dating will mean an overall decrease in commitment."[6]

Wie das Online-Dating jenes Affären-Leben des abstrakten Menschen erleichtert, ja fördert und fordert, kann exemplarisch bei Dating-Portalen gezeigt werden. Online Dating-Portale und Mobile Dating-Plattformen wie Tinder, OkCupid, Hinge, Happn sind mit ihren Dating Apps im 2. Jahrzehnt des 21. Jahrhunderts zu einem Massenphänomen geworden.

> *Das Magazin „Vanity Fair" vom September 2015 zitiert dazu unter der Überschrift „Hit it and quit it" den US-amerikanischen Psychologie-Professor David Buss: „Apps like Tinder and OkCupid give people the impression that there are thousands or millions of potential mates out there. One dimension of this is the impact it has on men's psychology. When there is a surplus of women, or a perceived surplus of women, the whole mating system tends to shift towards short-term dating. Marriages become unstable. Divorces increase. Men don't have to commit, so they pursue a short-term mating strategy. Men are making that shift, and women are forced to go along with it in order to mate at all."*[7]

Hit it and quit it: Das ist das Motto der internetvermittelten unverbindlichen Bindungen und beziehungslosen Beziehungen.[8]

Das Dating-Portal Tinder ermöglicht nicht nur, sondern fordert eine Ex-und-Hopp-Einstellung, eine Wisch-und-Weg-Haltung zur Partnersuche und Partnerwahl. Es ist auf einen Menschentyp hin programmiert, der ständig auf der Suche nach neuen Affären ist, der neben einem Plan A immer einen Plan B und C verfolgt, der sich nur kurzzeitig auf Beziehungen einlässt, weil ja die nächste schon wartet und eine bessere nur einen Click weit entfernt ist.

Langfristig verbindliche Beziehungen sind in dieser Affären-Welt nicht vorgesehen, denn, wie sagt doch ein Tinder-User im Magazin „Vanity Fair" vom September 2015: „You can't be selfish in a relationship."[9]

So programmiert denn das Internet eine überall und immer zugängliche Ex- und Hopp-Welt: Beziehungen werden zu Affären. Sie sind leicht anfachbar und leicht

---

[6] Ebd., S. 120.
[7] http://www.vanityfair.com/culture/2015/08/tinder-hook-up-culture-end-of-dating.
[8] Siehe dazu auch ein markantes Werbeplakat der T-Systems auf der CeBIT 2016, auf dem es hieß: „Bislang nur in privaten, jetzt auch in geschäftlichen Beziehungen möglich: Quit-anytime."
[9] Ebd.

terminierbar. Internetvermittelte menschliche Beziehungen werden in Zeitenklaven eingeschlossen: In diesen Enklaven können diese Beziehungen durchaus leidenschaftlich sein. Jede Zeitenklave aber ist immer auf Kurzfristigkeit hin angelegt.

So hat das Internet ein gewaltiges Potenzial, Langfristigkeit in eine Aufeinanderfolge von vielen Kurzfristigkeiten zu transformieren. Es ist das Potenzial, ein privates Leben in ein Patchwork-Leben zu verwandeln (Patch=Bruchstück, Flicken).

Das Internet schafft eine Welt, in der man allein, isoliert von allen anderen, und zugleich in Gemeinschaft mit anderen und umfassend vernetzt sein kann. Es ermöglicht dem abstrakten Menschen, unbehelligt von anderen zu bleiben und zugleich einzutauchen in eine unendlich große User-Community. Es ist das Medium des „Alone together".[10]

Das gilt aber nicht nur für die Freizeitwelten, die das Internet bietet, sondern auch und gerade für die Arbeitswelten, die durch das Internet vermittelt und ermöglicht werden.

In ihrem Buch „The Shift. The Future of Work is already here" aus dem Jahr 2011 beschreibt Lynda Gratton das Szenario einer globalen Ökonomie, in der im Jahr 2025 ein großer Teil der Arbeit über das Internet abgewickelt wird. „By 2025 we face the possibility that much of the fabric of our working lives is denuded of face-to-face relationships." (S. 81) Sie beschreibt in diesem Szenario den Arbeitsalltag von postmodernen Internet-Arbeitsnomaden, deren Beziehungen zu Arbeitskollegen mehr und mehr zu „cyber relationships" (S. 83) mutieren. Einer dieser Arbeitsnomaden, den Lynda Gratton beschreibt, ist Amon:

> „Amon is a neo-nomad, picking up programming work from people he has never met, working with teams whose names he does not know, for companies far, far away.... Amon's closest ‚friend' is his virtual agent – and that's a computer." (ebd., S. 81)

Aus ihren Szenario-Analysen zur Zukunft der Arbeit im Internetzeitalter zieht Lynda Gratton folgende Schlussfolgerung:

> „What we can imagine is the slow but continuous disappearance of face-to-face contact at work, bringing with it the possibility of deep loneliness and isolation. The dark side of the future is a working world of isolation. Advances in imaging, holographs and virtual technologies, combined with developments in the Cloud, have put the most sophisticated techniques into the homes of people like...Amon. They no longer have to go into the office to access information – it's all available to them on their handheld device or through

---

[10] Turkle 2012.

> *their personal home computers. Theirs is a virtual, global existence. Their clients, patients and teams are scattered around the world – their colleagues are not in the next office cubicle, and they may not even be in the same city, region or country."* (S. 84)

Wie weit man auch immer dieser Szenario-Zeichnung folgen mag, eines scheint gewiss: Das Internet schafft unerschöpfliche Potenziale für eine Arbeitswelt, in der es mehr und mehr unverbindliche Bindungen und beziehungslose Beziehungen gibt, Bindungen und Beziehungen, die, weil virtuell und flüchtig, leicht terminierbar sind. Damit schafft das Internet unendlich weite Räume für die Arbeitswelt des abstrakten Menschen.

Denn wenn ich meine Kooperationspartner immer häufiger nur über das Netz erlebe, wenn ich mich, arbeitend und kooperierend, immer öfter in virtuellen statt in real-physischen Räumen bewege, wenn ich die Firma, für die ich arbeite, nurmehr virtuell erfahre, dann schwindet das emotionale Substrat der Beziehungen, die ich in der Arbeitswelt aufbaue. Dann wird es mir immer leichter, diese lockeren, flüchtigen Beziehungen (häufig zu Menschen, die ich nie gesehen habe) hinter mir zu lassen, wenn ich das will oder wenn der Beziehungspartner das will. Dann verflüchtigt sich meine emotionale Bindung an Menschen und Institutionen in den virtuellen Cyberwelten der Internet-Wirtschaft. Dann werde ich mehr und mehr fähig, ein abstrakter Mensch zu werden und als abstrakter Mensch zu arbeiten.

Das Internet und die neuzeitliche IKT-Welt machen es mir leicht, in meiner Freizeit und Berufswelt die Begegnung mit anderen Menschen zu vermeiden. Sie machen es mir leicht, emotionale Bindungen an andere Menschen zu vermeiden. Sie machen es mir leicht, dem Weg zu folgen, den George Clooney alias Ryan Bingham in dem Film „Up in the air" geht.

Mehr noch. Das Internet und die neuzeitliche IKT-Welt bergen auch vielfältige Potenziale in sich, emotionale Beziehungen **zu simulieren**, d. h. sie vorzuspielen und vorzutäuschen. Emotionalität kann über das Internet oder über Netze der Telekommunikation täuschend echt vorgespielt werden. So gibt es z. B. in den Handbüchern für Call Center Agents, die in der neuen internetbasierten „CRM 2.0-Welt" kommunizieren, präzise Anweisungen dafür, wie sie es schaffen können und schaffen müssen, emotionale Kontakte zu ihren Gesprächspartnern aufzubauen. Der Call Center Agent, der irgendwo in Indien vor einem PC sitzt, unternimmt also nach diesen Handbüchern den Versuch, mit einem Gesprächspartner in Chicago eine intensive emotionale Beziehung aufzubauen.

Kapitel 16
Der abstrakte Mensch als Free Agent

Der Typ des Internet-Wirtschaftsmenschen, der zu dieser Virtualisierung von Beziehungen exakt passt, ist der Typ des **Free Agent**. Es ist ein Wirtschaftsmenschen-Typ im Internet-Zeitalter, der die Charakterzüge des abstrakten Menschen trägt.

Es ist kein Zufall, dass dieser Typus gerade in den 1990er-Jahren des 20. Jahrhunderts, zu Beginn des Internet-Zeitalters, und gerade in den USA ausgeprägt wurde. Damals wurde dieser Typus in einer Vielzahl von Schriften beschrieben und propagiert.[1]

Der freie Agent ist ein Freelancer, ein freier Unternehmer seiner selbst. Er ist der CEO seiner eigenen Gesellschaft, einer Ich AG, die nur aus der Person des Unternehmers besteht. Die Aufgabe dieser Ich AG ist es, den Unternehmer möglichst nutzenmaximierend zu vermarkten. Deshalb ist der Free Agent, der Ich AG-Unternehmer, stets darum bemüht, sich als Marke zu kreieren und zu profilieren. Als eine Marke, die sich von anderen Marken unterscheidet, die am Markt ein singuläres Werteversprechen abgibt. Diese Marke muss strahlen, muss ihren Träger als einen Unternehmer profilieren, der zu besonderen Leistungen fähig ist. Diese Marken-Politur dient dem Ziel, den Träger dieser Marke am Markt optimal zu vermarkten.

Der Ich AG-Unternehmer, der Free Agent, definiert seine berufliche Identität nicht darüber, dass er Teil eines größeren Systems ist. Er definiert sich nicht als Angestellter von BMW, als Siemensianer oder BASF-Mitarbeiter. Er definiert sich überhaupt nicht als Angestellter oder Mitarbeiter von irgendeinem Unternehmen. Er ist er selbst. Er ist seine eigene Marke. Er ist sein eigener Unternehmer.

Als Ich-Unternehmer kann der Free Agent durchaus zeitweilig innerhalb eines etablierten Unternehmens-Systems arbeiten. Er kann durchaus eine Zeit lang bei BASF, Siemens oder VW beschäftigt sein. Dabei aber fühlt sich der Ich-Unternehmer nie als Agent dieses Systems, sondern immer als ein Free Agent, der für begrenzte Zeit seine Arbeitskraft in ein größeres System einbringt. Er geht eben, um den

---

[1] Vgl. dazu: die Zeitschrift „Fast Company" in den Jahren 1997 ff.; die Web site „FreeAgentNation.com;" Peters 1997; Pink 2002; The New York Times Magazine. Special Issue, March 5, 2000. „The Liberated, Exploited, Pampered, Frazzled, Uneasy New American Worker"; vgl. auch das Porträt der Free Agents in Deutschland von: Friebe und Lobo 2006.

Terminus aufzugreifen, den ich oben verwendet habe, in diesen Unternehmen und mit diesen Unternehmen lediglich eine Affäre ein. Eine Affäre, die seiner eigentlichen Identität, ein Ich-Unternehmer zu sein, immer äußerlich bleibt und nie mit ihr verwoben ist. Eine Affäre, die deshalb immer flüchtig, immer unverbindlich bleibt. Er vermeidet in den Unternehmen, in denen er arbeitet, das Aufkommen von langfristig verbindlichen Beziehungen, von Beziehungen, die ihn in seinem Innersten berühren, die ihn an seine Aufgabe, seine Abteilung, sein Unternehmen wie an eine Leimrute binden. Er vermeidet solche Beziehungen, die sich mit seiner Identität verweben, weil diese verbindlichen Beziehungen seine Flügel stutzen. Sie rauben ihm die Fähigkeit, jederzeit abzuspringen in eine neue berufliche Etappe, in ein neues Engagement, in eine neue Affäre.

So ist denn der Typus des Free Agent keiner, der ausschließlich als Freelancer in befristeten Projekten in Unternehmen arbeitet. Er kann durchaus für bestimmte Zeiten eine Festanstellung in einem Unternehmen eingehen. Man kann ihn durchaus als einen Angestellten antreffen, der die Visitenkarte von VW, Siemens oder Bayer hat.

Der Typus des Free Agent beschreibt also keine Art und Weise des Beschäftigt-Seins in der Wirtschaftswelt des 21. Jahrhunderts, sondern eine **Einstellung zum Beschäftigt-Sein** in dieser Wirtschaftswelt. Es ist die Einstellung dessen, der bei allem, was er tut, und in allen Engagements, die er eingeht, ein Ich-Unternehmer bleibt, eine Ich-Marke, ein Vermarkter seiner selbst. Es ist die Einstellung eines freien Agenten seiner eigenen Arbeitskraft. Es ist die Einstellung des abstrakten Menschen.

Der freie Agent ist also nach dieser Definition kein Freelancer, der nach seinem sozialen Status außerhalb von Unternehmen steht, sondern er ist ein Wirtschaftsmensch, der **nach seinem eigenen Selbstverständnis und Selbstgefühl** außerhalb von Unternehmen steht. Dieser Unterschied ist wichtig, weist er doch darauf hin, dass freie Agenten nicht stets als ungebundene Söldner auftreten müssen, sondern durchaus auch in etablierten Unternehmen fest angestellt sein können.

Hoffman und Casnocha beschreiben diesen Typus des freien Agenten als einen Menschen, der „das Unternehmertum als Lebensmodell" gewählt hat.[2] Dieser Mensch muss, so Hoffman und Casnocha, permanent „jung und agil" bleiben. Er muss „für immer ein Start-up sein."[3] Er ist chronisch unfertig, immer auf der Suche nach dem, was ihn vom Wettbewerb differenziert, arbeitet permanent im Wettbewerb zu anderen freien Agenten daran, immer besser zu werden, sich stetig neu zu erfinden, seinen Wettbewerbsvorteil gegenüber anderen am Markt weiter auszufeilen. Das alles tut der Ich-Unternehmer, damit er auf folgende Fragen Antworten geben kann: „In welcher Hinsicht sind Sie der Erste und Einzige, schneller, besser oder billiger als andere, die in der Welt dasselbe tun wollen wie Sie? Was bieten Sie an, was kaum zu überbieten ist? Was bieten Sie an, was sowohl selten als auch wertvoll ist?"[4]

---

[2] Hoffman und Casnocha 2012, S. 24.
[3] Ebd., S. 21.
[4] Ebd., S. 42.

16 Der abstrakte Mensch als Free Agent

Für den freien Agenten ist „a 40-year career with the same company" gleichbedeutend mit einer „indentured servitude" (einer vertraglich besiegelten Knechtschaft).[5] Für ihn ist der berufliche Wechsel der Normalmodus in seiner Berufslaufbahn. Er bleibt in einem Unternehmen nur, um sich fit zu machen für einen Wechsel. Bietet ihm das Unternehmen eine bessere Position im eigenen Haus an, so ist der freie Agent offen für einen In-House-Wechsel. Kann er sich im Unternehmen selbst nicht stetig verbessern, zieht der freie Agent die Optionen für einen Wechsel in ein anderes Unternehmen. Ob er im Unternehmen bleibt oder nicht, immer handelt und denkt der freie Agent als Ich-Unternehmer, als einer, der allein auf dieser Welt seine Ideallinie der individuellen Nutzenmaximierung ausfindig machen und verfolgen muss.

Entsprechend raten Hoffman und Casnocha dem freien Agenten Folgendes:

> *„Entwickeln Sie eine Identität, die unabhängig von Ihrem Arbeitgeber, Ihrer Stadt oder Ihrer Branche ist. ... Beginnen Sie, ein Arbeitsportfolio zu entwickeln, das nicht an Ihren Arbeitgeber gebunden ist, und machen Sie sich einen Namen. Auf diese Weise haben Sie eine berufliche Identität, die Sie mitnehmen können, wenn Sie den Job wechseln. Sie besitzen sich selbst. Es ist Ihre Start-up-Strategie."*[6]

In einem programmatischen Artikel über den Free Agent schreibt Michael Lewis im Jahr 2000 in der New York Times:

> *„The worker who is willing to subordinate his identity to some giant corporation is so deeply unfashionable that, for cultural purposes, he might as well not exist. Where did he go? One answer is that he was set free."*[7]

Der freie Agent hält immer eine emotionale und kognitive Distanz zu dem System, in dem oder mit dem er arbeitet: zu dem Unternehmen, zu der Aufgabe, zu der Arbeitsgruppe, zu der Funktion und zu dem Titel, den er trägt. Das, was auf seiner Visitenkarte steht, wenn er gerade bei Siemens arbeitet, ist nicht er, sondern seine aktuelle Affäre. Was dort aufgeprägt ist, beschreibt nicht seine berufliche Identität, sondern nur seine derzeitige Lebensabschnitts-Liaison. Ein Intermezzo, eine Etappe. Hinter dieser Vordergrundkulisse, die sein aktuelles Engagement beschreibt, steht im Hintergrund seine eigentliche berufliche Identität, die mitnichten eine Siemens-Identität ist, steht er selbst, der freie Agent als Ich-Unternehmer.

---

[5] Peters 1997, S. 5.
[6] Hoffman und Casnocha 2012, S. 78.
[7] Lewis 2000, S. 1.

Dieser freie Agent hält eine habituelle Distanz zu jedem System, damit er permanent fähig und bereit ist, am Markt der Ich-Marken die beste Option für seine persönliche Selbstvermarktung zu wählen. Damit er ständig wechselbereit und wechselfähig ist. Der freie Agent setzt sich unablässig auf die imaginäre Transferliste der Wirtschaftswelt, er arbeitet ständig an einem beruflichen Plan B und C, hält permanent Ausschau nach neuen und besseren Opportunitäten.

Deshalb muss der freie Agent auch darauf bedacht sein, stetig sein Rating auf jener imaginären Transferliste zu steigern. Er muss täglich daran denken, seinen Marktwert zu erhöhen und seine Markenidentität zu schärfen. Er muss beständig daran arbeiten, das Terrain dafür zu bereiten, dass er von seinem jetzigen Engagement in ein neues Engagement hinein springen kann. Dazu muss er ständig Eindrucksmanagement und Eindrucksmanipulation in eigener Sache betreiben: Er muss fortlaufend daran arbeiten, den Eindruck zu prägen, den andere von ihm haben. Vor allem solche andere, die für den Sprung in seine nächste Berufsetappe relevant sein können.

Und er muss regelmäßig seinen Marktwert überprüfen, muss sich dauernd ein Bild davon verschaffen, wie es um seinen Marktwert, um seinen „Brand Value" steht. Er braucht dazu stetige Rückkopplungen mit anderen, stetiges Feedback. Er weiß: Nur dann, wenn er seinen aktuellen Marktwert genau kennt und nachweisen kann, kann er sich auf dem Transfermarkt, dort, wo der Sprung in neue Affären ausverhandelt wird, eine optimale Verhandlungsposition verschaffen.[8]

Dabei kommt ihm das Internet mit einer Vielzahl von Tools und sozialen Netzwerken zu Hilfe. So kann er über soziale Netzwerke wie LinkedIn und Xing seine Brand als Ich-AG ausprägen und propagieren,[9] kann als Ich-AG einen eigenen Blog begründen, kann Karrierechancen im Netz ausmachen und evaluieren, kann in Social-Media-Foren mit anderen über Karrierewege und Optionen zur Selbstvermarktung kommunizieren.

Das Internet hat für ihn eine hervorstechende Eigenschaft: Es erleichtert es dem freien Agenten, sich selbst **außerhalb des Systems, in dem er gerade arbeitet**, zu vermarkten. Er ermöglicht ihm also die Ausbildung der Pläne B und C dann, wenn er im Plan A engagiert ist. Es ist damit für ihn ein wichtiges Instrument, um seine aktuelle Arbeit in einem bestimmten Unternehmen in eine Affäre zu transformieren, – in eine Liaison, die für einen bestimmten Lebensabschnitt tauglich ist und die deshalb leicht aufgekündigt werden kann, weil es auf dem Transfermarkt neue Chancen für neue Liaisons gibt.

Das Internet hilft also dem freien Agenten dabei, aus einer Beschäftigung eine Affäre zu machen. Michael Lewis schrieb dazu im Jahr 2000, Computer und

---

[8] Vgl. dazu die Ergebnisse einer empirischen Studie über die Generation Y, die Linda Gratton bei MBA-Studenten durchgeführt hat. Linda Gratton beschreibt diese Ergebnisse wie folgt: „The word that had the most positive connotations for these young MBA students was the word ‚feedback'. They craved it, they loved it, and wanted to hear more and more about ‚what people think about me'. They wanted to hear it from their bosses, their peers and their work acquaintances. In a world in which they are continuously called upon to construct an image of themselves for public consumption, references from others play a crucial part." (Gratton 2011, S. 114).
[9] Reid Hoffman, der Mitgründer von LinkedIn, beschreibt dies ausführlich in: Hoffman und Casnocha 2012.

Internet-Zugang seien für freie Agenten, die in einem Unternehmen arbeiten, „weapons to advance their self-interest at the expense of the corporation."[10]

Der freie Agent ist, wie ich bereits oben in Kap.10 dargelegt habe, selbstsüchtig und altruistisch zugleich. Er ist selbstsüchtig, weil er immerfort daran arbeiten muss, sich selbst als Marke zu profilieren. Er ist und bleibt ein Selbstvermarkter, eine Ich-AG. Andererseits weiß der freie Agent, dass er nur dann auf dem Transfermarkt derer, die Affären suchen, fündig werden kann, wenn er als Ich-AG einen Nutzen für andere stiftet. Er kann seinen Marktwert nur dadurch fortbilden, dass er für andere Wert schafft und wertvoll ist.

So kann denn der freie Agent durchaus davon ausgehen, dass er auf dem Weg durch seine diversen Affären einen Win-Win-Parcours absolvieren muss. Ganz im Sinne des „Nonzero Sum Game". Und zugleich muss er sich stets, als „Zero Sum Gamer", auf einen Win-Lose-Parcours einrichten. Er ist also als Ich-Unternehmer ein egomanischer Altruist und ein altruistischer Selbstoptimierer.

---

[10] Lewis 2000, S. 4.

Kapitel 17
Die Ausbildung zum abstrakten Menschen: das Anti-Depressivum des 21. Jahrhunderts

Die Ausbildung zum abstrakten Menschen ist ein wirksames Anti-Depressivum für den Wirtschaftsmenschen im 21. Jahrhundert. Es ist ein Lebenselixier, das ihn wappnet gegen die Anfechtungen psychischer Zerrüttungen. Es ist die mentale Konstitution, die ihn abschirmt vor den Risiken psychischer Erkrankungen. Es ist ein Stimulans, das ihn dazu ertüchtigt, immer wieder aufs Neue in die Strudel der globalen Wettbewerbswirtschaft einzutauchen.

Die Zeugnisse sind Legion, die davon künden, dass psychische Erkrankungen in den globalisierten Marktgesellschaften des 21. Jahrhunderts drastisch zunehmen. Soziologische und sozialpsychologische Untersuchungen, Berichte der WHO und von Forschungseinrichtungen zeichnen ein eindeutiges Bild: Psychische Verhaltensstörungen und Erkrankungen wie Depressionen und Burn-Out-Syndrome sind keine Randphänomene mehr, sondern prägen in wachsendem Ausmaß die Arbeitswelt.[1]

Meine Argumentation, dass die Ausbildung zum abstrakten Menschen im 21. Jahrhundert eine wirksame Prävention vor dem Absturz in psychische Zerrüttungen darstellt, gründet auf vier Thesen:

- erstens auf der These, dass der neuzeitliche Mensch im 21. Jahrhundert in einer historisch völlig neuartigen Weise aus vorgegebenen Bindungen herausgelöst und auf sich selbst zurückgeworfen, auf sich allein gestellt ist; er ist ein individualisierter Mensch geworden, dazu befreit und dazu verdammt, sein Schicksal selbstverantwortlich zu wählen;
- zweitens auf der These, dass der neuzeitliche Mensch im 21. Jahrhundert zugleich mit einer wirtschaftlich-sozialen Umwelt konfrontiert ist, die er weniger denn je steuern, kontrollieren, berechnen und deuten kann; der in diese Umwelt hineingeworfene Mensch erlebt im 21. Jahrhundert das Drama der Entkopplung von Leistung und Erfolg;

---

[1] Siehe die Überblicksdarstellungen in Koppetsch 2013, S. 74 ff. und Gratton 2011, S. 110 ff.

- drittens auf der These, dass aus diesen beiden Sachverhalten für den neuzeitlichen Menschen eine chronische Konfliktlage erwächst, eine chronische psychische Erschütterung;
- und viertens auf der These, dass der neuzeitliche Mensch nur auf zwei Wegen versuchen kann, diese Konfliktlage zu bewältigen: durch Rückzug in selbstgeschaffene Reservate oder durch Selbstevolution hin zum abstrakten Menschen. Der eine Weg führt zurück in die Vergangenheit, der andere öffnet Zukunftsperspektiven.

Ich werde diese vier Thesen im Folgenden näher beleuchten.

These 1: Der Prozess der Individualisierung und der auf sich allein gestellte Mensch

In vielen soziologischen und sozialpsychologischen Studien der vergangenen Jahre und Jahrzehnte ist nachgewiesen worden, dass es in der zweiten Hälfte des 20. Jahrhunderts einen Prozess der Individualisierung gegeben hat.[2] Dieser Prozess schreitet im 21. Jahrhundert weiter voran. In diesem Prozess wurden die Individuen aus vorgegebenen Strukturen und Normen herausgelöst und damit sich selbst überlassen. Sie wurden aus Traditionen entbunden und damit genötigt, Bindungen selbstverantwortlich zu wählen. Sie verloren ihre tradierte Verwurzelung in heimatlichen Milieus. Sie wurden auf sich selbst zurückgeworfen und dazu bestimmt, ihr Schicksal selbstständig zu gestalten.

Es gilt dies vor allem für diejenigen Individuen, die in den Kraftzentren der globalen Wettbewerbsgesellschaft leben und arbeiten. Ihre Existenzform wird im 21. Jahrhundert mehr und mehr zur hegemonialen Existenzform, die auf alle Bereiche der Gesellschaft und auf alle Lebenswelten ausstrahlt.

Bis zur Mitte des 20. Jahrhunderts konnten die Menschen ihr Leben in der Regel auf einer Straße planen, die Leitplanken und Orientierungsmarken hatte. Sie fanden auf dieser Straße klare Grenzen und Regeln vor. Der Ablauf ihres Lebens war auf dieser Straße vorgeprägt und vorgezeichnet. Hingegen sind die Individuen seit der Mitte des 20. Jahrhunderts und besonders seit Beginn des 21. Jahrhunderts auf ein freies, offenes Feld gestellt, dessen Begrenzungen und Markierungen sie selbst finden müssen. Sie müssen autonom darüber entscheiden, welchen Weg sie auf diesem Feld einschlagen, welcher Straße sie folgen wollen und welche Regeln sie für ihre Bewegungen auf dem Feld zugrunde legen. Sie definieren selbst die Leitplanken und die Markierungen, die ihren Weg begrenzen. Sie sind dazu gezwungen, über alles, was sie auf diesem Feld tun, selbst zu entscheiden, eigenverantwortlich und selbstbestimmt. Sie sind auf sich allein gestellt.

Der französische Sozialpsychologe Alain Ehrenberg hat diese „gesellschaftliche und geistige Kehrtwende"[3] eindrucksvoll beschrieben:

---

[2] Vgl. beispielhaft: Beck 1986; Beck und Ziegler 1997; Ehrenberg 2015.
[3] Ehrenberg 2015, S. 300.

> *„Die 1960er-Jahre haben die Vorurteile, Traditionen, Fesseln und Grenzen, die das Leben strukturierten, erschüttert. Wir sind im eigentlichen Sinne des Wortes emanzipiert: Das moderne politische Ideal, das aus dem gefügigen Untertan des Fürsten einen autonomen Bürger gemacht hat, hat sich auf alle Bereiche der Existenz ausgedehnt. ... Das Erdbeben der Emanzipation hat zunächst kollektiv die Psyche jedes Menschen erschüttert: Die demokratische Moderne – darin liegt ihre Größe – hat uns mehr und mehr zu Menschen ohne Führer gemacht, uns nach und nach in die Situation versetzt, für uns selbst entscheiden und unsere eigenen Orientierungen konstruieren zu müssen. Wir sind reine Individuen geworden, und zwar in dem Sinne, dass uns kein moralisches Gesetz und keine Tradition sagt, wer wir zu sein haben und wie wir uns verhalten müssen."*[4]

Ulrich Beck hat dies die „Enttraditionalisierung" des Lebens genannt.[5] War das Leben des Einzelnen in früheren Zeiten in fest vorgegebene, kalkulierbar sichere Strukturen eingebettet, so ist diese Einbettung im Leben der Menschen des 21. Jahrhunderts verloren gegangen. Nicht in dem Sinn, dass es keine Strukturen und Traditionen mehr gibt, in die das Leben eingefügt werden könnte. Sondern in dem Sinn, dass die Menschen die Strukturen und Traditionen, die für sie verbindlich sind, nicht mehr vorgegeben vorfinden, sondern aus eigener Verantwortung und Freiheit immer wieder aufs Neue für ihr eigenes Leben wählen und konstruieren müssen. Sie sind aus- und freigesetzt für ein Leben, in dem sie unausgesetzt eigenverantwortlich Entscheidungen treffen und Initiativen ergreifen müssen. Das, was für sie verbindlich ist, muss von ihnen immer wieder neu individuell festgelegt werden; es hängt allein von ihrer individuellen Entscheidung ab. Es gibt da nichts mehr, das sie dieses existenziellen Entscheidungszwangs enthebt.

Diese Enttraditionalisierung, „Ent-Bindung" und Individualisierung des neuzeitlichen Menschen hat viele Facetten.

Sie betrifft zum einen die Religion. Bereits Max Weber hatte Anfang des 20. Jahrhunderts „die Herauslösung aus der traditionalen Welt religiöser Bindungen"[6] beschrieben, jenen Prozess der Entzauberung der Welt, in dem die Religion mehr und mehr ihre Verbindlichkeit und Bindungskraft für das Wirtschaftsleben verloren hat. Dieser Prozess der Säkularisierung ist in den globalen Marktgesellschaften des 21. Jahrhunderts weit vorangetrieben worden.[7] In diesen Marktgesellschaften hat die Religion ihre Funktion als verbindliche Leitplanke und Richtschnur für alles Denken und Handeln weitgehend eingebüßt.

---

[4] Ebd., S. 29 f.
[5] Beck 1986, S. 113.
[6] Beck 1986, S. 134; Weber 1981.
[7] Zur Gegenbewegung des religiösen Fundamentalismus vgl. Kap. 18.

Die Enttraditionalisierung erstreckt sich auch auf alle nicht-religiösen Weltanschauungen und gesellschaftspolitischen Ideologien: Mit dem Niedergang totalitaristischer Systeme im 20. Jahrhundert werden sie allesamt diskreditiert und für die alltägliche Praxis des Wirtschaftsmenschen im 21. Jahrhundert unbrauchbar. Sie taugen im volatilen globalen Wirtschaftsgetriebe des 21. Jahrhunderts nicht mehr als Maßstab für das Handeln und als Richtschnur für das Denken.

Auch Moralkodizes haben mit dieser „Kehrtwende" für die Individuen ihre prägende Kraft verloren (siehe dazu Kap. 10). In den Marktgesellschaften des 21. Jahrhunderts durchdringen die „Imperative ökonomischer Rentabilität" mehr und mehr alle gesellschaftlichen Sphären.[8] Moralnormen verlieren in diesen Marktgesellschaften ihre traditionelle Funktion als Orientierungsmarken für wertrationales Handeln.[9] Moral wird zum probaten Mittel für ein zweckrationales Handeln.[10] Im Zuge dieser graduellen Herabstufung der Moral vom Selbstzweck und verbindlichen Eigenwert zum beliebigen Mittel zum Zweck bildet sich ein gesellschaftliches Milieu des „anything goes"[11] aus. In diesem Milieu büßt die Moral ihre Funktion als handlungsleitende Identitätsstütze ein und wird zur entscheidungsabhängigen Wahl-Moral:

> *„Der souveräne Mensch ... steht im Begriff, en masse Wirklichkeit zu werden. Es gibt nichts über ihm, das ihm sagen könnte, wer er zu sein hat, denn er gibt vor, nur sich selbst zu gehören. Moralischer Pluralismus statt Konformität gegenüber einer einzigen Norm, die Freiheit, sich seine eigenen Regeln zu schaffen, statt sie sich aufzwingen zu lassen: Die eigene Entwicklung wird kollektiv zu einer persönlichen Angelegenheit, die die Gesellschaft fördern soll. Ein Subjekttyp, der weniger diszipliniert und konform als ‚psychisch' ist, also aufgefordert, sich selbst zu entschlüsseln, überflutet das Land."*[12]

Das Gleiche gilt für die Denkmuster, Normen und Strukturen, die einst soziale Klassen, Stände und Schichten vorgegeben haben. Bis Mitte des 20. Jahrhunderts

---

[8] Neckel 2008, S. 22.

[9] Siehe Max Webers Definition des wertrationalen Handelns: „Rein wertrational handelt, wer ohne Rücksicht auf die vorauszusehenden Folgen handelt im Dienst seiner Überzeugung von dem, was Pflicht, Würde, Schönheit, religiöse Weisung, Pietät, oder die Wichtigkeit einer ‚Sache' gleichviel welcher Art ihm zu gebieten scheinen." Der wertrational Handelnde handelt „durch bewußten Glauben an den – ethischen, ästhetischen, religiösen oder wie immer sonst zu deutenden – unbedingten **Eigen**wert eines bestimmten Sichverhaltens rein als solchen und unabhängig vom Erfolg." Weber 1980, S. 12 (Hervorhebung im Original).

[10] „Zweckrational handelt, wer sein Handeln nach Zweck, Mitteln und Nebenfolgen orientiert und dabei sowohl die Mittel gegen die Zwecke, wie die Zwecke gegen die Nebenfolgen, wie endlich auch die verschiedenen möglichen Zwecke gegeneinander rational abwägt." (ebd., S. 13).

[11] Beck 1986, S. 190.

[12] Ehrenberg 2015, S. 162.

17 Die Ausbildung zum abstrakten Menschen: das Anti-Depressivum

gab es sie noch: die klassen- und standesspezifischen Weltanschauungen und Ideologien, Milieus und Lebensstile, Kulturen und Identitäten, Moralnormen und Verhaltensvorgaben, Traditionen und Rituale. Sie gaben den Mitgliedern dieser Sozialgruppen Orientierung und Sicherheit. Sie ermöglichten ihnen eindeutige, kollektiv geteilte Wirklichkeitsdeutungen. Sie lenkten ihr Leben in feste Bahnen und gaben ihm dadurch Beständigkeit und Berechenbarkeit.

In der zweiten Hälfte des 20. Jahrhunderts verfallen diese Sicherungen. Ulrich Beck hat diesen Prozess detailliert beschrieben:

Eine weitere Facette dieser Ent-Bindung ist die Individualisierung von Ehe und Familie. Beide werden enttraditionalisiert und damit aus alten Sicherungen von

„Ständisch geprägte Sozialmilieus und klassenkulturelle Lebensformen verblassen. Es entstehen der Tendenz nach individualisierte Existenzformen und Existenzlagen, die die Menschen dazu zwingen, sich selbst ... zum Zentrum ihrer eigenen Lebensplanungen und Lebensführung zu machen. Individualisierung läuft in diesem Sinne auf die Aufhebung der lebensweltlichen Grundlagen eines Denkens in traditionalen Kategorien von Großgruppengesellschaften hinaus – also sozialen Klassen, Ständen oder Schichten."[13]

Kirche, Sozialverband und Staat herausgerissen. Die Familie wird damit zu einer chronisch riskanten „Verhandlungsfamilie auf Zeit",[14] in der alles, was geschieht, individuell von den Partners ausverhandelt und entschieden werden muss (siehe dazu die detaillierten Ausführungen im 18. Kapitel).

Die Entwurzelung und Ent-Bindung des Einzelnen hat darüber hinaus viele weitere Facetten. Sie betrifft z. B. auch die Wirksamkeit nationalistischer Ideologien. Sie werden in einer globalisierten Wirtschaftsgesellschaft immer mehr zu einem Anachronismus. Die Zugehörigkeit zu einer Nation und die Identifikation mit einer Nation verlieren im globalen Wirtschaftsgetriebe immer mehr an identitätsbildender Kraft. Die Bindung an eine Nation wird im Alltag der globalen Wirtschaftsmenschen mehr und mehr zu einer „Quantité négligéable". Dort, wo die globalisierte Marktgesellschaft ausgebildet ist, wird das nationale Ethos ausgedünnt. Es taugt für die, die dem globalen Konkurrenzgetriebe ausgesetzt sind, nicht mehr als Sicherungsseil und Orientierungsanker.

Gegenbewegungen gegen diesen Trend zur Ausdünnung nationalistischer Bindungen gibt es zuhauf (Teaparty in den USA, antieuropäische und globalisierungsfeindliche Strömungen in europäischen Nationen etc.). Doch markieren sie keine Trendumkehr, sondern allenfalls den Versuch, gegen den „Strom der Zeitläufte" einen Schutzwall zu errichten. Dieser Schutzwall mag in bestimmten Regionen der

---

[13] Beck 1986, S. 116 f.
[14] Ebd., S. 118.

Welt eine Zeit lang halten. Er kann aber jenen Strom der Zeitläufte nicht dauerhaft aufhalten.

Der Trend hin zur Enttraditionalisierung gilt auch für lokale Gemeinschaften. Der Wirtschaftsmensch im 21. Jahrhundert muss im volatilen Wirtschaftsgetriebe stets mobilitätsbereit sein. In der neuzeitlichen Mobilitätswirtschaft verblassen Bindungen an Nachbarschaften, örtliche Vereine und Verbände, lokale Kulturgruppen und landsmannschaftliche Konventionen. Sie sind im Alltag der Wirtschaftsakteure allenfalls ein Accessoire, ein schmückendes Beiwerk, das in befristeten Lebens-Episoden eine Rolle spielt und dann wieder vergeht. Für den modernen Wirtschaftsmenschen wird die Einbettung in lokale Gemeinschaften immer mehr zu einem Randphänomen seiner Existenz. Sie ist für ihn nicht mehr das, was sie früher einmal war: sicherer Hafen, Ankerplatz in einem Meer der Unsicherheit, Heimatort und Zufluchtsstätte.

Der US-amerikanische Soziologe Ray Oldenburg hat in seinem Buch „The Great Good Place" das Absterben der lokalen Nachbarschaften in den USA eindrucksvoll beschrieben. Er bemerkt zum Beispiel:

> *„Once America became the high mobility society it now is, with about twenty percent of the population changing residence every year, one might have thought that neighborhoods would have been designed so that people could be integrated quickly and easily. What actually happened, however, was quite the opposite."*[15]

Dass der Wirtschaftsmensch im 21. Jahrhundert auch in seinem Berufsleben, im globalen Wirtschaftsgetriebe, keine langfristigen Bindungen und verlässlichen Identifikationen aufbauen kann, habe ich oben mehrfach dargestellt. Auch in der Wirtschaftssphäre greifen also die Tendenzen zur Enttraditionalisierung, zur Ent-Bindung und zur Individualisierung.

Nimmt man nun all dies zusammen, so kann man das Bild eines Wirtschaftsmenschen im 21. Jahrhundert zeichnen, der aus Bindungen und Traditionen herausgelöst und dazu freigesetzt ist, über sein Leben selbstverantwortlich, selbststeuernd, selbstdiszipliniert, selbstaktivierend, selbstkontrolliert und selbstbestimmt zu entscheiden. Er wird nicht mehr, wie es früher war, getragen und gehalten von vielfältigen Sicherheitsseilen, Gewissheiten, Stabilitätsankern und Vorschriften. Sein Leben verläuft nicht mehr nach einem fest vorgegebenen und kollektiv abgesicherten Plan. Vielmehr ist er bei allem, was er tut, auf sich selbst zurückgeworfen und auf sich allein gestellt:

Auf den Schultern des Einzelnen lastet damit die gesamte Verantwortung für die Entscheidungen, die er trifft. Es gibt keine Instanz mehr, die ihm diese Verantwortung

---

[15] Oldenburg 1997, S. XVIII.

> *„Eigenes Leben heißt: Enttraditionalisierung, Freisetzung aus vorgegebenen Sicherheiten... Das eigene Leben wird prinzipiell zu einem riskanten Leben. Die Normalbiografie wird zur ... Risikobiografie in dem Sinne, dass (fast) alles entscheidungsabhängig wird."*[16]
>
> *„Faßt man Globalisierung, Enttraditionalisierung und Individualisierung zusammen, dann wird klar...: Das eigene Leben ist ein experimentelles Leben. Überlieferte Lebensrezepturen und Rollenstereotypen versagen. Zukunft kann nicht aus Herkunft abgeleitet werden. Die Lebensführung wird historisch vorbildlos."*[17]

abnimmt oder die sie mit ihm teilt. Es gibt keine Instanz mehr, die ihn leitet und führt, trägt und absichert. Keine Kirche, kein Verein und Verband, keine Partei und Gewerkschaft, keine örtliche Gemeinschaft und Heimat, keine Weltanschauung und keine Moralprinzipien, keine festen Rollen und Werte.

Der Einzelne trägt damit auch das volle Risiko, das mit dem von ihm gewählten Lebensweg verbunden ist. Er ist allein verantwortlich für Erfolg und Scheitern, für das Management von individuellen Risiken und Krisen.

Mit der Ent-Bindung des neuzeitlichen Menschen aus festen Strukturen geht auch eine „Volatilisierung" der Lebensläufe einher: Beziehungspartner, Arbeitgeber, Berufsstationen und Lebensorte werden häufig gewechselt, Brüche erfolgen eruptiv und abrupt, alle Engagements erfolgen nur auf Widerruf, die Biografie wird zu einer Aneinanderreihung von Episoden und die Identität mutiert zu einem Patchwork von Lebensabschnitts-Identitäten.

Noch Mitte der sechziger Jahre schrieb Helmut Schelsky, die Religionen und Weltanschauungen hätten für die Menschen drastisch an Bedeutung verloren; deshalb seien Familie und Beruf die beiden großen Sicherheiten, die den Menschen in der Moderne geblieben seien. Sie würden ihrem Leben „Innenstabilität" verleihen.

Diese „Innenstabilität" ist heute pulverisiert. Es gibt sie nicht mehr. Familie und Beruf sind auch in den Strudel von Individualisierung, Ent-Bindung und Enttraditionalisierung geraten. Die Individuen wurden seit Mitte des 20. Jahrhundert in den modernen Marktgesellschaften „ausgesetzt auf den Bergen des Herzens":

> *Ausgesetzt auf den Bergen des Herzens. Siehe, wie klein dort,*
> *siehe: die letzte Ortschaft der Worte, und höher,*
> *aber wie klein auch, noch ein letztes*
> *Gehöft von Gefühl. Erkennst du's?*
> *Ausgesetzt auf den Bergen des Herzens. Steingrund*
> *unter den Händen. Hier blüht wohl*
> *einiges auf; aus stummem Absturz*
> *blüht ein unwissendes Kraut singend hervor.*

---

[16] Beck und Ziegler 1997, S. 45.
[17] Ebd., S. 14.

> *Aber der Wissende? Ach, der zu wissen begann*
> *und schweigt nun, ausgesetzt auf den Bergen des Herzens.*
> *Da geht wohl, heilen Bewusstseins,*
> *manches umher, manches gesicherte Bergtier,*
> *wechselt und weilt. Und der große geborgene Vogel*
> *kreist um der Gipfel reine Verweigerung. – Aber*
> *ungeborgen, hier auf den Bergen des Herzens....*[18]

These 2: Die Entkopplung von Leistung und Erfolg

Dieses Auf-Sich-Gestellt-Sein des neuzeitlichen Menschen, der zur permanenten Entscheidung über den Lauf seiner Risikobiografie verdammt ist, wird in unzähligen Ratgeber-Wirtschaftsbüchern reflektiert.[19]

Es sind dies allesamt Ratgeber, in denen einem mitgeteilt wird, wie der Weg aussieht, der zum Ruhm und Reichtum führt. Die Botschaften in diesen Ratgeberbüchern sind stereotyp: Be a success! Be innovative! Be positive! Be different! Be you! Be flexible! Embrace change! Unchain your potential! Believe in yourself! Trust yourself! Optimize your strengths! Be your own start up! Be your own brand! Be better every day!

Nun haben aber all diese Ablasszettel für die lädierte Wirtschaftsseele eine Rückseite. All diese patentierten Rezepte für unverbrüchlichen Erfolg haben einen Beipackzettel. Auf dieser Rückseite bzw. auf diesem Beipackzettel steht: Bitte mit Vorsicht lesen! Denn wir leben in einer Welt, in der die Folgen des eigenen Handelns weder kontrolliert noch kalkuliert werden können.

Ich habe dies in den vorigen Kapiteln bereits mehrfach dargestellt: In einer Wirtschaftswelt, die von Volatilität, Unsicherheit, Komplexität, Ambiguität und Unvorhersehbarkeit geprägt ist, in der sich Tendenzen einer „Winner takes it all-Ökonomie" ausbreiten, ist es für den Einzelnen nicht mehr möglich, Entscheidungen zu treffen, die berechenbare und kontrollierbare Folgen und Wirkungen haben.

In dieser Welt ist der Einzelne voll verantwortlich für die Folgen seiner Entscheidungen, ohne diese Folgen doch sicher vorhersehen und zuverlässig herbeiführen zu können.

In der neuzeitlichen Wirtschaftswelt ist das Band, das eine bestimmte Ursache mit einer bestimmten Wirkung verknüpft, porös geworden. Es gibt die Sicherheit einer linearen Kausalität heute nicht mehr. Denn, wie oben dargestellt, die Umwelt der Unternehmen verändert sich diskontinuierlich, unvorhersehbar und erratisch. In dieser Umwelt sind unvorhersehbare Auswirkungen planvollen Tuns unvermeidbar.[20]

In der Wirtschaftswelt des 21. Jahrhunderts geschieht deshalb auch mehr und mehr eine **strukturelle Entkopplung von Leistung und Gratifikation, von Arbeit und Erfolg**. Die Linie, die von guter Leistung zu guter Belohnung führt, wird von den volatilen Eruptionen dieser Wirtschaftswelt tendenziell ausradiert.

---

[18] Rilke 1976, S. 94 f.
[19] Siehe beispielhaft: Hoffman und Casnocha 2012; Covey 2013; Bröckling 2007.
[20] Siehe dazu ausführlich: Prodoehl 2014.

Für manche Wirtschaftsakteure ist diese Linie zufällig noch vorhanden, für andere ist sie zufallsbedingt nurmehr eine „dotted line", für wieder andere ist sie von den Zufällen der Wirtschaftswandlungen völlig zum Verschwinden gebracht worden. Der Bestand oder Nichtbestand dieser Linie ist jedenfalls nicht kalkulierbar, sondern zufällig.

Diese Entkopplung von Leistung und Gratifikation erfährt der Manager, der trotz bester persönlicher Performance nicht verhindern kann, dass sein Unternehmen im Wettbewerb mit Billiganbietern aus Fernost untergeht.

Sie erfährt der leistungsfähige leitende Angestellte eines Unternehmens, das von einem anderen Unternehmen übernommen wird und bei dem der neue Eigentümer die gesamte alte Riege der leitenden Angestellten durch Vertraute ersetzt.

Sie erfährt der engagierte und leistungsstarke Mitarbeiter eines Internetportals, das von einem global operierenden Wettbewerber aus dem Markt gedrängt wird (siehe die Geschichte von StudiVZ und Facebook).

Sie erfährt der leistungsfähige leitende Angestellte eines Konzerns, der in einer Welt zugespitzter Konkurrenz Opfer innerbetrieblicher Intrigen und Konkurrenzgefechte wird.

Sie erfährt der engagierte Mitarbeiter in einem Geschäftsbereich eines globalen Unternehmens, als ihm mitgeteilt wird, dass das ausländische Headquarter des Unternehmens die Schließung dieses Geschäftsbereichs verfügt hat und dass er deshalb nunmehr überflüssig geworden ist.

Der langgediente Mitarbeiter eines Technologieunternehmens erfährt diese Entkopplung von Leistung und Gratifikation, als er hört, dass er einem Restrukturierungsprojekt zum Opfer fällt, weil er, der dem Unternehmen seit 26 Jahren angehört, aus der Sicht des Chief Restructuring Officers zu teuer und zu alt für den Neustart des Unternehmens nach der Restrukturierung ist.

Eine Entkopplung von Leistung und Erfolg liegt auch dann vor, wenn die Zufälligkeit ökonomischer Entwicklungen dazu führt, dass sich völlig unabhängig von erbrachten Leistungen Erfolge oder Misserfolge einstellen. Dies gilt auch und gerade für die Welt der Finanzspekulationen. Sie liegen quer zu dem Imperativ des Leistungsprinzips, dass Aufwand und Ertrag in einem äquivalenten Verhältnis stehen sollten.

Clayton M. Christensen hat zu dieser Entkopplung von Leistung und Erfolg ein besonderes Kapitel hinzugefügt. In seinem Buch „The Innovator's Dilemma" hat er

„Die Gewinner von Aktienspekulationen und windfall profits, die Nutznießer ökonomischer ‚Mitnahmeeffekte' und kurzfristiger Vorteile auf den Finanz- und Devisenmärkten etablieren eine Wirtschaftskultur der Zufälligkeit, die dem Leistungsprinzip alle Grundlagen entzieht."[21]

---

[21] Neckel 2008, S. 57.

nachgewiesen, dass richtiges und gutes Management zum Scheitern von Unternehmen führen kann:

> *„Entscheidungen, die nach all unserem Wissen richtig und gut für den Erfolg des Unternehmens sind, erweisen sich zugleich als Entscheidungen, die den Niedergang besiegeln können."*[22]
> *„Vieles weist darauf hin, dass gerade die besten Manager mit der konsequenten Anwendung von richtigem und gutem Management Fehler machen, wenn ihre Märkte durch disruptive Technologien aufgemischt werden."*[23]

Die Entkopplung von Leistung und Erfolg in der neuzeitlichen Wirtschaftswelt wurde in einer Vielzahl von soziologischen Studien eingehend analysiert. So beschrieb der US-amerikanische Soziologe Alvin W. Gouldner bereits in den 70er-Jahren des letzten Jahrhunderts die „Irrationalitäten des modernen Belohnungssystems".[24] Richard Sennett untersuchte die „Undurchschaubarkeit von Erfolg und Mißerfolg" in der US-amerikanischen Wirtschaft.[25] Dinesh D'Souza beleuchtete die „lottery of success" in der neuzeitlichen Wirtschaftswelt.[26] Und Sighard Neckel zeigte auf, wie die moderne Marktgesellschaft „das Leistungsprinzip nachhaltig unterminiert."[27]

These 3: Die psychische Erschütterung des neuzeitlichen Menschen

> *„Der wichtigste Umstand für die Individualität der zweiten Hälfte des 20. Jahrhunderts ist der Zusammenstoß der unbegrenzten Möglichkeiten mit dem Unbeherrschbaren."*[28]

Die Zeitenwende, die wir seit der zweiten Hälfte des 20. Jahrhunderts und verstärkt im 21. Jahrhundert erleben, ist dadurch gekennzeichnet, dass zwei Tendenzen aufeinandertreffen:

- die Tendenz zur Freisetzung des Menschen aus Traditionen, Vorgaben und Bindungen und, einhergehend damit, die Tendenz zur „Volatilisierung" von Lebensläufen,
- und die Tendenz zur Aussetzung des Menschen in eine Umwelt, die chronisch unsicher, komplex, undurchschaubar, unkalkulierbar, volatil und erratisch ist.

---

[22] Christensen et al. 2013, S. 5.
[23] Ebd., S. 17.
[24] Gouldner 1974, S. 465.
[25] Sennett 2000, S. 109.
[26] D'Souza 2000.
[27] Neckel 2008, S. 62 Jüngst beschrieb RH. Frank den „Myth of Meritocracy" (Frank 2016).
[28] Ehrenberg 2015, S. 303.

Das Zusammentreffen dieser beiden Tendenzen verursacht für den neuzeitlichen Menschen eine **chronische Konfliktsituation.**

Es ist der Konflikt eines Menschen, der dann, wenn er an den Zufällen seiner Marktumwelt scheitert, wenn er im Strudel der Marktvolatilitäten Misserfolg hat, wenn er nicht das erreicht, was er erreichen will, durch nichts mehr getragen und aufgefangen wird. Da ist keine religiöse Weltanschauung mehr, die ihn tröstet, keine soziale Klasse mehr, die ihm über sein Scheitern hinweghilft, keine lokale Heimat, in der er Halt findet, keine dritte Instanz, die er für sein Scheitern verantwortlich machen kann (ob die Familie ihn noch halten kann, werde ich im nächsten Kapitel betrachten).

Der Wirtschaftsmensch ist im 21. Jahrhundert auf eine historisch einzigartige Weise freigesetzt aus Sicherungen, die ihn halten könnten. Und er ist auf historisch einzigartige Weise ausgesetzt einer Unsicherheit, die alle seine äußeren Lebensbedingungen ergriffen hat.

Es gibt für den Menschen des 21. Jahrhunderts keine Schutzburg und keine Versicherung mehr gegen Scheitern. Alle Schläge des Marktes, die seine Pläne durchkreuzen, treffen ihn unmittelbar. Da ist nichts mehr, das ihn vor diesen Schlägen schützen und wappnen könnte, nichts mehr, das diese Schläge abmildern und relativieren würde. Sie treffen ihn mit voller Wucht. Er hat keine Schutzschilde, die den physischen Aufprall dieser Schläge auf seinen Körper abdämpfen könnten. Mehr noch: Für ihn gibt es auch keine ideellen Deutungsmuster, die die psychische Erschütterung lindern könnten, die jene Schläge verursachen.

Es ist der Konflikt eines Menschen, der weiß, dass er für sein Handeln und für die Folgen seines Handelns voll verantwortlich ist, und der zugleich weiß, dass er für die Zufälle der Marktfluktuationen, denen er unterworfen ist, keinerlei Verantwortung übernehmen kann. Er ist verantwortlich und nicht-verantwortlich zugleich.

Es ist der Konflikt zwischen einem grenzenlosen Universum an Möglichkeiten, die dem neuzeitlichen Individuum offenstehen, und der Zufälligkeit der Marktvolatilitäten, die dieses Universum immer wieder jäh beschneiden oder gar zerstören können.

Es ist der Konflikt zwischen Freigesetztsein und Ausgesetztsein, zwischen der Entfesselung aus allen Bindungen und der Fesselung durch unkontrollierbare äußere Zwänge.

Es ist der Konflikt zwischen dem Kapitän, der sein Schiff souverän und selbstbestimmt steuert, und dem Schiffbrüchigen, der in ein Meer erratischer Fremdbestimmung hineingeworfen ist.

Es ist der Konflikt zwischen der Bestimmung des neuzeitlichen Individuums, autonom planen, wählen und entscheiden zu können (und zu müssen) und seiner Bestimmung, sich Marktkonstellationen stellen zu müssen, die jeglichen Plan und jegliche Entscheidung konterkarieren können.

Es ist der Konflikt zwischen einem Menschen, der in den Augen der anderen am Erfolg oder Misserfolg seiner Handlungen selbst schuld ist und der doch immer und immer wieder den Fatalitäten der Umweltfluktuationen ausgeliefert ist.

Es ist der Konflikt zwischen einem Menschen, der seine Identität ohne die traditionellen Identitätsstützen (von Religion, Moral, Weltanschauung, Nation, berechenbar konventionalisierter Ehe, lokaler Gemeinschaft, Heimat etc.) ausbilden muss. Und einem Menschen, der in der Wirtschaftswelt der Zufälligkeiten beständig eine „Identitätserosion"[29] erlebt.

Es ist der Konflikt zwischen einem Menschen, der weiß, dass er ohne fremdbestimmtes, zufälliges Glück keinen Erfolg haben kann, und einem Menschen, der weiß, dass ihm in der Marktgesellschaft sein individuelles Glück oder Unglück so zugerechnet wird, als sei es selbstverursacht oder selbstverschuldet.

Es ist der Konflikt zwischen einem Menschen, der immerfort Komfortzonen verlassen und sich durch eigene Initiative, durch proaktives Tun mit seiner Umwelt wandeln und an seine Umwelt anpassen muss; und einem Menschen, der lernt, dass er den Wandel seiner Umwelt weder berechenbar beeinflussen noch vorausschauend vorhersehen kann.

Der neuzeitliche Wirtschaftsmensch lebt im Fadenkreuz dieser beiden Pole. Das macht seinen existenziellen Konflikt aus. Er muss mit diesem Konflikt leben, muss lernen, ihn zu managen.

Dass dies vielen und immer mehr Menschen nicht mehr bzw. nur auf Kosten ihrer psychischen Gesundheit gelingt, belegen viele sozialpsychologische Studien. Jener Konflikt programmiert nicht notwendig bei den Menschen psychische Zerrüttungen und psychische Erkrankungen. Er begünstigt sie aber, er legt sie nahe. Die Menschen agieren im 21. Jahrhundert unentwegt auf einer schiefen Ebene, auf der sie permanent in die Abgründe psychischer Erschöpfungen hinabzugleiten drohen.

Der französische Psychologe Alain Ehrenberg hat die drastische Zunahme psychischer Erkrankungen und das Voranschreiten der „Modekrankheit" Depression in den neuzeitlichen Marktgesellschaften auf diesen Konflikt zurückgeführt.

„Die Depression ... ist die Krankheit einer Gesellschaft, deren Verhaltensnorm nicht mehr auf Schuld und Disziplin gründet, sondern auf Verantwortung und Initiative." Sie ist „die Krankheit der Unzulänglichkeit".[30]

Der depressive Mensch ist nach Ehrenberg der erschöpfte Mensch, einer, der sich seiner eigenen Unzulänglichkeit schämt. Es ist der Mensch, der „durch die Spannung zwischen dem Möglichen und dem Unmöglichen zerrissen wird. Wenn die Neurose das Drama der Schuld ist, so ist die Depression die Tragödie der Unzulänglichkeit. Sie ist der vertraute Schatten des führungslosen Menschen, der des Projekts, er selbst zu werden, müde ist."[31] Der Depressive fühlt sich minderwertig, weil er dem Druck nicht standhält, sein Schicksal selbst meistern und dabei

---

[29] Koppetsch 2013, S. 46.
[30] Ehrenberg 2015, S. 31.
[31] Ebd., S. 34.

17 Die Ausbildung zum abstrakten Menschen: das Anti-Depressivum

permanent erfolgreich sein zu müssen. Deshalb ist die Depression auch „eine Krankheit der Verantwortlichkeit".[32] Der Depressive ist der zerbrechliche, labile und handlungsgehemmte Mensch, der „die Aufgabe, alles zu wählen und alles zu entscheiden",[33] nicht zu bewältigen vermag. „Wir wollen Götter sein, da wir aber Menschen sind, bezahlen wir dafür mit Pathologien, bei denen die innere Zerbrechlichkeit sich in leidvollen Affekten und ärmlichen Repräsentationen offenbart."[34] So ist denn die Depression

> „die unerbittliche Kehrseite des Menschen, der sein eigener Herr ist. Nicht desjenigen, der schlecht gehandelt hat, sondern desjenigen, der nicht handeln kann." Es ist die Krankheit „eines Individuums, das nur es selbst sein will und diesem Anspruch nie gerecht wird." „Depression und Sucht sind wie die Vorder- und Rückseite des souveränen Individuums, des Menschen, der glaubt, der Autor seines eigenen Lebens zu sein, während er doch Subjekt im doppelten Sinne ist: Souverän und Untertan bleibt. ... Die Depression erinnert sehr konkret daran, dass sich selbst zu besitzen nicht gleichbedeutend ist mit grenzenlosen Möglichkeiten."[35]

These 4: Es gibt zwei Wege zur Bewältigung dieses Konfliktes. Der eine ist rückwärtsgewandt, denn er bricht mit den Tendenzen, die die Neuzeit prägen. Der andere nimmt diese Tendenzen auf und instrumentalisiert sie für die eigene Selbstoptimierung.

Die Menschen, die in der Marktgesellschaft des 21. Jahrhundert leben, müssen Mittel und Wege finden, um den beschriebenen Konflikt zu bewältigen. Sie müssen das tun, um ihre Wettbewerbsfähigkeit und Marktgängigkeit aufrechtzuerhalten. Sie müssen das auch deshalb tun, um ein Abgleiten in psychische Zerrüttungen zu vermeiden.

Es gibt zwei Wege, auf denen die Individuen in den Marktgesellschaften des 21. Jahrhunderts versuchen, den dargestellten Konflikt zu managen.

Der eine Weg führt dahin, Reservate zu errichten und zu befestigen.

Ich verstehe unter Reservaten Lebensräume, die die Menschen einrichten, um innerhalb dieser Räume eine kontrollierbare, berechenbare, widerspruchsfreie, eindeutige und langfristig sichere Umwelt zu schaffen und aufrechtzuerhalten.[36]

---

[32] Ebd., S. 26.
[33] Ebd., S. 249.
[34] Ebd., S. 178.
[35] Ebd., S. 289, 291 und 305.
[36] Siehe dazu auch Prodoehl 2014, S. 59 ff.; Prodoehl 1983, S. 142 f.

Der andere Weg führt zur Ausbildung des abstrakten Menschen.

Ich werde im folgenden Kapitel die Vor- und Nachteile des ersten Wegs beschreiben. Und dabei darlegen, dass dieser Weg, Reservate zu gründen, immer abschüssig, gefahrengeneigt ist. Die Menschen, die diesen Weg gehen, stehen immer in der Gefahr, in eine Sackgasse zu geraten.

Deshalb werden sie letztlich nicht umhin können, den zweiten Weg zu beschreiten, den Weg der Bildung zum abstrakten Menschen. Entweder werden sie das so tun, dass sie beide Wege gemeinsam begehen, also den einen Weg mit dem anderen zu vereinbaren versuchen. Oder sie werden den ersten Weg verlassen und sich ganz und gar darauf verlassen, auf dem zweiten Weg voranzukommen.

Beide Varianten werde ich in den folgenden Kapiteln näher beleuchten.

Kapitel 18
Der abstrakte Mensch und die Familie: das Drama der Erosion von Reservaten im 21. Jahrhundert

> *„Die biegsamsten Glieder in der Gemeinschaft lenken die unbeugsamsten."*
> *„Das Härteste in der Welt – bezwungen wird es vom Geschmeidigsten."*[1]

Beginnen wir hier wieder, wie bereits oben in Kap. 3, mit zwei Bekenntnissen. Es sind die beiden Bekenntnisse von Menschen, die sich jeweils für einen der beiden beschriebenen Wege entschieden haben. Diese beiden Menschen beschreiben den Weg, den sie in ihrem privaten Leben gehen, in dem Leben, das sich um Liebe, Ehe und Familie dreht.

> **Das Bekenntnis des Harald R.**
> *Ich teile meine Welt ein in eine Kältezone und in eine Wärmezone. Die Kältezone, das ist die Welt meines Berufs. Er hat mich schon in viele Gegenden der Welt verschlagen und in viele Unternehmen. Es ist ein Beruf ohne Sicherungsseile, ohne Geborgenheit, ohne Wärme. Mein Berufsleben wirft mich hin und her, ich komme mir hier oft vor wie ein Spielball von Mächten, die ich nicht kontrollieren kann, ja, die ich nicht einmal kenne.*
> *Diese Kältezone meiner Berufswelt könnte ich niemals aushalten, keinen Tag, ohne den Gegenpol, ohne meine Familie in meinem kleinen Dorf am Rande des Rhein-Main-Gebiets. Das ist die Gegenwelt, die ich wie die Luft zum Atmen brauche, um es zu schaffen, mich jeden Tag aufs Neue dem Kältestrom der Berufswelt auszusetzen. Ohne diese Gegenwelt würde ich jeden Halt verlieren, wäre ich ein Charakter-Wrack, ein unbehauster Mensch, der*

---

[1] Es sind dies zwei Übertragungen des ersten Satzes im 43. Spruch im Buch Tao-te-king von Laotse, das vor mehr als 2.500 Jahren geschrieben wurde. Die erste Übertragung stammt von Alexander Ular, die zweite von Ernst Schwarz. Siehe: Laotse 1923, S. 52; Laotse 1992, S. 93.

irgendwo auf irgendeinem Ozean auf einem winzigen Boot vor sich hin rudert, ohne Kompass, ohne Ziel, ohne Sinn. Ohne diese Gegenwelt würde ich an den Zumutungen der Wirtschaftswelt zerbrechen.

Wo es mich im Beruf auch immer hin verschlägt, wo mich der Zwang zur allfälligen Mobilität auch immer hin verführt, ich behalte immer und unbedingt mein Zuhause in meinem Dorf. Ich wechsle meinen Arbeitsort oft, meinen Wohnort nie. Wo auf der Welt ich auch immer arbeiten muss, ich sehne mich danach, dann, wenn ich Feierabend habe, wieder in meinem Dorf anzukommen. Ich sehne mich danach, dort den immer gleichen Dorfplatz zu sehen, die beschaulichen kleinen Gassen, die gewohnten Häuserzeilen, die bekannten Gesichter der Nachbarn und Bekannten, die rührenden Auslagen des Dorfladens, die Lindenbäume vor meinem Haus, und ich sehne mich danach, dann in mein Haus einzutreten und meine Familie zu sehen.

Nie würde ich diese Heimat aufgeben. Bei all meinen Berufsetappen habe ich mir immer ausbedungen, dass ich meine „Homebase" behalten kann, dass ich meine Freizeit in meiner gewohnten Dorfwelt verbringen kann. Und sei es, dass ich freitagabends mit dem Flugzeug vom Arbeitsort nach Frankfurt fliege, dort im Parkhaus meinen Wagen abhole und dann die etwa 40 Minuten zu meinem Dorf fahre. Und dass ich am Montag in aller Frühe wieder aufbreche, aus der Idylle meines Dorfes, zum Flugzeug hin, das mich an die Wirtschaftsfront bringt.

Lieber begnüge ich mich werktags damit, an meinem Arbeitsort in einem kleinen Apartment zu leben, als immer wieder, mit den Wechseln in meinem Berufsleben, auch den Wohnort zu wechseln. Mein Wohnort in meinem Heimatort ist mir heilig. Würde ich den aufgeben, dann wäre das so, als würde ich mir etwas antun.

Mein Dorf ist ein Ort, von dem ich genau weiß, dass er so bleibt, wie ich ihn kenne und mag. Er ist für mich vollkommen berechenbar, vorhersehbar, kontrollierbar, eindeutig, bekannt, gewohnt und sicher. Hier bleibt gewiss, was heute gewiss ist. Hier hat alles, was ich tue, eine bestimmte Wirkung. Hier geschieht das, was geplant war. Hier gelten heute Regeln, die auch morgen noch Gültigkeit haben. Hier ist nichts unklar und alles einfach. Hier vertraue ich meinem Nachbarn, und mein Nachbar vertraut mir.

Und hier lebt auch meine Familie. Meine Frau Sandra und meine beiden Kinder. Sie sind das Gravitationszentrum meines Lebens, meine eigentliche Heimat. Sie geben mir die Wärme, die ich brauche, um die Kältezonen der Berufswelt aushalten zu können. Ich weiß, dass sie zu mir stehen. Sie wissen, dass ich zu ihnen stehe. Unbedingt und unabdingbar. Sie sind meine feste Burg, wenn um mich herum Stürme toben und Erdbeben hereinbrechen. Sie sind mein Schutz, wenn ich draußen in Intrigenkämpfe und Konkurrenzgefechte verwickelt werde. Sie geben mir die Geborgenheit, die mich wappnet in der Ungeborgenheit der Wirtschaftskämpfe.

Nie würde ich meine Frau verlassen, nie meine Kinder im Stich lassen. Denn das hieße für mich, mich selbst zu verlassen. Nie würde ich meiner Frau untreu, denn das hieße für mich, mir selbst untreu zu werden. Nie würde ich daran denken, wegen einer anderen meine Ehe aufs Spiel zu setzen. Denn das hieße für mich, meinen Heimathafen aufs Spiel zu setzen.

Natürlich gibt es da draußen Verlockungen, Gelegenheiten für Affären. Ich lasse sie an mir vorüberziehen. Denn ich weiß, dass ich diesen Verlockungen nur nachgeben kann, wenn ich bereit bin, meine Heimat zu zerstören.

Natürlich weiß ich, dass diese Heimat nur dann bestehen bleiben kann, wenn ich Einschränkungen in Kauf nehme. Und wenn auch meine Frau Einschränkungen in Kauf nimmt. Wir nehmen diese Einschränkungen gerne in Kauf. Weil wir den Wert der Heimat höher bemessen als den Wert, diese Einschränkungen aufzuheben.

Diese Einschränkungen markieren die Grenzlinien, die Sandra und ich für unser Leben gezogen haben. Wir haben uns geschworen, diese Grenzlinien nie zu überschreiten.

Zu diesen Einschränkungen, zu diesen Grenzlinien gehört, dass ich im Beruf nicht so mobil sein kann, wie andere es sind. So kann ich mich zum Beispiel nicht für drei Jahre nach Hongkong versetzen lassen. Auch ist ausgeschlossen, dass Sandra einem ähnlichen Beruf nachgeht wie ich, einem Beruf, bei dem auch sie von Montagfrüh bis Freitagnacht das Dorf verlassen muss. Auch kommen weder für mich noch für Sandra irgendwelche Affären in Frage.

Aber all diese Einschränkungen zählen nichts gegen die Geborgenheit der Heimat, die wir uns erhalten, wenn wir diese Grenzlinien einhalten.

Das Bekenntnis des Elmar G.
Mein Leben ist kein ruhiger, behäbig vor sich hin strömender Fluss, sondern ein Strudel, der mich immer wieder aus Neue fordert und an neue Ufer wirft. In diesem Strudel kann ich nur überleben, wenn ich beweglich bleibe. Ich muss mich ständig neuen Anforderungen aussetzen, um aus diesem Strudel gestärkt herauszukommen. Ich muss mich ständig dem Ungewohnten stellen und meine Fähigkeit trainieren, im Ungewohnten zurechtzukommen. Denn der Strudel verlangt das von mir. Bewege ich mich im Strudel statisch, zieht er mich hinunter. Bewege ich mich dynamisch, trägt er mich hinauf.

So ist denn mein berufliches Leben ein ständiges Auf und Ab, Kommen und Gehen, Erneuern und Verbessern. Es ist eine stete Bewegung, permanente Mobilität. Stillstand macht mich behäbig, schwächt mich, zieht mich hinab, raubt mir mein Lebenselixier.

So ist auch mein privates Leben. Ich kann mein privates Leben nicht anders bauen als mein berufliches. Ich kann nicht als gespaltene Persönlichkeit überleben, die im Beruf das Neue fordert und im Privaten das Neue meidet. Ich kann nicht werktags nach Maximen leben, die ich feiertags verleugne.

Ich kann das aus vielen Gründen nicht tun.

So sind mein Arbeitsleben und mein Privatleben nicht antiseptisch voneinander getrennt. Sie fließen ineinander, spielen auf dem gleichen Spielfeld. Meine Arbeitszeit greift oft auch in die Freizeit über, meine Arbeitsorte sind häufig auch meine Freizeitorte.

Ich weiß auch: Würde ich mir in meinem Privatleben Stillstand verordnen, eine Ruhezone in einer immer gleichen Landschaft, dann würde mich das stumpf und dumpf machen, behäbig und langsam. Es würde mich damit entscheidend im alltäglichen Stellungskampf des Berufslebens schwächen. Ich würde dann ein träger Mensch, avers gegen die Erkundung fremder Landschaften, resistent gegen die Anpassung an schnellen Wandel. Ich würde dann ein Verlierer werden.

Hinzu kommt, dass ich die Spannung nicht aushalten würde. Die Spannung zwischen einem Beruf, in dem ich ständig Neues erlebe, und einem Privatleben, in dem das Einerlei des Altgewohnten herrscht. Diese Spannung würde mich zerreißen. Sie würde mich krank machen. Ich würde dann, um diese Spannung aufzulösen, entweder meinen Beruf wechseln, einen Beruf ergreifen, in dem ich immer das Gleiche tun kann. Oder ich würde diese private Öde fluchtartig verlassen. Auf Nimmerwiedersehen.

Mein Lebenselixier im Beruflichen wie im Privaten ist die Rotation. Ich rotiere, also bin ich. Die Rotation hält mich lebendig, agil, vital. Ich rotiere immer dann, wenn ich dadurch besser werden und mir dadurch bessere Lebenschancen erschließen kann. Ich rotiere, wenn mich eine gewohnte Landschaft langweilt. Ich rotiere, wenn die Routine mir meine Energie raubt. Ich rotiere ständig. Rotation ist meine Lebensart.

Ich vermeide in meinem Privatleben all das, was meine Fähigkeit zu rotieren schmälert. Ich umgehe alle Rotationshindernisse und Rotationshemmer. Ich will kein rotationsbehinderter Mensch werden. So würde ich mich behindert fühlen, wenn ich in einer ewigen Partnerschaft leben müsste. Ich würde mich behindert fühlen, wenn ich in einer statischen Ehe und Ortsgemeinschaft wäre. Ich würde mich behindert fühlen, wenn ich mich täglich um Kinder kümmern müsste.

All diese Behinderungen brauche ich mir nicht anzutun. Ich weiß ja, dass es auch ein Privatleben jenseits dieser Behinderungen gibt.

Ich bin im Beruf ein serieller Unternehmer meiner Selbst. So bin ich denn auch im Privatleben ein serieller Partner, ich gehe Partnerschaften auf Zeit ein, auf Abruf und Widerruf, Affären eben, die mal länger, mal kürzer dauern, mal flacher, mal heftiger sind.

Und wenn dann eine dieser Affären zu Bruch geht, wenn ihr Haltbarkeitsdatum überschritten ist und ich wieder zu neuen Ufern aufbrechen muss, dann gibt es schon, mal stärker, mal schwächer, einen Trennungsschmerz, ein schales Gefühl.

18 Der abstrakte Mensch und die Familie: das Drama der Erosion von Reservaten

> *Aber das gibt sich schnell wieder. Wenn ich wieder rotiere, wenn ich wieder an der Front des Lebens bin, im Strudel schnellen Wandels, verblassen diese Gefühle, die mich an das Alte binden, und es kommen neue Gefühle auf, Gefühle der frohen Erwartung und der Vorfreude auf die neuen Landschaften, die vor mir liegen.*

Ich werde, um beide Bekenntnisse im Kontext des bisher Dargelegten deuten zu können, zunächst genauer auf jenen **Begriff des „Reservats"** eingehen, den ich im vorherigen Kapitel eingeführt habe. Dieser Begriff ist für meine Argumentation in diesem Kapitel von zentraler Bedeutung.[2]

Der Begriff „Reservat" kann nur zureichend *funktional* definiert werden. Das heißt, die Bedeutung des Begriffs „Reservat" leitet sich aus der Funktion ab, die das Reservat für die Menschen hat:

Ein Reservat hat zum einen für die Menschen die Funktion, ein Hort der Sicherheit zu sein, eine von den Individuen verlässlich kontrollierbare Eigensphäre, eine Schutzzone, in der Lebensbedingungen gelten, die zuverlässig berechenbar und langfristig kontrollierbar sind. Reservate fungieren als eine Zufluchtsstätte vor den Zumutungen der Restrukturierungs-Wirtschaft und der Marktgesellschaft. Sie sind abgeschlossene Enklaven, die für Stabilität, Kontinuität und Veränderungsresistenz stehen. Ein Reservat soll ein Refugium sein, das Geborgenheit im Ritual stiftet. Es wird geschaffen, um ein sicherer Hafen und Heimatort, ein Bollwerk gegen Wandel und Volatilität zu sein. Gleichsam ein Bunkerraum, der aus immer wiederkehrenden Ritualen und Routinen besteht. In ihm gelten fixe Werte und Normen. Es herrschen dort festzementierte Ordnungen und Strukturen, Denk- und Verhaltensmuster. In diesem Raum soll die Zukunft klar vorhersehbar sein, denn in ihm gelten Gewissheiten, die die Zeitläufte überdauern. Hier soll das Traditionelle, Gewohnte, Bekannte und Vertraute nicht nur heute, sondern auch morgen fortgelten.

Reservate sollen für die Reservatsbewohner noch eine weitere Funktion erfüllen: Sie sollen die widersprüchlichen Anforderungen, die die moderne Wirtschaftswelt an den Einzelnen stellt, aufheben und einen Raum für eindeutige, widerspruchsfreie Beziehungen schaffen. Für Beziehungen, in denen nicht der Gegensatz von Miteinander und Gegeneinander vorherrscht, von Konkurrent und Helfer, sondern eine klare und einfache Kultur des gemeinschaftlichen Miteinanders.

Reservate sollen ein Milieu schaffen, in dem die Mitglieder der Reservats-Gemeinschaft auf der Grundlage fester Regeln und Normen einen Beitrag zum gemeinschaftlichen Wohl leisten. Sie haben also für die Menschen auch die Funktion, eine Gemeinschaft zu begründen, in denen Regeln und Konventionen gelten, die für alle Mitglieder der Gemeinschaft verbindlich sind. Im Binnenraum dieser Gemeinschaft herrscht eine Kultur des Konsenses, der selbstverständlichen Geltung

---

[2] Ich habe diesen Begriff an anderer Stelle detailliert abgeleitet und ausgeleuchtet: vgl. Prodoehl 1983, S. 142 f. und Prodoehl 2014, S. 59 ff.

gemeinschaftlicher Normen und damit einer Harmonisierung von Verhaltens- und Denkweisen. Es ist dies ein Ambiente, in dem eine „Plausibilitätsstruktur" immerfort für „Interaktionsreziprozität" sorgt.[3]

Reservate sind damit ein harter Kontrapunkt zu all den neuzeitlichen Tendenzen, die ich oben beschrieben habe. Sie markieren einen schroffen Bruch mit den Handlungsanforderungen, die die globale Wirtschaftswelt des 21. Jahrhunderts den Menschen vorgibt. Durch sie hindurch hallen laute Protestschreie des neuzeitlichen Menschen gegen diese Anforderungen. Reservate sind der Versuch der Individuen, sich gegen diese Anforderungen zu stemmen, einen Damm gegen die Zumutungen der globalen Marktgesellschaft zu errichten. Sie zielen darauf ab, einen Rückzugsort zu etablieren, an dem die Anforderungen des globalen Wirtschaftsgetriebes dauerhaft und sicher außer Kraft gesetzt sind. Einen Ort, an dem man zur Ruhe kommen kann. Einen Ort, der weder komplex ist noch unsicher, volatil und ambivalent, sondern einfach, sicher, beständig und eindeutig. Einen Ort der festen, dauerhaft beständigen und widerspruchsfreien Bindungen.

Reservate sind ein Kontrapunkt gegen die Sphären der Marktgesellschaft, in denen die Marktlogik regiert. Deshalb sind Reservate Spielfelder für Nonzero Sum Games, nicht für Zero Sum Games. In diesen Reservaten wird nicht taxiert nach Aufwand und Ertrag, Gewinn und Verlust, Markterfolg und Marktergebnis, Effizienz und Effektivität, Gewinnkalkül und Rating. In Reservaten gelten andere Regeln: Regeln des wertorientierten und nicht des zweckorientierten Handelns, moralische Normen und nicht die Kalküle der Nutzenmaximierung.

Dort werden Menschen nicht unablässig an quantitativen Maßstäben einem Rating unterzogen und damit verglichen. Vielmehr gelten hier die Regeln der Inkommensurabilität: des Nicht-Vergleichbaren, des Qualitativen, Nicht-Bezifferbaren.

So ist denn die Errichtung von Reservaten der Versuch, Schutzzonen zu bauen und zu befestigen, die den oben beschriebenen beiden Tendenzen der Moderne entgegenwirken: In diesen Schutzzonen ist der moderne Mensch nicht aus Bindungen freigesetzt, sondern in feste Strukturen und Rituale eingebunden. Er ist hier nicht den Zufällen der Marktumwelt ausgesetzt, sondern in einem Hochsicherheitstrakt eingefriedet.

Entsprechend geht die Errichtung und Unterhaltung von Reservaten immer damit einher, dass die Reservatsbewohner Grenzen gegen die Außenwelt der Reservatsfremden, der Nicht-Mitglieder der Reservats-Gemeinschaft, ziehen. Diese Grenzen müssen stets durch Ideen, Normen oder andere Mittel befestigt, bewacht und gesichert werden. Grenzüberschreitungen müssen mit Verboten belegt und sanktioniert werden. Innerhalb der Grenzmauern können die Reservatsbewohner dann eine Innenwelt ausgestalten, die gegen die Einflüsse der Außenwelt gewappnet ist. Diese Einflüsse können aber nur in dem Maße aus der Innenwelt des Reservates herausgehalten werden, wie es den Reservatsbewohnern gelingt, das Reservat abzuschotten. Ein Reservat funktioniert also stets als eine Enklave, die mit vielfältigen Mitteln von der reservatsjenseitigen Welt abgeschottet wird.

Damit ist das Reservat immer auch ein Refugium der Selbstabschließung der Reservatsbewohner durch Ausgrenzung. Diese Ausgrenzung derer, die nicht zum

---

[3] Siehe zu diesen Begriffen Prodoehl 1983, S. 145 ff.

Reservat dazugehören, kann vielfältige Formen annehmen: Sie kann darin bestehen, dass die Mitglieder eines Reservats den Zutritt Dritter mit finanziellen Barrieren versperren (indem sie sich in Luxus-Wohnvierteln abschließen und in Enklaven begegnen, in denen nur Vermögende Einlass finden). Sie kann durch kulturelle Barrieren erfolgen (gegenüber denen, die die Regeln des reservatsspezifischen guten Geschmacks, des Stils und der Etikette nicht kennen oder nicht beherrschen). Die Ausgrenzung kann aber auch mit Gewalt oder mit fremdenfeindlichen Ideologien einhergehen, z. B. indem die Fremden, die nicht dazugehören, gebrandmarkt und als Feinde geächtet werden.[4]

Es gibt vielfältige Indikatoren dafür, dass es zu Anfang des 21. Jahrhunderts eine Renaissance der Reservate gibt.

So diagnostiziert die Soziologin Cornelia Koppetsch für die Zeit ab der Jahrtausendwende einen „Mentalitätswandel", eine „Wiederkehr der Konformität".[5] Mehr und mehr Menschen, so Koppetsch, suchen einen sicheren Hafen. Sie stellt eine wachsende „Sehnsucht nach Geborgenheit" fest, einen „Rückzug aus dem öffentlichen Leben in den Nahbereich von Partnerschaft und Familie", eine Mentalität der „ängstlichen Vermeidung alles Widerständigen, Risikobehafteten und Unberechenbaren",[6] im Privaten eine „ideologische Wiederkehr des bürgerlichen Familienmodells samt seiner traditionellen Rollenbilder", mit der „die Familie als Hort der Sicherheit und der wahren Bindungen" stabilisiert werden soll.[7] Diese „Rückwendung hin zu Familien-, Gemeinschafts- und Traditionswerten"[8] ist gepaart mit einem Rückzug auf die Herkunftsbindungen (Eltern, Großeltern, Verwandte etc.) und mit einer nostalgischen Hinwendung zu traditionellen, konservativen Werten, religiösen Weltanschauungen und Ritualen.

> *„Dabei zeigt sich, dass insbesondere die jüngeren Generationen im Privaten mit rückwärtsgewandten Idealen und Identitätsmustern auf den beschleunigten Wandel reagieren."*[9] *„Es ist eine Generation, die sich nach Sicherheit sehnt…"* *„Sie sind die erste Generation, die mit dem globalen Kapitalismus aufwächst und für die Arbeit und Beruf, ja die gesamte Welt jenseits von Familie und Nahwelt, zu einem Ort der Unsicherheit und der subtilen Entfremdung geworden ist. … Dominierten bis in die 1980er-Jahre Werte wie Selbstverwirklichung, Engagement und Expressivität, kehrte sich dies Mitte der 1990er-Jahre um. Vor allem die jüngere Generation orientiert sich heute an Werten wie Leistung, Sicherheit und Macht, auch Tugenden wie Fleiß und Ehrgeiz erleben eine Renaissance. Darüber hinaus tendieren die Einzelnen zu einem Rückzug aus dem öffentlichen Leben. Familie, das eigene Heim, das Private rücken ins Zentrum des Lebens. Auch die Geschlechterrollen werden wieder traditioneller."*[10]

---

[4] Siehe dazu die klassische Darstellung bei Bourdieu 1982.
[5] Koppetsch 2013, S. 165.
[6] Ebd., S. 9 f.
[7] Ebd., S. 130.
[8] Ebd., S. 175.
[9] Ebd., S. 12.
[10] Ebd., S. 111 f. und 115.

Es gibt vielfältige Typen von Reservaten. Und vielfältige Mittel, mit denen Reservate gebaut und gegen die volatile Außenwelt befestigt werden können. Ich werde hier kurz einige charakteristische Ausprägungsformen von Reservaten vorstellen.[11]

Da sind zum einen die Reservate, die ihre **Erbauer mit den Mitteln von Geld und/oder Macht** errichten. **Macht- oder geldbasierte Reservate** können für die Reservatsbewohner eine Sphäre der Sicherheit, der verlässlichen Realitätskontrolle und der eindeutigen Verhaltenserwartungen schaffen. Machthaber und Vermögensbesitzer können mit dem Einsatz dieser beiden Mittel (oder eines der beiden Mittel) einen Raum errichten, aus dem externe Irritationen verbannt sind und in dem klare, eindeutige Verhaltensrituale herrschen.

So kann der Machthaber ein Reservat errichten, in dem er Untergebene und Untertanen um sich schart, die aufgrund der Macht des Machthabers gezwungen sind, sich dem Machthaber gegenüber servil und unterwürfig zu verhalten. Damit kann der Machthaber einen Raum für eindeutige und nicht-ambivalente Interaktionen schaffen. Auch kann der Machthaber durch Ausübung seiner Macht versuchen, im Binnenraum seines Reservats den Einbruch von Zufällen möglichst zu vermeiden.

Entsprechend kann sich auch der Vermögende ein Reservat bauen, in dem er sich mit Menschen umgibt, die ihm bereitwillig zu Diensten sind, mit beflissenen Dienern und Dienstleistern, die ihm den Eindruck vermitteln, ihre Beziehungen zu ihm, dem Geldbesitzer, seien klar, eindeutig und unterstützend. Auch kann der Geldbesitzer durch Einsatz seines Vermögens versuchen, das Reservat von den Einflüssen der volatilen Umwelt abschotten, es also gegen die erratischen Zumutungen des Wirtschaftsgetriebes zu immunisieren.

Es ist dies der Grund, warum es für Wirtschaftsakteure so erstrebenswert ist, „finanziell unabhängig" zu werden und sich auf dieser Grundlage dann irgendwann einmal aus dem Wirtschaftsgeschehen auszukoppeln und als Privatier von ihrem Vermögen zu leben. Sie bauen sich dann ein Reservat, das sie unabhängig macht von den Ebbe- und Flutbewegungen der Wirtschaft.

Diese macht- und geldbasierten Reservate sind naturgemäß die Domäne der „happy few". Sie stehen nur einer kleinen Minderheit zu Gebote. Für die Mehrheit der Wirtschaftsmenschen sind sie unerreichbar.

In diesem Zusammenhang spielen auch **unternehmensinterne Reservate** eine wichtige Rolle. Sie können durchaus eine spezifische Ausprägungsform von machtgestützten Reservaten darstellen. Unternehmensinterne Reservate sind Räume innerhalb von Unternehmen, die sich Unternehmensmitarbeiter mit dem Ziel einrichten, innerhalb dieser Räume eine möglichst umfassende Kontrolle ausüben zu können. Es sind Sicherheitszonen und Zufluchtsstätten, die den Einzelnen von den Zumutungen des Wandels abschirmen. Innerhalb dieser Reservate unternehmen die Reservatsbesitzer den Versuch, den Bestand des Bestehenden abzusichern und zu kontrollieren, Veränderungen abzuwehren oder nur dosiert zuzulassen.

Es gibt vielfältige Instrumente, mit denen solche Reservate innerhalb von Unternehmen errichtet und befestigt werden können: z. B. durch Aufbau von

---

[11] Siehe dazu die ausführliche Darstellung in: Prodoehl 1983.

Wissens-Monopolen, durch Horten von Kontakten und Zugangschancen, durch Blockieren oder Kanalisieren von Kommunikation, durch machtgestützte Definition von Zutrittsbedingungen zu dem Reservat etc. Diese Instrumente gehören allesamt zum Arsenal der Strategien der Abschottung. Es gibt vielfältige Ausprägungsformen von Reservaten in Unternehmen (Silos, Machtdomänen, proprietäre Know-how-Reservate etc.).

Es gibt einen weiteren Typ von Reservaten, den ich „**ideenbasiertes Reservat**" nenne. Dieses ideenbasierte Reservat kann beliebig mit dem macht- oder geldbasierten Reservat verknüpft werden. Das ideenbasierte Reservat wird auf **weltanschauliche und religiöse Ideologien und Normen** gegründet. Es konstituiert damit eine Gemeinschaft von Gleichgesinnten.

Das ideenbasierte Reservat wird dadurch befestigt und gegen die – zumeist als feindlich angesehene – Außenwelt abgeschottet, indem innerhalb des Reservats rigide Regeln und Normen herrschen, die weltanschaulich oder religiös begründet werden. In dem ideenbasierten Reservat kann damit in einem bestimmten Umfang eine kontrollierbare, verlässlich beständige Innenwelt geschaffen werden. Die Mitglieder der Reservatsgemeinschaft werden von diesen weltanschaulich oder religiös begründeten Normen dazu angehalten, ein eindeutiges Verhalten an den Tag zu legen, mit dem sie das Wohl der Reservatsgemeinschaft gegen die (feindliche) Außenwelt befördern.

Die islamistischen Gruppen, die sich seit den 90er-Jahren verstärkt im Nahen Osten, in Nordafrika und in Europa ausbreiten, stellen einen solchen Typus des ideenbasierten Reservats dar. Es ist kein Zufall, dass jene Gruppen in einer Zeit an Zulauf gewinnen, da sich die Restrukturierungs-Ökonomie und die Marktgesellschaft weltweit mehr und mehr durchsetzen. Denn diese ideengestützten Reservate islamistischer Gruppen stellen den Versuch dar, sich den Zumutungen der globalisierten VUCA-Wirtschaft[12] durch Rückzug in eine Eigenwelt zu entziehen, die mit religiösen Denkschemata, rigiden Normen und Regeln gegen die Außenwelt abgeschottet ist. Es ist der Versuch, einen Damm gegen eine Wirtschaftswelt und eine Marktgesellschaft zu errichten, die als fremd und dominant erfahren wird, als eine Kältezone, die die Menschen entwurzelt, aus Traditionsbezügen herausreißt und ohne feste Orientierung und ohne feste Heimat im volatilen Wirtschaftsgetriebe auf sich selbst zurückwirft.

Der Soziologe Diego Gambetta und der Politikwissenschaftler Steffen Hertog sind diesem Zusammenhang zwischen islamistischem Rigorismus und globalisierter Wirtschaft in einer sozialwissenschaftlichen Studie, die im Jahr 2016 publiziert wurde, nachgegangen. Sie legen in dieser Studie dar, dass sich unter islamistischen Terroristen bemerkenswert viele Ingenieure und Studenten technischer Disziplinen befinden. Beide Forscher erklären dieses Phänomen wie folgt: Diese islamistischen Ingenieure und Technikstudenten hätten mit ihrer Berufs- und Studienwahl bekundet, dass sie für sich selbst einen Platz in der globalen

---

[12] VUCA ist, siehe oben im Kapitel 4, die Abkürzung für: Volatility, Uncertainty, Complexity, Ambiguity.

> *Wirtschaft finden wollten. Sie hätten dann aber die Erfahrung gemacht, dass es für sie keine Möglichkeit gab, in dieser Wirtschaftswelt einen festen und sicheren Platz zu bekommen. Sie hätten ferner erfahren, dass die Technikwelten, in die sie eingetaucht waren, umfassend von den Gesellschaften des Westens dominiert wurden. Diese chronische Enttäuschung ihrer Erwartungen an beruflichen Aufstieg, soziale Anerkennung und an Integration in eine sichere Berufswelt habe dann dazu geführt, dass sie sich zu radikalen Gegnern der Kraftzenten der globalen Restrukturierungs-Wirtschaft und Technik-Evolution gewandelt hätten. Sie hätten dann in ihren terroristischen Netzwerken (in ihren ideenbasierten Reservaten) versucht, exakt jene Strukturen zu schaffen, die in der globalen Restrukturierungs-Wirtschaft mehr und mehr unterminiert werden (rigide und stabile Ordnungen und Gemeinschaftsstrukturen, langfristig sichere Normen und Regeln, veränderungsresistente Hierarchien, absolut gültige Gewissheiten und Plausibilitätsstrukturen, eine einfache und eindeutige Weltanschauung, die Komplexität reduziert, Widersprüchlichkeit negiert und Mehrdeutigkeit ausschließt etc.).*[13]

Indem solche ideenbasierten islamistischen Reservate mit Mitteln der geld- und machtbasierten Reservate verknüpft werden, können sie im Inneren rigide stabilisiert und gegen die Außenwelt fest abgedichtet werden (Zufluss von Geldmitteln aus Ölstaaten, Aufbau von totalitären Machtstrukturen im Binnenraum der Reservate etc.). Durch Kombination der ideenbasierten islamistischen Reservate mit den Instrumenten des geld- und machtbasierten Reservats kann also die Abschottungswirkung dieser Reservate gegen die feindliche Außenwelt gesteigert werden.

Solche ideenbasierten, religiös grundierten Reservate können dauerhaft nur funktionieren, indem sie eine rigoristische Feindbildprojektion gegen die fremde Außenwelt (der „Ungläubigen" bzw. der „Andersgläubigen") aufrechterhalten. Diese Reservate tendieren also notwendig dazu, im Inneren totalitäre Strukturen aufzubauen und nach außen eine gewaltbereite Frontstellung gegen die vermeintlichen Feinde zu kultivieren. Nur dadurch können es die Reservatsbewohner schaffen, sich auf Dauer gegen Infiltrationen aus der als feindlich wahrgenommenen Außenwelt abzuschirmen.

Es gibt einen dritten Typ von Reservaten. Ich nenne diesen Reservats-Typ **„technikbasiertes Reservat"**. Damit ist gemeint, dass sich die Reservatsbewohner mit Hilfe von Technologie Eigenwelten bauen, in denen sie – zumindest zeitweilig – von den Anfechtungen der volatilen und widersprüchlichen Wirtschaftswelt und Marktgesellschaft entlastet und befreit werden.

Ein solches technikbasiertes Reservat ist zum Beispiel die Welt der Computerspiele. Computerspiele haben durchaus für die Spieler das Potenzial, eine Eigenwelt zu schaffen, die sie kontrollieren und gestalten können, eine Welt, in der die Spieler

---

[13] Gambetta und Hertog 2016.

ein virtuelles Leben leben können, das ihnen in der realen Wirtschaftswelt nicht zugänglich ist. Ich habe diese Spielewelten an anderer Stelle als „Exkursionen" bezeichnet und näher beschrieben.[14]

Ein weiteres technikbasiertes Reservat stellen die vielen Internetwelten dar, die die User bevölkern können, die Welten der Internetspiele, der Blogs und Foren, der Social Media-Medien und virtuellen Gemeinschaften. Auch in diesen Internetwelten gibt es für die User viele Potenziale, um eine kontrollierbare, von den widersprüchlichen Anforderungen der Realwelt entlastete Sondersphäre zu erleben.

Zu den technikbasierten Reservaten gehört auch die Eigenwelt der Informations- und Kommunikationstechnik, der Informatik und Softwareherstellung. Es ist dies ein Reich der Algorithmen, eine Welt der mathematischen Logik, der eindeutigen Sachgesetze und Regeln, einer widerspruchsfreien Programmierung und einer weitgehenden Kontrollierbarkeit. In diese Welt hineinzutauchen, sich von ihr absorbieren zu lassen, und dies in einer Gemeinschaft von gleichgesinnten Informatikern zu tun, schafft einen Raum für ein Reservat, das von den Zudringlichkeiten der erratischen Wirtschaftswelt entlastet. Viele Biografien im Silicon Valley künden von diesen Potenzialen.[15]

Einen vierten Reservatstyp bezeichne ich als **„staatsbasiertes Reservat"**. Dieses Reservat ist der Zufluchtsort für all diejenigen, die für sich die Entscheidung getroffen haben, sich niemals den Zumutungen der globalen Wirtschaft aussetzen zu wollen. Staatsbasierte Reservate sind all die Sphären des öffentlichen Dienstes, in denen Beamte oder unkündbare Angestellte unabhängig von den Ebbe- und Flutbewegungen der Restrukturierungs-Wirtschaft leben und arbeiten können.

Der Polizist in Münster, der Finanzbeamte in Gelsenkirchen, die Redakteurin im ZDF, die städtische Bedienstete in Stuttgart, die Lehrerin in Hannover – sie alle müssen nicht befürchten, dass sie aufgrund des Angriffs eines südkoreanischen Wettbewerbers ihren Arbeitsplatz verlieren oder aufgrund einer disruptiven technischen Innovation eines Konkurrenten aus gewohnten Beziehungen herauskatapultiert werden. Sie arbeiten in einem Schutzraum, in einer öffentlich-rechtlichen Enklave. Diese Enklave ist durch verlässlich stabile Dämme gegen die Zudringlichkeiten der globalen Wirtschaft abgeschottet.

Doch ist diese öffentlich-rechtliche Enklave nur von einer Minderheit der Beschäftigten bewohnbar. Die Größe dieser Enklave und ihre Bestandssicherheit hängen, wie die öffentlichen Bediensteten in Griechenland derzeit eindrücklich erfahren, maßgeblich von der Wettbewerbskraft der Realwirtschaft ab, also davon, dass sich die überwiegende Mehrzahl der Beschäftigten jenen Zudringlichkeiten der globalen Wirtschaft aussetzt und dabei effektiv funktioniert.

Jene Minderheit, die sich in die Schutzzone des staatsbasierten Reservats zurückzieht, kann das nur deshalb tun, weil es eine Mehrheit gibt, die sich dem Leben außerhalb jener Schutzzone, auf der „freien Wildbahn" der Restrukturierungs-Wirtschaft, stellt. Denn die Ressourcen, die innerhalb der staatsbasierten Reservate

---

[14] Prodoehl 1983.
[15] Vgl. Keese 2014.

aufgebraucht werden, müssen außerhalb dieser Reservate verdient werden. Steuerfinanzierte Reservate können nur so viele Reservatsbewohner alimentieren, wie es Steuern gibt, die außerhalb dieser Reservate aufgebracht werden.

Wie sagte schon Theodor W. Adorno in seinen „Minima Moralia": „Die eigene Distanz vom Betrieb ist ein Luxus, den einzig der Betrieb abwirft."[16]

Auch die Ehe und die Familie können Reservate sein. Gegen die Außenwelt der Restrukturierungs-Wirtschaft „soll die Familie als Hort der Sicherheit und der wahren Bindungen geltend gemacht werden."[17] Dieses **„Familien-Reservat"** feiert, wie in vielen neueren soziologischen Studien nachgewiesen wurde, im 21. Jahrhundert eine Renaissance.[18]

Für viele, die an den Dramen der Wirtschaftswelt leiden, gilt die Familie als der ultimative Rückzugsort und Schutzraum gegen die Zumutungen der volatilen Wirtschaft. Sie gilt als der Raum, an dem die von den Volatilitäten der Wirtschaft geschundene Seele wieder zu sich selbst kommen und jene Heilkräfte in sich aufnehmen kann, die sie wieder in die Lage versetzt, sich dem Getriebe der globalen Wirtschaft zu stellen. Sie gilt für viele als die letzte Enklave, die von den Erschütterungen der Restrukturierungs-Ökonomie noch nicht (vollends) beschädigt wurde.

> *„Die römische famiglia kann anstrengend sein, aber wer hier einheiratet, hat dennoch das ganz große Los gezogen. Er wird beschützt und umsorgt und sich vor allem nie wieder allein fühlen müssen. Eine kleine Meinungsverschiedenheit hier und da, gut, das muss es auch mal geben. Aber in den Grundfesten lässt sich eine Familie nicht erschüttern. Sie bietet ihren Mitgliedern ein Leben in jenen Bahnen, die Generationen und Abergenerationen vor ihr schon akzeptiert haben, ein Leben wie ein langer, ruhiger Fluss. Für jene, die nicht gleich an ihr ersticken, ist die famiglia romana eine der großen Integrationskräfte dieser Welt."*[19]

Nun ist aber jedes Reservat in der Marktwirtschaft und Marktgesellschaft des 21. Jahrhunderts chronisch fragil. Diese Fragilität ist die Kehrseite seiner vermeintlichen Stabilität. Sie ist die notwendige Folge des Bemühens der Reservatsbewohner, das Reservat gegen die Außenwelt zu stabilisieren.

In dem Maße, wie ein Reservat als Gegenwelt gegen die Außenwelt abgegrenzt wird, muss es seine Grenzen befestigen und sich abschotten. In dem Maße, wie es sich gegen die Außenwelt abschottet, wird das Reservat statisch und unbeweglich. Es verliert das Potenzial, Entwicklungen in der Außenwelt in sich aufzunehmen. Es verliert damit das Potenzial, sich im Einklang mit der Außenwelt zu entwickeln. Es koppelt sich von der Evolution der Außenwelt ab. Das Reservat fällt damit immer weiter hinter den Entwicklungsstand zurück, den die Außenwelt erreicht.

---

[16] Adorno 1971, S. 23.
[17] Koppetsch 2013, S. 130.
[18] Siehe ebd., dort viele weitere Belege.
[19] Schönau 2010, S. 51 f.

Es wird mehr und mehr zu einem Anachronismus, zu einer Insel der Rückständigkeit in einem sturmumtosten Meer.

Diese Abkopplung und Abschottung des Reservats von seiner Außenwelt ist immer bedroht, die Wandlungen in der Außenwelt branden immer wieder aufs Neue gegen die Ufer des Reservats an. Denn das Reservat kann nicht existieren, ohne Beziehungen mit der Außenwelt zu haben, ohne sich fortwährend mit der Außenwelt auszutauschen. Die Insel braucht das Meer, um existieren zu können.

Die Reservatsbewohner sind in der Regel keine Insulaner, die sich ganz und gar auf die Reservats-Insel zurückziehen können. Vielmehr sind sie in der Regel Menschen, die den Schutzraum des Inselreservats für eine bestimmte Zeit aufsuchen, um Kraft dafür zu schöpfen, sich wieder den Unbilden des vielbewegten Meeres stellen zu können.

Dieser Austausch zwischen Reservat und Außenwelt verunreinigt aber potenziell das Reservat, es infiltriert das Reservat ständig mit den Einflüssen der Außenwelt. Will man das Reservat gegen dieses Anbranden der Außenwelt immunisieren, will man also seine Abschottung befestigen, dann müssen seine Grenzmauern stetig höher gebaut werden. Dann muss auch der Rigorismus, mit dem sich die Gemeinschaft der Reservatsbewohner von der Außenwelt abschirmt, stetig verschärft werden. Es müssen Feindbilder gegen die Fremdheit der Außenwelt ausgeprägt werden. Intoleranz gegenüber der Außenwelt muss im Reservat geschürt werden. Im Inneren des Reservats müssen dann Strukturen etabliert werden, die rigoros die reservatsinternen Normen verschärfen. Abweichung von den reservatsinternen Normen muss unnachsichtig gebrandmarkt und geahndet werden. Überwachungseinrichtungen müssen etabliert werden, die Abweichler ausfindig machen und in Gewahrsam nehmen. Misstrauen muss kultiviert werden gegenüber denen, die die Reservatsgemeinschaft durch anomales Denken und Verhalten „verraten".

Das Reservat wird so mehr und mehr zu einem Getto, zu einem sektenhaften Bollwerk, zu einer Trutzburg.

Die Geschichte ist voll mit Beispielen von solchen Gettos, die mit zunehmendem Rigorismus ihre Fähigkeit verloren, im Interesse der Reservatsbewohner effizient und effektiv zu funktionieren. Die immer fragiler, immer rigoroser und damit immer dysfunktionaler wurden.

Diese abgeschotteten Reservate büßen mit wachsendem Rigorismus ihrer Abschottung mehr und mehr ihr Potenzial ein, die Interessen der Reservatsbewohner zu bedienen. Denn diese Reservatsbewohner müssen ja in aller Regel, wie schon erwähnt, nach wie vor in die Außenwelt hinaus, können nicht immer und überall im Reservat verbleiben, sondern müssen sich den Anforderungen der Außenwelt stellen. Sie suchen im Reservat ja nur eine zeitweilige Entlastung vom Druck der Außenwelt, eine temporäre Entspannung, einen Schutzraum, Schonraum und Fluchtraum, der ihnen die Kraft gibt, sich immer wieder den Anforderungen der Außenwelt zu stellen.[20]

---

[20] Ich sehe hier von solchen Reservaten ab, deren Bewohner sich vollständig von der Außenwelt abzusondern und abzuschotten versuchen. Solche Reservate gibt es, von dem Reservat der Amish People in den USA, der Bewohner der Mönchsrepublik Athos in Griechenland bis hin zu geld- und machtgestützten Reservaten, die im Nahen Osten zu finden sind. Mein Thema sind die Reservate, in denen Menschen leben, die sich der Außenwelt der globalen Wirtschaft und der globalen Marktgesellschaft stellen wollen und stellen müssen.

Diese Funktion verlieren die Reservate aber in dem Maße, wie sie sich gegen die Außenwelt abschotten. Es ist dies ein grundlegendes und unaufhebbares Dilemma der Reservate.

> **Das Dilemma der Reservate**
> *Die Reservate können ihre Funktion, die Menschen möglichst umfassend vor den Zumutungen der Außenwelt (der globalen Wirtschaft und der globalen Marktgesellschaft) zu schützen und abzuschirmen, nur dann erfüllen, wenn sie sich möglichst rigoros von der Außenwelt abschotten.*
>
> *Wenn sie das tun, dann unterminieren sie damit aber die Fähigkeit der Reservatsbewohner, sich, gestärkt durch die Geborgenheit des Reservats, wieder den Anforderungen der Außenwelt stellen zu können. Sie schwächen damit die Fähigkeit der Reservatsbewohner, in der Außenwelt zu funktionieren.*
>
> *Letzteres ist aber doch gerade ihre Funktion: Die Reservate werden gebaut, um ihre Bewohner dazu zu ertüchtigen, die Unbill der Außenwelt ertragen zu können. Ihre Bestimmung ist es, die Seele der Bewohner so zu heilen, dass diese Bewohner in der Außenwelt optimal funktionieren können.*
>
> *Gehen die Reservatsbewohner nicht diesen Weg der zunehmenden Abschottung und Gettoisierung, öffnen sie ihr Reservat für die Evolutionen der Außenwelt, dann schwächen sie ebenfalls seine Funktion, Schutzzone gegen die Eruptionen der Außenwelt zu sein.*
>
> *Das Dilemma aller Reservate ist es also, dass sie in dem Maße, wie sie ihre Funktion optimieren wollen (durch Abschottung von der Außenwelt), ein Milieu schaffen, in dem diese Funktion unterminiert wird, – durch die Schwächung der Fähigkeit der Reservatsbewohner, in der dynamischen Außenwelt zu funktionieren.*
>
> *Ein Reservatsbewohner, der sich im Reservat rigoros von der Außenwelt abschottet, untergräbt damit eben seine Fähigkeit, außerhalb des Reservats erfolgreich mit der Dynamik und Wandlungsintensität der Außenwelt mitzugehen. Er muss innerhalb des Reservats Veränderungsresistenz kultivieren, außerhalb des Reservats Veränderungsoffenheit. Stärkt er das Erstere, dann schwächt er das Letztere.*
>
> *In dem Maße, in dem die Reservate versuchen, sich im Inneren zu stabilisieren, werden sie also immer fragiler. Reservate, die zu Gettos mutieren, müssen zwangsläufig mehr und mehr dysfunktional werden. Sie verlieren mehr und mehr ihre Funktion, die Reservatsbewohner zu ertüchtigen, in der Außenwelt erfolgreich zu funktionieren. Häufig zerbrechen sie an diesem Dilemma.*
>
> *Das zeigt: Was auch immer die Reservatsbewohner tun, sie müssen ihr Reservat so ausgestalten, dass es chronisch fragil und dysfunktional wird. Je besser das Reservat gebaut wird, desto schlechter funktioniert es. Dies ist das strukturelle Dilemma aller Reservate.*

18 Der abstrakte Mensch und die Familie: das Drama der Erosion von Reservaten

Der US-amerikanische Soziologe Richard Sennett hat diesen Zusammenhang bereits in einem seiner frühen Werke beschrieben:

> *„Die Liebe zum Getto, zumal zum mittelständischen Getto, verwehrt dem Menschen die Chance, seinen Wahrnehmungs- und Erfahrungshorizont zu erweitern und die wertvollste aller Lektionen zu lernen, nämlich die Fähigkeit auszubilden, die fest gefügten Voraussetzungen des eigenen Lebens in Zweifel zu ziehen." Die Menschen verlieren „innerhalb der Gemeinschaft häufig den Wunsch, sich jenen Anstößen auszusetzen, die ihnen in unvertrautem Terrain begegnen. Solche Anstöße sind aber unerläßlich, wenn der einzelne eine Vorstellung von der Vorläufigkeit seiner Anschauungen, die eine Grundvoraussetzung aller Zivilisiertheit ist, entwickeln soll."*[21]

Danah Zohar, die britische Physikerin und Philosophin, hat eine Vielzahl von Beispielen dafür aufgeführt, wie solche „geschlossenen Systeme" „durch den Mangel an kreativer Instabilität untergehen."[22]

Die Außenwelt, in die die Reservatsbewohner immer wieder aufs Neue hinausgehen müssen, ist jene Welt der Restrukturierungs-Ökonomie und der globalen Marktgesellschaft, mit all ihrer erratischen Dynamik und volatilen Unberechenbarkeit.

In dieser wirtschaftlich-sozialen Welt brauche ich, um optimal funktionieren zu können, Eigenschaften, die innerhalb eines rigiden Reservats systematisch bestraft und abtrainiert werden: die Eigenschaft, Ungewissheit und Unsicherheit auszuhalten, Gewissheiten in Fragen zu stellen und Gewohntes zu überwinden, Grenzen zu überschreiten und Regeln neu zu denken, Instabilität als Kreativkraft zu erkennen und adaptiv auf Wandlungen einzugehen.

Aus dieser Erkenntnis, dass Reservate in der Wirtschafts- und Gesellschaftswelt des 21. Jahrhunderts immer fragil sind, aus der Erkenntnis des grundlegenden Dilemmas von Reservaten im 21. Jahrhundert, lässt sich für den Typus des abstrakten Menschen eine einfache Folgerung ableiten:

> *Es gibt für den neuzeitlichen Menschen nicht die Chance, den Evolutionsprozess hin zum abstrakten Menschen dadurch zu vermeiden, dass er sich in Reservate flüchtet. Es gibt für ihn nicht die Chance, die Zumutungen der Wirtschaftswelt für sich selbst dadurch aushaltbar zu machen, dass er die Entwicklung von Reservaten an die Stelle der Entwicklung hin zum abstrakten Menschen setzt. Der Bau von Reservaten ist für ihn nicht die probate Lösung aller Verhaltensdilemmata, die die moderne Wirtschaftswelt für ihn schafft. Er ist nicht der Ausweg aus den Dramen des 21. Jahrhunderts.*

---

[21] Sennett 1983, S. 332 f.
[22] Zohar 2000, S. 139.

> *Das bedeutet zugleich: Der Wirtschaftsmensch mag im 21. Jahrhundert Reservate bauen und kultivieren. Das aber wird ihn nicht davon entheben, den Weg zum abstrakten Menschen einzuschlagen. Er kann sich nicht dadurch, dass er Reservate baut, von der Notwendigkeit befreien, sich zum abstrakten Menschen auszubilden.*

Der Bau von Reservaten öffnet nicht einen zweiten Weg, auf dem die Menschen im 21. Jahrhundert ihre Ideallinie finden und dauerhafte psychische Erschütterungen vermeiden können, – einen zweiten Weg neben dem Weg, der in die Ausbildung zum abstrakten Menschen führt.

Wer denkt, er bewege sich in der neuzeitlichen Wirtschaft zwischen Scylla und Charybdis, zwischen der Scylla einer unausweichlichen psychischen Erschütterung und der Charybdis einer Evolution zum abstrakten Menschen, und wer dann glaubt, er könne an Scylla und Charybdis vorbeinavigieren, indem er den Weg der Reservate-Bildung einschlägt, der wird bei dieser Navigation im Nebel landen. Er wird auf seinem Weg feststellen, dass ihm Kompass und Steuerungsruder entgleiten, dass er für sich selbst mehr Probleme schafft als löst.

Das alles zeigt einmal mehr: In der Restrukturierungs-Wirtschaft und in der Marktgesellschaft des 21. Jahrhunderts führt kein Weg daran vorbei, sich einer Ausbildung zum abstrakten Menschen zu unterziehen. Ob man das will oder nicht.

Was bedeutet das nun für die Ehe und Familie im 21. Jahrhundert und für die Stellung des abstrakten Menschen zur Liebe, zur Ehe und zur Familie?

Auch hier finden wir eine widersprüchliche Konstellation, ein unauflösbares Dilemma. Dieses Dilemma kann wie folgt beschrieben werden:

Einerseits werden Liebesbeziehungen, Ehen und Familien im Zeitalter der Restrukturierungs-Wirtschaft mit Erwartungen und Anforderungen überfrachtet. Alles, was in der Welt der Marktwirtschaft und Marktgesellschaft verloren geht, wird dort gesucht. Alles, was die Außenwelt versagt, muss die intime Welt von Liebe und Partnerschaft erbringen.

> *„In den Idealisierungen des modernen Liebesideals spiegelt sich noch einmal der Weg der Moderne. Die Überhöhung ist das Gegenbild zu den Verlusten, die diese hinterläßt. Gott nicht, Priester nicht, Klasse nicht, Nachbar nicht, dann wenigstens Du. Und die Größe des Du ist die umgedrehte Leere, die sonst herrscht."*[23]

Da zerfallen allüberall die festen Gewissheiten der Weltanschauungen und Religion. Da verblassen die Werte und Sicherungen von Klassenzugehörigkeit und Schichten-Milieus. Da verflüchtigen sich Nachbarschaftsbande und Geborgenheiten der örtlichen Gemeinschaft. Da verschwinden im Mobilitätsgetriebe

---

[23] Beck 1986, S. 188.

Heimaten und sichere Ankerplätze. Da wird die Verbindlichkeit moralischer Werte und ethischer Normen immer mehr ausgedünnt. Da wird alles, was einmal gelernt wurde, immer schneller entwertet. Da wandeln sich Arbeitsorte und Arbeitsbeziehungen abrupt und unberechenbar. Da werden Berufsidentitäten und berufliche Identifikationen in erratischer, immer schnellerer Folge ausgelöscht.

All die Sicherheiten, Geborgenheiten und Gefühlsintensitäten, die in der Außenwelt der Marktwirtschaft und Marktgesellschaft anachronistisch werden, soll nun kompensatorisch die Liebesbeziehung bieten. Diese „Partnerschaftsidealisierung" wird gerade deshalb beschworen,

„weil der Zerfall der lebensweltlichen Sozialformen und Sicherheiten nun von der Liebespartnerschaft zurückerhoffen läßt, was ansonsten ausdünnt und unwahrscheinlich wird."[24]

Diese Überbürdung der Liebesbeziehung und Ehe mit gewaltigen Hoffnungen und Anforderungen geschieht nun **andererseits** in einer Zeit, in der sich etwas ereignet, das die Partnerschaft und die Familie einer durchgreifenden Erosion aussetzt, – einer neuzeitlichen Erosion, die sich in den westlichen Marktwirtschaften erst mit dem Aufkommen der Restrukturierungs-Wirtschaft klar abzeichnet.

Worin besteht diese chronische Erosion von Liebesbeziehungen, Ehen und Familien im 21. Jahrhundert?

Zunächst wird die Ehe selbst individualisiert. Sie ist in der traditionsentleerten, säkularisierten Moderne nicht mehr, wie vorher, ein überindividuelles Institut: ein Institut zur Sicherung von Erbfolge, materiellem Überleben und Vermögensakkumulation, ein von Stand, Gott und Kirche vorgegebenes Institut, ein Teil der sittlichen Ordnung der Gesellschaft oder der vom Staat vorgegebenen Ordnung.

In der vorindustriellen Zeit waren Ehe und Familie gottbefohlene Institutionen. In der Frühzeit der Industriegesellschaft galten Ehe und Familie als „eine von dem Willen der Ehegatten unabhängige sittliche und rechtliche Ordnung" (Entwurf für das Bürgerliche Gesetzbuch aus dem Jahr 1888). Sie waren fixe soziale Institutionen, die den Einzelnen vorgegeben wurden.

In der globalisierten Marktgesellschaft des 21. Jahrhunderts wird die Ehe nun

„als individualisiertes Programm institutionalisiert. Ihr Was, Wie, Wie lange wird nun ganz in die Hände und Herzen der in ihr Verbundenen gelegt. ... Ehe wird zur Leerformel, die die Partner, die sich in ihr zusammenschließen, selbsttätig füllen müssen. Was Ehe, Liebe, Partnerschaft heißt, wird zur Entscheidungssache, muß angesichts der Belagerung durch Alternativen immer wieder bekräftigt und erneuert werden. Die Liebesehe ist die riskante Ehe. Sinn und Gemeinsamkeit in ihr sind immer gefährdet."[25]

---

[24] Beck und Ziegler 1997, S. 69.
[25] Beck und Ziegler 1997, S. 66.

Die Enttraditionalisierung und Individualisierung von Ehe und Familie wird vor allem durch die Auflösung der tradierten Geschlechterrollen forciert. In der zweiten Hälfte des 20. Jahrhunderts beginnt in den fortgeschrittenen Marktgesellschaften ein Prozess, in dem Männer und Frauen aus traditionellen Rollenzuweisungen „freigesetzt" werden. Indem die tradierten Geschlechterrollen zerbrechen,

> *„wird alles unsicher: die Form des Zusammenlebens, wer wo wie was arbeitet, die Auffassungen von Sexualität und Liebe und ihre Einbindung in Ehe und Familie, die Institution der Elternschaft".*[26]

Mit der Freisetzung der Frauen aus den Vorgaben des überkommenen „weiblichen Standesschicksals" greift

> *„die Individualisierungsspirale: Arbeitsmarkt, Bildung, Mobilität, Karriereplanung, alles jetzt in der Familie doppelt und dreifach. Familie wird zu einem dauernden Jonglieren mit auseinanderstrebenden Mehrfachambitionen zwischen Berufen und ihren Mobilitätserfordernissen, Bildungszwängen, querliegenden Kinderverpflichtungen und dem hausarbeitlichen Einerlei."*[27]

Die US-amerikanischen Soziologen Bennis und Slater haben diese Erosionstendenz in ihrer Darstellung der „Temporary Society" wie folgt beschrieben:

> *„The most obvious strain in a society based on temporary systems would be produced by the wife having a career of her own. This would mean that at any moment competing job requirements or opportunities might threaten to separate the couple geographically."*[28]

Dadurch, dass in den westlichen Marktgesellschaften seit einigen Jahrzehnten mehr und mehr auch die Frauen sich dem Getriebe der Restrukturierungs-Wirtschaft aussetzen, kommen Partnerschaften und Familien unter einen enormen Druck.

Es ist dies ein Druck, der dafür sorgt, dass Partnerschaften und Familien im 21. Jahrhundert chronisch gefährdet sind, chronisch unterminiert werden, einer chronischen

---

[26] Beck 1986, S. 180.
[27] Ebd., S. 184.
[28] Bennis und Slater 1968, S. 90 f.

Erosion anheimfallen. Sie werden damit unweigerlich in den Sog der Restrukturierungs-Wirtschaft und Marktgesellschaft hineingezogen, in einen Sog, der flüchtige Beziehungen und temporäre Bindungen prämiert und langfristige Festlegungen behindert bzw. verhindert.

Partnerschaften und Familien werden schonungslos in den Strudel einer Außenwelt katapultiert, die alles befristet und mit einem Verfallsdatum versieht.

Mit dieser Erosion von Partnerschaften und Familien wird zwangsläufig eine **Tendenz zur Aushöhlung der Bindungskraft und der Verbindlichkeit von Partnerschaften und Familien** freigesetzt. Diese Tendenz schreitet immer mehr fort, je mehr sich die Gesetze der Restrukturierungs-Wirtschaft und der Marktgesellschaft in allen Sphären der Ökonomie und des sozialen Lebens durchsetzen. Und je mehr sich Frauen und Männer, die in einer Partnerschaft leben, diesen Gesetzen unterwerfen müssen.

Diese tendenzielle Aushöhlung der Bindungskraft und der Verbindlichkeit von Partnerschaften führt notwendig dazu, dass im 21. Jahrhundert mehr und mehr ein bestimmtes Muster für Partnerschaften zu dem dominanten, kulturprägenden Beziehungsmuster wird. Es ist dies das Muster der Beziehungen auf Zeit, oder, um einen Begriff aus dem 8. Kapitel zu verwenden, der Affären:

> *„Die lebenslange Einheitsfamilie ... wird zum Grenzfall, und die Regel wird ein lebensphasenspezifisches Hin und Her zwischen verschiedenen Familien auf Zeit bzw. nicht-familialen Formen des Zusammenlebens."*[29] *Die Ehe wird dann „‚auf Abruf'" geführt, „sozusagen ‚scheidungsgerecht'".*[30] *„Einerseits erfordert der Arbeitsmarkt Mobilität unter Absehung von den persönlichen Umständen. Ehe und Familie erfordern das Gegenteil. In dem zu Ende gedachten Marktmodell der Moderne wird die familien- und ehelose Gesellschaft unterstellt. Jeder muß selbstständig, frei für die Erfordernisse des Marktes sein, um seine ökonomische Existenz zu sichern. Das Marktsubjekt ist in letzter Konsequenz das alleinstehende, nicht partnerschafts-, ehe- oder familien'behinderte' Individuum."*[31]

Diese Partnerschafts-Welt des 21. Jahrhunderts, die das Pendant zur Restrukturierungs-Wirtschaft und zur Marktgesellschaft darstellt, ist eine Partnerschafts-Welt der Affären, der „serial monogamy",[32] der Ehen auf Zeit, auf Widerruf und Abruf, der „Fortsetzungsehe":

---

[29] Beck 1986., S. 188.
[30] Ebd., S. 192.
[31] Ebd., S. 191.
[32] Bennis und Slater 1968, S. 93.

> *„Die Fortsetzungsehe – die aus aufeinanderfolgenden Einzelehen auf Zeit besteht – ist vollkommen plausibel im Zeitalter der Unbeständigkeit, in dem alle menschlichen Beziehungen, alle Bindungen an die Umwelt immer vergänglicher werden. ... Sie ist das vorherrschende eheliche Verhaltensmuster in der Welt von morgen."*[33]

Es ist dies eine Welt, in der fragmentierte Berufs-Biografien mit fragmentierten Privat-Lebensläufen einhergehen. Eine Welt, in der das Prinzip gilt „to make and break relationships rapidly" (siehe Kap. 5). Eine Welt, in der eine Partnerschaft in dem Wissen eingegangen wird, dass sie „auflösungsgerecht" und „scheidungsaffin" gestaltet werden sollte. Eine Welt, in der die Menschen lernen müssen, Brüche zu vollziehen und Brüche zu erleben, ohne dadurch im alltäglichen Konkurrenzgetriebe geschwächt zu werden. Es ist dies eine Welt, für die jenes Diktum der US-amerikanischen Soziologen Bennis und Slater gilt, das gleichsam als Überschrift über den Beziehungen in der Restrukturierungs-Wirtschaft der Moderne stehen kann:

> *„It is those societies (or those groups within a society) with nothing to lose by change – nothing invested in today – that can exploit the radically new opportunity."*[34]

Es ist dies auch und gerade die Welt des abstrakten Menschen. In diesem Muster der Partnerschaft im 21. Jahrhundert, einer Affären-Partnerschaft, kommt der abstrakte Mensch zu sich. Darin geht er auf. Es ist dies exakt die Partnerschafts-Welt, die dem Charaktertypus des abstrakten Menschen entspricht.

Das bedeutet auch: In einer Welt der Affären-Partnerschaften kann nur dauerhaft mit Aussicht auf Markterfolg leben, wer sich zum abstrakten Menschen ausbildet. Wer in diesem Milieu von Partnerschafts-Affären und Affären-Partnerschaften leben und gleichzeitig in der Außenwelt wettbewerbsfähig und funktionstüchtig sein will, der muss in sich selbst die Charakterzüge des abstrakten Menschen zur Geltung bringen.

Wir können also in der modernen Welt des 21. Jahrhunderts eine gegenläufige Entwicklung beobachten:

> ***Einerseits werden der Partnerschaft, Ehe und Familie gewaltige Hoffnungen und Erwartungen aufgebürdet. Sie sollen ein sicherer Hafen tiefer, langfristig beständiger Beziehungen sein, die widerspruchsfrei und zufallsenthoben sind. Sie sollen eine stabile Gegenwelt gegen die instabile Außenwelt sein.***

---

[33] Toffler 1970, S. 204.
[34] Bennis und Slater 1968, S. 21.

> *Andererseits werden Partnerschaft, Ehe und Familie im 21. Jahrhundert mehr als jemals zuvor in die Strudel der Marktvolatilitäten hineingezogen und damit in eine Welt hineingeworfen, die unsichere, befristete, häufig wechselnde, unverbindliche und unstete Beziehungen fördert und fordert.*

Auf diesem Feld widersprüchlicher Anforderungen müssen sich Partnerschaften, Ehen und Familien im 21. Jahrhundert bewegen. Weil dieses Feld von widersprüchlichen, gegensätzlichen, nicht miteinander zu vereinbarenden Anforderungen durchzogen ist, sind Partnerschaften, Ehen und Familien im 21. Jahrhundert einem **fortdauernden Erosionsprozess** ausgesetzt.

> *„Ehe, Familie, Partnerschaft werden zum Ort, wo die ins Persönliche gewendeten Widersprüche einer durchmodernisierten Marktgesellschaft auch nicht mehr kompensiert werden können."*[35]
>
> *„Werte wie Familie, Treue, Solidarität, Vertrauen standen wohl selten so hoch in der Gunst wie in Zeiten wie dieser, da ihre Erreichbarkeit prinzipiell gefährdet erscheint."*[36]

Dieser Erosionsprozess kann nicht nur daran festgemacht werden, dass die Zahl bzw. die Quote der Scheidungen steigt, dass immer mehr Singles die Städte bevölkern, dass Ehen heute immer später geschlossen werden und immer kürzer währen. Er kann in Deutschland und in vielen fortgeschrittenen Marktgesellschaften des Auslands vor allem an dem dramatischen Rückgang der Fertilitätsquote, der Zahl der Kinder pro Frau, abgelesen werden.
Kinder sind das ultimative Lebensdilemma des abstrakten Menschen.
Sie stellen einen rigorosen Bruch mit seinem Verhaltens- und Denktableau dar. Sie liegen quer zu seinem Lebensentwurf. Sie sperren sich einem Beziehungsmodell des „make and brake rapidly":

> *„Kinder mit der in ihnen enthaltenen, jetzt anachronistisch werdenden Bindungsintensität werden zu den letzten Partnern, die nicht gehen." „Das Kind wird zur* **letzten verbliebenen, unaufkündbaren, unaustauschbaren Primärbeziehung.** *Partner kommen und gehen. Das Kind bleibt. Auf es richtet sich all das, was in die Partnerschaft hineingesehnt, aber in ihr unauslebbar wird. Das Kind gewinnt mit dem Brüchigwerden der Beziehungen zwischen den Geschlechtern Monopolcharakter auf lebbare Zweisamkeit, auf ein Ausleben der Gefühle im kreatürlichen Hin und Her, das sonst immer seltener und*

---

[35] Beck 1986, S. 192.
[36] Beck und Ziegler 1997, S. 120.

> *fragwürdiger wird. In ihm wird eine anachronistische Sozialerfahrung kultiviert und zelebriert, die mit dem Individualisierungsprozeß gerade unwahrscheinlich **und** herbeigesehnt wird."*[37]

Auch hier scheint wieder jenes Dilemma, jener Widerspruch auf, den ich oben, bei der Darstellung der Reservate, skizziert hatte:

> *__Einerseits sind Kinder das ultimative Reservat, ist die Beziehung der Eltern zu ihren Kindern die Gegenwelt par excellence zur Restrukturierungs-Außenwelt. Es ist eine Welt der verbindlichen Bindungen und der langfristig berechenbaren Gefühlsintensität.__*
>
> *__Andererseits aber sind Kinder, ist die Beziehung der Eltern zu ihren Kindern in der Welt der Restrukturierungs-Wirtschaft und der Marktgesellschaft ein ultimativer Anachronismus. Diese familiäre Reservate-Welt widerspricht diametral den Anforderungen, die die Außenwelt an die Menschen stellt.__*
>
> *__Dieser Widerspruch ist nicht auflösbar. Eltern können Kinder nicht nach der Logik der „Make and break-relationships" behandeln. Eltern müssen aber zugleich in der Restrukturierungs-Wirtschaft ständig bereit und fähig sein, „Make and break-relationships" einzugehen und aufzulösen.__*

Dieser Widerspruch ist nur für diejenigen Eltern auflösbar, die sich vollends aus der Restrukturierungs-Wirtschaft und aus der Marktgesellschaft auskoppeln können, – eine Randexistenz im 21. Jahrhundert.

Oder sie ist dadurch auflösbar, dass sich die Menschen zur Kinderlosigkeit entschließen:

> *„Die Grundfigur der **durchgesetzten** Moderne ist – zu Ende gedacht – der oder die **Alleinstehende**. ... In den Erfordernissen des Arbeitsmarktes wird von den Erfordernissen der Familie, Ehe, Elternschaft, Partnerschaft usw. abgesehen. Wer in diesem Sinne die Mobilität am Arbeitsmarkt ohne Rücksicht auf private Belange einklagt, betreibt – gerade als Apostel des Marktes – die Auflösung der Familie. ... Diese Existenzform des Alleinstehenden ist kein abweichender Fall auf dem Weg der Moderne. Sie ist das Urbild der **durchgesetzten** Arbeitsmarktgesellschaft. Die Negation sozialer Bindungen, die in der Marktlogik zur Geltung kommt, beginnt in ihrem fortgeschrittensten Stadium auch die Voraussetzungen dauerhafter Zweisamkeit aufzulösen."*[38]

---

[37] Beck 1986, S. 180 und 193; Hervorhebungen im Original.
[38] Ebd., S. 199 f.

Entsprechend erleben wir in den fortgeschrittensten westlichen Marktgesellschaften eine Erosion des Eltern-Kind-Reservats: Die Zahl der Kinder, die Fertilitätsquote geht auf historisches Mindestniveau zurück (auch und gerade im Italien der „sancta famiglia"). Die Zahl der Einelternfamilien steigt drastisch an (also der Familien, in denen Kinder bei einem alleinstehenden Elternteil aufwachsen). Patchwork-Familien werden mehr und mehr zur Regel. Der Konflikt der Vereinbarkeit von Beruf und Familie wird zu einem chronischen, unauflösbaren.

Der abstrakte Mensch kann dieses Dilemma für sich dadurch auflösen, dass er in Kinderlosigkeit verharrt. Stellt er sich den Anforderungen der Elternschaft, dann pflanzt er einen grellen Widerspruch in seine alltägliche Existenz hinein.

Nun können die Menschen vieles unternehmen, um zu versuchen, jenem Prozess der Erosion von Reservaten entgegenzuwirken. Sie können zum Beispiel ihre Partnerschaft, Ehe und Familie in eines jener Reservate einbetten, das ich oben beschrieben habe.

Sie können sich zum Beispiel beide in staatsbasierte Reservate begeben, also beide als unkündbare Beamte im Staatsdienst anheuern. Und dadurch versuchen, die Vereinbarkeit von Beruf und Familie zu erleichtern. Oder sie können sich, wenn sie ein Vermögen geerbt haben, aus allen Wirtschaftsaktivitäten auskoppeln und das Leben von Rentiers führen, die von ihrem Vermögen leben. Sie können ihre Partnerbeziehung auch in eine patriarchalisch-religiöse Traditionswelt einzwängen, in der es Frauen untersagt ist, sich dem Wirtschaftsgetriebe auszusetzen (z. B. einer islamischen Traditionswelt).

Das alles ist möglich und wird vielfach praktiziert. Aber all diese Ausgestaltungsformen von Reservaten können nicht verhindern, dass die „Erosion von Reservaten" zu einem dominanten Faktor in der Kultur der Marktgesellschaften im 21. Jahrhundert wird. Zu einem Faktor, der diese Kultur entscheidend und nachhaltig prägt.

Dies ist aus zwei Gründen der Fall.

Zum einen sind jene Ausgestaltungs-Varianten von Reservaten in den fortgeschrittenen westlichen Marktgesellschaften die Domäne einer Minderheit.

Vermögensbesitzer, die sich von der Realwirtschaft abkehren und vom Vermögen leben können, werden nie eine Mehrheit der Bevölkerung repräsentieren können. Denn einer muss die Werte, die diese Vermögensbesitzer tagtäglich verzehren, ja produzieren. Neuere Untersuchungen über die fortschreitende soziale Ungleichheit in den westlichen Marktgesellschaften zeigen auf, dass jene „Rentier-Kaste" eine kleine, immer wohlhabender werdende gesellschaftliche Randgruppe ist.[39]

Auch der sozialistische (Alb-)Traum, eine Mehrheit der Bevölkerung in staatsbasierte Reservate hineinzuführen, um sie vor den Ebbe- und Flutbewegungen der Realwirtschaft in Sicherheit zu bringen, wird ein Traum bleiben. Das griechische Beispiel legt davon beredtes Zeugnis ab.

Auch gibt es keine Indikation dafür, dass die islamistische Tendenz, abgeschlossene Reservate mit Frauen zu bilden, die ans Haus gefesselt sind, in den

---

[39] Siehe Piketty 2014.

fortgeschrittenen westlichen Gesellschaften auch nur annähernd die Chance hat, zur Leitkultur zu avancieren.

Zum anderen habe ich oben, in den Kap. 4 und 7, aufgezeigt, dass das 21. Jahrhundert nicht nur das Jahrhundert der durchgesetzten Restrukturierungs-Wirtschaft, sondern auch der durchgesetzten Marktgesellschaft ist.

Es ist gerade das Charakteristikum der Marktgesellschaften, dass dort die Logik des Marktes alle Bereiche durchdringt und selbst in die Intimsphären der Menschen hineinbricht. Was hier tendenziell alle menschlichen Beziehungen einfärbt und alle sozialen Verhältnisse prägt, das sind die Imperative der wirtschaftlichen Effizienz und des zweckrationalen Handelns, die Kalküle der Konkurrenz und des vergleichenden Ratings, die Logik der wirtschaftlichen Rentabilität und der Vermögens-Akkumulation, die Rationalität des Messbaren, Quantifizierbaren, in Algorithmen Darstellbaren. Das 21. Jahrhundert ist das Zeitalter, in dem in den fortgeschrittenen Marktgesellschaften mehr und mehr alle Dämme brechen, die der Logik des Marktes entgegenstehen.

Deshalb sind alle Versuche, sich hinter jenen Dämmen zu verschanzen, flüchtig und fragil.

So zum Beispiel das Unterfangen, die eigene Familie in ein staatsbasiertes Reservat einzuhegen, mit beamtenhafter Unkündbarkeit, lebenslanger Existenzsicherheit und Freiheit von wirtschaftlicher Konkurrenz. Ein solches staatsbasiertes Reservat ist gegen die Zudringlichkeiten der Außenwelt nicht nur nicht gewappnet. Es ist ihnen vielmehr im 21. Jahrhundert zunehmend ausgesetzt und wird von ihnen durchsetzt. Die Außenmauern dieses Reservats werden von den Einschlägen der Realwirtschaft mehr und mehr pulverisiert.

Es ist dies zum Beispiel daran ablesbar, dass staatliche Behörden im 21. Jahrhundert mehr und mehr auch nach der Logik des wirtschaftlichen Effizienzkalküls transformiert werden. Stehen die Staaten und die Städte doch in einem sich zuspitzenden Wettbewerb, dem Wettbewerb der Wirtschaftsstandorte. In diesem Wettbewerb stellt die marktkonforme Effizienz staatlicher und kommunaler Strukturen einen wesentlichen Faktor dar.

Und es ist daran ablesbar, dass ehemals staatliche Verwaltungen mehr und mehr in die Sphäre der Restrukturierungs-Wirtschaft hineingezogen werden (wie es in Deutschland bei der Deutsche Post AG und bei der Deutsche Telekom AG, ehemals Deutsche Bundespost, geschehen ist, und wie es bei der Deutsche Bahn AG bevorsteht).

So kann denn die Errichtung von Reservaten allenfalls zeitweilig und flüchtig die beschriebenen Erosionstendenzen bei Partnerschaften und Familien bannen. Diese Tendenzen können nie vollends und sicher aus den Reservaten ferngehalten werden. Über kurz oder lang werden sie auch in das bestabgeschottete Reservat einbrechen.

So ähnelt der, der unablässig daran arbeitet, sein Reservat von der Außenwelt abzuschotten, einem Baumeister, der mit Tünche die Risse in einem Gebäude zu schließen sucht, das auf Treibsand errichtet ist. Der Reservate-Bauer ist, so gesehen, der neuzeitliche Sisyphos.

Kapitel 19
Die Dilemmata des abstrakten Menschen

Ich habe in den vorangegangenen Kapiteln aufgezeigt, dass der abstrakte Mensch das Potenzial hat, die Dilemmata aufzulösen, die den neuzeitlichen Menschen heimsuchen: die Dilemmata der unverbindlichen Bindungen, der beziehungslosen Beziehungen, der unkontrollierbaren Zufälle, der widersprüchlichen Verhaltensanforderungen. Und die Dilemmata, die darin bestehen, immer offen und bereit zu sein, um neue Beziehungen anzufachen und alte auszulöschen („to make and break relationships rapidly"). So ist der abstrakte Mensch der neue Menschentyp, den die neuzeitlichen Wirtschaftswelten und Marktgesellschaften befördern und erfordern, ausstanzen und heranzüchten.[1]

Der abstrakte Mensch kann jenes Potenzial aber nur entfalten, indem er für sich selbst Folgeprobleme, neue Dilemmata schafft.

Ryan Bingham hat das erlebt. Als er in jenem Film „Up in the Air" spürte, dass seine Bindung an Alex nicht so unverbindlich blieb, wie sie gedacht war.

Der abstrakte Mensch ist nicht der strahlende Sieger des Restrukturierungs-Zeitalters. Er ist nicht der moderne Held, der allen Widrigkeiten der Marktgesellschaft leichtfüßig entkommt. Er ist nicht die Lösung aller Probleme der volatilen Moderne. Er ist nicht die Verkörperung aller Verheißungen auf ein Leben jenseits aller Zufälle und Ambivalenzen, psychischen Zerrüttungen und seelischen Leiderfahrungen. Das alles ist er nicht.

Denn er ist gezeichnet von den Narben der Vorzeit, gezeichnet von den Residuen der alten Zeit und von den Muttermalen des konkreten Menschen. Ich habe dargelegt, dass sich der abstrakte Mensch auf absehbare Zeit nicht völlig von diesen Muttermalen, von diesen Residuen frei machen kann. Er kann auf diesem Weg, sich als ein neuer Menschentyp zu erschaffen, Fortschritte erzielen. Aber er wird es bei all diesen Fortschritten aller Voraussicht nach nicht schaffen, sich vollständig über

---

[1] Bereits Alvin Toffler sprach 1970, beim Anbruch des Zeitalters der Restrukturierungs-Wirtschaft, vorausschauend davon, dass die abrupten Veränderungen der Neuzeit „einen neuen Menschentyp" fordern: „So sehen wir einen neuen Typ des Organisationsmenschen entstehen – einen Menschen, der trotz seiner vielen Bindungen im Grunde an keine Organisation gebunden ist." (Toffler 1970, S. 116 und 120).

die Befindlichkeiten des konkreten Menschen zu erheben: über dessen Verstrickung in Gefühle, über dessen Anhänglichkeit an das Gewohnte, über dessen Sehnsucht nach einer sicheren Welt.

Kein Mensch kann leben in dem Bewusstsein, das falsche Leben zu leben. Also wird sich der abstrakte Mensch Deutungen aneignen, die es ihm erleichtern, mit jenen Muttermalen und Residuen umzugehen. So wird sich Ryan Bingham sagen, dass Alex die falsche Frau für ihn war, eine Frau, die ihn getäuscht und hintergangen hat. Er wird sich das einhämmern, immer und immer wieder, um von diesem Gefühl loszukommen, das er für sie hatte. Irgendwann wird er es geschafft haben, sie aus seiner Gefühlswelt zu tilgen, irgendwann auch wird er eine neue Frau getroffen haben, eine, die zu seinem Lebensentwurf passt, eine Frau, für die er eine Affäre ist und die für ihn eine Affäre ist.

Niemand kann heute vorhersagen, wie der Sozialisationsprozess des abstrakten Menschen in den kommenden Jahrzehnten konkret ablaufen wird, niemand kann ermessen, in welchem Umfang sich jener Menschentypus des abstrakten Menschen herausbildet, d. h. in welchem Umfang sich der abstrakte Mensch über jene Muttermale und Residuen erheben kann.

Was wir aber sagen können, ist, dass dieser Sozialisationsprozess stattfinden wird, stattfinden muss. Es ist ein Prozess, der nicht durch politische Entscheidungen und staatliches Handeln, durch Gesetze und Verordnungen aufgehalten und storniert werden kann. Er entzieht sich in marktwirtschaftlichen und marktgesellschaftlichen Systemen dem Zugriff der Staaten. Es ist ein Prozess, dem sich jeder stellen muss, der jeden ergreifen wird, der sich nicht dazu entschließt, sein Leben in einem jener Klöster zu verbringen, in das kein Hauch der neuzeitlichen Wirtschaftszivilisation eindringen kann.

Wer diesem gesellschaftlich-wirtschaftlichen Druck entkommen will, dem Druck dazu, sich zum abstrakten Menschen hin zu entwickeln, der muss schon weite Wege gehen. Dazu genügt kein Willensakt, keine demonstrative Anhänglichkeit an alte Traditionen, heimatliche Gefilde und tiefe Gefühle. Er muss sich, um diesem Druck zu entkommen, auskoppeln aus den Sphären der neuzeitlichen Wirtschaft und Marktgesellschaft.

Um eine solche Auskopplung zu schaffen, reicht es nicht aus, sich für ein Berufsleben im Finanzamt Gelsenkirchen zu entscheiden. Man muss da schon mehr tun als nur ein staatsbasiertes Reservat zu errichten. Besser ist es da, man migriert in die Mönchsrepublik Athos auf der Halbinsel Chalkidiki. Dort ist man weitestgehend davor gefeit, von der Neuzeit behelligt zu werden.

Nun ist eine solche Migration nicht jedem gegeben. Deshalb taugt sie nicht als ein gesellschaftliches Programm, um die modernen Menschen vor jenem Druck in Sicherheit zu bringen.

Warum aber sollte man sich davor in Sicherheit bringen? Warum sollte man fürchten, mehr und mehr zum abstrakten Menschen zu mutieren? Bringt doch diese Mutation, wie ich in den vorigen Kapiteln gezeigt habe, vielfältige Entlastungen und Stellungsvorteile für den, der sich in das neuzeitliche Wirtschaftsgetriebe hineinwirft.

Sollte man diesen Druck, sich zum abstrakten Menschen auszubilden, wegen jener Folgeprobleme fürchten? Wegen des Schmerzes, den die Muttermale verursachen?

In der Tat ist es für die Evolution des abstrakten Menschen ein zentrales Problem, dass zu viel „Attachment" das erforderliche „Detachment" hintertreiben und umgekehrt zu viel „Detachment" das erforderliche „Attachment" beschädigen könnte.

Der Weg hin zur Ausbildung des abstrakten Menschen könnte vor allem dann steinig und widrig werden, wenn auf diesem Weg immer wieder Gefühlsbindungen aufkommen, die sich nur mit Schmerzen auslöschen lassen. Gefühle, die zu tief sind, als dass man sie einfach austilgen kann. Wir können dies das **„Ryan-Bingham-Syndrom"** nennen. Es ist dies das Dilemma eines Menschen, der auf dem Weg ist, sich zum abstrakten Menschen zu bilden, und auf diesem Weg gegen seinen Willen und gegen sein Sozialisationsprogramm Gefühle verspürt, die sich nicht mit einem Handstrich austilgen lassen.

In der Sozialpsychologie ist dieses „Ryan-Bingham-Syndrom" seit dem Beginn des Restrukturierungs-Zeitalters ausgiebig behandelt worden. Ein Beispiel dafür ist die psychologische Objektbeziehungstheorie, deren Credo lautet:

> *„Der zentrale, das ganze Leben während Kampf ist der zwischen dem mächtigen Bedürfnis, intime Bindungen zu anderen aufzubauen, aufrechtzuerhalten und zu schützen, und den diversen Versuchen, den Schmerzen und Gefahren dieser Bindungen zu entfliehen – dem Gefühl der Verletzlichkeit, der Gefahr, enttäuscht, verschlungen, ausgenützt zu werden oder einen Verlust zu erleiden."*[2]

Ryan Bingham kann geholfen werden. Getreu dem Hölderlinschen Motto „Wo aber Gefahr ist, wächst das Rettende auch"[3] hält die neuzeitliche Sozialpsychologie ein umfangreiches Arsenal an Instrumenten dafür bereit, jenes „Ryan-Bingham-Syndrom" zu kurieren.

Es ist dies das Arsenal von Trainingsprogrammen und sozialpsychologischen Konzepten zur emotionalen Selbststeuerung, zur emotionalen Selbstprogrammierung und zum emotionalen Selbstmanagement. Der Wirtschaftsmensch, der sich zum abstrakten Menschen ausbilden will, findet hier vielfältige Handreichungen, mit denen er versuchen kann, seine Emotionen marktgerecht und funktionsadäquat zu managen.

All diese Handreichungen dienen dem Ziel, das Gefühlsleben des Wirtschaftsmenschen so zu erziehen und abzurichten, dass es ein optimal marktgerechtes und effizientes Funktionieren des Individuums in den Strudeln der Restrukturierungs-Ökonomie ermöglicht.

---

[2] Mitchell 1988, S. 20; zitiert nach: Illouz 2013, S. 218.
[3] Hölderlin 1969, S. 176.

Dieses emotionale Selbstmanagement zielt darauf ab, „transforming emotion into a marketable product".[4]

Es ist im Kern in allen sozialpsychologischen Disziplinen, die sich auf diesem Feld des „Emotion Engineering" tummeln, ein Programm zur Erziehung hin zum abstrakten Menschen. Denn das Idealbild dieses sozialpsychologischen Programms ist der Mensch, der seine Emotionen gleichsam von sich selbst abstrahieren und zum Gegenstand einer rationalen, kühl kalkulierenden Manipulation machen kann. Es ist der Mensch, der befähigt ist, seine Emotionen aus seiner konkreten Persönlichkeit, aus seinem sozialen Kontext, seiner Physis abzusondern, sie durch die Ausnüchterungszelle der Rationalität zu führen und sie in ein Objekt für beliebige Therapierungen und Transformationen zu verwandeln. Es ist der Mensch, der in der Lage ist, sich seine Gefühle vom Leib zu halten. Damit er davor gefeit ist, sich in sie zu verstricken.[5]

> *„Die neue emotionale Disziplin, die das therapeutische Ethos uns einimpft, macht Gefühle zu kognitiv faßbaren Objekten, die wir manipulieren sollen, um eine übergreifende Form der Rationalität zu erreichen, die ich als kommunikative Rationalität bezeichne."*
> *„Das Selbst ist zur wichtigsten Bühne geworden, auf der die Widersprüche der Moderne gemanagt werden sollen, und die Psychologie hält genau dafür die Techniken bereit. Anders formuliert: Die Psychologie hat ... damit zu tun, die Widersprüche des modernen Selbst in Schach zu halten und zu verwalten."*[6]

Emotionale Selbstkontrolle und emotionales Selbstmanagement stellen in der modernen Marktwirtschaft aus vielen Gründen eine unverzichtbare Basisqualifikation dar. Ohne diese Basisqualifikation ist marktkonformes Funktionieren in der modernen Restrukturierungs-Wirtschaft nicht möglich. Und das aus mehreren Gründen:

Erstens ist emotionales Selbstmanagement erforderlich, um den Versuch unternehmen zu können, jenes Ryan-Bingham-Syndrom zu vermeiden. Also um emotionale Verstrickung in transitorische Verhältnisse möglichst zu verhindern.

Zweitens ist die emotionale Selbstprogrammierung eine Schlüsselqualifikation für den professionellen Selbstdarsteller auf der Bühne des Wirtschaftsalltags.

Drittens ist emotionale Selbstdisziplinierung eine Grundfertigkeit für Team- und Kommunikationsfähigkeit im modernen „emotionalen Kapitalismus".[7] Entsprechend gibt es in der neueren sozialpsychologische Literatur eine Vielzahl von Ratgebern

---

[4] Fineman 2000, S. 102.
[5] Siehe dazu zum Beispiel: Steadman Rice 1998; Beattie 1986; Illouz 2013.
[6] Illouz 2013, S. 401.
[7] Vgl. Illouz 2006.

über empathisches, emotional kompetentes Management, d. h. darüber, wie es gelingen kann, die eigenen „negativen Emotionen zu kontrollieren, freundlich zu sein, sich selbst mit den Augen der anderen zu betrachten und mit ihnen mitzufühlen."[8]

Viertens ist emotionales Selbstmanagement in der modernen Marktwirtschaft deshalb eine Basisqualifikation, weil die Abstraktion von eigenen Gefühlen und Befindlichkeiten zu den Grundvoraussetzungen für kundenorientierte Kommunikation gehört. Kundenorientiertes Handeln geht von der Prämisse aus, dass ich meinen Nutzen nur dann mehren kann, wenn ich den Kundennutzen mehre. Entsprechend zählt in dieser Perspektive des kundenorientierten Handelns für mich nicht das, was ich will, sondern das, was der Kunde will. Um meinen Vorteil zu wahren und zu mehren, muss ich also von dem abstrahieren, was ich empfinde und wünsche, und mich dem anbequemen, was der Kunde empfindet und wünscht.

Sinnfällig wird dieses Erfordernis zur emotionalen Selbstabstraktion vor allem in Dienstleistungsberufen, in denen eine „Gefühlsarbeiterin" ständig gegenüber ihren Kunden bestimmte Gefühle inszenieren und andere ausblenden muss. So hat z. B. die Soziologin Arlie Hochschild in ihrer Arbeit über die emotionale Selbstabstraktion von Flugbegleiterinnen („Das gekaufte Herz") aufgezeigt, mit welchen Techniken Emotionen marktgerecht programmiert werden können.[9] Sie hat dazu später ein Konzept für das „emotion management", d. h. für ein Training „to shape and reshape our feelings" vorgelegt.[10]

Der US-amerikanische Psychologe Daniel Goleman hat mit seinem Konzept der emotionalen Intelligenz vielfältige Techniken zur Abrichtung der Gefühlswelt der Menschen auf die Anforderungen der Wirtschaftswelt beschrieben.[11] Goleman geht davon aus, dass die Abrichtung und Ausrichtung der Gefühle auf die Anforderungen der Wirtschaft jederzeit und für jedermann möglich ist. Und dass diese Gefühlserziehung für den Erfolg im Berufsleben entscheidende Bedeutung hat.

Es gibt daneben eine reichhaltige Ratgeberliteratur über Techniken der emotionalen Selbstkontrolle und der emotionalen Selbstoptimierung.[12] Alle diese Ratgeber zum Thema „Emotion by Design" zielen darauf ab, die Gefühlswelt der Wirtschaftsmenschen für die Anforderungen des „emotionalen Kapitalismus" so zu programmieren, dass die Menschen jederzeit situationsgemäß emotionale Selbstkontrolle üben können. Diese Ratgeber legen dabei die Annahme zugrunde, dass die Emotionen der Wirtschaftsmenschen durch richtiges Training so kanalisiert, domestiziert und instrumentalisiert werden können, dass sie passgenau zur Erfolgsoptimierung einsetzbar sind.

---

[8] Illouz 2013, S. 144.
[9] Hochschild 1997.
[10] Hochschild 1998, S. 9.
[11] Goleman 1998; siehe dazu auch: Ryback 2000.
[12] Siehe den Überblick bei: Illouz 2013, S. 105 ff.; vgl. auch den „Klassiker" der Emotionssteuerung: Carnegie 2002; vgl. auch Neckel 2008, S. 119 ff.

In den Arsenalen der Handreichungen, die in diesen Studien und Ratgebern enthalten sind, finden sich viele, die zur Therapierung des „Ryan-Bingham-Syndroms" genutzt werden können. Der Wirtschaftsmensch, der sich zum abstrakten Menschen ausbilden will, findet hier vielfältige Trainingswerkzeuge.

Dabei geht die Schule der „Emotionalen Intelligenz" auch davon aus, dass Gefühle klar und eindeutig in bestimmten Gehirnregionen und bestimmten Gehirnfunktionen lokalisiert werden können. Deswegen sei es möglich, so Goleman, diese Gehirnregionen für das Gefühlsmanagement genauso zu erziehen, wie es möglich ist, den Körper durch Fitnessprogramme zu trainieren.[13]

Konsequent stellen viele Vertreter des „Emotion Engineering" darauf ab, dass es durch gezielten Einsatz von Psychopharmaka möglich sei, jenen Trainingsprozess zu forcieren. In der Konsequenz führt dieser Ansatz des „Emotion Engineering" dazu, ein Trainingsprogramm für die Ausbildung des abstrakten Menschen vorzuschlagen, das zum erheblichen Teil aus der gezielten Einnahme von Psychopharmaka besteht.[14]

Hier aber scheint ein weiteres Dilemma auf, das auch ein Dilemma des abstrakten Menschen ist. Dieses Dilemma rührt daher, dass sich viele Basisannahmen der sozialpsychologischen Gefühlsprogrammierung in den vergangenen Jahren als brüchig und unhaltbar erwiesen haben.

So haben neuere Erkenntnisse der Gehirnforschung gezeigt, dass die Annahme falsch ist, Gefühle seien in bestimmten Gehirnregionen und Gehirnfunktionen verortet. Diese neuen Forschungen haben deutlich gemacht: Es gibt sie nicht, die Neuronen, die für Angstgefühle, Depressionen und Ärger stehen. Es gibt keine klar evidente Beziehung zwischen dem Gefühl der Furcht und Neuronenbewegungen in der Amygdala. Es gibt deshalb auch nicht die Möglichkeit, Gefühle genauso zu therapieren wie physische Verletzungen.[15]

Auch liegen vielfältige soziologische Studien vor, die zeigen, dass die Annahme der sozialpsychologischen Gefühlsingenieure nicht zutrifft, Gefühle seien durch Einsatz bestimmter Therapietechniken beliebig marktgerecht manipulierbar.

Diese Studien weisen vielmehr nach, dass Gefühle nicht einfach die Angelegenheit des Einzelnen sind, dass sie nicht simpel im Einzelnen entstehen, dort lokalisiert sind und entsprechend dort auch umprogrammiert werden können. Sondern dass Gefühle das Ergebnis einer bestimmten Einbettung eines bestimmten Menschen in einen bestimmten sozialen Kontext sind. Und dass diese Gefühle deshalb auch nicht nachhaltig verändert werden können, ohne diese Einbettung und ohne diesen sozialen Kontext zu verändern.[16]

---

[13] Goleman 1998; McKee 2003.
[14] Siehe dazu eindrücklich: Ehrenberg 2015.
[15] Vgl. Barrett 2015; zusammenfassend schreibt Barrett: „Emotions like fear and anger, my lab has found, are … constructed by multipurpose brain networks that work together." In: International New York Times, August 1–2, 2015, S. 9.
[16] Siehe dazu: Sieben 2001, S. 135–170; Neckel 2008, S. 134 ff.; Illouz 2013, S. 404 f.; Prodoehl 1983, S. 70 ff.

> *Ich teile diese Position. Auch ich gehe in diesem Buch davon aus, dass Charakterprägungen, Gefühle, Denk- und Verhaltensweisen daraus erwachsen, dass Menschen bestimmten sozialen Kontexten, bestimmten sozialen Situationen und bestimmten sozialen Verhaltens- und Denkanforderungen ausgesetzt sind. Die „moderne Seele" (Eva Illouz) ist keine Sache des Subjekts, sondern Ausdruck der Prägungen, die der Einzelne fortlaufend aufgrund seiner Einbettung in einen bestimmten sozial-kulturellen Kontext erhält.*

Aus dieser Position lassen sich für den abstrakten Menschen zwei Folgerungen ableiten:

Zum einen die, dass die Ausbildung des abstrakten Menschen in seinem Charakter, seinen Gefühlen, Verhaltensweisen und mentalen Modellen ein Prozess ist, der notwendig aus der Einbettung des neuzeitlichen Menschen in eine spezifische sozial-kulturelle Umwelt resultiert. Deshalb kann diese Ausbildung nur von Menschen verweigert werden, die sich dieser sozial-kulturellen Umwelt verweigern.

Zum anderen die Folgerung, dass die Programmierung der modernen Seele nur so weit möglich ist, wie sie diese Einbettung des modernen Menschen berücksichtigt. Das bedeutet konkret: Durch emotionales Selbstmanagement sind die Widersprüche und Zufälligkeiten, denen der neuzeitliche Mensch notwendig ausgesetzt ist, nicht aufhebbar. Entsprechend ist auch die emotionale Zurichtung des modernen Menschen dann eine Illusion, wenn sie darauf abhebt, die Prägungen, die die moderne Seele durch jene Widersprüche und Zufälligkeiten erfährt, außer Kraft zu setzen.

Es ist dies der Grund, warum der abstrakte Mensch dem Dilemma, das ich das „Ryan-Bingham-Syndrom" genannt habe, durch Gefühls-Engineering nicht völlig enthoben werden kann. Er bleibt darin verstrickt, auch dann, wenn er eine Vielzahl von Workshops zur „Emotionalen Intelligenz" besucht hat.

Was er in solchen Workshops auch nicht finden kann, sind Auswege aus jenem Dilemma, das ich oben beschrieben habe: aus dem Dilemma der Elternschaft. Die Beziehung zu Kindern ist mit dem Habitus des abstrakten Menschen nicht vereinbar. So muss der neuzeitliche Mensch, der sich zum abstrakten Menschen fortbilden will und muss, entweder in der Kinderlosigkeit verharren oder jenes Dilemma der Elternschaft in Kauf nehmen.

Wie es der abstrakte Mensch oder der Mensch, der sich zum abstrakten Menschen ausbilden will, schaffen kann, mit all diesen Dilemmata in seinem Alltag umzugehen, ist Stoff für ein weiteres Buch.

Der abstrakte und der konkrete Mensch – ein Streitgespräch
A: Zählt für dich die Treue gar nichts mehr? Die Treue zu einem Menschen, zu einem Unternehmen? Ist Treue für dich ein leeres Wort geworden?
B: Treue ist ein Wort ohne Sinn. Wenn ich in einer Beziehung zufrieden bin, brauche ich keine Treue, um sie aufrechtzuerhalten. Wenn ich in einer Beziehung unzufrieden bin, brauche ich Treue nur dann, wenn ich gegen meine

Bedürfnisse an ihr festhalte. Damit aber verrate ich meine Bedürfnisse. Treue ist also sinnlos, nichts, was für mich Sinn macht.

A: Aber Treue bedeutet doch gerade, dass ich im Guten wie im Schlechten, an hellen und dunklen Tagen zu einem Menschen oder zu einem Unternehmen stehe.

B: Amen! Diese Treue ist eine Treue aus Mangel an Gelegenheit. Sie ist eine Treue aus Mangel an Veränderungsfähigkeit und Veränderungsbereitschaft. Das ist es aber gerade, was ein erfolgreicher Mensch heute braucht: die bedingungslose und permanente Bereitschaft und Befähigung, sich zu verändern, die Veränderung seiner Umwelt zu bejahen und sich in veränderten Verhältnissen schnell zurechtzufinden. Treue schwächt diese Bereitschaft und diese Fähigkeit. Sie ist deshalb eine Tugend der Verlierer.

A: Ich kann mich nur dann verändern, ich kann nur dann bereit und fähig sein, Veränderungen zu leben, wenn ich das von einer festen und sicheren Heimat aus tun kann. Ich brauche einen sicheren Hafen, um von dort aus in See stechen zu können. Und diesen Hafen kann ich mir nur schaffen, wenn ich in Treue fest zu den Menschen und Organisationen stehe, die diesen Hafen zu dem machen, was er für mich ist: eine Heimat.

B: Diese Heimat, dieser sichere Hafen ist die Leimrute, an der du klebst. Deine Anhänglichkeit an diesen sicheren Hafen stutzt dir die Flügel, mit denen du dich über deine erbärmliche Existenz erheben könntest. Sie nimmt dir die Kraft zu fliegen. Sie lähmt deinen Willen und deinen Mut, Neuland zu betreten.

A: Aber hast nicht auch du eine Sehnsucht nach einer Heimat, nach einem sicheren Hafen, wo du geborgen und geschützt bist?

B: Hin und wieder flackert auch bei mir eine solche Sehnsucht auf. Sie erlischt aber schnell wieder. Denn ich weiß ja, dass mich diese Sehnsucht schwächt und dass sie meine Gegner stärkt. Diese Sehnsucht nimmt mir das, was mich erfolgreich macht: die Fähigkeit, zu neuen Ufern aufzubrechen, und die Bereitschaft, den Aufbruch zu neuen Ufern mit Leidenschaft zu bejahen.

A: Aber was ist, wenn es dunkel wird? Wenn du erschöpft und krank daniederliegst? Wenn du Hilfe brauchst, eine helfende Hand, die treu zu dir hält?

B: Dann kaufe ich mir Hilfe. Wenn ich erfolgreich im Wirtschaftsleben bin, kann ich mir überall Helfer kaufen. Und wenn ich gut zahle, behandeln die mich auch so, wie ich das wünsche. Freundlich und zuvorkommend. Was will ich mehr?

A: Aber diese käuflichen Helfer können dir keine Liebe geben. Sie können dich nicht zärtlich umsorgen. So, wie es jemand kann, der dir hilft, weil er dich mag. Gekaufte Helfer geben dir keine Geborgenheit. Mit deinem Geld kannst du nur kaltherzige Dienstleister kaufen, nicht aber warmherzige Mitmenschlichkeit.

B: Du vergisst, dass ich immer einen Preis zahle. There is no free lunch. Für deinen kaltherzigen Dienstleister zahle ich einen Marktpreis. Für deinen warmherzigen, liebenden Mitmenschen zahle ich mit meinem Marktwert.

Denn ich kann einen solchen Menschen nur an mich binden, wenn ich mich selbst an ihn binde. Eine solche Bindung aber ist immer eine Fessel. Sie fesselt mich, weil sie mir die Fähigkeit raubt, zu gehen, wohin ich will. Der Markt verlangt aber gerade von mir, dass ich diese Fähigkeit habe. Jede Fessel, die ich mir auferlege, vermindert also meinen Marktwert.

A: Du redest immer nur vom Markt. Es gibt aber neben dem Markt auch eine andere Lebenswelt. Eine, in der es nicht um Leistung und Gegenleistung geht. Eine, in der ich für einen Menschen einfach da bin, weil ich ihn mag und weil ich ihm treu bin.

B: Welche Lebenswelt meinst du? Meinst du die Welt meiner Frau, die mich verlassen hat, weil sie einen Besseren gefunden hat? Meinst du die Welt meines Freundes, der meine Gutgläubigkeit ausgenutzt hat, um mich in meinem Unternehmen auszumanövrieren? Meinst du die Welt meines Geschäftspartners, der mich gnadenlos übervorteilt hat? Meinst du mein Unternehmen, das mich mitleidlos hin- und herschiebt? Und das mich morgen, wenn es ihm gefällt, auf die Straße setzen kann. Du meinst eine ferne, vergangene Welt. Eine Welt, die von den Zeitläuften überholt wurde.

A: Nein, ich meine eine Welt, die wir alle suchen und lieben. Ich meine eine Welt, die wir gemeinsam schaffen und schützen können. Eine Welt, nach der auch du dich tief in deinem Inneren sehnst. Es liegt an uns, eine solche Welt zu bauen.

B: Hast du den Schuss gehört? Jenen Schuss, der das 21. Jahrhundert eingeläutet hat? Dieser Schuss hat uns allen, die wir in diesem Jahrhundert leben, klar gemacht, dass ein neues Zeitalter angebrochen ist. Ich habe nicht den Ehrgeiz, an einer Welt zu arbeiten, die überholt ist, sondern mich der Welt zu stellen, die neu heranbricht. Und das ist eine Welt der Unbeständigkeit alles dessen, was besteht.

A: Das ist für mich eine Welt, in der wir unbehaust dahinvagabundieren. In der wir obdachlos in Penthäusern vegetieren. Ich werde mich in dieser Welt nicht heimisch fühlen können. Ich werde mich deshalb auch jenen Kräften nicht unterwerfen, die eine solche Welt herbeibeschwören.

B: Bilde dir nicht ein, dass du die Wahl hast, ob du dich unterwirfst oder nicht. Du lebst heute an einem der Hotspots der globalen Wirtschaft. Das bedeutet: Du lebst im Zentrum des Orkans. Da hast du nicht die Wahl zu entscheiden, ob du es gerne windstill oder stürmisch hättest. Die Umwelt, in der du lebst, hat diese Wahl für dich getroffen.

A: Du bist ein Fatalist. Du kapitulierst vor einer Umwelt, die du selbst konstruiert hast. Du hast den Mut und den Willen verloren, dir deine eigene Umwelt zu schaffen. Ich weigere mich, zu kapitulieren. Ich bestehe darauf, in einer vertrauten Umgebung zu leben. Ich bestehe darauf, eine Heimat zu haben. Wenn ich diese Heimat nicht vorfinde, dann baue ich mir sie.

B: Deine heimatliche Welt ist eine Welt der schön gepolsterten Käfige. Eine Welt der stählernen Gehäuse, in denen man behaglich und behäbig ein ereignisloses Leben ablebt. In dieser Welt leben die Verlierer des 21. Jahrhunderts.

Das, was das Leben bunt und reich macht, zieht an dieser Welt vorbei. Diese klebrige Heimat ist nicht meine Welt. Dann bin ich lieber der Unbehauste, der strebend immer weiterdrängt, immer über das Bestehende hinaus. Ich bin ein faustischer Charakter. Und damit bin ich exakt passfähig für die heutige Zeit.

A: Du glorifizierst ein Leben am Abgrund. Du wirst daran zerbrechen, dass du unablässig heimat- und bindungslos an einer Nebelwand entlangläufst, ohne Sinn und ohne Ziel. Du wirst als seelisches Wrack in einem goldenen Durchgangszimmer enden.

B: Und du idealisierst ein Leben auf einem Abstellgleis. Dort richtest du dich behaglich in einem abgehalfterten Waggon ein. Und schaust dann aus der Ferne denen zu, die an dir vorbeiziehen und in die bunt schillernde Welt des 21. Jahrhunderts eintauchen. Irgendwann wird dir dann dämmern, dass du den Zug der Zeit verpasst hast. Und du wirst lernen: All die heimatlosen Gestalten, denen du aus deinem Heimatgehege heraus mitleidig hinterhergeschaut hast, sind die Gewinner dieser Zeit. Du hast sie verloren. Denn sie schauen niemals zurück.

Literatur

Adorno TW. Minima Moralia. Reflexionen aus dem beschädigten Leben. Frankfurt am Main: Suhrkamp; 1971.
Akerlof GA. Kranton RE. Identity economics. München: Hanser; 2011.
Albert M. Kapitalismus contra Kapitalismus. Frankfurt am Main: Campus; 1992.
Axelrod R. The evolution of cooperation. New York: Basic Books; 1984.
Barrett LF. How emotions are made: the new science of the mind and brain. eBook. Kindle Edition 2015.
Beattie M. Codependent no more. How to stop controlling others and start caring for yourself. Center City: Hazeldon; 1986.
Beck U. Risikogesellschaft. Auf dem Weg in eine andere Moderne. Frankfurt am Main: Suhrkamp; 1986.
Beck U, Ziegler UE. Eigenes Leben. Ausflüge in die unbekannte Gesellschaft, in der wir leben. München: Beck; 1997.
Bennis WG, Slater PE. The temporary society. New York: Harper & Row; 1968.
Berger PL, Luckmann T. Die gesellschaftliche Konstruktion der Wirklichkeit. Frankfurt am Main: Fischer; 1969.
Binmore K. Game theory. Oxford: Oxford University Press; 2003.
Binmore K. Rational decisions. Princeton: Princeton University Press; 2008.
Bode I, Brose H-G. Die neuen Grenzen organisierter Reziprozität. Zum gegenwärtigen Wandel der Solidaritätsmuster in Wirtschafts- und Nonprofit-Organisationen. Berl J Soziol. 1999;9(2):179–96.
Bourdieu P. Die feinen Unterschiede. Kritik der gesellschaftlichen Urteilskraft. Frankfurt am Main: Suhrkamp; 1982.
Bröckling U. Das unternehmerische Selbst. Soziologie einer Subjektivierungsform. Frankfurt am Main: Suhrkamp; 2007.
Büchner G. Werke und Briefe. 6. Aufl. München: dtv; 1972.
Cage J. Silence. Cambridge; 1966.
Carnegie D. Wie man Freunde gewinnt. Die Kunst, beliebt und einflussreich zu werden. Bern: Scherz; 2002.
Christensen CM, Matzler K, von den Eichen SF. The Innovator's Dilemma. Warum etablierte Unternehmen den Wettbewerb um bahnbrechende Innovationen verlieren. München: Vahlen; 2013.
Covey SR. Die 7 Wege zur Effektivität. 27. Aufl. Offenbach: Gabal; 2013.
Csikszentmihalyi M. Das flow-Erlebnis: Jenseits von Angst und Langeweile im Tun aufgehen. Stuttgart: Klett Cotta; 2008.

D'Souza D. The virtue of prosperity. Finding values in an age of techno-affluence. New York: Free Press; 2000.
Davis JB. Individuals and identity in economics. New York: Cambridge University Press; 2011.
Dawkins R. The selfish gene. 30. Aufl. Oxford/New York: Oxford University Press; 2006.
Ehrenberg A. Das erschöpfte Selbst. Depression und Gesellschaft in der Gegenwart. 2. Aufl. Frankfurt am Main: Suhrkamp; 2015.
Fineman S, Herausgeber. Emotion in organizations. 2. Aufl. London: Sage Publications; 2000.
Frank R. Success and Luck. Princeton: Princeton University Press 2016.
Frank R, Cook P. The winner-take-all society. New York: Virgin Books 1996.
Friebe H, Lobo S. Wir nennen es Arbeit. Die digitale Bohème oder: Intelligentes Leben jenseits der Festanstellung. 2. Aufl. München: Heyne; 2006.
Fromm E. Anatomie der menschlichen Destruktivität. Stuttgart: Deutsche Verlags Anstalt; 1974.
Gambetta D, Hertog S. Engineers of Jihad. The curious connection between violent extremism and education. Princeton: University Press; 2016.
Gelernter D. Gezeiten des Geistes. Die Vermessung unseres Bewusstseins. Berlin: Ullstein; 2016.
Gergen KJ. Das übersättigte Selbst. Identitätsprobleme im heutigen Leben. Heidelberg: Carl-Auer-Systeme; 1996.
Goffman E. Interaktion: Spaß am Spiel. Rollendistanz. München: Piper; 1973.
Goffman E. Wir alle spielen Theater. Die Selbstdarstellung im Alltag. 3. Aufl. München: Piper; 1976.
Goleman D. Working with emotional intelligence. New York: Bantam Books; 1998.
Gouldner AW. Die westliche Soziologie in der Krise. Reinbek bei Hamburg: Rowohlt; 1974.
Gratton L. The shift. The future of work is already here. London: Harper Collins; 2011.
Grimm J, Wilhelm. Deutsches Wörterbuch, Bd. 3. und 12. München: dtv; 1984.
Hamel G. Bitte recht freundlich! In: Harvard business manager. Sonderheft 2016, Change Management. S. 104–9.
Haug WF. Kritik der Warenästhetik. Frankfurt am Main: Suhrkamp; 1971.
Hochschild AR. Das gekaufte Herz. Zur Kommerzialisierung der Gefühle. Frankfurt am Main: Campus; 1997.
Hochschild AR. The sociology of emotion as a way of seeing. In: Bendelow G, Williams SJ, Herausgeber. Emotions in social life. London: Routledge; 1998. S. 3–15.
Hoffman R, Casnocha B. Die Start up Strategie. Kulmbach: Börsenmedien books4success; 2012.
Hölderlin F. Werke und Briefe. Erster Band. Frankfurt am Main; 1969.
Holzkamp-Osterkamp U. Grundlagen der psychologischen Motivationsforschung. Frankfurt am Main/New York: Campus; (Bd. 1) 1975. und (Bd. 2) 1976.
Illouz E. Die Errettung der modernen Seele. 3. Aufl. Frankfurt am Main: Suhrkamp; 2013.
Illouz E. Gefühle in Zeiten des Kapitalismus. Frankfurt am Main: Suhrkamp; 2006.
Jaeggi R. Entfremdung. Zur Aktualität eines sozialphilosophischen Problems. Frankfurt am Main: Suhrkamp; 2005.
Kaufmann J-C. Die Erfindung des Ich. Eine Theorie der Identität. Konstanz: UVK; 2005.
Keese C. Silicon valley. 2. Aufl. München: Knaus; 2014.
Khalsa M, Illig R. Let's get real or let's not play. Transforming the buyer/seller relationship. London: Portfolio; 2008.
Koppetsch C. Die Wiederkehr der Konformität. Streifzüge durch die gefährdete Mitte. Frankfurt am Main: Campus; 2013.
Laotse. Daudedsching. Aus dem Chinesischen übertragen von Ernst Schwarz. München: Kösel; 1992.
Laotse. Die Bahn und der rechte Weg. Der chinesischen Urschrift nachgedacht von Alexander Ular. Leipzig: Insel; 1923.
Lawler EE, Worley CG. Built to change. How to achieve sustained organizational effectiveness. San Francisco: Wiley; 2006.
Lefebvre H. Das Alltagsleben in der modernen Welt. Frankfurt am Main: Suhrkamp; 1972.
Lewis M. The Artist in the gray flannel pajamas. In: The New York Times Magazine. Special Issue „The Liberated, Exploited, Pampered, Frazzled, Uneasy New American Worker". 5. März 2000.

Luhmann N. Politische Planung. Aufsätze zur Soziologie von Politik und Verwaltung. Opladen: Westdeutscher Verlag; 1971.
Luhmann N. Vertrauen. Ein Mechanismus der Reduktion sozialer Komplexität. Stuttgart: Enke; 1973.
Maslow A. Motivation und Persönlichkeit. Reinbek bei Hamburg: Rowohlt; 1981.
Mattenklott G. Bilderdienst. Ästhetische Opposition bei Beardsley und George. München: Rogner & Bernhard; 1970.
McKee A. Emotionale Führung. Berlin: Ullstein; 2003.
Mitchell S. Relational concepts in psychoanalysis. Cambridge: Harvard University Press; 1988.
Münch R. Globale Dynamik, lokale Lebenswelten. Der schwierige Weg in die Weltgesellschaft. Frankfurt am Main: Suhrkamp; 1998.
Neckel S. Flucht nach vorn. Die Erfolgskultur der Marktgesellschaft. Frankfurt am Main: Campus; 2008.
Negroponte N. Total digital. Die Welt zwischen 0 und 1 *oder* Die Zukunft der Kommunikation. München: C. Bertelsmann; 1995.
Oldenburg R. The great good place. Cambridge, MA: Da Capo Press; 1997.
Parsons T. Zur Theorie der sozialen Interaktionsmedien. Opladen: Westdeutscher Verlag; 1980.
Paschen M, Dihsmaier E. Psychologie der Menschenführung. 2. Aufl. Berlin/Heidelberg: Springer; 2014.
Peters T. Beitrag im New York Times Magazine, Special Issue „The Liberated, Exploited, Pampered, Frazzled, Uneasy New American Worker". 5. März 2000.
Peters T. The brand called you. In: Fast Company Magazine. New York; August/September 1997.
Peters T, Waterman RH. Auf der Suche nach Spitzenleistungen. Was man von den bestgeführten US-Unternehmen lernen kann. 9. Aufl. Frankfurt am Main: Campus; 2003.
Piketty T. Das Kapital im 21. Jahrhundert. 2. Aufl. München: Beck; 2014.
Pink DH. Free agent nation. The future of working for yourself. New York: Business Plus; 2002.
Prodoehl HG. Synaptisches Management. Wiesbaden: Springer Gabler; 2014.
Prodoehl HG. Theorie des Alltags. Berlin: Duncker & Humblot; 1983.
Pylyshyn ZW. Computation and cognition. Toward a foundation for cognitive science. Cambridge: The MIT Press; 1984.
Riesman D. Die einsame Masse. Hamburg: Rowohlt; 1958.
Rilke RM. Sämtliche Werke in zwölf Bänden, Bd. 3. Frankfurt am Main: Suhrkamp; 1976.
Röpke W. Civitas Humana. Erlenbach-Zürich: Rentsch; 1946.
Ryback D. Emotionale Intelligenz im Management. Wege zu einer neuen Führungsqualität. Köln: Gesellschaft f. wiss. Gesprächspsychotherapie; 2000.
Sassen S. The mobility of labor and capital: a study in international investment and labor flow. Cambridge; 1998.
Scheler M. Vom Umsturz der Werte. Bern: Francke; 1955.
Schirrmacher F. EGO. Das Spiel des Lebens. München; 2013.
Schönau B. Gebrauchsanweisung für Rom. München: Piper; 2010.
Schopenhauer A. Parerga und Paralipomena, Bd. 1. Zweiter Teilband: Aphorismen zur Lebensweisheit. Zürich: Diogenes; 1977.
Senge PM. Die fünfte Disziplin. Kunst und Praxis der lernenden Organisation. 11. Aufl. Stuttgart: Klett Cotta; 2011.
Sennett R. Der flexible Mensch. Berlin: Berlin Verlag; 2000.
Sennett R. Die Kultur des neuen Kapitalismus. Berlin: Berlin Verlag; 2005.
Sennett R. The corrosion of character. New York: Norton & Company; 1999.
Sennett R. Verfall und Ende des öffentlichen Lebens. Die Tyrannei der Intimität. 3. Aufl. Frankfurt am Main: Fischer; 1983.
Sieben B. Emotionale Intelligenz – Golemans Erfolgskonstrukt auf dem Prüfstand. In: Schreyögg G, Sydow J, Herausgeber. Emotionen und Management. Wiesbaden: Gabler; 2001.
Simmel G. Philosophie des Geldes. Frankfurt am Main: Suhrkamp; 1999.
Slater D. Love in the time of algorithms. London: Current; 2013.
Slater P. The pursuit of loneliness. Boston: Beacon Press; 1990.

Smith V. Crossing the great divide. Worker risk and opportunity in the new economy. New York: Cornell University Press; 2001.

Steadman Rice J. A disease of one's own. Psychotherapy, addiction, and the emergence of co-dependency. New Brunswick: Transaction; 1998.

Toffler A. Der Zukunftsschock. Stuttgart: Scherz; 1970.

Turkle S. Alone together: why we expect more from technology and less from each other. New York: Basic Books; 2012.

Turkle S. Life on the screen – identity in the age of the internet. New York: Simon & Schuster; 1997.

Weber M. Die protestantische Ethik I. Tübingen: Mohr Siebeck; 1981.

Weber M. Wirtschaft und Gesellschaft. 5. Aufl. Tübingen: Mohr Siebeck; 1980.

Weick KE. Der Prozeß des Organisierens. Frankfurt am Main: Suhrkamp; 1995.

Weick KE, Sutcliffe KM. Das Unerwartete managen. Wie Unternehmen aus Extremsituationen lernen. Stuttgart: Schäffer-Poeschel; 2010.

Worley CG, Williams T, Lawler EE. The agility factor. San Francisco: Wiley; 2014.

Zbinden H. Die Moralkrise des Abendlandes. Bern: Herbert Lang; 1941.

Zeitschrift OrganisationsEntwicklung Nr. 4/2015: Komplexität kultivieren. Das VUCA Paradigma im Management. München; 2015.

Zohar D. Am Rande des Chaos. St. Gallen/Zürich: Midas Management; 2000.

MIX
Papier aus verantwortungsvollen Quellen
Paper from responsible sources
FSC® C105338

If you have any concerns about our products,
you can contact us on
ProductSafety@springernature.com

In case Publisher is established outside the EU,
the EU authorized representative is:
Springer Nature Customer Service Center GmbH
Europaplatz 3, 69115 Heidelberg, Germany

Printed by Libri Plureos GmbH
in Hamburg, Germany